율곡의
경연일기

율곡의 경연일기
– 난세에 읽는 정치학

2016년 1월 23일 제1판 1쇄 인쇄
2016년 1월 30일 제1판 1쇄 발행

지은이　율곡 이이
옮긴이　오항녕
펴낸이　이재민, 김상미

편집　정진라
디자인　달뜸창작실, 최인경

종이　다올페이퍼
인쇄　천일문화사
제본　광신제책

펴낸곳　너머북스
주소　서울시 종로구 자하문로 100-1(청운동 108-21) 청운빌딩 201호
전화　02) 335-3366, 336-5131 팩스 02) 335-5848
등록번호　제313-2007-232호

ISBN 978-89-94606-40-8　03900

*표지 그림–1741년(영조 17)에 경연을 그린 그림. 『경현당도어제어필화재첩』 중에서.

율곡의
경연일기

난세에 읽는 정치학

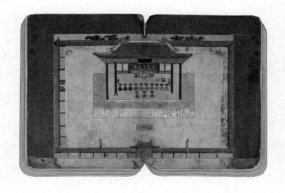

율곡 이이 지음 | 오항녕 옮김

너머북스

치세治世로 가는 길

1575년 선조가 즉위한 지 8년째 되던 해 9월 어느 날, 집의 신점申點이 말했다.

"북방이 텅 비어 오랑캐 기병이 쳐들어온다면 막아 낼 계책이 없으니 미리 장수를 선택하여 기르십시오."

선조가 말했다.

"조정에 큰소리치는 사람이 많으니 오랑캐 기병이 오거든 큰소리치는 사람을 시켜 막을 것이다."

구 기득권 세력이 남아 있던 때, 아직 사림士林이 경륜과 전망을 보여 주지 못하고 있을 때, 대안이 부족한 그들의 주장에 다소 신경이 날카로워져 있던 선조는 잠깐 말실수를 하였다. 이 말을 듣고 있던 이이가 말하였다.

"주상께서 말씀하신 '큰소리치는 사람'은 어떤 사람을 지목하신 것입니까. 큰소리만 치고 실속이 없는 자를 지목하시는 겁니까? 그런 사람을 쓰면 반드시 일을 그르칠 것인데, 어찌 그 사람을 시켜 적을 막게 할 수 있겠습니까? 또 만일 옛것을 좋아하고 성인을 배우려는 사람을 큰소리치는 사람이라고 하셨다면 주상의 말씀이 극히 온당치 못합니다. 맹자가 양 혜왕과 제 선왕을 만나서도 오히려 요순 임금을 목표로 삼으라고 하였는데, 이것도 큰소리를 좋아하는 것입니까?"

율곡은 선조의 말을 두 방향에서 비판했다. 첫째, 북방 대처라는 실무에 적합하지 않은 견해라는 점. 둘째, 바람직한 이상을 추구하는 일과 큰소리를 혼동하고 있다는 점. 이렇게 들어오면 반론이 어렵다. 율곡은 거기에 우려를 더한다.

"임금의 말이 한번 나오면 사방으로 전파되어 옳지 못한 일이라면 천 리 밖에서도 왕명을 거역하는 법입니다. 지금 전하께서 학자를 큰소리나 치는 사람이라고 지목하여 북쪽 변방으로 보내려고 하시면, 훌륭한 사람은 기운이 꺾이고 못난 자는 자기에게 관직이 돌아올까 봐 갓을 털며 좋아할 것입니다. 임금의 발언이 선한 사람을 좌절시키고 악행을 저지르는 자를 기쁘게 해 준다면 어찌 그릇된 일이 아니겠습니까?"

임금의 잘못된 말이 가져올 결과에 대한 충언이다. 천 리 떨어진 곳에 사는 백성도 잘못된 임금에게는 등을 돌릴 것이라는 것, 나아지려는 노력을 그만둘 때 결국 조정에는 사리사욕에 찬 자들로 가득 차리라는 것. 선조는 아무 말도 할 수 없었다.

이 장면은 조선 최고의 학자이자 정치가라고 하는 율곡 이이의 진면

목을 유감없이 보여준다. 논리와 실제 모두에서 핵심을 정확히 잡아 들어가는 명석함과 판단력이 그것이다. 그런데 나는 이 장면에서 다른 두 가지가 더 흥미롭다.

먼저, 이런 말을 할 수 있는 조정의 풍토. 텔레비전에 보면 국무위원들은 열심히 대통령의 말을 받아 적는다. 막상 뉴스를 통해 확인하자면 알다시피 대통령의 말에는 받아 적을 만한 내용이 거의 없다. 정말 율곡 때와 대비된다. 이 대비야말로 역사학의 과제이다.

둘째, 싫은 소리를 억누르지 않고 침묵으로나마 인정하는 임금. 이뒤로 우여곡절을 겪지만 결국 선조는 율곡의 충언과 비전을 지지한다. 그리고 사람들이 모인다. '선조 때의 넘치는 인물들'이란 의미의 '목릉성세穆陵盛世'라는 말을 우리는 사료에서 자주 볼 수 있다. 이때 선조는 24살의 한창 나이였다. 그런데도 듣고 새기는 걸 보면 나보다 낫다. 선조와 그의 시대가 달리 보이는 이유이다. 이 역시 조선사 연구의 과제이다.

율곡의 『경연일기』는 율곡이 30세 때인 1565년(명종 20) 7월에 시작하여 46세 때인 1581년(선조 14) 11월에 끝나는 약 17년간의 기록이다. 이 시기는 조선 역사를 이해하는 데 매우 중요한 사건과 인물이 출몰한 때이다. 사림이 본격적으로 정계에 등장했으며, 동서분당의 기미가 시작되는 등 향후 조선 정치의 향방에 결정적인 영향을 끼친 시기이다. 또한 조선이라는 나라의 시스템을 재편성하던 시기였다. 대동법과 군역의 개혁 논의도 이때 시작되었다. 『경연일기』는 그 배경과 맥락을 보여 준다.

경연은 바로 국왕과 신하가 책도 읽고 토론도 하는, 실제로는 임금이 신하에게 배우는 자리였다. 공직자들이 모이는 자리이니만큼 중요한 국가 정책에 대한 논의가 이루어지기도 하였다. 이를 담당하는 부서는 집현전·홍문관으로, 이들은 춘추관의 사관史官, 사간원·사헌부의 언관言官과 함께 조선의 문치주의를 이끌었던 트로이카였다. 경연은 소통의 공간이고, 소통의 결여는 결국 자신의 어리석음으로 귀결된다. 경연을 게을리 한 군주가 폭군(연산군)이거나 혼군(광해군)이었던 사실은 결코 우연이 아니었다.

『경연일기』는 그 경연의 기록이지만, 경연의 기록만은 아니다. 경연관이 사관을 겸하게 되어 있던 조선의 제도 덕분에 조정 안팎에서 일어난 일이 함께 수록되어 있다. 율곡의 생각도 사론을 통해 엿볼 수 있다.

『경연일기』는 이 시기 사료로는 가장 1차 사료에 가깝다. 당시 사초가 임진왜란 때 불타버린 탓에 광해군 때 편찬된 『선조실록』은 부실하다. 그 부실을 보정하기 위하여 『선조수정실록』을 편찬할 때도 율곡의 『경연일기』가 사료로 이용되었다. 현재 남아 있는 이 시기 기록으로는 율곡의 『경연일기』가 가장 사실에 가까운 기록이라는 뜻이다.

율곡의 『경연일기』는 조선시대 야사집 『대동야승大東野乘』에는 '석담일기石潭日記'라는 제목으로 실려 있다. 의미 있는 내용의 차이는 없다. 지금 동료 학자들과 『율곡전서』 정본을 만들고 있는데, 자세한 교감본은 따로 간행할 예정이다.

　본문 번역 외에 읽는 데 도움이 되도록 설명을 붙였다. 간단한 것은 본문의 간주와 역주로 처리했고, 조금 더 해설이 필요한 부분은 중요 시기마다 설명을 넣었다. 전체적인 이해는 뒤에 있는 해제를 보면 도움이 될 듯하다.

2016년 1월

잎 떨어진 감나무 곁에서

오 항 녕

차 례 》

경연일기 깊이 읽기

일러두기

1. 이 책은 『율곡전서』 권28~30에 실린 '경연일기'를 기본 판본으로 하여 번역하되,
   『대동야승』 권14~15의 '석담일기'와 상호 대조하면서 번역하였습니다.
2. 이 책의 각 연도 및 월별 제목은 원문에는 없으나, 역자가 독자의 이해를 돕기 위하여
   새로 작성하였습니다.
3. 원문의 간주는 [ ]로 표시하였습니다.
4. 내용과 어려운 용어의 이해를 돕기 위한 역자의 설명은 각주와 ( )로 기재하였습니다.
5. 기타 사항은 한국고전번역원 번역지침(2014)을 준용하였습니다.

외척의 몰락 >> 명종 20년 > 1565 _ 을축년

7월 문정왕후의 죽음

13일 ◗◖ 큰비가 내렸다. 문정왕후文定王后[1]의 상에 발인하려 할 때 예조 판서 윤춘년尹春年이 백관百官은 말을 타고 재궁梓宮(왕과 왕비의 시신을 넣는 관)을 따르게 하자고 의견을 내었다. 대신 가운데 그 제의에 찬성하는 이도 있었다. 그러나 "도성 안에서 말을 타고 대여大轝(재궁을 운반하는 큰 상여)를 따르는 것이 옛 상례가 아니다."라는 전지傳旨가 있어서 논의가 중지되었다.

15일[2] ◗◖ 하관할 때 임금이 병환으로 대여를 따르지 못했다. 우리 왕

---

1) 1501~1565. 중종의 계비 윤씨로, 명종의 어머니이다. 영돈령부사 윤지임尹之任의 딸이다. 1545년 명종이 12세의 나이로 왕위에 오르자 8년간 수렴청정했다. 동생인 윤원형尹元衡은 인종의 외척인 윤임尹任 일파와 사림을 제거한 을사사화를 일으켰고, 이후 매관매직 등 척신정치의 병폐를 드러냈다. 승려 보우普雨를 신임해 1550년 선교禪敎 양종兩宗을 부활시켰고, 승과와 도첩제도牒制를 다시 실시하는 한편, 불사佛事를 일으켰다.

2) 순조본에는 5일로 되어 있으나, 장례를 지낸 뒤 처음 지내는 제사인 초우初虞가

조의 예문禮文에, 임금이 장례에 참여하지 못하면 신주를 세울 때 반드시 삼공三公(영의정·좌의정·우의정)을 헌관으로 삼아 임금을 대신하여 예를 행하도록 되어 있다. 이때 좌의정 심통원沈通源과 우의정 이명李蓂이 산릉에 있으면서 예문을 상고해 보지도 않고 이조로 하여금 참찬 송기수宋麒壽를 헌관으로 정하게 하니, 식자들이 그 변칙적인 의례를 허물로 여겼다.

28일 ▶◀ 졸곡卒哭에 임금과 백관이 모두 흑립黑笠(검은색의 갓)을 쓰니, 식자들이 너무 빨리 길례吉禮를 따른다고 한탄하였다. 우리 왕조의 상례가 삼대三代(중국 고대 하·은·주의 세 왕조)의 제도에 모두 부합하지는 못하지만 중국과 비교하더라도 매우 상세하고 치밀하여 한漢·당唐 이후로 본 적이 없는 수준이다. 졸곡 전에는 상하가 모두 최복衰服을 입고, 졸곡 뒤 정무를 볼 때는 임시로 백의白衣(흰 옷)에 오사모烏紗帽(검은 사모)와 흑각대黑角帶(검은 각대)를 하고, 평상시에는 백의에 백립, 백대白帶(흰 띠)를 한다. 하지만 상사喪事에 간여할 때는 최복을 입는 것이 역대의 법제이다. 성종 때에 의논하는 이들이, "이미 오사모를 썼으니 갓도 검은 것이어야 당연하다." 하였고, 당시 예법에 근거하여 쟁론하는 사람이 없으므로 마침내 졸곡 뒤에는 흑립을 쓰게 되었다.

중종이 승하하였을 때, 유관柳灌[3]이 총호사摠護使(국장 장례위원장)가

15일에 있었으므로 바로잡았다. 『명종실록 20년 7월 15일』

3) 1484~1545, 본관은 문화文化, 자는 관지灌之, 호는 송암松庵이며, 시호는 충숙忠肅이다. 명종이 즉위한 뒤 윤원형과 이기李芑 등의 모함으로 일어난 을사사화에서 윤임, 유인숙 등과 함께 삼흉三兇으로 몰려 종묘사직을 위태롭게 하였다는 죄목으로 절도에 유배되었으나, 귀양 가던 도중 과천果川에서 추참追斬하고 3일간 효수한 다음 그 수급과 수족을 사방에 돌려 보이게 하였다. 유관의 아들 유광

되어 건의하기를, "최복을 아직 벗지 않았는데 흑립을 쓰는 것은 예에 어긋나고, 또 역대의 예제가 아니다." 하여, 백립의 제도로 정해졌다. 그러나 명종 초에 유관 등이 화를 입게 되자 의논하는 자가, "백립은 옛 제도가 아니고 유관이 정한 것이다." 하여, 마침내 흑립의 제도로 정해졌다.

문정왕후 초상에는 예관이 『국조오례의國朝五禮儀』에 의거하여 백립 제로 정하였는데, 윤원형尹元衡이 의주儀註를 보고 "백립은 유관이 건 의한 것이니 준용할 수 없다." 하여, 대신들이 모두 원형의 말을 따라 드디어 의주를 개정하였다. 조정 신하들은 그것이 잘못인 줄 알면서 도 감히 말을 꺼내지 못하였다.

8월 윤원형 축출

윤원형의 관작을 삭탈하고 시골로 내쳤다. 윤원형은 문정왕후의 동 생으로 성질이 음흉하고 독하였으며 재물을 탐하였다. 중종 말년에 인종이 동궁에 있었는데, 이미 장성하였으나 아들이 없어 명종이 어 린 나이로 대군이 되었다. 인종의 외숙인 윤임尹任은 윤원형과 그의 형인 윤원로尹元老와 틈이 있었다. 김안로金安老가 동궁을 보호한다는 구실로 권세를 부리며 중궁中宮(문정왕후)의 세력을 약화시키고 자기 의 세력을 펼치고자 임금에게 아뢰어, 윤원로 형제를 지방으로 추방

찬柳光纘도 천안에서 교형에 처하게 하였다. 『명종실록 즉위년 9월 11일』

상복 논쟁 : 흰 갓, 검은 갓이 왜 그리 중요한가

조선 후기 예법 논쟁禮訟처럼 이 문제도 형식적인 복식 논쟁으로 오해하기 쉽다. 무식이 냉소를 낳듯이, 그 의미를 모르다 보니 하찮은 일로 논쟁이나 한 것처럼 치부하는 것이다. 하지만 조선 사람들은 그렇게 한가하지도 실없지도 않았다.

흑립黑笠이란 말 그대로 평소에 쓰는 검은 갓이다. 평소에 썼다는 것은 상중에는 쓰지 않았다는 말이다. 백립, 즉 흰 갓이 상중에 쓰는 갓이었다. 그렇다면 검은 갓을 쓰느냐, 흰 갓을 쓰느냐는 곧 평상시를 뜻하느냐 상중임을 뜻하느냐의 논쟁이 된다. 무엇이 평상시이고 상중이라는 것일까. 바로 졸곡 이후의 시점을 두고 말하는 것이다.

그럼 졸곡이란 무엇일까.

예를 들어 부모님이 돌아가시면 처음에는 하염없이 눈물이 나온다. 시도 때도 없이 우는 것이다. 이렇게 경황이 없을 때 부모님을 무덤에 모시든지 아니면 화장을 한다. 요즘도 볼 수 있는 3일장, 5일장이 그것이다. 그리고 삼우제라는 걸 지낸다. 무덤에 잘 계신지 돌아보는 것이다. 삼우제 뒤에 있는 절차가 바로 졸곡이다.

졸곡이 왜 중요할까. 하염없이 슬퍼하다 보면 살 수가 없다. 그래서 졸곡 뒤에는 아침저녁으로만 곡을 한다. 슬픔을 연착륙 방식으로 달래는 것이다. 동시에 크고 작은 제사의 금지, 혼인 금지, 도살屠殺이나 음악의 금지 같은 상중의 경건함을 유지하는 조치가 공식적으로 시작된다. 그럼 그전에는 이런 연착륙 단계가 없었는가. 결론부터 말하자면, 없었다. 졸곡은 상례를 3년상으로 치를 때에만 있는 절차이다. 3년상은 만 2년 동안 상중에 있는 것이다. 3년상은 누구나 부모 품에서 만 2년을 보내지 않고는 사람 노릇할 수가 없다는 엄연한 생물학적 사실에 기초한 것인데, 1년상으로 부모상을 마치려는 제자 재아宰我의 의견을 공자孔子가 꾸짖는 과정에서 나온 말이다.

고려 때는 100일상이나, 역월 3년상(만 2년을 다 지내지 않고 1달을 하루로 계산하는 역월제易月制, 그러니까 27일이면 상이 끝난다)을 치렀다. 조선에 들어와 이를 3년상으로 바꾸었던 것이다. 이는 불교의 상례 의식을 유학의 상례 의식으로 바꾼 것이기도 했다. 이것이 갖는 역사적 의미는 무엇일까?

첫째는 사원전 혁파 및 사찰 노비 해방 등 불교 사찰에 대한 사회경제적 조치와 궤를 같이하는 것으로, 불교식 장례에 들어가는 비용의 절감과 연관이 있었을 것이다. 둘째, 인과설이나 윤회 등 불교의 초월적 생사관을 현실주의적 의례로 대체함으로써 불교가 차지하는 종교적 지위를 상대적으로 약화시키는 결과를 가져왔을 것이다. 3년상에 담긴 혁신성이다.

이제 왜 이 시기에 흑립—백립 논쟁이 일어났는지 답해야 할 차례이다. 핵심은 간단하다. 그것은 국왕의 죽음에도, 왕실의 상례에도 3년상의 의례를 적용할 것인지 말 것인지의 문제였다. 이는 곧 조정에서 3년상을 채택할 것인지 여부의 문제였다. 결국 일반 집안에서만이 아니라, 나라 차원에서 국왕과 신하 모두 3년상을 준수할 것인지 말 것인지를 둘러싼 논쟁이었음을 알 수 있다.

불교의 말폐를 심각하게 받아들이지 않은 계층이나 사람들, 왕실이나 조정의 상례는 효孝의 윤리적 표현인 3년상에서 예외라고 생각하는 사람들, 그리고 아마 3년이란 긴 상례를 치르느라 놀 것 먹을 것 맘대로 못하는 게 싫었던 사람들은 3년상이 못마땅했을 수도 있다. 율곡은 이들의 대표적인 예로 윤원형을 들고 있다.

하니, 대윤大尹이니 소윤小尹이니 하는 말이 이때부터 시작되었다.

김안로가 패한 뒤 윤원로 등이 조정에 돌아오자 날로 유언비어가 나도니, 인종이 몹시 불안해했다. 문정왕후 또한 명종이 위태롭다고 생각하여 조정 신하에 의탁하여 자신의 위치를 공고하게 하려 하였다. 이에 이기李芑가 은밀하게 세력을 공고히 할 계책을 제시하면서 윤원로 형제와 결탁하였다.

인종은 자신의 병세가 더욱 악화되자 대신들에게, "중종의 적자는 나와 대군뿐이니, 내가 죽거든 대군이 왕위를 잇도록 하라." 하였다. 인종이 승하하자 대신들이 명종을 맞아 즉위하게 하였다. 윤원형 등이 그 틈을 타 사화를 일으키려고, 이기·정순붕鄭順朋·임백령林百齡·허자許磁·김광준金光準 등과 몰래 모의하고 말을 만들기를, "유관·유인숙柳仁淑·윤임 등이 모반을 꾀하여 주상을 폐하고 계림군 유桂林君瑠⁴⁾를 세우려 한다." 하였다.

또 봉성군 완鳳城君岏⁵⁾의 현명함을 꺼리어, "그가 간신들에게 추대

---

4) ?~1545. 성종의 셋째 아들 계성군의 양자로, 중종의 계비 장경왕후章敬王后의 아버지인 윤여필尹汝弼의 외손이다. 대윤의 우두머리인 윤임의 조카이기도 하다. 윤원형 일파인 경기 감사 김명윤金明胤이 "인종의 병환이 위중하자 신변의 위험을 느낀 대윤의 윤임이 임금의 아우(명종) 대신 계림군을 추대하려 한다."고 밀계를 올렸다. 계림군도 대윤의 계획을 알고 있었다는 밀고가 있자, 안변安邊으로 도망하여 이옹李雄의 집에 숨어 있다가 황해도 강음江陰을 향해 가던 중 토산兎山에서 체포되었다. 그 뒤 서울로 압송되어 능지형을 당한 후 3일간 효수되었다. 『명종실록 즉위년 9월 1일』 선조 때 모략으로 희생된 것임이 밝혀져, 1577년(선조 10) 신원되었다. 『선조실록 10년 6월 26일』

5) ?~1547. 아버지는 중종이고, 어머니는 희빈 홍씨熙嬪洪氏이며, 부인은 동래 정씨東萊鄭氏로 영의정 유인惟仁의 딸이다. 임백령林百齡은 하옥된 이덕응李德應을 위협하여 봉성군을 추대하고 역모를 꾀하였다고 거짓 자백하게 하여 죄를 주

되었다." 하여, 드디어 문정왕후에게 고하고 밀지를 내리게 하여 큰 옥사를 일으키니, 당시 사류士類 중에 그 화를 면한 사람이 드물었다. 그들은 위사공신衛社功臣에 기록되었다.[6] 또 공론公論이 없어지지 않을까 두려워하여 항간의 말이 자기들과 조금만 다르면 그때마다 역당逆黨이라고 지목하였으므로 길 가는 사람들이 서로 눈짓만 하였다. 윤원형은 세력을 크게 떨치자 또 윤원로가 세력을 다툴까 두려워하여 담당 관리를 시켜 죄를 논하고 끝내는 죽게 하였다. 권력을 농단하고 이익을 노리는 데 못하는 짓이 없었다.

  윤원형은 한양에 큰 집이 10여 채나 있었는데, 그 안에는 재물이 가득 넘쳤으며, 의복과 거마 따위의 참람함은 대궐과 비슷하였다. 또 본처를 내쫓고 첩 난정蘭貞을 처로 삼아 매우 아꼈으며 그녀의 말이면 다 따랐다. 뇌물을 받고 강탈하는 짓 또한 그 첩의 충동질이 많았다. 그가 생사여탈의 권력을 잡은 20년 동안, 사림士林이 분함을 품고서도

고자 하였다. 그러나 명종의 반대로 뜻을 이루지 못하자, 이기가 참소하는가 하면 1546년 가을에는 김명윤이 밀계로 익명서를 올려 모역을 고변하니, 울진에 유배되고 이어서 송인수宋麟壽의 옥사 때 사사되었다. 『명종실록 1년 9월 12일』 1570년(선조 3) 이준경李浚慶의 청으로 신원이 논의되고 1577년(선조 10) 복관되었다. 시호는 의민懿愍이다. 『선조수정실록 10년 12월 1일』

6) 홍언필洪彦弼, 이기, 이언적李彦迪, 최연崔演, 윤원형, 임백령, 최보한崔輔漢, 정현鄭礥, 신광한申光漢, 정순붕 등 27명이 기록되었다. 당시 사관은 "근래에 와서 위사공신들이 공로를 믿고 방자하기 그지없어 중앙 관아의 노비들을 차지할 뿐 아니라 외방 각 고을의 재능과 미모가 있는 기생이나 관비官婢, 또는 관노官奴나 기교가 있는 장인匠人을 다수 차지하여 자기 집안의 세습적인 소유로 만들고 그것도 부족하여 심지어는 선왕 묘정廟庭의 청소하는 자까지 빼앗아 가는 실정이다. 이런 마음을 키워 주다가는 무슨 짓인들 못하겠는가? 그런데 위에서는 그의 공로를 중히 여겨 번번이 그 허물을 용서해 주니 더욱 안타까운 일이다."라고 평하였다. 『명종실록 즉위년 9월 16일; 1년 3월 3일; 1년 4월 25일』

감히 발설하지 못하였다.

이때에 이르러 대사간 박순朴淳이 양사兩司(사헌부·사간원)와 의논하여 그를 먼 지방으로 추방하기를 합동으로 청하였다. 합문 밖에 엎드려 여러 날 동안 삼공으로부터 수문장에 이르기까지 모두 입을 모아 죄주기를 청하자, 이에 관작을 삭탈하고 시골로 쫓아낼 것을 명하였다.

예조 판서 윤춘년도 탄핵을 당하여 파직되었다. 윤춘년은 윤원형의 집안 동생으로 원형에게 아부하여 윤원로를 벌하자고 청한 일을 계기로 출세하였다. 빠르게 청현직淸顯職을 역임하면서 경망스럽게 자부하니, 부박한 무리 중 따라다니며 학문을 배우려는 자가 많아졌다. 윤춘년은 망령되이 스스로 잘난 체하며 스승의 도리를 자처하고 득도하였다고 자칭했으나, 그 논설이란 것이 모두 불교와 도교의 찌꺼기를 주워 모은 것으로 실은 제 소견이 없으므로 식자들이 그 망령됨을 비웃었다. 다만 관직 생활만은 그런대로 청렴하였기 때문에 원한을 적게 샀으므로 그 직위만 파면되는 데 그쳤다.

9월 외척 이양의 횡포

임금이 편찮으셨다. 이즈음 순회세자順懷世子[7]는 이미 죽었으나 국본國本(세자)이 아직 정해지지 않아서 인심이 위태롭고 두려워하였다. 영의정 이준경李浚慶 등이 세자를 미리 정하도록 청하였으나, 아직 허

---

7) 이부李暊(1551~1563)로 명종과 인순왕후의 첫째 아들이다.

락이 내리지 않았다. 임금의 병환이 위독해지자 중전이 봉서封書 한 통을 대신에게 내리고 대신만 보게 하였으니, 그 안에는 하성군河城君 (뒷날의 선조)의 이름이 적혀 있었다. 이는 중전이 임금의 뜻을 받들어 임금이 승하한 뒤에 하성군을 세우려 한 것이다.

　중전이 죄인에 대한 사면령을 내리면서 이양李樑 등을 가까운 도로 옮기고 또 윤원형을 석방하려 하였으나, 대신이 모두 안 된다고 하여 그만두었다.

　이양은 중전의 외삼촌이다. 임금의 총애를 받아 2품으로 고속 승진하였는데 권력을 탐내고 일 꾸미기를 좋아하였다. 오로지 아첨으로 임금의 마음을 맞추어 비록 꽃 한 송이, 새 한 마리라도 조금 볼 만한 것이라면 갖다 바치지 않는 것이 없었다. 안으로 임금의 마음을 사로잡고 밖으로는 같은 당여黨與와 결탁하였다. 이감李戡·윤백원尹百源·이영李翎·권신權信·고맹영高孟英·김백균金百勻 등이 그의 심복이며 호위로서 기세가 대단하여 사람들이 감히 똑바로 쳐다보지 못하였다.

　이양의 아들 이정빈李廷賓은 어리석어 물정을 알지 못하는 자인데 사람을 시켜 표문表文을 지어서 결국 과거시험에 장원을 하더니, 몇 달 사이에 청현직을 두루 거치고는 이조 낭관이 되려고 하였다. 당시 사람들은 이조의 낭관 자리를 극선極選(가장 중요한 선발)으로 여겨 반드시 천거를 기다려 임명하였다. 그때 이조 좌랑 윤두수尹斗壽가 천거하지 않으려고 하니 이양이 듣고 크게 노하였다. 한 이조 낭관이 그의 위세를 두려워하여 결국 천거하고 말았다.

　이양은 이조 판서가 되자 사림의 청의淸議(깨끗한 논의)가 계속될 것을 꺼려 대사헌 이감 등을 사주하여 사림에게 화를 입히고자 하였다. 기대승奇大升·윤두수·박소립朴素立·윤근수尹根壽 등을 내쫓자고 청하여 이들의 관작을 삭탈하였고, 이문형李文馨·허엽許曄 등도 다 죄를 얻었다.

기대승은 사림에서 명성이 있었고, 이문형·허엽도 사림이 인정하는 사람들이었다. 윤두수·박소립은 이조 낭관으로 있을 때 그에게 거슬렸고 윤근수도 논의가 분명하였기 때문에, 다 이양이 꺼리는 사람들이었다. 양사가 입계入啓할 때, 이감 등이 이들 몇 사람을 을사년의 남은 무리로 몰려고 하자, 정언 이언이李彦怡가 안 된다고 하며, "해당하는 죄만 따져 다스리면 그만이지, 어찌 쓸데없는 논의를 야기할 필요가 있는가."라고 말하여, 의논이 마침내 중지되었다. 이언이는 본시 이양에게 붙은 사람인데 말이 이와 같았기 때문에 사람들이 다 이상하게 여겼다.

이에 온 사림이 두려워하였고 아침저녁도 보전할 수 없다고 생각하였다. 부원군 심강沈鋼이 매우 못마땅하게 여기고 부제학 기대항奇大恒을 불러서 이양의 잘못을 말하였다. 기대항이 처음에는 이양에게 붙었다가 심강의 말을 듣고 마침내 깨닫고는 동료와 더불어 차자를 올려 이양 등의 죄를 논박하였다. 중전이 평소 이양을 옳지 않게 여기다가 이양이 더욱 패란을 부리자 임금에게 간언하여 이양을 등용하지 말라고 청하였다.

홍문관에서 차자를 올리자 주상도 크게 깨닫고 이양 등을 성문 밖으로 내쫓은 뒤에 언관言官을 모두 교체하고 기대항을 대사헌으로 삼았다. 이에 양사가 합문에 엎드려 이양 등을 멀리 귀양 보낼 것을 주청하니 마침내 변경으로 유배 보냈다. 기대승 등이 다 복직되자 당시에 기대항을 지칭하여 서림徐霖과 같다고 하였다. 서림이 본시 강도 임꺽정林巨正의 무리였다가 관청에 자수하여 죄를 사면 받고 관군을 안내하여 임꺽정을 잡았기 때문이다.

10월 세자 논의 중지

임금의 병환이 낫자 크게 사면령을 내렸고 백관의 자급을 올렸으며, 세자를 세우자는 의논이 중지되었다.

11월 윤원형과 난정의 자살

윤원형尹元衡(?~1565)이 죽었다. 윤원형이 관직을 잃자 백성은 거리에 모여 욕을 하며 기왓장과 돌을 던지는가 하면 심지어 활을 쏘아 죽이려 하는 자까지 있었다. 윤원형이 몰래 교하交河로 떠났으나, 원한을 품은 자가 추적해 올까 겁이 나서 결국 몰래 강음江陰으로 옮겼는데, 첩 난정과 더불어 매일 울분을 머금고 서로 울기만 하였다. 이때 윤원형의 전처 김씨의 계모 강씨가 형조에 글을 올려, 난정이 김씨를 독살하였다고 고발하였다. 이는 강상綱常의 큰 변고이므로 형조에서 판결할 사안이 아니라 하여 의금부로 넘겨 연루자를 추적하여서 잡도록 보고하였다. 이어 양사와 홍문관에서 난정을 의금부에 하옥시키자고 청하였으나, 임금이 차마 처벌할 수 없어 오래도록 허락하지 않았다. 난정이 이 말을 듣고 몹시 두려워하던 차에 어떤 사람이 의금부 도사가 온다고 잘못 전달하자, 난정이 놀라 약을 먹고 자살하였다. 윤원형이 몹시 애통해하다가 오래지 않아 따라 죽으니 듣는 사람들이 서로 축하하였다.

12월 이황에 대한 사림의 기대

좌의정 심통원沈通源이 삼공三公(영의정·좌의정·우의정의 3정승)의 직임을 사퇴하려고 사흘 동안 열 번이나 아뢰니 이윽고 체직을 명하였다. 심통원은 본시 명망이 없었으나 외척으로 출세하여 좌의정에 이르러 오로지 뇌물만을 일삼았다. 사실은 윤원형과 서로 세력을 의지하다가 윤원형이 패망하니 심통원이 몹시 불안하여 사직을 간청한 것이다.

▶◀ 이황李滉을 동지중추부사로 삼고 전교하기를, "내가 불민한 탓으로 현인을 좋아하는 정성이 모자라는 듯하다. 전부터 여러 번 불렀으나 매번 노병이라 하며 사퇴하니 내 마음이 편하지 않다. 경은 나의 지극한 마음을 알고 빨리 올라오라." 하였다. 이황은 어릴 때부터 도道에 뜻을 두었고 만년에는 더욱 근면하여 학문이 한층 정밀하였다. 벼슬

하는 것을 좋아하지 않고 예안禮安에 물러나 있으며 조정에 나오기를
어려워하고 물러나기를 쉽게 하니, 당시 사람들이 태산이나 북두 같
이 우러러보았다. 이때 윤원형이 죽고 나자 온 사림이 정치의 변화를
바라고 있었으므로 이황을 부르는 명이 내리자 사람들이 모두 기뻐하
였다.

사림의 정치 바로잡기 >> 명종 21년 〉 1566 _ 병인년

정월 유생의 음사 방화

개성부 유생들이 송악산의 음사淫祠(무당이 귀신을 모신 집)에 불을 질렀다. 왕대비가 내관을 보내 중지시켰으나 유생들이 듣지 않았다. 임금이 의금부에 명하여 유생들을 잡아들여 그 죄를 다스리려 하니, 조정 신하들이 반대하고 학관學館의 유생들까지 일어나 상소하여 간쟁하므로 풀어 주라고 명하였다.

당초 민간 풍속이 귀신을 좋아하여 송악산에 음사를 만들고 대왕사大王祠라고 불렀다. 이런 풍조가 온 나라에 번져 정성을 바치는 데 쓸데없는 낭비가 심하고 심지어 남녀가 섞여 거처하면서 추문이 많았다. 유생들이 분노를 일으켜 음사에 불을 지르니 식자들이 통쾌하게 여겼다.

3월 대제학 이황

이황을 대제학으로 삼았다. 당시 중망이 이황에게 돌아가니, 대제
학 홍섬洪暹이 그 직을 사퇴하여 황에게 양보하였다.

)◀ 영평부원군鈴平府院君 윤개尹漑(1494~1566)가 죽었다. 윤개는 사람
됨됨이가 작은 일에는 정밀하나 대체는 알지 못하였다. 사람들이 간
혹 그가 예를 안다고 칭찬하였는데, 그는 윤원형에게 붙어 정승 자리
에 이른 것일 뿐 그 외에는 볼 것이 없었다.

4월 양종 선과와 내수사 인신 폐지

이황이 병으로 사직하고 오지 않았다. 그때 임금의 돌봄이 매우 두
터웠으므로 소 키우는 아이나 병사들까지도 모두 그 이름을 사모하여
얼굴을 한번 보고자 하였다. 이황이 끝내 나오지 않으니, 식자들이 근
심하였다.

)◀ 양종 선과兩宗禪科[8]를 폐지하고 내수사의 인신印信(도장이나 관인)을
없애 버렸다. 당초 승려 보우普雨가 무차대회無遮大會[9]를 열어 승려들
과 속인이 함께 추앙하였고, 명성이 대궐까지 들려왔다. 위로 문정왕

---

8) 승려들이 치르는 과거인 승과僧科를 선과라고 하며, 교종 선과와 선종 선과를 합
   쳐 양종 선과라 한다.

9) 승속僧俗과 신분에 차별을 두지 않고 일반 대중을 대상으로 널리 법문을 베풀고
   재물을 나누어 주는 법회이다.

후를 속여서 득세하였고, 세인들을 현혹시키고 불사佛事를 크게 벌리며 양종 선과까지 설치하였다. 보우는 자칭 득도하였다고 하면서 거처의 참람함이 대궐과 비슷했다. 문정왕후가 돌아간 뒤로 조정과 유생들이 연달아 소를 올려 죄줄 것을 청하니 제주로 유배시켰는데, 마침내 제주 목사 변협邊協에게 살해되었다. 양종 선과는 그때까지도 혁파되지 않았다가 이때에 이르러 양사가 합계하여 폐지를 청하였다. 내수사에는 본시 제조提調의 벼슬과 관인官印을 주지 않았던 것인데, 관인을 쓰게 된 뒤로는 환관들이 공무를 핑계로 사사로운 이익을 취하여 꽤나 위세를 부리는 폐단이 있었다. 이때에 와서 양사가 계하여 인신을 폐지하였다. 이 두 가지 제도를 혁파하자 온 나라가 다 기뻐하였다.

다음 임금은 누구입니까 >> 명종 22년 > 1567 _ 정묘년

4월 왕손 사부 한윤명

왕손 사부 한윤명韓胤明(1537~1567)[10]이 죽었다. 당초 임금이 후사가
없는 것을 걱정하고 특별히 유학자를 뽑아 여러 왕손을 가르쳐 그 학
문의 성취 여하를 보아 적당한 인물을 뽑으려고 한윤명을 그 사부로
삼았다. 한윤명은 나이는 젊었으나 학문에 뜻을 두고 모범적인 행실
을 따라 매우 훌륭한 명성이 있었다. 늦게 벼슬길에 나아가 비록 덕을
이루지는 못하였으나, 타고난 품성이 순수하고 아름다웠으며 일을 할
때는 신중하였으므로 근세에 드문 인물이었다. 그가 일찍 죽은 것을
사림이 애석해하였다.

---

10) 자는 사형士炯이고, 호는 형암炯菴이며, 본관은 청주淸州이다. 식견이 높아 세
　　간에서는 그를 낙하명유洛下名儒라고 칭송하였다. 이이李珥와도 교류를 하였다.
　　명종이 잠저潛邸에 있을 때 그에게서 『소학』을 배웠는데 명종이 경연에서 성학聖
　　學을 높일 수 있던 것은 한윤명이 계발한 공이 많다고 하였다. 1566년(명종 21)
　　왕손의 사부로 임명되었다. 『명종실록 21년 8월 28일』

5월 정복시의 을사년 당인 복권 요구

영의정 이준경이 사직하였다. 세 번이나 아뢰고 나서야 임금이 허락하였으나, 옥당玉堂(홍문관의 별칭)에서 차자를 올려 유임을 청하니 그대로 유임하도록 하였다. 이때 소인배들이 물러났으나 유언비어가 그치지 않고 인심이 불안하였으므로 이런 틈을 타 화란을 빚어내는 자가 있지나 않을까 걱정되었다. 이준경이 정승을 그만두고, 자격이 없는 자가 정승이 되면 사태를 진압할 수 없기 때문에 옥당에서 이와 같이 논의하였다. 이준경이 비록 시세의 변천에 맞추어 용납되는 처세를 취했으나 마음속으로는 항상 선한 사람들을 보호할 생각이 있었으므로 당시 여론이 그를 소중히 여겼다.

▶◀ 고부 군수古阜郡守 정복시鄭復始가 상소하여 을사년 당인黨人의 죄를 씻어 줄 것을 청하니, 임금이 매우 진노하였다. 사람들이 더욱 두렵게 여겨 정복시를 두고 때를 알지 못한다 하였다.

6월 하성군 입궁

27일 ▶◀ 임금의 병환이 갑자기 위중해져 인사불성이 되었다. 의관醫官이 약방 제조 심통원에게 묻기를, "야건수野乾水(오줌)를 쓰고 싶으나 마음대로 할 수 없습니다." 하였다. 심통원이 영의정 이준경에게 물어보게 하니, 이준경은 "질병에 약을 쓰는 데 어찌 위아래가 있겠는가?

증상에 따라 써야 할 것이다." 하였다. 좌의정 이명에게 물어보니 이명은 말하기를, "어찌 다른 약이 없어서 이 더러운 약을 쓰겠는가." 하여, 의견이 일치되지 않았다.

당시 우의정 권철權轍이 사신으로 북경에 갔고 대신은 단지 두 정승과 심통원이 있을 뿐이었다. 중전이 천지신명에게 기도하라 하고, 또 죄인들을 풀어주도록 하였다. 정오가 되자 임금의 병환이 더욱 위독하여 야견수를 구하여 대내에 들어갔으나 미처 올리지 못하였다. 삼경三更(밤 11~1시 사이)에 중전이 급히 대신을 불렀다. 이준경 등이 승지, 사관 들과 함께 침전에 들어갔으나 임금은 이미 말도 못하고 보지도 못하였으며 누운 채로 나인들이 관대를 올려 놓았을 뿐이었다.

이준경 등이 나아가 큰 소리로 "신들이 왔습니다."라고 말하였으나, 끝내 대답이 없었다. 이준경 등이 사관을 시켜 자신들의 이름을 크게 써서 임금 앞에 들어 보였으나 역시 보지도 못하여 어쩔 방도가 없었다. 이준경 등이 중전에게 아뢰기를, "일이 이미 어찌 할 도리가 없이 되었습니다. 사직의 계책을 정해야 하는데 상께서 고명顧命(유언)을 못하시니 중전께서 지휘하셔야 할 것입니다." 하였다. 중전이 답하기를, "을축년(1565, 명종 20) 위급하셨을 당시 왕명으로 봉서 한 통을 내렸으니, 마땅히 그 사람을 후사로 삼아야 할 것이오." 하였다. 이준경 등이 절하고 엎드려 말하기를, "사직의 계책이 정해졌습니다." 하였다.

이준경 등이 나오자 잠시 후 곡소리가 들렸다. 이미 승하했던 것이다. 이준경 등이 도승지 이양원李陽元, 동부승지 박소립朴素立, 주서注

書 황대수黃大受 및 시위하던 장사將士를 시켜 덕흥군德興君의 저택으로 가서 후사를 모셔 오도록 하였다.

이양원이 나가려 하자 황대수가 말하기를, "어느 군君을 모셔 올 것인지 대신에게 물어보아야 하지 않겠습니까." 하니, 양원이 말하기를, "이미 정해진 일이니 물어볼 것 없다." 하였다. 황대수가 말하기를, "비록 정해졌다 하더라도 반드시 대신의 말을 들어 보아야 할 것입니다." 하였다. 그래서 대신에게 묻기를, "덕흥군의 몇째 아드님을 맞아야 합니까?" 하니, 대신이 말하기를, "셋째 아드님 하성군이시다." 하였다.

이양원 등이 저택에 당도하였으나 호위병이 아직 모이지 않아 잡인들이 함부로 들락거려도 막을 수가 없었다. 이양원 등이 정창서鄭昌瑞를 불러 뵙겠다고만 하고 어느 군을 모셔 간다고 밝히지 않았다. 황대수가 말하기를, "왕손 세 분을 다 나오시라 청하여 직접 후사가 될 분을 뵌 뒤에 호위하시지요." 하니, 이양원이 정창서에게 묻기를, "어느 군이 나가실 차비를 하시었소?" 하니, 창서가 말하기를, "궁중에서도 하성군이신 줄 압니다." 하였다. 이양원 등이 그제야 뵙기를 청하였다. 이때 부박한 자들이 호종하면 공이 있게 된다고 망언하며 다투어 이름을 적었는데, 궁의 종이 그 기록을 이양원 등에게 주니 양원 등이 이것을 받았다. 해가 높이 솟은 뒤 후사가 경복궁에 들어와 상주의 일을 보았다. 그 뒤 대간에서 계청하여 그 이름 적은 종이를 불태워 버렸고, 이양원 등은 모두 파직되었다.

선조의 시대가 열리다 >> 선조 즉위년 〉 1567 _ 정묘년[11]

---

11) 원래 초고에는 여기에 '금상실록권지일今上實錄卷之一'이라고 적혀 있었다. '금
상'은 선조일 것이니, 이이가 『경연일기』를 기록할 무렵 기재했을 것이다. 여기서
말하는 실록은 '조선왕조실록'이라는 뜻이 아니라 일반 명사로 쓰는 '실록', 즉 '사
실 기록'이라는 의미이다.

명종대왕 22년 6월 새 임금 하성군

신해일[28일] ◗◖자정에 임금의 병환이 위독하였다. 왕비가 급히 대신을 불렀다. 영의정 이준경과 심통원이 침전에 들어가 뵈니, 임금은 이미 인사불성이었다. 이준경 등이 앞에 나아가 큰 소리로, "신들이 왔습니다." 했으나, 임금은 대답이 없었다. 사관을 시켜 두 사람의 이름을 써서 임금 앞에 들어 보였으나 역시 보지 못하여 어쩔 도리가 없었다.

이준경 등이 왕비에게 아뢰기를, "일이 이미 이에 이르렀으니, 마땅히 사직의 계책을 정하여야 합니다. 임금께서 고명하지 못하시니, 중전께서 지휘하셔야 합니다." 하였다. 왕비가 답하기를, "을축년에 이미 임금의 뜻을 얻었으니, 당연히 그 사람을 후사로 삼을 것이오." 하였다. 두 사람이 절하고 아뢰기를, "사직의 계책이 정해졌습니다." 하였다.

잠시 후에 두 사람이 나왔고 좌의정 이명도 당도하여 빈청에 모였다. 이날 새벽 명종대왕이 승하하였다. 대신이 승정원 도승지 이양원, 동부승지 박소립, 주서 황대수와 시위 장사를 시켜, 금상今上(선조)을 덕흥군 저택에 가서 모셔 오도록 하였다. 이양원이 다만 가서 모셔 오라는 명령만 받고 어느 군인지 물어보지 않은 채 지레 나갔다. 황대수가 이양원의 허리띠를 잡고 묻기를, "어찌 어느 군을 모셔 올지 묻지 않습니까?" 하니, 양원이 말하기를, "이미 정해진 일이니 물을 필요 없네." 하였다. 황대수가 말하기를, "이미 정해졌다 하더라도 대충 해서는 안 됩니다." 하자, 대신에게, "덕흥군의 몇째 아드님을 모셔 와야 합니까?"라고 물으니, 대신이 "하성군이시다."라고 하였다. 황대수가 종이에 써서 대신에게 들어 보이고 소매에 넣었다.

이양원 등이 대궐 문에 이르렀으나 말과 하인이 없었다. 덕흥군의 저택은 사직동에 있었으므로 대궐 서쪽 문에서 멀지 않았다. 이양원 등이 걸어서 가려 하니, 황대수가 말하기를, "아무리 창졸간의 일이라 하더라도 예의를 잃어 보는 사람들을 놀라게 할 수 없습니다." 하니, 양원이 말하기를, "어디서 말을 얻지?" 하였다. 그때 백관이 대궐에 들어가 곡을 하는 통에 말과 하인들이 문밖에 있었다. 황대수가 말과 하인을 얻어 두 승지와 함께 말을 타고 덕흥군의 저택에 도착하니, 호위병이 아직 모이지 않아 잡인들이 함부로 드나들었다. 날이 샐 무렵에 시위 병사들이 도착하였다.

이양원이 어느 군을 모시러 왔다고 밝히지 않고, 다만 임금의 외숙 정창서를 불러 뵙겠다고만 하였다. 황대수가 말하기를, "누구를 뵙겠다는 것인지 밝혀야 합니다. 이 같이 중대한 일을 어물어물해서는 안 됩니다. 옛사람도 발을 걷어 올린 뒤에야 절한 적이 있습니다.[12] 궁중에 왕손 세 분이 계시는데 어찌 분명하게 말하지 않을 수 있겠습니까. 당연히 세 왕손을 모두 나오시라 하여 직접 뵙고 난 뒤에 호위해야 할 것입니다." 하였다.

이양원이 따르지 않고 정창서에게 묻기를, "어느 군이 나가실 차비를 하시었소?" 하니, 창서가, "전일 정한 하성군입니다." 하였다. 황대수가 다시 용안을 먼저 뵈어야 한다고 역설하여 이양원 등이 뵙기를 청하였다. 이때 잡인들이 호종하는 자는 공신이 된다고 함부로 말을 하였다. 이에 몰려와 이름을 적어 궁의 종에게 주었다. 조정 신하 중에서도 이름을 적으려는 사람이 있었다. 궁의 종이 이름을 적은 장부를 황대수에게 주면서 말하기를, "후사 임금께서 간수하라 명하셨습니다." 하니, 대수가 받지 않고 말하기를, "후사 임금께서 오늘 어찌 이런 명을 내리셨겠는가." 하였다. 궁의 노비가 박소립에게 주니, 소립이 받았다.

해가 높이 솟은 뒤 이양원 등이 검은 옷을 입고, 시위 군사들은 모두 길복을 입었다. 임금은 흰옷에 검은 사모를 쓰고 경복궁에 들어가 상주가 되니, 인심이 크게 안정되었다. 박소립이 이름을 적은 장부를 가지고 승정원에 도착하니 사람들이 심하게 그를 나무랐다. 그러자 박소립이 거짓으로 말하기를, "나는 부채 봉한 것인 줄 알았다." 하였다. 그 후에 대간이 아뢰어 그 명부를 불태우고 이양원 등을 논핵하여 파직시켰다.

---

12) 누구인지 확인한 뒤에 예의를 표한다는 말이다.

율곡 생각[13] 이양원이 끝내 어느 군을 맞으러 왔다고 분명히 말하지 않은 것은 그 뜻이 어디에 있는가. 이는 뜻밖의 화란을 미리 방지하려는 것에 불과한 것이다. 을사년(1545) 인종이 승하하였을 때, 명종이 친아우로 유명을 받고 대궐에 들어와 대통을 이었는데도 뭇 간신이, "따로 어진 사람을 뽑으려고 한다."는 설[14]을 퍼뜨려 사림을 제거하였다. 그런데 하물며 지금은 인심이 불안하고 고명도 드러나지 않았음에랴. 혹시 간신들이 다른 왕손을 받들어 의외의 변이 생기면 금상을 모시러 간 사람이 어찌 주벌을 면할 수 있겠는가. 이양원의 계책이 치밀하다 하겠다. 비루한 위인이 제 몸을 생각함이 이렇게 살뜰했으니, 참으로 딱하도다. 박소립은 궁노의 말에 현혹되어 무뢰배의 명부를 받아 소매에 간직하였으니 그 역시 부끄러운 일이다.

성상이 승하하자 온 나라가 부모를 잃은 듯하여 뒤를 이은 임금까지도 이미 흰옷을 입었다. 그런데 시위하는 신하가 길복을 입고 있는 것은 어째서인가. 저들이 평소 길에서 과시하고 다니면서 남에게 뒤지지 않는다고 자부하다가 창졸한 때를 당하여 엎어지고 자빠지며 어쩔 줄을 몰라서 혼이 몸에 붙어 있지 못했으니, 만일 변고가 일어나 죽인다고 핍박했다면 어찌 항거하는 절의가 흔들리지 않을 수 있었겠는가. 아!

---

13) 원문에 '근안謹按'으로 된 대목으로, 율곡이 특정 사안에 대해 자신의 의견을 밝히고 있다. 실록의 사관 평론인 '사신왈史臣曰'과 같은 기능을 한다.

14) 택현설擇賢說을 이른다. 이른바 택현설은 인종의 후사로 명종이 아니라 성종의 3남인 계림군桂林君이나 중종의 6남인 봉성군鳳城君 가운데 '어진 이[賢人]'를 선택하고자 했다는 주장이다. 이로 인해 을사사화가 촉발되었는데, 결국 문정왕후의 밀지를 받은 이기·윤원형·정순붕·임백령·허자 등이 주도하여 윤임·유관·유인숙 등을 탄핵하였다.

저 발몽진락發蒙振落[15]의 무리야 오히려 무엇을 말하겠는가.

이때의 왕위 계승이 겨우 정해지고 인심이 크게 안정된 것은 이준경이 일을 장악한 공로 때문이다. 만약 윤원형 같은 무리가 나라를 맡고 있었다면 어떻게 지금처럼 태평할 수 있었겠는가. 『주역』에, "소인은 쓰지 말라."[16] 하였으니, 여기서 더욱 증명할 수 있으리라.

◗◖ 상은 덕흥군의 셋째 아드님으로, 어려서부터 자질이 아름답고 생김새가 맑고 빼어났다. 대행왕大行王(명종)이 후사가 없어 내심 후사로 정해 놓고 불러서 볼 때마다, "복 있도다, 덕흥은!" 하며 감탄하였다. 을축년 가을에 대행왕의 병환이 매우 위독하자 대신이 세자를 세울 것을 청하니, 왕비가 왕명으로 봉서 한 통을 대신들에게 내려 비밀리에 후사를 정하였으니, 곧 금상今上이다.

얼마 후 대행왕의 병환이 낫자 세자를 세우자는 의논이 중지되었다. 그러나 여전히 돌봄은 그지없어 자주 불러 학업을 시험하고 은혜가 끊이지 않았으니, 다만 세자라는 명칭만 없을 뿐이었다. 따로 사부를 뽑아 가르쳤으니, 한윤명과 정지연鄭芝衍이 여기에 들었다. 금상은

---

15) 먼지를 털어 내거나 낙엽을 흔들어 떨어지게 한다는 말로, 처리하기 쉬운 보잘것 없는 사람이라는 뜻이다. 전한前漢의 회남왕淮南王 유안劉安이 반란을 도모할 적에 "급암汲黯은 직간을 잘하는 데다 절의를 지키면서 의리를 위해 목숨을 바치는 사람이니, 잘못된 일을 가지고 그를 미혹시키기는 어려울 것이다. 그러나 승상 공손홍公孫弘 따위를 설복說服하는 것은 물건 위에 덮인 먼지를 털어 내거나 낙엽을 흔들어 떨어지게 하는 것처럼 쉬울 것이다." 하였다. 『사기史記 권120 급암열전汲黯列傳』

16) 『주역』「사괘師卦」'상육上六' 상象에 "소인을 쓰지 말라는 것은 그들이 반드시 국가를 어지럽히기 때문이다[小人勿用, 必亂邦也]." 하였다.

독서가 매우 정밀하여 의외의 질문을 하므로 사부들이 미처 답하지
못하는 때가 있었다. 이때에 이르러 궐에 들어와 대통을 이으셨다.

임자일 ）（ 수찬청修撰廳을 설치하고 대행왕의 행장行狀을 짓게 하니,
장차 명나라에 시호를 청하기 위한 것이다. 대신들이 사고史庫를 열어
실제 행적을 상고하기를 청하니, 사관史官이 열려 하지 않고 차자를
올려 사실史實을 보지 말자고 하였고,[17] 양사에서도 열지 말 것을 청하
여 중지하였다.

율곡 생각　붓을 들어 곧게 쓰는[直書] 것은 사관의 직분이고, 훌륭한 사관
을 벌하지 않는 것은 조정의 책임이다. 사관이 비밀리에 감추는 것은
그 책무가 아닌 것이다. 다만 임금이 평일에 사책을 열람한다면 사관이
주륙을 두려워하여 감히 곧게 쓰지 않는다. 그러므로 이전 시대의 사관
중에 간혹 비밀로 하고 내놓지 않는 경우가 있었다. 근래에 사화史禍가
몹시 참혹하여, 사관이 더욱 깊이 숨기는 것을 직분으로 알고 있는데,
이 역시 부득이한 데서 나왔다.[18] 다만 임금의 행장을 짓는 것은 평시에

---

17) 사고史庫는 궁궐에 있던 춘추관 사고로, 사관이 관리하였다. 당시는 아직 실록
청을 설치하여 실록을 편찬하기 전이므로 사초 및 중요한 문서들이 편찬을 기다
리고 있을 때이다. 실록 편찬은 졸곡이 끝나고 대를 이은 임금이 정무를 보기 시
작할 때 춘추관의 발의로 착수하기 때문이다. 그러므로 관례에 따라 사관들이 공
개를 거부한 것으로 보인다. 국왕의 행장, 지문誌文 등은 따로 대제학 등이 작성
하여 해당 실록 뒤에 부록으로 첨부한다.

18) 1548년(명종 3)에 있었던 사관 안명세安名世의 옥사를 말한다. 을사사화 이후
이기 등은 『무정보감武定寶鑑』을 편찬하기 위해 춘추관에서 사관의 사초를 찬집
청으로 꺼내오려 하였다. 을사사화의 핵심 사안이 실린 을사년 8, 9, 10월분이었

비할 바가 아닌데 이에 대해 실제 행적을 상고하지 않는다면 그 역사를 쓸데가 없다. 끓는 국물에 데고는 냉채국까지 입으로 부는 격(懲羹吹菜)[19]이라 하겠다.

7월 새 임금의 즉위와 이황의 출처

병진일 ◗◖ 금상께서 근정문勤政門에서 즉위하고 이날 성복成服(상복을 입음)하였다. 상이 즉위할 때 굳이 사양하며 상차喪次(상중에 임시 거처하는 여막)에서 나오지 않았다. 대신이 간청하고 왕비 또한 강력히 청한 뒤에야 겨우 상차에서 나왔다. 근정문에 나아가서는 또 어좌에 오르지 않으므로 대신과 승정원이 종묘사직의 대계에는 사사로운 마음을 용납할 수 없다고 아뢰자, 한참 뒤에야 어좌에 앉았다. 백관의 축하 인사를 받은 뒤에 왕비를 높여 왕대비로 하고, 대대적인 사면령을 내렸다. 왕대비는 발을 내리고 함께 정무를 보았다.

상이 즉위하자 일체 예법을 준수하였다. 이전 임금 때에 내관 가운데 장기간 당번을 서는 번 환관이 매우 많았음으로 상이 반으로 줄이

다. 이기 등은 사초에 있는 사관들의 '주註', 즉 사평과 상황 설명으로 구성된 사론史論을 트집 잡아 사관들을 탄압하였다. 그리고 을사사화를 부정적으로 평가하거나 기록한 17항 19조목을 추려 명종에게 보고하였다. 아울러 해당 사초를 작성한 안명세와 손홍적孫弘績을 의금부에서 국문하였고, 그 결과 안명세는 참형에 처해졌다. 『명종실록 3년 2월 12일』

19) 뜨거운 국을 먹다가 속을 데고 나면 냉채국을 먹을 때도 불어서 먹는다는 뜻이다. 이 말은 주로 지나치게 경계하거나 두려워하는 것을 비유할 때 쓰인다.

도록 하였다. 상은 항상 문을 닫고 말없이 앉았을 뿐 내시·내관과 말을 나누지 않으니, 조야에서 성덕의 성취를 우러렀다. 상의 유모가 덮개가 있는 가마를 타고 대궐에 들어와 상을 뵙고 청하는 일이 있었는데, 상이 마땅치 않게 여기다가 가마를 타고 왔다는 말을 듣고 꾸짖기를, "네가 어찌 분별없이 덮개가 있는 가마를 타느냐." 하고, 명하여 내쫓으니 유모가 걸어서 집으로 돌아갔다.

경오일 ▶◀ 중국 사신 한림원 검토관 허국許國, 병과 급사중 위시량魏時亮이 서울에 들어왔다. 허국 등은 새 황제[20]의 등극을 반포하는 일로 우리나라에 왔다. 안주安州에 이르러 대행왕의 부음을 듣고는, 나라에 변고라도 있나 의심하여 역관에게, "전왕에게 대를 이을 아들이 있는가?" 하므로, 답하기를, "없습니다." 하였다. 또, "수상首相이 누군가?" 하므로, 답하기를, "이준경입니다." 하였다. "나라 사람들이 그를 현명하다 생각하고 믿는가?" 하므로, 답하기를, "현명한 재상입니다. 나라 사람들이 신임합니다." 하자, 두 사신은, "그렇다면 염려 없다." 하였다.

상이 권지국사權知國事[21]로 곤룡포와 면류관의 칠장복七章服으로 교외에 나가 조서를 맞이하고 접대할 때에 예의에 어긋남이 없었다.

---

20) 중국 명나라 12대 황제에 오른 목종穆宗을 말한다.

21) 아직 왕호를 인정받지 않은 동안, 우선 국사를 다스린다는 뜻의 명칭이다. 고려 이래 임금이 즉위하면 중국 황제에게 알리고 승인을 받는 절차를 밟았는데, 그 승인을 얻기까지의 동안은 '권지국사'의 칭호를 쓴다. '권서국사權署國事'라고 부르기도 하였다.

두 사신이 주목하여 잠시도 눈길을 떼지 않다가 감탄하기를, "이러한 묘령妙齡(스물 안팎의 젊은 나이)에 행동이 모두 예절에 맞으니, 이런 현군을 얻은 것은 동국東國의 복이다." 하였다. 이때 상의 춘추가 16세였다.

다음 날 두 사신이 소복 차림으로 조문하였다. 또한 그다음 날 문묘文廟를 배알하고 이어 명륜당明倫堂에 앉으니, 유생 2천여 명이 뜰에서 절하였다. 두 사신이 일어서서 엄숙히 답례하고, 성균관 관원에게 말하기를, "동방의 예의가 성대한 것을 한층 알 수 있었다." 하였다.

계유일 ▶◀ 두 사신이 귀국 일정이 되어 서울을 떠났다. 백관이 전송하려고 길 왼편에 늘어서니, 두 사신이 수레에서 내려서서 공손히 읍하고 나서 가마를 탔는데, 태도가 매우 공손하고 미안해하였다. 두 사신은 모두 덕이 깨끗하였고, 허국은 문장을 잘하였다.

▶◀ 대행왕의 묘호廟號를 명종明宗이라 올렸다. 명종은 평소에, "시호에 명明 자를 얻으면 충분하다." 하였는데 이때에 마침 명 자를 쓰게 되니, 왕대비가 울면서 선왕의 평소 말씀을 군신에게 일러 주었다.

▶◀ 백인걸白仁傑을 홍문관 부교리로 삼았다. 백인걸은 기개가 있고 직언을 좋아하였다. 을사년 가을, 간신들이 밀지를 칭탁하고 사림을 해치려 할 때, 백인걸이 당시 헌납으로서 홀로 밀지가 옳지 못함을 아뢰니, 정언 유희춘柳希春이 그의 행동을 보고 혀를 내두르면서 '장하다!'고 하였다. 이 일로 투옥되어 앞으로 무슨 죄를 받을지 모르던 차에 마침 구해 준 사람이 있어 죽음을 면하고 귀양 갔다. 명종 말년에 복직되어 여러 번 관직을 옮겼는데, 양주 목사가 되었다가 이때 옥당에 들어

온 것이다.

)(이황을 예조 판서로 삼았다. 이황은 산림山林에서 도를 지켜 인망
이 날로 두터웠으므로 명종이 여러 차례 불렀으나 오지 않았다. 말년
에 이황을 불러 중국 사신을 접응하게 하니 황이 도착했으나 미처 임
명을 받기 전에 명종이 승하하였다. 이황이 그대로 조정에 머물러 명
종의 행장을 지었다.[22] 그러다가 종백宗伯(예조 판서)을 시키자 병을 이
유로 사직했다.

　상이, "경의 어진 덕을 들은 지 오래되었다. 이렇게 새로 정치를 시
작하는 때에 경이 만일 벼슬에 나오지 않는다면 어찌 마음이 편하겠
는가. 사직하지 말라." 하고 일렀으나, 이황은 끝내 관직을 맡을 생각
이 없었다. 이이가 이황을 뵙고서, "어린 임금이 처음 즉위하고 현재
나랏일에 어려움이 많으니 임금과 신하의 의리로 보더라도 선생께서
물러나지 말아야 합니다." 하고 말렸으나 황은, "도리로는 물러날 수
없지만 내 몸으로 보면 물러나지 않을 수 없다. 몸에 병도 많고 재주도
보잘것없네." 하였다.

　그때 성혼成渾을 참봉으로 임명하였으나 나오지 않으므로, 자리에
있던 한 사람이, "성혼은 왜 오지 않는가?" 하고 물으니, 이이가, "성
혼은 병이 많아 관직을 감당할 수가 없다. 만약 억지로 벼슬하라고 하
면 그것은 그를 괴롭히는 일이다." 하였다. 이황이 웃으면서 말하기
를, "숙헌叔獻(이이의 자)은 어찌하여 성혼에게는 후하게 대접하고 나에

---

22) 이황이 지은 명종의 행장은 『명종실록』 부록에는 들어 있지 않고, 『퇴계집』 권48
　　에 수록되어 있다.

게는 그리 박하게 대접하는가?" 하자, 이이가 대답하기를, "그렇지 않습니다. 성혼의 벼슬이 선생과 같다면 일신의 사사로운 계획은 고려할 것이 없습니다. 성혼에게 미관말직에 분주하도록 해서 나라에 무슨 보탬이 되겠습니까. 하지만 선생께서 경연 자리에 계신다면 나라에 보탬이 매우 클 것입니다. 벼슬이란 남을 위한 것이지, 어찌 자기를 위한 것이겠습니까." 하였다.

이황이 말하기를, "벼슬은 진실로 남을 위하는 것이지만, 만약 남에게 이로움이 미치지도 못하고 자신에게 근심만 절실하게 된다면 할 수 없는 일이네." 하니, 이이가 말하기를, "선생이 조정에 계시면서 설사 아무것도 원대한 계획이 없다 하더라도 상이 마음으로 중하게 의지하고 사람들이 기뻐하며 신뢰할 것이니 이 또한 이익이 남에게 미치는 것입니다." 하였으나, 이황은 수긍하지 않았다.

율곡 생각 　대신大臣은 도로써 군주를 섬기다가 되지 않으면 그만두는 것이다. 이황은 명종 때의 신하로 이왕 다시 조정에 나왔으면 당연히 새 임금을 보좌하고, 되지 않을 것을 안 뒤에 물러나도 되는데 이처럼 간곡히 사절했으니, 『주역』에 "능력을 알고 분수를 헤아려, 편안한 마음으로 남이 알아주기를 바라지 않는다."[23]고 한 분인가 보다.

---

23) 『주역』 「고괘蠱卦」 상구上九에 대한 정전程傳에 나온다.

8월 구습 타파의 어려움

명종의 상은 10월이 장례이나, 일관日官(관상감의 택일을 맡은 관원)이 불길하다 하여 대신과 일관이 의논하여 9월로 장례 날짜를 잡았으니, 4개월째가 된다. 생원 이유李愈가 상소하여 장례를 빨리 치르는 데 대해 비판하자, 왕대비가 하교하기를, "길흉은 천명에 달렸는데, 일관의 말을 어떻게 믿겠는가. 10월로 정하는 것이 옳다." 하였다. 대신들이 난색을 표하였으나 대비가 명하여 10월 15일에 하관하라 하시면서, "비록 불길하다 하지만 역시 쓸 수 있는 날이다." 하였다. 영의정 이준경과 좌의정 이명이 아뢰기를, "장삿날의 길흉을 가리지 않는 것이 훌륭한 뜻이나, 선령을 안장하는 데 흉한 날을 쓰면 하늘에 계신 혼령이 편안치 않을까 합니다." 하므로, 대비도 결국 이 청에 따랐다.

율곡 생각 제후는 5개월째에 장사 지내는 것이 선왕이 정한 제도이다. 예전에는 달을 택하는 일이 없었다. 자전께서 바른 이치를 통촉하였는데 대신이 그 좋은 점을 따르지 못하고 도리어 잘못된 설을 중시하였다. 대신이 소견 없음이 이와 같았으니, 시사時事를 짐작할 수 있다.

◗◖예조 판서 이황이 벼슬을 그만두고 고향으로 돌아갔다. 이황이 병을 이유로 여러 번 사직하니, 체직을 허락하였다. 그다음 날 조정에 하직도 하지 않고 돌아가자, 따지는 사람이 "국장 날짜가 다가왔는데 장례에 참석하지 않고 곧장 가 버리는 것은 옳지 못하다." 하였다. 이

황은 학문이 정밀하여 사람들이 대유大儒(큰 학자)로 지목하였고 어린 임금을 보좌하여 태평성대를 이루기 바랐으나, 스스로는 세상을 경영하고 백성을 구제할 재능이 없다고 생각하였다. 그 때문에 관직에 나오기를 어려워하고 물러나기를 쉽게 하는 것이 이와 같았다.

◗◖ 이조 좌랑 이이가 이조의 인사 행정이 공평하지 못함을 걱정하여, 판서 박영준朴永俊을 뵙고 말하기를, "현재의 폐단은 수령들의 노략질 때문에 나라의 근본인 백성이 피폐해진 것입니다. 수령을 선택하려면 처음 벼슬에 나온 사람이 가장 좋습니다. 하지만, 처음 벼슬하는 사람은 모두 청탁으로써 자리를 얻기 때문에 벼슬길이 맑아질 수 없고 따라서 백성도 편할 길이 없습니다. 이제 새로운 정치가 시작되는 날을 맞았으니, 바로 좋은 기회입니다. 지금부터 공도公道를 펴서 묵은 폐단을 개혁하기 바랍니다." 하였다. 박영준은 면전에서는 알았다고 해 놓고는 실제 인사를 할 때는 여전히 구습을 따르고 공정한 도리를 펴지 않았다. 이이가 탄식하기를, "고질병은 참으로 고칠 수가 없다." 하였다.

◗◖ 백인걸을 홍문관 직제학으로 삼았다. 백인걸이 오래 버려져 있다가 다시 서용되었으나, 오히려 강개한 마음이 있어서 논의할 때도 늙었다고 해서 스스로 물러서지 않았으므로 사람들이 두텁게 의지하였다.

9월 심통원 무리의 추락

심통원이 죄를 지어 관작을 삭탈당하고 시골로 추방되었다. 심통원은 심연원沈連源의 동생이며, 왕대비에게는 종조계부從祖季父(할아버지의 막냇동생)가 된다. 젊었을 때 여러 번 과거에 응하였으나 합격하지 못하여 몹시 기가 죽었다. 그러다가 김안로金安老가 나랏일을 맡자, 심통원이 대궐 뜰 과거장에서 대책對策을 쓸 때 안로를 충직하다 지적하여 장원으로 합격하였다. 중종이 이를 몹시 옳지 않게 여겼기 때문에 높은 자리는 얻지 못하다가 명종이 즉위하자 인척으로 발신發身하여 별안간 청요직을 두루 거치고 정승에까지 올랐다.

그는 됨됨이가 용렬하고 나약하며 행실이 염치가 없고 처사가 모호하였다. 탐욕이 한이 없어서, 뇌물이 폭주하여 대문 앞이 마치 시장 같았다. 큰아들 뇌鐳와 막내아들 화鏵가 이끗 쫓기만을 일삼아 남의 종과 재산을 빼앗는 것이 도적과 다름없었다. 하인들까지도 이것을 본받아 백성에게 해를 끼쳤다. 이양李樑이 방자했던 것도 사실 심통원과 서로 성세를 같이했기 때문이다.

이양이 패한 뒤에 공론이 일어나려 하였으나 뿌리 박힌 세력이 두려워 일어나지 못하였다. 윤원형이 패하자, 심통원이 스스로 사류에게 용납되지 못할 줄 알고 마침내 재상직을 사직하고 울적하게 지내며 뜻을 펴지 못하였다. 심통원은 비록 두려워할 만한 존재는 아니었으나 사림으로서는 간사한 자들이 몰래 심통원을 주동으로 삼아 술책을 부릴까 두려웠기 때문에 매우 걱정하였다. 이때에 이르러 공론이 이윽고 발동되어, 삼사三司(홍문관·사헌부·사간원)가 일제히 일어나고, 세 정승이 백관을 거느리고 대궐 뜰에 서서 귀양 보내기를 청하기까지 하였다. 달을 넘기고서야 관작을 삭탈하고 시골로 추방하였다.

계유일 ▶◀ 명종 공헌대왕恭憲大王을 강릉康陵에 장사하였다. 대신들이 상이 어리므로 장례에 참석하지 말기를 청하였다. 옛 의례에, 임금이 장례에 참석하지 못하면 신주를 세우는 제사에는 으레 삼공이 헌관獻官이 되었다. 이때 대신들이 옛 의례를 살피지 않고 헌관이 되기를 꺼려 관작이 높은 종친宗親으로 대신하였으니, 그 예절에 소홀함이 이와 같았다.

율곡 생각 신주를 세우는 것은 큰일이다. 임금이 장례에 참석하지 못하면 삼공으로 헌관을 삼는 것은 그 일을 중요하게 여기기 때문이다. 이 무슨 행하기 어려운 의례이기에 삼공이 행하지 않는가. 아! 산릉의 석물과 의장은 예전보다 사치스럽고, 예문과 상제는 예전보다 못해져서 마치 물이 자꾸 아래로 흘러가듯하니, 나중에는 어떤 지경에 이를지 알 수 없구나.

10월 을사사화의 내막

병술일 ▶◀ 명종대왕의 졸곡을 지내고 상하가 모두 흰 갓을 쓰니, 비로소『오례의』[24]의 제도를 회복하였다. 『오례의』에 졸곡 뒤에는 오사모와 흑각대에 백의로 사무를 보고 평소에는 백립을 쓴다 하였으니, 오사모를 쓰는 것은 임시변통으로 상중에 사무를 볼 때 입는 복색이다.

성종 때 의논하는 이들이, "사모를 흑색으로 쓰면 갓도 마땅히 흑색으로 써야 한다." 하였는데, 당시 조정 신하들이 모두 예의 의미를 몰라 흑립을 쓰게 되었고, 그 후에도 이대로 따라 바꾸지 않았다. 중종의 상에 좌의정 유관柳灌이, "평소에 흑립을 쓰면 이는 졸곡 후에 탈상하는 셈이 된다." 하여, 백립의 제도를 적용하였다. 인종의 상에는 유관 등이 죽고 난 뒤이라 대신들이 관의 의견을 잘못이라 하여 도로 흑립을 썼다.

문정왕후의 상에는 예관 중에 졸곡 후에 당연히 백립을 써야 한다고 말하는 이가 있었으나 윤원형이 수상首相으로 있으면서 화난 얼굴로, "이는 유관의 의견이다." 하니, 뭇사람이 두려워 다시 의논하지 못하였다가, 이때에 이르러 비로소『오례의』의 제도를 회복한 것이다.

▶◀ 대신들이 겨울에 천둥이 쳤다는 이유로 사직하니, 대비가 하교하기를, "대신이 무슨 죄가 있겠는가. 과실은 임금에게 있다. 만약 어진 인사로 침체된 자나 무고하게 죄를 입은 사람이 있거든 모두 죄를 감

---

24) '국조오례의國朝五禮儀'의 약칭으로, 국가 의례인 오례, 즉 길례吉禮·흉례凶禮·군례軍禮·빈례賓禮·가례嘉禮를 규정한 예전禮典이다. 세종의 명으로 허조許稠 등이 중국의 예서禮書인『홍무예제洪武禮制』등을 참작하고, 『두씨통전杜氏通典』을 모방하여『오례의』편찬에 착수하였으며, 세조가 다시 강희맹姜希孟에게 오례 중 실행할 만한 것을 채집하고 적출하여 편찬할 것을 명하여, 신숙주申叔舟·정척鄭陟 등도 함께 편찬하게 하였다. 1474년(성종 5)에 이르러서야 비로소 완성되었다.

해 주거나 풀어 주어 등용하도록 하라." 하였다. 그러자 대신들이 을
사년 이래 무고하게 죄에 얽매인 이들을 쭉 적어 올려, 어떤 이는 풀어
주기를 청하고 어떤 이는 복직시키기를 청하여, 송인수宋麟壽 등의 직
첩職牒(관원 증명서)을 도로 주니, 인심이 대단히 기뻐하였다. 그때 영
의정 이준경이 이를 극력 주장하자 각료 중에는 일을 할 때 차례가 없
으면 후환이 있을까 우려된다고 하는 사람도 있었다. 그러나 이준경
이 밀고 나가니, 식자들이 칭찬하였다.

◗◖ 송인수는 충성과 효도가 모두 지극하였다. 어려서 어머니를 잃었
을 때는 아직 예를 배우지 못했기 때문에 감정에만 치우쳐 너무 슬퍼
하여 엎드린 거적자리가 눈물에 썩고는 하였다. 제비가 여막에 집을
지었는데 그 새끼가 모두 흰색이었다. 사람들은 지극한 효성에 감응
된 것이라 말하였다. 조정에 서서는 명망이 당대에 높았고 인종 초년
에는 사림이 인수에게 두터이 의지하였다. 그러나 인수는 좋은 선비
였을 뿐 경세제민의 큰 재국은 없었고, 허심하게 사람을 대하므로 남
의 속임에 넘어가는 일이 많았다. 시세를 고려하지 않고 삼대三代의
사업을 이룩하려 하니, 간신들이 눈을 흘겼고 결국 무거운 죄를 얻고
말았다.

벽서의 변[25] 때 권신 이기 등이 빈청에 모여 죄인의 이름을 기록하고

---

25) 양재역 벽서 사건을 말한다. 명종 때의 정치적 옥사獄事로, 당시 외척으로서 정
　권을 잡고 있던 윤원형 세력이 반대파 인물들을 숙청한 사건이다. 정미사화丁未
　士禍라고도 불린다. 1547년(명종 2) 9월에 부제학 정언각鄭彦慤과 선전관 이로
　李櫓가 경기도 과천의 양재역에서 "위로는 여주女主가 정권을 잡고 아래로는 간
　신 이기가 권력을 농간하고 있으니 나라가 장차 망할 것을 서서 기다릴 수 있겠
　다. 어찌 한심하지 않은가."라는 내용으로 된 익명의 벽서를 발견해 임금에게 바

죽일 사람에게 점을 찍어 가다가 송인수의 이름에 이르자, 이기가 크게 점을 찍었다. 정순붕이 말하기를, "아깝다, 이 사람은 성실한 사람이다." 하였다. 이기가 돌아보며 말하기를, "택현의 설을 선동하는 자를 죽이지 않고 어쩔 것인가." 하니, 정순붕이 말을 못함으로써 송인수가 죽게 되었다.

죽음에 임하여 독약을 받들고 한참 생각하다가 말하기를, "내가 무슨 연유로 죽게 되는지 모르겠다." 하였다. 그 뒤에 이기가 사람들에게 말하기를, "송인수가 어찌 착한 사람이 아니리오마는, 큰일을 행하는 데 작은 인仁에 구애될 수 없었다. 비유하면 집을 지으려고 터를 닦는 데 좋은 꽃나무나 좋은 과일나무가 있더라도, 부득이 베지 않을 수 없는 법이다." 하였다.

)《 노수신盧守愼·유희춘柳希春·김난상金鸞祥 등이 모두 관작이 회복되었다. 을사년에 죄를 입은 사람으로 모함을 당하고 20여 년 만에 비로소 은혜로운 명을 받게 된 것이다. 노수신은 문학과 행실로 일찍부터 명성이 높았고, 장원에 뽑혀 청요직을 역임하였다. 을사년의 간당들이 그의 명망을 시기하여 먼 곳으로 귀양 보냈다. 수신은 귀양살이하는 중에 학문이 더욱 정밀해졌다. 때로는 시를 지었는데 임금에 충성하고 어버이를 사랑하는 지극한 정성에서 나온 것이 많았다. 「숙흥야매잠夙興夜寐箴」의 주석을 지어 그 뜻이 정밀하고 밝아 사림이 전하

첬다. 이에 지난날 윤원형을 탄핵한 바 있는 송인수, 윤임 집안과 혼인 관계에 있는 이약빙李若氷을 사사하고, 이언적李彦迪·정자鄭滋·노수신·정황丁熿·유희춘柳希春·백인걸·김난상金鸞祥·권응정權應挺·권응창權應昌·이천계李天啓 등 30여 명을 유배하였다. 『명종실록 2년 9월 18일』

며 외우니 맑은 명성이 더욱 퍼졌다. 이때에 와서 홍문관 수찬의 직책을 받았다. 유희춘도 널리 책을 읽고 기억력이 특출하여 당시에 명성이 있었다.

)(대신이 옛 제도에 따라 상선常膳(평소에 먹는 고기반찬)을 들도록 청하니, 상이 듣지 않았다. 삼공이 백관을 거느리고 굳게 청한 끝에 겨우 윤허하였다. 우리나라 역대의 제도에, 졸곡 뒤에는 임금이 고기반찬을 들고 나서 신하들에게 평소대로 육식을 하도록 했기 때문이다. 이때 상이 자주 경연에 나와 변론하고 질문하는 바가 매우 상세하므로, 강관으로 학식이 넓지 못한 사람은 경연에 들어오길 꺼리는 경우가 많았다.

박순이 시강하고 나와서 말하기를, "상의 용안을 뵈니 정말 영명한 군주이시다. 졸곡 전에는 경연에 나와서 글을 보고 읽기만 하고 질문하는 것이 없기에, 신하들이 자못 자세히 알지 못하고 넘어가시는가 의심하였는데, 졸곡 후에 반복하여 변론하는 것이 보통 사람의 생각보다 뛰어나다. 이는 곧 상중에는 말을 하지 않는다는 예법을 실천하신 것인데 신하들이 상의 뜻을 알지 못하였던 것이다." 하였다.

)(윤춘년尹春年(1514~1567)이 죽었다. 윤춘년은 됨됨이가 경망하고 자신감이 많았으나, 그 학문이 심히 잡박하여 불교와 도교의 찌꺼기들을 주워 모아 떠벌리면서 득도하였다고 자칭하였다. 또 음률音律에 매우 밝다고 하는가 하면, 또 말하기를, "사람의 두어 구절 단편만 보아도 그 사람이 어진지 아닌지, 오래 살지 일찍 죽을지, 귀하게 될지 천하게 될지를 알 수 있다." 하였다.

애초에 윤원형에 붙어 윤원로를 공격하여 제거했기 때문에 급작스럽게 대관大官이 되었고, 무리를 모아 강학하면서 망령되이 사도師道로 자처하므로 부박하고 명예를 구하는 자들이 그를 따라 어울렸다. 의논이 번지르르하여 걸핏하면 성현聖賢을 끌어대었는데 그의 말에, "성인聖人이 별것인가? 단지 천심과 합하는 사람일 뿐이다. 옳고 그름, 의리와 이익을 따지지 않고 그저 일을 성취시키는 것을 천심과 합하는 것이라 한다." 했다. 또 말하기를, "김시습金時習은 동방의 공자이다. 공자를 못 보았으면 열경悅卿(김시습의 자)을 보면 된다." 하였다. 그가 김시습에게서 취하는 것은 모두 속설로 전하는 괴이한 행적들로 실제로는 김시습이 한 일도 아니었다.

중 보우가 자칭 도를 깨달았다고 하면서 윤춘년을 만나 자기 소견을 말하니, 춘년이 대단히 칭찬하고 사람들에게 말하기를, "보우는 선학禪學을 통하여 마음을 깨달아 그칠 데를 알기는 하였으나, 공력이 아직 정定에 이르지는 못하였다." 하였다.[26] 그의 허망하고 망령됨이 모두 이런 따위였다.

윤춘년이 술과 여자를 좋아하지 않았던 까닭에, 그 문도 중 술에 빠져 방탕한 짓을 하는 자들도 춘년을 만날 때면 반드시 술을 끊고 여색을 물리쳤다고 말하면서 속이므로 사람들이 모두 손가락질하며 비웃었다. 다만 춘년이 조금 청렴하여 뇌물을 받지 않았기 때문에 간혹 이점을 인정하는 이가 있었고, 지위가 육경에 이르러 개혁한 일이 많아

---

26) 윤춘년이 『대학』의 맨 처음에 나오는 이른바 삼강령三綱領 바로 다음에 나오는 '머물 곳을 안 뒤에야 정함이 있다[知止而後有定]'는 말을 인용하여 보우의 수준을 평가한 말이다.

스스로 도를 행한다 생각하였다. 윤원형이 패하자 윤춘년이 면직당하고 고향으로 쫓겨났는데, 울화가 난 중에 찬 것을 마시다가 병이 나서 죽었다.

▶◀ 심전沈銓이 죄를 지어 관작을 삭탈당하였다. 심전은 심통원의 조카이다. 탐욕스럽고 비루하기 짝이 없었는데, 외척 세력으로 영화롭고 중요한 관직을 역임하였으며, 큰 고을에 수령으로 나가 오로지 재물 긁어모으기를 일삼았다. 그는 공공연히 말하기를, "내가 남녀 열 사람을 두었는데 탐하지 않고 어떻게 먹고살겠는가. 그러나 나는 끝까지 사람을 해치지는 않았다." 하였다. 안자유安自裕가 어떤 사람에게 말하기를, "심 숙평沈叔平(심전의 자)은 정직한 선비다." 하였다. 그 사람이 이유를 물었더니, 안자유가 말하기를, "탐욕을 숨기지 않았기 때문이다." 하자, 듣는 사람들이 씁쓸하게 웃었다. 이때에 와서 양사가 논핵하여 관직을 삭탈하니, 팔을 걷어붙이며 욕하는 백성이 많았다.

▶◀ 민기閔箕를 의정부 우의정으로 삼았다. 좌의정 이명이 연로하여 정승 자리를 사퇴하자, 권철을 좌의정으로 승진시키고, 민기를 우의정으로, 이명을 영중추부사로 옮겼다. 민기는 젊어서 학자로 명성이 있다가 조정에 들어온 뒤에는 세력의 부침에 따라 행동하였을 뿐 별로 정사를 일으켜 밝힌 바가 없이 그저 선善을 좋아하는 것으로 당대에 중망을 받았을 뿐이다. 이때 홍섬洪暹과 오겸吳謙이 아상亞相(좌·우찬성)의 지위에 있었으나, 둘 다 사람들의 원하는 바가 아니었기 때문에 민기가 순서를 넘어 정승에 임명된 것이다.

▶◀ 김명윤金明胤이 죄를 지어 관직을 삭탈당하였다. 김명윤은 젊을 때 선행으로 이름이 알려져 현량과賢良科로 발탁되었다. 현량과 천거가 폐지되자 명윤은 다시 유건儒巾을 쓰고 과거장에 들어가 급제한 뒤로 시비를 돌아보지 않고 단지 출세하는 데만 급급하였다. 을사사화 때에는 권간權姦들의 뜻을 받들어, 윤임이 봉성군 완岏을 추대하려고 하고, 계림군 유瑠가 왕위를 엿본다고 무함하는 계를 올렸다. 이 때문에 큰 화가 하늘에 치닫고 사림이 일망타진되었다.

명종 말에 청의淸議가 다시 일어나고 간신들의 세력이 쇠퇴되자, 김명윤이 경연에서, "을사의 나머지 사람들 중 억울한 사람이 많으니, 어느 정도 신설伸雪하여 인심을 위로하십시오." 하고 아뢰었다. 또 조식曹植·이항李恒 등이 소명을 받았을 때에, 명윤은 선한 사류에게 아첨하고자 명종에게 아뢰기를, "이 사람들에게는 마땅히 대간臺諫으로서 시종하는 직임을 주어야 할 것입니다." 하기도 했다. 그의 농단하는 기술이 늙어갈수록 더욱 교묘하였다. 사림이 분개하고 미워하였는데, 이번에 관작을 삭탈당하였지만 여전히 그 목숨을 보전하게 된 것을 불쾌하게 생각하였다.

인종이 처음 즉위했을 때, 사림이 일어나고 대관臺官(사헌부 관원)이 기묘년의 억울함을 풀고자 하였는데, 그 계사에서 "기묘년의 사림 중에는 정직하지 않은 사람이 없었다."는 구절이 있었다. 당시 백인걸이 지평으로 있는데, 그 말을 지워 버리자고 하였다. 어떤 동료가 불끈 화를 내며, "이를 어째서 지워야 한단 말인가?" 하니, 백인걸이 답하기를, "임금은 털끝만큼도 속여서는 안 된다. 기묘년에 과연 현명한 선비가 많았지마는 어찌 모두 정직한 사람이었겠는가. 현량과가 혁파된 뒤에 다시 책보를 끼고 과거장에 들어간 자도 정직한 사람이겠는가." 하였다. 이는 김명윤을 지목한 말이었다. 뒤에 백인걸이 김명윤을 보고, "공은 천백억 번 변하는 사람이다." 하였는데, 사람들이 모두 적절한 평이라 하였다.

▶◀ 조광조趙光祖·이언적李彦迪·권벌權橃을 정승으로 추증하고, 조광조에게 문정文正, 이언적에게 문원文元이라 시호를 주었다.

조광조(1482~1519)의 자는 효직孝直으로, 젊었을 때 김굉필金宏弼에게 배웠는데, 자질이 매우 아름답고 지조가 굳고 확실하였다. 세상이 쇠퇴하고 도가 희미해지는 것을 보고 개연히 도를 행하는 일을 자기의 사명으로 삼고 행동을 법도에 맞도록 하였다. 팔짱 끼고 꿇어앉아 말을 꼭 해야 할 때만 했으므로 속인들은 손가락질하며 비웃었으나 조금도 동요되지 않았다.

탁월한 행실로 추천되어 사지司紙(종이 만드는 관청인 조지서의 종6품 관리) 관직을 받게 되자 조광조가 탄식하면서, "내가 작록을 구하지 않는데도 이 벼슬을 주니, 차라리 과거를 거쳐 출신하여 임금을 모시겠다." 하고 드디어 과거를 보아 급제하여 홍문관에 들어갔다. 경연 석상에서 항상 도학道學을 숭상하여 인심을 바로잡고 성현을 본받아 지치至治를 일으켜야 한다는 논설을 반복하여 아뢰었는데, 그 말뜻이 몹시 간절하였다.

중종이 귀 기울여 듣고 1년 사이에 부제학으로 승진시켰다. 조광조가 마침내 임금을 도와 경세제민하겠다는 마음으로 자기가 아는 것을

임금에게 말하지 않은 바가 없었으며, 많은 청류淸流를 조정에 등용시
켜 근래의 나쁜 인습을 개혁하고 옛날 현명하고 밝았던 군왕들의 규
범을 준수하려 하였다. 그때 세속에 물든 대신들은 대부분 좋아하지
않았으나 감히 말하지는 못하였다.

　사림이 흥기하다 보니 간혹 명예를 좋아하는 사람들이 섞여 진출하
여 논의가 대단히 날카로워졌고 일을 하는 데도 점진적인 두서가 없
었다.[27] 조광조가 "일을 해 나갈 때 급박하게 해서는 안 된다. 점진적이
어야 한다." 하고, 매번 동류들 가운데 일 만들기 좋아하는 사람들을
억제하고는 하였다. 그러자 부박한 무리는 도리어 조광조는 겉으로만
늠름한 체한다 하여 그를 논핵하려고까지 하였다.

　조광조는 스스로 일이 반드시 실패할 것을 알고 중종께 아뢰기를,
"신은 학술이 부족한데 작위만 지나치게 높습니다. 어느 한가하고 궁
벽한 고을을 얻어 독서하여 학문이 진전된 뒤에 다시 조정에 서고 싶
으나, 성상께서 허락하지 아니하시므로 연연하며 머뭇거리고 있으
니, 신의 죄가 크옵니다." 하였다. 이때 남곤南袞과 심정沈貞이 음험한
간계로 사림에 득죄하였다가 다시 면모를 바꾸고 청류에게 의탁하려
고 하였으나, 사류가 끝내 받아주지 않았다. 이 때문에 울분을 품고서
풀지 못하고 있었다.

　조광조가 대사헌이 되어 법을 공평하게 행사하므로 사람들이 모두
감복하여 그가 거리에 나갈 때면 사람들이 말 앞에 늘어서서 절하며
"우리 상전上典[당시 주인을 상전이라고 했다]이 오셨다."고 하였다. 이렇

---

27) 기묘사화 이전에 추진된 개혁이 과격했음을 지적한 말이다.

게 되자, 남곤 등이 몰래 조광조가 민심을 얻었다는 유언비어를 만들어 홍경주洪景舟의 딸 희빈熙嬪을 통해 중종의 귀에 들어가게 하니, 상의 마음에 의심이 없을 수 없었다.[28]

이전에 중종반정 때에 박원종朴元宗 등이 청탁을 받고 많은 사람을 공신에 등록하였으므로 훈공이 남용되었다는 공론이 떠들썩하였다. 조광조 등은 "선비들의 습속이 바르지 않은 것은 이익만 알고 의리를 모르기 때문이니, 외람된 훈공은 도태시켜 이익을 찾는 근원을 막아버리는 것이 마땅하다."고 생각하였다.[29] 마침내 대간을 거느리고 대궐 합문에 엎드려 정국공신靖國功臣에 잘못 들어간 자를 도태시켜야 한다고 청하였다.

여러 달이 지나도록 허락하지 않자 더욱 힘껏 다투었고, 심지어 사직까지 하여 허락을 받았다. 상은 마음속으로 한층 염증을 내고 있었다. 남곤·심정·홍경주 등은 은밀히 희빈을 통하여 기밀이 있다고 고하고 밤에 연추문延秋門(경복궁 서문)을 열고 들어가 입시했는데, 사관을 참석시키지 않아서 무슨 말을 하였는지 알 수 없다.

이윽고 상이 영의정 정광필鄭光弼 등을 불러 조광조 등의 죄를 논의

---

28) 당시 조광조를 모함했다는 이 일화는 주초위왕走肖爲王 사건으로 불렸다. 조광조는 한양 조씨로 나라 趙조 자를 쓰는데 이를 파자하면 달릴 주走 자와 닮을 초肖 자로 나뉜다. 다시 말해 주초위왕이란 '조씨가 왕이 된다'는 의미이다. '감잎에다가 꿀을 묻혀서 벌레가 파먹게 했다'고 하지만 전해지는 이야기일 뿐이고, 민심의 동향 혹은 이들의 음모가 이렇게 펼쳐졌다는 정도로 이해하면 될 것이다.

29) 이를 '위훈삭제僞勳削除'라고 한다. 중종반정이 일어났을 때 숙직을 섰던 승지, 곁다리 붙은 사람, 어중이떠중이 들이 공신 반열에 덩달아 들어갔다. 결국 117명의 공신 중에서 76명을 위훈이라고 하여 공신 명단에서 빼게 된다. 『중종실록 14년 11월 11일』

하였다. 정광필이 힘껏 구원하였으나 상이 남곤을 시켜 전교를 작성하게 하여 조광조와 김정金淨·김식金湜·김구金絿·기준奇遵·박훈朴薰 등을 의금부에 가두니, 이때 깨끗한 선비들이 일망타진되어 조정이 거의 비다시피 하였다.

상이 정광필에게 명령하여 정무를 보라고 하여 광필 등이 빈청에 물러나왔다. 정광필이 남곤을 뚫어지게 보기만 하고 말을 하지 않자, 곤이 물러나와 사람들에게 말하기를, "정광필의 그 눈이라니!" 하였다. 정광필이 유운柳雲을 대사헌으로 삼고, 이사균李思鈞을 부제학으로 삼았는데, 이들은 안으로는 절개가 있으나 밖으로는 검속이 없어 조광조 등이 가볍게 여기던 사람들이었다. 남곤 등이 이 두 사람은 조광조에게 거슬린 사람이라 하여 의심하지 않으니, 당시 사람들이 정광필의 높은 감식안에 탄복하였다.

의금부의 추관推官(심문관)이 형문刑問(고문하며 심문함)하기를 청하니, 상이 죄에 따라 조율照律(법을 적용함)하도록 하였다. 추관 김전金銓 등이, "간당을 처벌하는 법률에 따라 목을 베고 가옥은 몰수하며 처자는 노비로 삼는 것이 마땅합니다." 하였다. 상이 하교하기를, "조정에서는 이것을 가지고 죄안을 작성하라." 하였다. 이어 하교하기를, "조광조·김정·김식·김구 네 사람은 사사賜死하고 그 외는 모두 먼 곳으로 귀양 보내라." 하였다.

그때 이미 날이 저물었다. 정광필 등 대신들은 빈청에 모여 있었다. 정광필이 사사하라는 하교를 듣고 놀라 촛대를 만지며 탄식하다가 다시 사형만은 감하기를 극력 청하였다. 상이 그제야 장형杖刑을 가하고

유배시키도록 하였다.[30]

조광조가 귀양 가던 도중 소명을 받고 서울로 올라오던 이사균을 만났다. 이사균이 조광조의 손을 잡고 간곡히 말하기를, "자네는 아직 『중용』을 잘 읽지도 않았으면서 어떻게 당唐·우虞(요와 순의 이름)의 사업을 할 수 있단 말인가. 『중용』에 말하지 않았는가. '어리석으면서 자기가 쓰이기를 좋아하고, 미천하면서 마음대로 하기를 좋아하며, 지금 세상에 나서 예전의 도를 행하려 하면 재앙이 그 몸에 미치지 않는 이가 없다'. 자네가 재앙을 면치 못한 것이 당연하네. 자네는 지금 젊은 나이이니, 책을 바로 읽고 힘써 자신을 아껴야 하네." 하였다.

그때 유운이 대간을 거느리고 나아가 청하기를, "전하께서 조광조를 다시 쓰시어 군신君臣이 예전과 같으면 신들은 직무에 나아가겠지만, 그렇지 않으면 신들을 죽여 간인들의 마음이 상쾌하도록 하십시오." 하였다. 여러 날을 이렇게 다투다가 결국 탄핵을 받아 교체되어 나갔다. 이사균도 서울에 와서 조광조 등을 구원하다가 유운 등과 함께 파직당하였다. 상이 또 정광필의 정승 직을 해임시키니, 조정 신하 중에 다시는 말하는 사람이 없었고 조광조는 마침내 죽음을 면하지 못하였다.[31] 그는 죽음에 임하여 하늘을 우러러보고 시를 읊기를, "임

---

30) 중종의 처신은 이해하기 어려운 데가 많다. 사화 이후 홍경주에게 내린 밀지에는 "임금이 신하와 함께 신하를 제거하려고 꾀하는 것은 도둑이나 하는 모의에 가깝기는 하나, 간당이 이미 이루어졌고 임금은 고립하여 제재하기 어려우니, 함께 계책을 세워 그들을 제거해서 종사宗社를 안정하게 하려 한다."고 했는데, 당시에도 밀지의 뜻이 알기 어렵고 한글을 섞어 쓴 것도 있어서 명료하지 않았다고 한다. 『중종실록 14년 12월 29일』

31) 조광조가 귀양을 가자 많은 사람들이 아쉬워했고 성균관에서도 조광조를 살려

금 사랑하기를 아비 사랑하듯 했으니, 저 태양은 나의 붉은 마음 알리라." 하니, 나라 사람들이 모두 슬퍼하였다.

처음에, 정광필은 옛 규례를 그대로 지키려고 하였고, 조광조는 삼대의 옛 체제를 복귀시키려고 하여, 두 사람이 자기주장을 내세워 합치하지 못하였다. 하지만 정광필이 사력을 다하여 조광조를 구원하려 하므로 사람들이 그의 덕량을 추앙했다.

우리나라에 이학理學의 전통이 없었는데, 고려 왕조의 정몽주鄭夢周가 처음 단서를 꽃피웠으나 법도가 정밀치 못하였다. 우리 왕조에 김굉필이 그 단서를 이어받았으나 아직 크게 드러나지 못했다가, 조광조가 도를 주창하게 되자 배우는 이들이 모두 함께 그를 존경하였다. 지금 성리性理의 학문이 있는 줄 알게 된 것은 조광조의 힘이다.

율곡 생각　옛사람들은 반드시 학문이 이루어지기를 기다려서 도를 행하고자 하였는데, 도를 행하는 요체는 임금을 바르게 하는 일보다 더 급한 것이 없다. 애석하도다! 조 문정趙文正(조광조의 시호)은 현철한 자질과 경세제민의 재주를 가졌지만 학문이 채 대성하기도 전에 갑자기 요로에 올랐다. 위로는 임금 마음의 잘못을 바로잡지 못하고 아래로는 권력가들의 비방을 막지 못하였다. 간절한 충심을 다하려 하자 참소하는 입이 먼저 열려 몸은 죽고 나라는 어지러워졌고, 도리어 뒷사람들로 하여금 이를 징계로 삼아 감히 일을 해보지 못하게 만들었다.

달라고 상소하고 파업하거나 동맹휴업을 하는 등의 양상이 벌어졌는데, 이는 오히려 중종과 공신 세력의 의심과 경계를 샀다.

아마도 하늘이 사도斯道('우리 학문', 즉 유학을 말함)가 행해지지 못하도록 하였나 보다. 어째서 이런 인물을 낳기만 하고 성공하도록 만들지는 않았던가. 문정이 비록 진퇴의 기미에는 밝지 못한 점이 있었으나, 배우는 이들이 이때에 이르러서야 성리학이 종주宗主가 될 만하고 왕도王道가 귀하며 패도覇道가 천한 것을 알았으니, 유학에 끼친 그의 공로는 사라지지 아니하리라. 뒷사람들이 태산과 북두처럼 우러러보고, 또 위에서 내린 은총이 갈수록 더욱 융숭함은 당연하도다.[32]

◗◖ 이언적(1491~1553)은 박학하고 문장을 잘하였으며, 부모를 지극한 효성으로 섬기고 성리학 책을 즐겨 보아 손에서 책을 놓지 않았다. 몸가짐이 장중하고 쓸데없는 말을 하지 않았으며, 많은 저술을 남기고 매우 정미한 경지에까지 나아갔으므로 배우는 이들이 도학道學으로 추대하였다. 다만 경세제민의 큰 재질과 조정에 있을 때 큰 절개가 없었다.

을사사화 때 이언적은 주선하여 은밀히 사림을 구출하려 하였다. 때문에 직언으로 구원하지 못하고, 권간들의 협박으로 추관이 되어 선한 사람들을 고문하여 공신까지 되었다. 곽순郭珣이 형신을 당할 때 추관이 된 이언적을 쳐다보고 한탄하기를, "우리들이 복고復古[이언적의 자]의 손에 죽을 줄이야 어찌 알았겠는가." 하였다. 이언적이 후회하여 차차 권간들과 다른 길을 가다가 결국 죄를 얻어 공훈을 삭탈당

---

32) 조광조에 대한 율곡의 이와 같은 평가는 『동호문답東湖問答』에도 보인다.

하고 멀리 귀양 가서 죽었다.[33]

율곡 생각   도학이라는 명칭이 예전에는 없었다. 옛날 선비란 집에서는 효
도하고 밖에서는 공손하며, 벼슬하면 도로써 임금을 섬기고 맞지 아니
하면 몸을 거둬 물러났다. 이와 같이 하는 것을 선善이라고 하고 그렇
지 못한 것을 악惡이라 하였을 뿐 도학이라는 별도의 명칭을 만들지 않
았다.

세상이 말세가 되고 도가 쇠퇴하여 성현의 전통이 전수되지 못하므로
악한 자는 말할 것도 없거니와 선한 자도 다만 효우충신孝友忠信만 알
고 진퇴進退의 의리와 성정性情의 온축을 알지 못하여, 때때로 행동하
면서도 왜 그러는지 드러내지 못하고, 익히면서도 왜 익히는지 살피지
못한다. 이래서 이치를 연구하고 마음을 바르게 하며[窮理正心], 도에
의해 나아가고 물러서는 것을 도학이라 지칭하게 되었으니, 도학이라
는 명칭을 만든 것은 말세의 부득이한 일이었다.

이 명칭이 생긴 뒤 간악한 자들이 더러 지목하여 배척함으로써 도리어
세상에는 용납 받지 못하게 되었으니, 아, 슬프도다. 아! 도학이라는 이
름조차 이미 말세에 나온 것인데, 세속이 더욱 퇴락하여 경서나 읽고 저
술이나 하는 사람을 도학으로 지목할 뿐 그 심성心性 공부와 출처出處의
절개는 미처 생각할 겨를도 없으니, 세도世道가 변했음을 더욱 알 수
있다.

---

33) 이언적은 경주 사람으로, 회재晦齋 또는 자계옹紫溪翁이라 자호하였다. 을사사
    화 뒤 고향으로 돌아간 지 2년 후 양재역 벽서 사건이 일어났을 때 강계부江界府
    에 귀양 가서 세상을 떴다. 『명종실록 8년 11월 30일』

조 문정의 학문은 비록 미진한 데가 있기는 했으나, 그가 조정에 섰을 때를 보면 오로지 도를 행하는 일만을 힘써 삼대의 도가 아니면 결코 임금 앞에 말하지 않았으므로 그가 도학이란 이름을 얻은 것은 진실로 당연한 일이다.

이 문원李文元의 경우, 다만 충성스럽고 효성스러운 사람으로 옛 서적을 많이 읽고 저술을 잘하였을 뿐이다. 그 사생활을 보면 부정한 여색을 멀리하지 못했고 조정에 나와서는 도를 행할 책무를 수행하지 못하였으며, 을사사화 때에 직언으로 항거하지 못하고 누차 추관이 되어 위훈僞勳에 함께 등록되었다. 결국 권간들에게 죄를 얻기야 했지만 역시 부끄러워 이마에 땀이 날 일이니, 어찌 도학으로 추대할 수 있겠는가. 아! 문원이 비록 도학의 칭호는 감당할 수 없었지만 그의 현명함은 세상에 흔히 있는 존재가 아니었는데, 이 사람이 세상에서 용납되지 못하였으니 어찌 애통하지 않은가.

◗◖ 권벌은 을사사화 때 병조 판서였다. 유관·유인숙 등이 처음 귀양 가게 될 때 자신들의 죄가 아닌 대신을 귀양 보낸다고 기개 있게 반대했는데, 그 말이 매우 절실하고 정직하였다. 이언적이 원상院相(국왕이 죽은 뒤 26일의 공제公除 기간 동안 정무를 맡은 재상)으로 승정원에 있으면서 권벌의 계사 초고를 보고 놀라서, "이렇게 하면 화변의 계제를 도발시킬 뿐이다." 하고, 내용 가운데 너무 곧은 말은 지워 버렸다. 권벌이 무릎을 안고 탄식하기를, "이렇게 지우려거든 차라리 계달하지 않는 것이 옳다." 하니, 이언적이, "지금 직언으로 화를 도발하는 것은

나라에 보탬 될 것이 없소." 하고는, 결국 초고를 고쳐서 올렸다. 그런데도 문정왕후의 노여움을 사서 귀양 가서 죽었다.[34]

율곡 생각   사람을 볼 때 먼저 그 대절大節을 인정한 뒤에 세세한 행적을 논하는 것이 옳다. 권벌과 이언적 두 공公은 평소 행실에 있어서는 권공이 이공을 따르지 못하였으나, 환난에 임하여 대항한 절개에서는 이공이 권공에게 양보해야 할 것이다. 어떤 이는 이공이 권공보다 낫다고 하는데, 나는 믿지 않는다.

》《 남곤의 관작을 추삭追削(죽은 뒤 관직을 삭탈함)하였다. 남곤은 젊었을 때 문장으로 세상에 이름이 있었으나, 출세에 급급한 나머지 박경朴耕이 모반한다고 무고하여 그를 죽게 했다. 이 때문에 청의에 용납되지 못하였으며, 결국 심정과 함께 조광조를 모함하여 선한 사람들을 모두 쫓아내었다. 사림은 그 죄는 죽여도 용서할 수 없다고 하였다. 오늘날 공론이 비로소 일어났으므로 여론이 통쾌하게 여겼다. 그러나 그가 살아 있을 때 정형正刑(절차에 따라 처벌함)하지 못한 것을 한스러워하였다.

율곡 생각   우리나라가 덕을 쌓고 인을 쌓아 대대로 정치의 도리를 구현했

---

34) 권벌도 을사사화 때 귀양을 갔다. 그는 빈청賓聽에서 이림李霖이 문정왕후에게 수렴청정을 청하자고 하였을 때, "예로부터 태황태후太皇太后가 임조臨朝한 전례는 있지만 태황태후가 있는데 황태후로 하여금 임조하게 하는 이치가 있었는가." 하며 반대하였다. 문정왕후의 노여움을 샀다는 말은 이 일을 가리키는 것으로 보인다.「명종실록 1년 2월 30일」

다고는 하나, 일찍이 도학을 군주에게 고한 사람이 있다고는 듣지 못했
다. 오직 조 문정이 성리학으로 우리 중종을 보필하여 세도가 거의 변
화하려 하였는데, 남곤의 참소하는 주둥이가 칼날보다 더욱 참독하여
선량한 이들을 베어 없애고 나라를 병들고 초췌하게 하였다. 실정을 따
져 형벌을 정하자면 오형五刑[35]도 오히려 가벼울 것인데 끝내 몸뚱이를
보전하고 늙어서 방 안에서 죽었으니, 죽은 뒤에 관작을 삭탈하는 벌
이야 그 죄의 만분의 일에도 해당하지 못할 것이다. 통탄스러운 일이
로다.

---

35) 『서경書經』「여형呂刑」에서 말한 다섯 가지 형벌로, 얼굴에 글자를 박아 넣는 묵
　　형墨刑, 코를 베는 의형劓刑, 발꿈치를 베는 월형刖刑, 남녀의 생식기를 못 쓰게
　　하는 궁형宮刑, 사형인 대벽大辟이다. 조선 시대에 형률에 적용한 『대명률大明
　　律』에는 태笞·장杖·도徒·유流·사死의 다섯 가지가 있었다.

노수신과 숙흥야매잠

이황의 후배이자 이이의 선배 격인 노수신盧守愼(1515~1590)은 장원급제한 뒤, 사가독서를 거친 촉망받는 학자 관료였다. 인종 때 사간원 정언으로 이기李芑를 탄핵하였다가, 을사사화 및 양재역 벽서 사건(1547)으로 19년간 진도로 귀양 가서 살았다.

노수신이 선조 때 다시 등용되었을 때, 사림은 그가 예전처럼 조정을 맑게 하는 데 기여하고 국왕을 보도하리라고 생각했다. 율곡역시 그러했다. 그런데 20년의 귀양살이는 노수신의 나이만 먹게한 것이 아니라, 기상도 위축시켰다. 노수신은 선조에게 별다른 개혁 방안을 제시하지도, 능력 있는 인물을 천거하지도 않은 채 자리만 지키는 형편이었다. 이 점에 대한 율곡의 안타까움이 『경연일기』전반에 흐르고 있다.

「숙흥야매잠」은 원래 중국 학자인 진백陳柏이 지은 것이다. 노수신은 이에 대해 설명을 달아 책으로 엮었는데, 『숙흥야매잠주해』라고 한다. 유배생활 중에 이 책을 짓고는 김인후·이황 등과 의견 교환을 통해 완성하였다. 이황은 『성학십도聖學十圖』를 지었는데, 이는 유학의 대강을 풀이하여 밝히고 심법心法의 요점을 명시하기 위해 여러 유학자의 학설과 도설圖說을 근거로 자신의 견해를 부연하여 만든 책이다. 이 책의 열 번째 도식이 「숙흥야매잠」을 그림으로 그린 「숙흥야매잠도夙興夜寐箴圖」이다. 이황은 1568년(선조 1) 경연에서 이 책을 선조에게 올렸다.

　이황은 이미 6세 때 『소학』 읽기를 기다리지도 않고 물 뿌리고 청소하는 절차와 효도하고 공경하는 도리를 알았다는 이야기가 전해진다. 이 말은 상투적인 위인 만들기라는 혐의를 가지고 볼 문제가 아니라 훈련된 인격이 필요하다는 이런 사회적 요청 또는 긴장 상황을 말해 주는 것으로 해석할 필요가 있다.

　'숙흥야매잠' 같은 자기 규율도 바로 향촌사회 등 사림 자신이 살고 있는 터전에서 다른 사람에게 인정받고 설득력 있는 인간이 되기 위한 적극적인 노력이었을 것이다. 어렸을 때 귀 따갑게 듣던 '일찍 일어나라'는 말의 연원이 여기에 있다. 소개하면 다음과 같다.

　"닭이 울어 잠을 깨면 이러저러한 생각이 점차로 생겨나게 된다. 그 시간 동안에는 조용히 마음을 정돈해 두어야 한다. 또 지나간 잘못을 반성하기도 하고 새로 깨달은 것을 상기하여, 차례대로 조리를 세우며 분명하게 이해하여 두자. 근본이 세워졌으면 새벽에 일찍 일어나 세수하고 빗질하고 옷과 건을 갖추고 단정히 앉아 마음을 가다듬는다. 그리고 마음 씀씀이를 솟아오르는 해처럼 밝게 한다. 엄숙하게 가다듬고 마음가짐을 텅 빈 듯 한결같이 고요하게 갖는다. …… 날이 저물어 사람이 피곤해지면 흐린 기운이 엄습하기 쉬우니, 이럴 때일수록 늠름하게 가다듬어 밝은 정신을 펼쳐야 한다. 밤이 깊으면 잠자리에 들되 행동거지를 가지런히 하라. 쓸데없는 생각을 하지 말고 몸과 마음을 쉬게 하라."

위의 말은 다음 말로 압축된다.

늦게 자고 일찍 일어나라, 깨어 있을 때 반듯해라.

인순왕후, 수렴청정을 거두다

>> 선조 1년 > 1568 _ 무진년

금상 원년 정월 강사필 탄핵

이조 참의 강사필姜士弼이 죄로 파면되었다. 강사필은 평소 재주나 덕망이 없었는데, 그릇되게도 당시 권력을 잡은 무리의 추앙을 받아 사헌부와 사간원을 두루 거치고, 벼슬에 나온 지 10년도 못 되어 이미 승지에 올랐다. 됨됨이가 어리석고 지조가 없으며 술만 좋아했을 뿐인데, 망령되이 요직을 바라다가 충청도 관찰사로 임명되었다. 그러자 크게 실망하여 분을 삭이지 못하고 원망하는 말을 늘어놓으며 직무는 다스리지 않고 절제 없이 술을 마시며 체면을 상실하였으므로 공론이 비난하였다. 조정에 돌아와 이조 참의로 임명되자, 영의정 이준경이 사람들에게, "강사필이 탄핵받지 않았다는 것은 곧 조정에 공론이 없다는 뜻이다." 하였는데, 간관이 논박하여 체직되었다.

◗◖ 우의정 민기閔箕(1504~1568)가 죽었다. 민기는 비록 당시의 공론이 그를 인정하였으나 재물을 탐내고 여색을 좋아하여 볼 만한 행실이

없었다. 정승 자리에 오르자 겉으로는 선한 사람들을 돕는 듯하였으나 속으로는 사실 앞뒤로 눈치만 보았는데, 이를 모르는 사람들은 모두 그를 현명한 재상이라 칭송하였다.

허엽이 이준경을 뵈었는데 준경이 말하기를, "지금 사람들이 모두 도학자로 조공 광조趙公光祖를 추앙하고, 박영朴英·정붕鄭鵬은 세상에 아는 이가 없는 것은 무슨 까닭인가?" 하니, 허엽이 말하기를, "박영·정붕뿐만 아닙니다. 근자에 민공 기箕도 학문과 행실이 다 갖춰져 있으나 아는 사람이 없습니다." 하였다. 이준경이 말하기를, "그대는 민기를 박영·정붕에 비하려고 하는가?" 하니, 허엽이 말하기를, "민공이 경상卿相 자리에 있기 때문에 사람들이 추앙하지 않습니다. 만일 민공 같은 학행으로 청량산이나 지리산에 은거해 있다면 한 시대의 존경이 어찌 여기에 그치고 말았겠습니까." 하였으나,[36] 준경은 옳게 생각하지 않았다.

율곡 생각   배움[學]이란 길[道]을 밝히는 것이고, 행실[行]이란 예禮를 지키는 것이다. 지금 허엽이 배움과 행실로 민기를 추앙하는데, 그가 말하는 학행이 무엇인지 모르겠다. 민기는 행실을 단속하지 못하여 비첩婢妾을 두루 간음하였고, 청탁을 받아들여 뇌물이 줄을 이었으며, 권간이 득세하면 침묵으로 죄를 면하고, 청의가 격발하면 관망하며 수그리고 있었으니, 그의 배움이 과연 도를 밝힐 만했으며 행실이 과연 예를 지킬

---

36) 퇴계 이황이 청량산에서 공부하였고, 남명 조식이 지리산 자락 산청에서 학문을 닦아 세상 사람들의 존경을 받았기 때문에 이렇게 말한 것이다.

만하였던가.

괴이하도다, 허엽의 사람 보는 법이여! 만일 민기에게 학문과 행실이 있어 청량산이나 지리산에 은거하여 도를 알고 일생을 마쳤다면, 이는 다른 사람이지 어찌 민기라 할 수 있겠는가. 허엽의 말대로라면, 한번 착하다는 명성을 얻은 다음엔 아무리 분별없는 행동을 함부로 하더라도 역시 좋은 학자가 되는 데에 해가 되지 않는다는 뜻이 된다. 사람을 이렇게 본다면 어디 간들 속지 않겠는가.

◗◖ 민기가 이조 판서가 되었을 때 이이가 낭관으로 있으면서 매번 사람을 선발할 때 공평하게 하고 청탁의 길을 막으려 하자, 기는 그때마다 너무 지나치게 일을 만들지 말라고 주의를 주었다. 이이가 어떤 사람에게 말하기를, "민공은 정말 현명한 재상이다. 다만 소인을 두려워하고 군자는 두려워하지 않는다." 하였다. 그 사람이 까닭을 묻자, 이이가 답하기를, "만일 민공이 군자에게 죄를 지었다면 현달한 자리에만 있지 못할 뿐이지만, 소인의 성질은 각박하여 만일 거슬리면 혹 멸족의 화를 당하는 수가 있기 때문에 민공이 두려워한다." 하였다. 식자들은 민기가 세상을 사는 데 능란하였기 때문에 무겁게 보지 않았다.

2월 인순왕후의 수렴청정 철회

명나라 황제가 태감 장조張朝와 행인行人 구희직歐希稷을 보내 선왕

퇴계 이황의 독서당 동창생들

우의정이었다가 세상을 뜬 민기閔箕는 이황의 호당湖堂 동창이었다. 1541년(중종 36) 동호대교가 있는 옥수동 근처의 홍문관 독서당讀書堂에서 사가독서賜暇讀書를 했던 13인 중 한 명이다. 이들 동창 13인의 삶은 곧 을사사화 전후의 시기부터 선조 초반의 사회 변동을 가늠해 볼 수 있는 잣대가 된다. 이들의 이야기는 「호당수계록湖堂修契錄」이라는 동창생 계모임 기록에 나오는데, 문헌은 전하지 않는다.

호당에 들어오기 전 13인의 관직 경로를 보면, 장원급제를 하여 6품으로 바로 임명되었거나 관력이 확인되지 않는 경우를 제외하면, 대부분 예문관 검열이나 주서 등 전임/겸임 사관직을 역임한 것을 확인할 수 있다. 이들은 후임 관원을 선임 관원의 추천으로 선발하는 자천제自薦制를 통해서 임용되었다. 예문관 사관직이 바로 이런 사람들의 입사로이자 결집처로 기능하고 있었음을 보여 준다.

13인의 연령은 20대 중반의 정유길鄭惟吉(1515~1588), 이홍남李洪男(1515~?)부터 40대 중반의 나세찬羅世纘(1498~1551), 이황(1501~1570)까지 폭넓게 걸쳐 있다. 당대에는 중앙 지성계에서 명성이 높았던 '젊은' 신진들이었다. 뿐만 아니라 그 이후 이른바 '도학道學의 시대'로 일컬어지는 새로운 조선을 열어 간 주역들이기도 하다.

그러나 호당 생활 중에 벌어진 을사사화를 시작으로 약 20년간 명종대를 드리운 척신정치의 먹구름은 이들의 삶에도 변화를 가져왔다. 누구는 사화의 주동자가 되었고, 누구는 화를 입거나 비판자가 되었으며, 언제나 그렇듯이 누구는 이러지도 저러지도 못하면서 하루하루를 보냈다.

이황은 형 이해李瀣가 권간 이기의 손에 국문을 당하고 귀양을 가다가 목숨을 잃었다. 벽초 홍명희의 소설 『임꺽정』에 보면, 귀양 가던 이해가 양주 부근에서 장독杖毒으로 세상을 뜬다. 이해의 시신은 양주 관아에 안치하였는데 날이 더워 시신이 상하게 되자 백정인 임꺽정의 집에 맡겨 보관하게 하였고, 거기서 시신을 찾으러 온 이황과 임꺽정이 잠시 대면하는 장면이 나온다. 이 이야기는 픽션이겠지만, 이해가 세상을 뜬 것은 1550년 8월의 일이었다. 또 다른 동창생 임형수林亨秀(1514~1547)는 귀양 가서 죽었고, 김인후金麟厚(1510~1560)는 아예 낙향하였다.

한편 탄압하는 쪽에 선 사람도 있었다. 최연崔演(1503~1546)은 을사사화 때부터 앞장섰고, 송기수宋麒壽(1507~1581)는 형의 죽음을 방관할 정도로 보신하면서 동조하였으며, 이홍남은 동생을 고변하여 옥사를 확대시켰다. 결국 선조 때까지 살아남은 송기수와 이홍남은 이때의 행적으로 사류로부터 배척을 받았다.

어정쩡했던 사람들 역시 세월이 흘러 사림이 시대를 이끌게 되었을 때 태도를 정해야 했다. 그런데 척신정치 20년은 짧은 세월이 아니었다. 누구는 이미 세상을 떴고, 누구는 긴 세월이 버거웠던지 지조가 무뎌졌다. 민기·임열任說(1510~1591)·김주金澍(1512~1563)·정유길은 '검속하지 못했거나', '사론士論이 가볍게 여기는' 사람이 되었다. 윤현尹鉉(1514~1578)은 테크노크라트technocrat로 만족하였다.

하지만 역사현실에는 사람에 대한 판단에서 고려해야 할 다른 층위들이 함께 존재한다. 여러 자료를 보면, 이들 13인의 실제 삶은 훨씬 더 깊이 얽혀 있었다. 이황이 도산陶山에서 안정적으로 학문을 닦아 나갈 수 있었던 것은 당시 조정의 중심에 있었던 송기수와 민기의 후원 덕분이었다. 낙향한 김인후와 조정의 정유길은 깊은 교유를 계속했다.

에게 제사하고 시호[공헌恭憲]를 내렸다. 장조가 서울에 와서 다섯 필의 명마를 요구하면서, "황제께서 내게 구해 오라고 하셨다." 하니, 수행원이, "황제의 뜻이라고 칭탁하는 것은 미안하지 않습니까?" 하였다. 그러자 장조가 말하기를, "내가 황제의 말을 들었는데 어찌 말하지 않겠는가." 하였다. 황제가 말 달리기를 좋아한다고 한다. 구희직은 성격이 조급하고 위엄이 없었다. 일을 마치자 바로 출발했는데, 일정을 배나 빨리하여 달렸으므로 연로沿路 고을에서 미처 접대할 준비를 못하여 벌을 받은 이가 많았다.

)《 해에 청색, 적색의 햇무리가 있고 무지개 같은 흰 기운이 해를 꿰뚫었다. 왕대비가 상에게 정무를 돌려주고 발을 걷어 버린 뒤 시신侍臣들에게 말하기를, "여주女主가 정치를 하여 설사 모든 일이 다 잘되었다 하더라도 큰 근본이 바른 것은 아니니, 나머지는 더 볼 것도 없다. 하물며 하는 정치가 다 좋지 못하였음에랴. 해에 변괴가 있는 것은 진실로 미망인이 정치에 간여한 까닭이다." 하였다.

)《 노수신으로 홍문관 직제학을 삼았다. 이에 앞서 승지 기대승이 경연에서 아뢰기를, "학행이 출중한 이들이 일찍이 귀양 가서 지금은 이미 늙었습니다. 빨리 불러들여 직차에 상관없이 발탁하여야 할 것입니다." 하였다. 이는 대체로 백인걸·노수신·유희춘·김난상 등을 지목한 말이었다. 대신들도 그렇게 말하였다. 이에 모두 발탁되었는데, 백인걸은 이미 당상관에 올랐고, 노수신은 직제학에 임명되었으며, 유희춘은 응교에 임명되고, 김난상은 집의에 임명되었다가 얼마 안 되어 모두 당상관으로 승진되었다.

3월 유일의 선비로 천거된 성혼

유일遺逸(초야에 묻혀 있는 선비)을 천거하라 명하였다. 경기 관찰사 윤현尹鉉이 성혼을 천거하며, "유일의 선비란 요즘 세상에 얻기 어렵습니다. 성혼이란 사람이 있는데 학문에 깊이 자득한 묘처가 있으니, 유일의 버금은 될까 합니다." 하였다. 이이가 듣고 웃으며, "학문에 깊이 자득의 묘처가 있는 수준은 유일의 학자도 감당할 수 있는 것이 아닌데, 도리어 유일의 버금이라고 하다니." 하였다.

성혼은 성수침成守琛의 아들로 일찍이 아버지의 가르침을 받아 행실이 순수하고 잡되지 아니하며, 배움은 진보하기만 하고 퇴보를 몰라서 고을 사람들이 좋은 선비라 일컬었다. 이 때문에 파주 목사가 그 이름을 감사에게 천거하였다.

이이는 그와 뜻을 같이하는 친구였는데, 사람을 통하여 감사를 말리며, "성혼은 학자이다. 갑자기 명예를 얻으면 어찌 부끄러운 일이 아니겠는가. 그 사람은 안정시켜 학문을 성취할 수 있도록 해야 한다." 하였다. 감사 윤현이 듣지 않고, "고을 수령이 이미 보고하였으니 중간에 막을 수는 없다." 하였다.

4월 우의정 홍섬

홍섬을 우의정으로 삼았다. 홍섬은 문장으로 이름이 있으나 지조 있는 행실이 없으며, 몸을 사리고 녹봉이나 보전할 따름이었다. 이때 여망興望이 이황에게 쏠려 여러 번 소명이 있었으나 황이 오지 않으므로 홍섬을 정승으로 뽑으니, 사림이 실망하였다.

5월 기대승과 심의겸을 둘러싼 의론

평안도 절도사 김수문金秀文이 서해평西海坪에서 만주 오랑캐를 습격하여 그 부락을 불살라 버렸다. 서해평은 본래 우리 땅으로 너무 멀어서 지킬 수 없었으므로, 오랑캐들이 와서 살면서 점점 불어날까 우려하여 때때로 군사를 거느리고 가서 몰아냈고 따르지 않으면 격퇴시켰다.

토지가 비옥하여 채소와 곡식이 잘되므로 오랑캐들이 죽음을 무릅쓰고 와서 살았으며, 쫓아내면 다시 들어오곤 하여 끝내 막을 수가 없었다. 강계江界에서 들어가는 길이 매우 좁아 겨우 한 발밖에 못 붙일 정도이고, 위로는 절벽이, 아래에는 깊은 시내가 있어 이름을 허공교虛空橋라고 하였다.

을축년(1665, 명종 20)에 김덕룡金德龍이 절도사로 우후虞侯 봉흔奉昕 등을 보내 오랑캐가 있는지를 엿보아 기회를 타서 쫓아가 잡도록 하였는데, 오랑캐들이 미리 눈치 채고 허공교에서 기다리다가 돌을 내던지고 북을 치며 떠들어대니, 아군이 놀라 흩어져 자못 나라의 위신이 손상되었다. 김덕룡은 이 일로 파면되고, 조정에서는 그 치욕을 씻으려고 김수문을 절도사로 보낸 것이다.

김수문은 노련한 장수로 위엄과 명망이 있었다. 적을 격멸하는 데 전력하여 여러 장수에게 분담시켜 밤에 가만히 가서 불시에 오랑캐를 엄습하기로 하였다. 새벽이 되기 전에 서해평에 도착하여 사면에서 함께 공격하여 모두 섬멸해 버리기로 하였는데, 마침 위장衛將 강계 부사 장필무張弼武가 성격이 조급하여 미처 다 같이 포위하기 전에 느닷없이 나팔을 불고 진군하였다.

오랑캐들이 알아채고는 '고려적高麗賊이 왔다'고 고함을 치니 장정 들은 어둠을 타고 대부분 도망쳐 버렸다. 아군이 그 마을을 모두 불사 르니, 노인과 어린아이, 여자 들이 다 죽었다. 김수문이 크게 좋아하 며 승첩을 아뢰니, 상이 그 공을 가상하게 여기어 수문의 품계를 정헌 대부正憲大夫로 올려 주었다. 그 뒤에 수문은 오랑캐 장정들이 모두 도 망쳤다는 말을 듣고 부끄럽고 두려워 등에 종기가 나서 죽었다.

▶◀ 홍인경洪仁慶이 아버지 상으로 벼슬을 떠났다. 홍인경과 이문형李 文馨은 다 유명하였는데, 홍인경은 자못 기염을 폈고 또 청렴하지 못 하다는 소문이 있었다. 이문형이 그 흉을 보자, 홍인경이 앙심을 품고 역시 문형의 과오를 주어 모아 드디어 사이가 벌어졌다. 조정 관리 중 에 두 사람의 친구가 많았는데, 제각기 친한 사람의 편을 들어 붕당의 조짐마저 있었으므로 식자들이 걱정하였다. 대신들이 이문형을 두둔 했던 까닭에 홍인경은 뜻을 얻지 못하고 병을 이유로 대사간을 사직 하였는데 이때에 아버지 상을 당하니, 붕당 이야기가 수그러들었다.

▶◀ 가을에 이황이 소명을 받고 서울에 와서 숭정대부 판중추부사로

임명되었다. 상이 꼭 이황을 오게 하려고 여러 번 불렀고 말씀도 매우 간곡하므로 황이 할 수 없이 대궐로 알현하여 사은하였다. 그러나 오래 있을 생각은 없었고, 그저 우러러 임금의 명에 답할 뿐이었다.

)《 백인걸이 병을 이유로 벼슬을 사퇴하고 파주로 돌아갔다. 뜻과 기상은 뛰어났으나 학술이 거칠었으며, 과감한 직언을 좋아하였으나 현실에 적용되지는 못하였다. 이때 기대승과 심의겸이 한창 여망이 있었는데, 백인걸이 어떤 사람에게 말하기를, "기대승은 자신감이 과하여 반드시 나랏일을 그르칠 것이고, 심의겸沈義謙은 외척인데 어찌 정사에 참견하겠는가. 지금 사림이 대부분 심의겸의 문객인데, 외척의 권세가 너무 융성해서는 안 된다." 하였다. 이 말을 들은 사람들은 백인걸이 그들을 공격할 뜻이 있다고 의심하기도 하고, 혹은 인걸이 기대승과 심의겸을 제거하려 한다고 잘못 전해지기도 하였다. 그래서 사류가 백인걸이 선량한 사람을 질시한다고 떠들썩하였으므로 인걸이 관직을 버리고 고향으로 간 것이다.

11월 백인걸의 출처

백인걸을 대사간으로 임명하고 글을 내려 불렀으나, 인걸이 오지 않았다. 성혼이 이이에게 묻기를, "백공이 거취를 어떻게 해야 마땅할까?" 하자, 이이가 답하기를, "백공이 조정에서 대계大計를 말하여도 주상이 쓰지 않으면 물러나는 것이 좋다. 지금 임금과 신하 사이에는 물러가야 할 이유는 없고 다만 사람들의 말만 있을 뿐이다. 올라와야 할 듯하다." 하였다. 성혼이 말하기를, "백공이 스스로 자기는 학문이 부족하여 나아간다고 해도 일을 하지 못한다고 하더군." 하자, 이이가 말하기를, "스스로 그렇게 생각한다면 다른 사람이 나가라 마라 할 일이 아니지." 하였다.

정치를 하려면 때를 알아야 합니다

금상 2년 정월 사헌부 장관 백인걸

백인걸을 대사헌으로 임명했다. 백인걸이 물러난 뒤에 상이 그 풍
모와 절개를 생각하여 여러 번 전교를 내려 불렀으나 백인걸이 병을
이유로 굳이 사양하였다. 이때에 와서 상이 특명으로 품계를 올려 사
헌부 장관으로 삼았다. 백인걸이 세 번이나 글을 올려 사양하였으나
소명이 그치지 않았으므로 결국 명을 받았다.

2월 인종·명종의 문소전 부묘 논란

판중추부사 이황이 문소전文昭殿의 태조 위패를 동쪽 방향으로 하고
이에 따라 소목昭穆[37]도 각각 바로잡자고 청하였으나 따르지 않았다.

---

37) 사당에 조상의 신주를 모시는 차례를 말한다. 왼쪽 줄을 소, 오른쪽 줄을 목이라

상이 처음 즉위하였을 때 매우 영명하여 온 나라가 성덕의 성취를 두 손 모아 바랐는데, 얼마 되지 않아 세속의 말이 날로 앞에서 떠들어대므로 상의 생각이 이미 속된 견해[俗見]에 젖었다. 이황이 명을 받들어 서울에 들어오자, 총애하고 공경하기는 하나 허심탄회하게 학문에 힘쓰려는 뜻은 없었다. 이황이 경연에서 아뢰기도 하고 또는 상소를 올리기도 하여 매번 성현의 학문을 상에게 권하였으나 상은 너그럽게 받아들였을 뿐, 끝내 자신을 돌아보는 실천은 없었다.

이황은 본시 겸손히 물러가기를 고집한 데다 그의 말이 채택되지 않는 것을 보고 돌아갈 뜻이 더욱 굳어졌다. 그리하여 선현 등이 작성한 그림을 모으고 자기 의견을 보충하여 『성학십도聖學十圖』를 만들어 올렸는데, 그 논의가 정밀하였다. 이황이 "내가 나라에 보답할 길은 이것뿐이다." 하였다.

이때 인종·명종의 양묘兩廟를 문소전에 부묘祔廟하려고 하였으나, 이 문소전의 협향祫享(합하여 제향함) 위차가 태조는 북쪽에 위치하여 남향하였고 소목은 동서로 향하였는데, 건물의 구조가 남북은 짧고 동서가 길어서 양묘를 협향하려면 건물이 좁아 모실 수가 없었다. 그래서 대간들이 문소전의 한쪽을 헐고 그 남쪽을 증축하여 가설할 신위를 두려고 하였다.

이황이 말하기를, "옛날 협향 위차는 태조는 동향하고 소목은 남북으로 향하였는데, 우리 왕조는 종묘에는 협향하는 의례가 없고 다만 원묘原廟(문소전)에만 협향이 있을 뿐이나 위차가 옛 제도가 아니다. 이

하는데, 시조의 1세를 가운데 모시고 2·4·6세를 소에, 3·5·7세를 목에 모신다.

런 기회에 태조의 신위를 동향으로 바로잡고, 소목을 남북으로 서로 향하게 하면 전각을 터서 늘리는 폐단도 없을뿐더러 관습을 따르면서 고례를 회복시키는 좋은 점이 있다." 하고는, 그림을 그리고 설명을 붙여 상에게 올렸다.

상이 이 제안을 대신들에게 내리니, 대신들은 고례를 좋아하지 않았으므로 고집하기를, "원묘에는 고례를 시행할 수 없고, 또 이 신위를 설치한 지 이미 140년이 지났으니, 지금 옮겨 놓는다면 조종祖宗의 혼령도 분명 놀랄 것이다." 하여, 결국 시행되지 못하였다.

이이가 듣고 한탄하며 말하기를, "지금 나라를 위해 뭔가 일을 기대하는 사람은 그 계획이 어긋난다. 무슨 일을 하려면 변혁이 있어야 한다. 지금 140년 동안 이미 설치한 위패조차도 옮길 수 없는데, 하물며 140년 동안 시행해 온 법이겠는가. 궁하면 변하고 변하면 통하게 마련인데, 지금은 궁해도 변하지 아니하니, 무슨 까닭인지 나는 알지 못하겠다." 하였다.

율곡 생각 임금이 조상을 받드는 데는 마땅히 종묘를 존중해야 하고, 원묘는 설치할 것이 아니다. 우리나라의 문소전은 설치된 지 오래되었으므로 성학聖學이 고명하여 예로써 죽은 이를 섬기려는 임금이 아니면 혁파할 수 없다. 이 문순李文純(이황의 시호)이 원묘의 폐지는 불가능하다고 판단했기 때문에 원묘에서 고례를 행하려 하였으니, 이 역시 변화할 때를 맞아 정도를 얻었다. 그런데 대신 중에 정견이 있는 이가 없고 단지 세속을 따라 유학자의 의논을 저지하려고만 했을 뿐이다. 주상이 이미 고례를 좋아하지 않고 대신 역시 식견과 도량이 없으니, 현자가 조정에 있지 못하는 것이 당연하다.

◗◖ 이황을 의정부 우찬성으로 삼았으나 굳이 사양하고 받지 않았다.

3월 이황의 천거

이황이 병으로 사직하고 고향으로 돌아갔다. 이황이 스스로 늙고 병들었다고 아뢰고 고향으로 돌아가겠다고 누차 간곡히 글을 올렸다. 상이 허락하고 편전으로 불러 묻기를, "경은 무슨 말을 하고 싶소?" 하니, 이황이 답하기를, "성상께서는 사람을 아끼시기 바랍니다." 하였다. 그러자 상이 "경의 말이니 힘쓰겠소." 하였다. 또 묻기를, "조정 선비로는 누가 믿고 의지할 만하며, 누가 도학 하는 사람이오?" 하니, 이황이 대답하기를, "이준경은 큰일을 맡길 만하니, 믿고 맡기되 의심하지 마십시오. 기대승은 학문하는 선비입니다. 다만 아직 정미한 경지에 나아가지 못하였습니다." 하였다.

율곡 생각 사람을 알아보는 것이 곧 명철한 것이다. 요임금도 이를 어렵게 여겼으니,[38] 어찌 사실이 아니겠는가. 이 문순이 큰 덕을 지닌 유학

---

38) 『서경』 「고요모皐陶謨」에 "아, 모두 이와 같이 하는 것은 요임금도 어렵게 여긴 바이니, 사람을 알아보는 것이 바로 명철한 것이다[吁! 惟帝其難之, 知人則哲]." 하였다. 이는 고요가 우임금에게 했던 말이다.

자의 스승으로 주상이 현인을 구할 때 천거한 사람이 단 두 사람뿐이었다. 그러나 이준경은 수상 자리에 있으면서 임금을 도道에 끌어들이거나 널리 준걸들을 불러들이지 못하였다. 교만하게 자기만 고고한 체하면서 남을 받아들이는 도량이 없고 다만 근래의 규례만 준수하여 유학자의 의논을 막아 버렸으니, 숫자나 채우는 신하[具臣]³⁹⁾도 되지 못하는 셈이다.

◗◖ 기대승은 재주는 호방하나 기질이 거칠어 학문이 정밀하지 못하고 자부심이 지나쳐서 사류를 경시하였다. 의견이 자기와 다른 사람은 미워하고 같은 사람은 좋아하니, 만약 임금의 신임을 얻는다면 그 집요한 병통이 장차 나라를 잘못되게 할 것이다. 이 문순李文純의 현명함으로도 그 추천하는 바가 이와 같으니, 사람을 안다는 것이 어찌 어려운 일이 아니겠는가.

◗◖ 이황이 하직하고 떠나니, 조정 신하와 유생 들이 이별하느라 나가 도성이 빌 정도였고, 머물라고 만류하므로 한강 가에서 사흘 밤을 묵고 남쪽으로 돌아갔다.

◗◖ 이준경이 인묘仁廟를 문소전에 모실 수 없다고 청하니, 삼사三司가 논박하여 바로잡았다. 당초 인종의 담제禫祭(삼년상 뒤에 일상으로 돌아감을 알리는 제사) 뒤에 권간들이 나라를 잡고는 인종은 왕위에 오른 지 1년도 되지 못한 임금이라 하여, 문소전에 모시지 않고 연은전延恩殿

---

39) 원문의 구신具臣은 비원備員과 같은 말이다. 겨우 신하의 수효나 채울 뿐이지, 큰 역량을 발휘할 수 없는 신하라는 말이다. 『논어』 「선진先進」에, "중유仲由와 염구冉求는 구신이라고 할 수 있다[由與求也, 可謂具臣而已]." 하였다.

[덕종의 위패를 모신 곳이다. 덕종은 즉위하지 못하였기 때문에 특별히 연은전에서 제사를 드렸다.]에 모셨으므로 나라 사람들이 분개하였다.

이때에 이르러 여론이 명종 담제 뒤에 인종과 함께 문소전에 부묘하고자 하였으나, 이준경이 인종을 이미 연은전에 모셨으니 다시 문소전에 부묘할 것 없다고 하였다. 그러자 중론이 벌떼같이 일어났고 삼사에서 번갈아 논계하며 이준경을 을사년의 권간에 비하기까지 했다. 이준경 역시 스스로 잘못을 인정하고 마침내 의견을 취소하였다.

6월 김개와 사류의 대립

태백성이 여러 날 하늘을 지나갔다.

▶◀ 김개金鎧가 죄를 얻어 관작을 삭탈당하고 도성 밖으로 쫓겨났다. 김개는 구신舊臣으로 몸가짐과 벼슬살이에 다소 청렴 간결하다는 평이 있었다. 그러나 사람이 강퍅하고 자신만 너무 믿을 뿐 도학자를 좋아하지 아니하여 유속流俗(시류에 따르는 속인)과 다른 사람을 보면 매우 미워하였다.

이황이 물러간 뒤에 김개는 마음에 불만을 품고 어떤 사람에게 말하기를, "경호景浩[이황의 자]는 이번 길에 얻은 바가 적지 않았다. 잠깐 서울에 왔다가 1품 고신告身(임명장)을 손에 쥐었고 돌아가서는 고을의 영광이 되었으니, 어찌 만족스럽지 않겠는가." 하였다.

그가 일찍이 휴가를 얻어 고향을 다녀오다가 전주全州에서 관찰사

송찬宋贊을 만나 유학자의 폐단을 극론한 적이 있는데, 그 태도가 마치 곁에 아무도 없는 듯하였다. 전주 부윤 노진盧禛이 그 말을 듣고 나와서 사모紗帽를 땅에 던지며 탄식하기를, "이 사모를 썼다가는 끝내 화를 면하지 못할 것이다." 하였다. 이는 김개가 장차 사림을 해칠 것을 두려워하여 한 말이다.

김개는 본시 홍담洪曇과 뜻이 같아 서로 좋아하였다. 홍담이 이조 판서가 되자 김개의 조카 김계휘金繼輝[40]가 듣고 말하기를, "김 판서가 위태롭다." 하였다. 이는 홍담이 김개와 서로 사이가 좋으므로 반드시 김개를 데려다가 사헌부를 맡길 것이고, 그가 사림을 해치지 못하면 반드시 사림에서 용납되지 못할 것이기 때문에 이와 같이 말하였다. 과연 홍담이 김개를 끌어들여 대사헌을 삼자, 김개가 큰소리로, "지금 사류가 망령되이 무슨 일을 하겠다니, 이를 억제하지 않을 수 없다." 하였다. 이는 대체로 기대승·심의겸·이후백李後白 등을 지목해서 한 말이다.

이어 경연 석상에서 상에게 아뢰기를, "선비란 이는 마땅히 제 몸이나 단속하고 입으로 남의 과실은 말하지 않아야 하는데, 지금의 선비라는 자들은 제 행실은 부족하면서 함부로 시비를 논하여 대신을 헐뜯으니, 이런 풍조를 길러서는 되지 않을 것입니다. 기묘년에 조정에 부박한 선비들이 많아 동류를 끌어들여 자신들과 다른 사람들을 배척했으니, 조광조가 죄를 얻은 것도 모두 부박한 자들이 그 화를 빚어낸

---

40) 1526~1582. 본관은 광산光山이며, 자는 중회重晦, 호는 황강黃崗이다. 아버지는 지례 현감知禮縣監 호鎬이며, 어머니는 전의 이씨全義李氏로 공조 정랑 광원光元의 딸이다. 이이의 제자 사계沙溪 김장생金長生이 그의 아들이다.

일이었습니다. 성상께서는 이런 버릇을 억제하시기 바랍니다." 하였다. 이에 사림이 김개를 의심하여 쫓아내려 하였다.

어떤 사람이 이준경에게 묻자, 준경이 말하기를, "그만두라. 김개한 사람이 어떻게 사림을 해치겠는가. 이는 김개만의 뜻이 아닌 듯하니, 경솔히 말할 수 없다. 화만 더 크게 될 것이다." 하였다. 김개가 사림이 자기를 의심하고 꺼린다는 것을 알고 다른 날 아뢰기를, "신이 전일 아뢴 말씀은 착한 사람을 시기하는 것이 아닙니다. 착한 듯하나 착하지도 않은 자들을 미워한 말입니다." 하였다. 이는 스스로 변명하고자 했던 말이나, 그 의도는 음험한 것이다.

상이 이르기를, "경의 뜻이 착한 사람을 미워하는 것이 아니라면 구태여 변명할 필요가 어디 있겠는가." 하였다. 지평 정철鄭澈이 나아가 아뢰기를, "김개가 주상의 귀를 현혹시켜 사림에게 화를 전가시키려 하니, 성상께서는 살피시지 않을 수 없습니다." 하니, 상이 화난 목소리로, "정철이 지나치다. 김개가 어찌 그렇게까지 하겠는가." 하였다. 정철이, "전하의 음성이 비록 엄하시나 신은 말을 다하지 않을 수 없습니다." 하고는 계속 김개의 잘못을 말하였는데 모두 그의 병통에 들어맞았다. 김개는 얼굴이 흙빛이 되어 먼저 절하고 나가 버렸다. 이리하여 선비들이 한목소리로 김개를 공격하였다.

승지 기대승 등이 면대하기를 청하여 극언하다가 격분을 참지 못하고 말에 두서가 없었으므로 식자들이 웃었다. 이때 삼사가 번갈아 논계하여 김개의 관작을 삭탈하고 쫓아내기를 청하였고 여러 날 만에 허락이 떨어졌다. 김개가 탄핵을 당하여 도성을 나가는데 어떤 사람이 대간의 계사를 보여 주었다. 김개가 놀라 말하기를, "이 계사를 보니, 나를 소인으로 간주하였구나." 하였다. 근심과 분통이 병이 되어 두어 달 만에 죽었다.

◗◖ 곤방坤方(남서쪽) 하늘에 마치 바람과 물이 서로 부딪히는 듯한 소리가 있었다.

윤월 사류를 미워한 홍담

이조 판서 홍담이 면직되었다. 홍담은 조정에 나와 청렴하고 간결하다는 칭찬이 있었으나 학문 있는 선비를 싫어하였다. 어떤 사람에게 말하기를, "진정한 학자가 어찌 요즘 세상에 나오겠는가. 지금 학문을 한다고 자칭하는 자들은 가짜다. 만일 진정한 학자가 있다면 내가 공경하고 사모해야지 어찌 감히 흠을 잡겠는가." 하였다.

중종 때부터 권간들이 나라의 권력을 잡아 뇌물을 주고받는 것이 풍습이 되어 벼슬길이 혼탁해졌다. 윤원형·심통원 등이 잇달아 죄를 받은 뒤에 조야에서 눈을 씻고 청명한 정치를 바랐으나, 전형銓衡(인사를 담당하는 이조)에 있는 사람들이 옛 버릇을 혁신하지 못하였다. 민기 같은 사람도 신망이 있었으나 청탁을 받고 벼슬을 시키는 데서 벗어나지 못하였다.

이탁李鐸이 이조 판서가 되자 공도를 펴기에 힘써, "처음 벼슬하는 사람이 진사進士 출신이 아니면 으레 음재蔭才[41]를 시험하게 마련이지마는 현자가 어찌 시험 치는 것을 달가워하겠는가." 하고는, 낭관으로 하여금 이름 있는 선비를 천거하게 하여 추천을 받은 사람은 시험을 거치지 않더라도 관직에 임명하였으므로 차차 벼슬길이 조금 맑아졌다. 유속은 옛 규례를 함부로 훼손하고 새로운 예를 만들어 낸다고 떼 지어 비난했으나, 이탁과 정랑 구봉령具鳳齡은 비난을 받으면서도 동요하지 않았다.

홍담이 판서가 되어 이탁의 하던 정책을 바꾸어 유속을 따르려 하였으나 낭관들이 듣지 않으므로 홍담이 매우 원망하였다. 특히 좌랑 정철과 서로 어긋났다. 하루는 보임하는 데 정철이 낭관의 추천을 받은 사람을 의망擬望(후보로 세 사람을 올림)하려고 하자, 홍담이 말하기를, "이 사람은 아직 시험을 거치지 않았다." 하니, 정철이 답하기를, "낭관의 추천을 받으면 시험을 거치지 않아도 보임할 수 있는 것이 이미 근래의 규례로 성립되어 있다." 하였다. 홍담이 말하기를, "이러한 새 규례를 시작했으나 여론이 떠들썩하니 적용할 수 없다." 하였다.

정철이 굳게 쟁론하자 홍담이 몹시 화가 나서 사류를 더욱 꺼려 쫓아낼 방법을 궁리했다. 이때 옛 신하였던 홍담의 종형인 우의정 홍섬과 판서 송순宋純 및 김개가 모두 홍담과 어울렸으므로 먼저 송순을 대사헌으로 삼고 장차 사류를 공격하려고 했다. 그러나 마침 송순이 어떤 일에 연루되어 교체되자 김개를 등용했는데 김개 또한 죄를 얻자

---

41) 음관취재蔭官取才의 약어로, 곧 조상의 공로에 의해 벼슬할 사람들을 대상으로 치르는 시험을 말한다.

홍담이 불안하여 병을 이유로 사직하였다.

율곡 생각 임금이 사람을 알아보기란 정말 어려운 일이다. 홍담 같은 사람은 집에서는 효도와 우애의 행실이 있었고, 조정에 서서는 청렴결백하다는 명성이 드러났으며, 일을 처리하는 데에도 재능이 많았으니, 유속 중 어느 누가 어진 사람이라 하지 않겠는가. 다만 그 속을 살펴보면 고집스럽고 편벽하며 자신만 믿어 훌륭한 사람을 좋아하는 도량이 없었고 학문으로 이름난 사람을 보면 늘 가짜라고 의심하였는데, 단지 의심만 하는 것이 아니라 질시하기까지 하였다.

그는 "진정한 학자가 있다면 내가 공경하고 사모하겠다." 했지만, 이는 전혀 그렇지 않다. 진정한 학자가 요즘 세상에 나왔더라도 홍담이 그 몸가짐이 유속과 다른 점을 보았다면 역시 가짜라 의심했을 것이니, 무슨 공경과 사모가 있었겠는가. 그가 전장銓長(이조 판서)이 되었을 때 지공무사至公無私하다고 자칭했으나, 그가 말하는 지공至公이란 현명함과 어리석음, 정교함과 졸렬함을 분별하지 않고, 오직 이력만을 차례로 삼아 승진시키는 것이었다. 그러고도 말하기를, "다 같은 조정의 선비인데 무슨 버리고 취할 것이 있겠는가." 하였다. 그의 생각으로는 조정 선비의 흑백을 가리지 않고 돌아가며 청요직을 주고자 한 것이니, 단지 균일均一을 지공이라고 했을 뿐이다.

아, 이 역시 괴이한 일이다! 홍담의 말대로 한다면 양을 삶은 도위都尉나 요리하는 낭장郞將[42]도 남용하는 것이 아니고, 순임금이 사흉四凶[42]

---

42) 전한前漢 말기에 회양왕淮陽王 유현劉玄이 군사를 일으켜 왕망王莽을 내쫓고

을 추방하고 16상相⁴⁴⁾을 등용한 일이 지공한 것이 아닐 것이다. 만일 임금이 홍담 같은 이를 믿고 등용한다면 어진 사람을 방해하고 나라를 병들게 하여 결국은 큰 혼란에 이르고 말 것이다.

▶◀ 우의정 홍섬이 병으로 사직을 청했으나 상이 허락하지 않았다. 홍섬 역시 스스로 불안하였기 때문이었다.

7월 박순의 등용

이조 판서 박충원朴忠元이 면직되었다. 박충원은 원래 재주와 행실이 없고 시세에 따라 처신하여 육경六卿에까지 이르렀다. 이조 판서가되자 공론이 매우 불쾌하게 여겼다. 정철·신응시辛應時·오건吳健이

한때 천자를 자칭하였는데, 이때 관작을 함부로 제수하므로, 수도 장안長安에 유행하는 말이, "부엌에서 중낭장中郞將을 길러낸다. 양의 내장을 잘 익히는 사람이 기마 도위騎馬都尉가 되고, 양의 머리를 잘 익히는 사람이 관내후關內侯이다."라고 했다. 『후한서後漢書 권11 유현열전劉玄列傳』

43) 요임금 때의 네 흉악한 사람으로 공공共工, 환도驩兜, 삼묘三苗, 곤鯀이다. 공공은 관직명이고, 삼묘는 삼묘의 군주인데 이름은 전하지 않는다. 순임금은 섭정을 하면서 공공을 유주幽州로 귀양 보내고 환도를 숭산崇山으로 추방하고 삼묘를 삼위三危에 가두고 곤을 우산羽山에 가두었다. 『서경 순전舜典』『맹자 만장萬章 상』

44) 16명의 어진 이란 뜻으로, 고양씨高陽氏의 여덟 재자才子인 창서蒼舒·퇴애隤戭·도연檮戭·대림大臨·방강尨降·정견庭堅·중용仲容·숙달叔達의 팔원八元과 고신씨高辛氏의 여덟 아들인 백분伯奮·중감仲堪·숙헌叔獻·계중季仲·백호伯虎·중웅仲熊·숙표叔豹·계리季貍의 팔개八愷를 가리킨다. 『춘추좌씨전 문공文公 11년』

모여 이야기하다가 조보朝報를 보고 말하기를, "이 사람이 어찌 이조 판서에 합당한가." 하였다. 어떤 사람이 이 말을 듣고 대사헌 백인걸에게 말하니, 인걸이 그의 조카 유온惟溫에게 말하기를, "정철·신응시가 나더러 박충원을 논박하라 하지만, 내가 일단 참는다." 하였다. 유온이 이 말을 박충원에게 누설하니, 충원이 스스로 청의에 용납되지 못함을 알고 병을 이유로 사직하였다.

◗◖ 박순朴淳을 이조 판서에 임명했다. 박순은 청렴 개결하고 지조가 있었다. 젊었을 때 서경덕徐敬德을 스승으로 섬겨 그를 매우 존경하였고, 조정에 서서는 항상 나랏일을 걱정하였다. 이때에 선류善類의 종주宗主(최고 지도자 격의 인물)가 되어 열심히 명망 있는 선비를 끌어들이는 데 힘썼고 유속은 본 체도 하지 않았으므로 대신들이 꽤 좋아하지 않았다.

이조 판서가 되었을 때 여론이 매우 합당하다 여겼으나, 그는 신진으로 구신들 사이에 끼는 것이 싫어서 병을 핑계로 명을 받들지 않았다. 이이가 박순을 만나 말하기를, "지금 형세는 청류를 널리 모아서 상황을 안정되게 장악하고, 힘껏 성의를 쌓아 성상의 마음을 감동시켜야 하므로 전형의 책임을 유속에게 맡길 수 없습니다. 공이 굳이 사양하여 소인들이 인사권을 잡게 된다면 이는 나라를 그르치는 것입니다." 하였다. 마침 상께서 박순의 사직을 불허하니, 순이 판서를 맡게 되었다.

이에 앞서 김계휘가 이이에게 말하기를, "지금 시사時事는 기강이 서지 않고 모든 법도가 피폐하고 해이해져 손을 쓸 곳이 없다." 하니,

이이가 답하기를, "비유하면 마치 천년 된 큰 집에서 쓰러지는 곳을 괴고 새는 곳을 막아 근근이 지탱해 나가는 것과 같아서, 비바람이 몰려오면 반드시 보전할 수 없을 것이다. 재목을 모으고 기술자를 모아 교체하고 새롭게 해야 한다." 하였다.

김계휘가 말하기를, "새롭게 하지도 않을 뿐만 아니라 아이들이 기둥 밑을 판다면 더욱 지탱할 수 없을 것이다. 비록 고쳐 지으려 해도 유능한 목수가 있어야 할 터인데, 유능한 목수도 아니면서 급작스럽게 옛집을 헐어 놓기만 하고, 마침내 새집을 만들지 못한다면 빈 터만 남게 될 것이다. 지금 조정의 신하 중에 이를 감당할 만한 사람이 누구겠소?" 하니, 이이가 말하기를, "박 화숙朴和叔[박순의 자]은 됨됨이가 안팎이 결백하고 성심으로 나랏일을 걱정하니 조정 신하 중에 그와 견줄 사람이 없으나, 정신과 기백이 약하여 큰일을 감당해 내지 못할 것 같다. 백로白老[백인걸]는 심사가 범속하지 않고 임금을 사랑하는 뜻이 간절하지만, 기질이 거칠고 학문이 정밀하지 못하여 일을 해내지 못할 것이다. 퇴계 선생 같은 이는 학문이 정밀하고 덕망이 높아서 위로는 임금의 사랑을 받고 아래로는 사림의 중망을 지고 있어 큰일을 해낼 수 있으나 시종 큰일을 맡을 의사가 없으니, 이는 아마 스스로 재주가 부족하다고 여기는 듯하다." 하였다.

김계휘가 묻기를, "기 명언奇明彦[기대승의 자]은 어떤 사람인가?" 하니, 이이가 답하기를, "명언은 기개가 한 세상을 덮을 듯하니, 역시 기걸한 인물이다. 다만 자부심이 지나쳐서 원만하고 겸손하게 좋은 점을 받아들일 생각이 없어 분명 사림의 지지를 받지 못할 것이니, 어떻게 큰일을 할 수 있겠는가." 하였다. 김계휘가 말하기를, "결국에는 당대의 물망이 어디로 돌아가겠는가?" 하니, 이이가 답하기를, "할 수 없다면 화숙에게 갈 것이다." 하였는데, 이때에 이르러 과연 박순이 크게 등용되었다.

당시 홍담 등이 몹시 사류를 시기하고 있어 사류가 이를 우려하였으므로, 정철이 이이에게 말하기를, "마땅히 사류가 먼저 터뜨려야 할 듯하다. 앉아서 망하기를 기다리느니보다 차라리 먼저 치는 것이 낫지 않겠는가?" 하니, 이이가 말하기를, "그렇지 않다. 먼저 터뜨리면 반드시 위태로울 것이다. 그가 탐욕스럽고 비루한 소인이 아니고, 좋은 사람들을 시기하는 마음도 아직 일에 드러나지 않아 상하가 모두 그 죄악을 알지 못한다. 그런데 별안간 공격하면 남에게 믿음도 받지 못하고 오히려 재앙만 도발하게 된다. 사류가 된 사람은 스스로 언행에 조심하고 성의를 쌓아 상의 마음을 얻을 뿐이다. 그 역시 먼저 터뜨리지 못하고 있으니, 지금 사세는 먼저 터뜨리는 편이 반드시 흉할 것이다." 하였다.

8월 이이의 임금 역할론

태백성이 하늘에 비치고 형혹성熒惑星이 여귀성輿鬼星으로 들어갔다.
◗◖ 홍문관 교리 이이가 상소하여 사직하니, 너그러운 비답을 내리며 허락하지 않았다. 이이는 스스로 학문이 아직 성취되지 못하여 정치

에 종사할 수 없다고 여기고 이전부터 여러 번 요직을 사퇴하였다. 이 때에 이르러 외조모가 자신을 양육해 준 은혜가 있는데 현재 강릉에 살며 늙고 병들었으나 아들이 없으므로 벼슬을 그만두고 가서 봉양할 것과, 학문이 향상된 뒤에 조정에 돌아올 것을 진달하였다. 상이, "몸이 조정에 있더라도 강릉에 왕래하며 보살펴드릴 수 있을 터인데, 하필 해직하여야만 하는가." 하고는, 이조에 명하기를, "조모를 가서 뵈는 일이 법례에는 없으나 교리 이이는 특별히 왕래하며 보살피게 함이 좋겠다." 하였다. 이이가 특별한 은혜에 감복하여 조정에 나와 일을 보았다.

정미일 ▶◀ 명종의 담제를 지냈다. 옛 의례에는 담제 뒤에 축하를 드리도록 되어 있다. 하루 전날 이이가 처음 관직에 나가 동료들에게 말하기를, "상이 상제를 겨우 마쳤는데 갑자기 하례를 받는 것은 인정과 예의에 비추어 실로 편치 못하다. 백관 또한 곡읍한 뒤에 바로 하례를 드리는 것은 곧 노래와 울음을 동시에 하는 셈이다." 하니, 동료들도 그렇게 생각하였다. 그래서 차자를 올려 위로 하는 예만 행하고 하례는 정지하기를 청하였다. 상이 대신들에게 물으니, 대신들도 그렇게 생각하였으므로 마침내 하례를 정지하였다.

▶◀ 영의정 이준경이 재변 때문에 사직하니, 허락하지 않았다. 이때 일식과 월식이 있었으며 장마로 곡식이 상하고 요상한 별이 여러 번 나타났다. 홍문관에서 차자를 올려 두려워할 시기를 맞아 보람 있는 일을 할 뜻을 분발하도록 청하였으나, 상은 전례대로 답할 뿐이었다.

정사일 ▶◀ 명종대왕을 태묘에 부묘하였다. 상이 친히 제사한 뒤에 환궁하여 대규모 사면령을 내리고 백관의 하례를 받았다. 이언적과 심연원沈連源을 명종 묘정에 배향하였다. 심연원은 왕대비의 조부이다. 학술은 없었으나 자못 선비를 사랑할 줄 알았다. 을사년의 난리 때 윤원형 등이 심연원을 끌어들여 위훈僞勳의 세력을 굳히려고 굳이 3등 공신에 녹훈하였다. 심연원이 사양하지는 못하였으나 마음으로는 바른 사람들의 죽음을 애통하게 여겼고, 또 위훈에 참여한 것이 부끄러워 눈물을 흘리기까지 하였는데, 이때에 이르러 배향되었다.

▶◀ 이이가 경연에서 『맹자』를 진강하면서 본문을 보며 아뢰기를,

"시대마다 각각 그 숭상하는 바가 있습니다. 전국戰國 시대에 숭상한 것은 부국강병富國强兵과 싸워 이기고 쳐서 뺏는 것이었으며, 서한西漢(전한)의 순후淳厚와 동한東漢(후한)의 절의節義, 서진西晉의 청담淸談이 모두 한 시대의 숭상하던 가치였습니다. 임금은 마땅히 그 시대가 숭상하는 바가 어떤 것인가를 관찰하여 숭상하는 것이 바르지 못하면 그 폐단을 바로잡아야 합니다. 지금은 권간들이 억제하던 뒤라 선비들의 습속이 시들고 나태하여 단지 녹이나 먹고 제 몸이나 살찌울 뿐, 임금에게 충성하고 나랏일을 걱정하는 마음은 조금도 없습니다. 비록 한두 사람 뜻을 가진 이가 있다 하더라도 다 유속에 구속되어 감히 기운을 내어 나라의 형세를 진작시키지 못하고 있습니다. 세속의 숭상이 이와 같으니, 성상께서 크게 뭔가 일을 하실 뜻을 분발하여 사기를 진작시키십시오. 그런 뒤에야 세도世道가 변할 것입니다. 옛날 맹자는 필부의 힘으로, 단지 말로 사람을 가르쳐 사설邪說(혹세무민하는 학설)을 없애고 바른길을 열어 우임금과 같은 공을 이룩하였습니다. 더구

나 임금은 세상을 다스릴 책임을 맡았으니, 유학으로 백성을 가르치
면 비단 후세에 교훈을 드리우게 될 뿐 아니라 당대에 교화를 일으킬
수 있으니, 그 공이 어찌 맹자 정도뿐이겠습니까. 지금 인심의 침체가
홍수의 재앙과 양주楊朱·묵적墨翟[45]의 폐해보다 더욱 심하니, 다만 전
하께서 마음에 깨달으신 바를 실천하고 세상에 교화를 펴 군사君師로
서의 책임을 다하시기 바랄 뿐입니다."
하였다.

　강의가 끝난 뒤, 이이가 다시 나아가 아뢰기를,

"임금이 세상을 다스리려 하지 않는다면 모르지만 다스리고자 한다
면 반드시 먼저 학문에 힘써야 할 것입니다. 학문이란 경연에 부지런
히 거둥하여 옛날 전적을 많이 읽는 것만이 아닙니다. 반드시 격물치
지格物致知와 성의정심誠意正心의 공부를 게을리 하지 않아 그 실효가
있은 뒤에라야 학문이라고 할 수 있는 것입니다. 필부가 집에 들어앉
아 있으면 비록 학문의 공력이 있다 하더라도 그 실효가 세상에 드러
나지 아니하지만, 임금은 그렇지 않습니다. 마음과 뜻에 온축된 것이
밖으로 드러나 정치가 되기 때문에 그 실효를 금방 볼 수 있습니다. 지
금 민생이 피곤하고 풍속이 각박하며, 기강은 땅에 떨어지고 사습士習
이 바르지 못합니다. 그런데 전하께서 즉위하신 지 몇 년이 되었는데
도 나라를 다스린 실효를 아직 보지 못하고 있으니, 아마 전하의 격물

---

45) 전국 시대의 학자로, 양주는 노자老子의 무위독선설無爲獨善說을 따라 극단적
　　인 개인주의를 주장하였고, 묵적은 노魯나라의 학자로 겸애설兼愛說을 주장하였
　　다. 맹자는 이들의 주장에 대해 "양씨는 나만을 위하니 이것은 임금이 없는 것이
　　며, 묵씨는 모두를 사랑하니 이것은 아버지가 없는 것이다. 아버지가 없고 임금
　　이 없는 것은 금수이다." 하였다. 『맹자 등문공 하』

치지와 성의정심의 공력이 지극하지 못하신가 합니다. 이렇게 예전대로 하면서 나날이 퇴폐한다면 나라가 나라다울지 알 수 없습니다. 바라건대, 전하께서 일하실 뜻을 크게 분발하여 도학에 마음을 두고 좋은 정치를 강구하여 신민으로 하여금 주상께서 장차 삼대의 도를 일으키실 것이라는 점을 분명히 알게 하십시오. 그 뒤에 모든 신하의 선악을 익히 관찰하여, 나라에 충성하고 임금을 사랑하는 이들을 택하여 함께 일하고, 변변치 못하여 아무 뜻이 없고 먹을 것이나 구하는 자들이 염치없이 높은 자리에 있지 못하게 하십시오. 곧은 사람을 쓰고 굽은 자를 버리는 것이 마땅하고, 사람과 직위가 부합되면 경세제민할 선비가 반드시 나타나 세상에 쓰일 것이고 나랏일이 잘 되어 나갈 것입니다. 전하께서 진실로 정치에 성심을 두신다면, 비록 범상한 사람의 말이라도 성덕에 유익함이 있을 것이고, 전하께서 그럭저럭 지내시며 형식만 갖추기를 일삼는다면, 비록 공자와 맹자가 늘 좌우에 있으면서 날마다 도리를 말한다 하더라도 무슨 보탬이 있겠습니까."
하였다.

영의정 이준경이 나아와 말하기를,

"조정에서는 체통을 지켜야 하는데, 일전에 승지가 면대를 청한 것은 근래의 규칙이 아니니 체통에 손상될까 염려됩니다. 가령 꺼릴 기제가 있으면 대간과 홍문관이 있는데 어찌 승지가 면대를 청대하겠습니까."
하였다. 이이가 말하기를,

"이 말은 옳지 않습니다. 단지 그 말하는 내용에 따라 달려 있을 뿐입니다. 만일 말이 옳다면 체통에 무슨 방해가 되겠습니까. 승지 역시 경연 참찬관參贊官이므로 면대를 청하여 사안에 대해 말하는 것도 그 직무입니다. 이준경의 말은 지나치게 고지식합니다. 지금 좋은 정치 가 시행되지 않고 온갖 법도가 해이해져 있으니, 만일 분연히 진작하 여 일대의 법도를 새롭게 하지 않고 단지 통상의 예법에 얽매여 옛것 만 지킨다면, 어떻게 누적된 폐단을 제거하고 큰일을 할 수 있겠습니 까. 대신이 임금을 도에 인도하지 못하고 오로지 근래의 규례만을 지 키려 하고 있으니, 전혀 아랫사람들의 바라는 바가 아닙니다."

하였다. 상은 신하들의 말에 일체 답하지 않았다.

◗◖이이가 상에게 아뢰기를,

"정치를 하려면 먼저 때를 알아야 합니다. 임금이 아무리 큰일을 하 려고 해도 권신이 국사를 독점하거나 전쟁이나 변란이 일어난다면 비 록 뜻은 있다 하더라도 다스리는 일은 성취하기 어려울 것입니다. 지 금은 다행히 권신이나 간신이 없고 전쟁도 없으니, 이야말로 전하께 서 급히 서둘러 큰일을 하실 때입니다."

하니, 상이 이르기를,

"그 말이 옳다. 다만 전국 시대처럼 요란한 때에도 맹자가 제나라와 양나라 왕에게 왕도王道를 행하라고 권하였으니 비록 전쟁이 있더라 도 왕도를 행할 수 있을 것이다."

하였다.

이이가 절하고 감사하며 말하기를,

"전하의 소견이 참으로 천고에 뛰어납니다. 다만 왕도를 행하는 것은 실제 공부에 있고 언어에 있지 않습니다. 바라건대 전하께서는 실제로 공부를 하소서. 맹자께서 '한 번 임금의 마음을 바르게 하면 나라가 안정된다'[46] 했으니, 이는 가장 요긴한 말입니다. 임금의 마음이 이미 바르면 정사에 혹 조그만 한 실수가 있더라도 저절로 고쳐질 것이고, 임금의 마음이 바르지 못하면 정사가 우연히 이치에 맞더라도 점차 잘못된 방향으로 변해 갈 것입니다. 지금 전하께서 먼저 성심을 바로잡아 일상의 언행이 순수하게 정도에서 나와 신민을 거느리시면 군자君子들은 믿는 바가 있어서 충성을 다하여 도울 것이요, 소인小人들도 임금의 마음에 사사로움이 끼어들 수 없다는 것을 알고 반드시 면모를 바꾸어 선으로 향할 것입니다. 이것이 이른바 임금이 한 번 마음을 바르게 하면 나라가 안정된다는 것입니다."

하였다.

9월 임금의 책무와 신참례의 폐해

이이가 진강할 때마다 학문과 정치에 대하여 진달하였으나 상이 한마디의 답변도 없었다. 이이가 아뢰기를,

"옛날부터 일을 하고자 하는 군주가 가장 훌륭한 정치[至治]를 일으

---

46) 맹자는 "오직 대인만이 임금의 잘못된 마음을 바로잡을 수 있다. 임금이 인하면 인해지지 않는 일이 없고, 임금이 의로우면 의롭지 않은 일이 없고, 임금이 바르면 바르게 되지 않는 일이 없으니, 한 번 임금의 마음을 바르게 하면 나라가 안정되는 것이다[惟大人爲能格君心之非 君仁莫不仁 君義莫不義 君正莫不正 一正君而國定矣]." 하였다. 『맹자 이루 상』

키려면 반드시 정성으로 현자를 응접하여 서로 주고받음이 마치 메아리와 같이 허심탄회하게 말을 받아들이기 때문에, 상하가 서로 믿어 정치가 이루어지는 것입니다. 요순 시대에는 말하지 않아도 믿었고, 작위적으로 하지 않아도 교화가 이루어져 언어를 기다릴 필요가 없었던 것 같지만, 옛 전적을 고찰해 보면 요임금과 순임금이 신하들과 좋다[都], 그렇다[兪], 아니다[吁], 못 하겠다[咈][47]고 하여 답하지 않는 말이 없었는데, 하물며 후세에 있어서이겠습니까.

우리나라의 세종이나 세조 같은 분도 뭇 신하와 친밀하심이 마치 한집안의 부자와 같았습니다. 그래서 신하들이 은혜에 감복되고 덕을 사모하여 죽을힘을 다했던 것입니다. 지금 신이 여러 번 입시하여 뵐 적마다 전하께서는 신하들의 말에 거의 답변이 없습니다. 한집안의 부자, 부부가 아무리 지극히 가까운 사이라도 아버지가 아들의 말에 답하지 않고 남편이 아내의 말에 답하지 않는다면 정이 그대로 막혀 버리는 법입니다. 하물며 군주와 신하란 그 명분과 지위가 현격히 떨어진 관계입니다.

신하들이 성상의 용안을 뵐 수 있는 곳은 경연뿐입니다. 그래서 입시하는 신하가 아뢸 말씀을 미리 생각하여 밤낮으로 벼르다가도 성상의 앞에 나와서는 주상의 위엄에 질려 제대로 다 말하지 못하고 열 가지 중에서 두세 가지만을 진달할 뿐입니다. 성상께서 아무리 마음을

---

47) '도都'는 찬미하는 말이고, '유兪'는 동의하는 말이며, '우吁'는 동의하지 않는 말이고, '불咈'은 반대하는 말이다. 본디 요, 순, 우 등이 조정에서 정사할 때에 쓰던 말인데, 후대에는 군신간에 온화한 모습으로 조정의 정사를 논하는 것을 뜻하는 말로 쓰였다. 『서경 요전·순전·대우모』

터놓고 이야기를 주고받더라고 오히려 아랫사람의 마음이 통하지 못할까 걱정인데, 하물며 침묵하여 말없이 저지할 때는 어떻겠습니까.

현재의 자연재해와 변고는 근래에 없던 것입니다. 신민이 두려워하며 또 무슨 일이 있을까 걱정하는 바이니, 전하가 하실 계책은 마땅히 널리 좋은 방책을 구하여 급히 현실을 구제하는 것이지, 가만히 앉아서 아무 일도 하지 않아서는 안 되는 것입니다. 명종대왕께서 2백 년의 종묘사직을 전하께 맡기셨습니다. 전하께서는 근심거리를 받으신 것이요, 안락함을 물려받으신 것이 아닙니다. 2백 년의 종묘사직이 날로 위험한 지경에 다다르고 있는데, 전하는 진작할 생각을 하시지 않으십니까."

하였다. 상이 답하기를,

"온축하여 덕행이 된 뒤에야 이를 발동하여 사업을 할 수 있을 것이다. 어찌 덕행도 없이 사업이 있겠는가. 또 삼대의 정치도 단계가 있는 것이지, 갑자기 회복할 수는 없는 것이다."

하였다. 이이가 말하기를,

"전하의 이 말씀은 진실로 근본을 따르는 의논입니다. 다만 덕행이란 하루아침에 마련되는 것이 아니며, 정사는 하루라도 폐할 수 없는 것입니다. 참된 덕이 이뤄지기 전이라 하여 장차 정치를 불문에 붙이고 문란하도록 내버려 두시겠습니까. 그러므로 덕행과 사업은 마땅히 동시에 닦고 함께 진행되어야 합니다.

진실로 삼대의 정치를 별안간 회복시킬 수는 없습니다만, 폐단을 개혁하여 백성을 구하는 것쯤은 어찌 실천하기 어려운 일이겠습니까.

요순의 덕을 비록 별안간 이룰 수는 없습니다만, 요순의 마음 씀씀이를 구하고 요순의 좋은 정치를 본받다 보면, 요순의 정치에 거의 가까워질 것입니다."

하였다. 상이 말하기를,

"예전에도 요순의 덕이 없이 요순의 정치를 한 이가 있었는가?"

하니, 이이가 답하기를,

"옛사람 가운데 요순을 본받은 이가 없었기 때문에 그러한 정치를 보지 못한 것입니다. 참으로 요순을 본받아 실천하였다면 어찌 그런 정치가 없었겠습니까. 정자程子가 말하기를 '후세의 왕들이『춘추』의 의리에 밝았다면, 비록 순·우의 덕이 없더라도 삼대의 정치를 회복할 수 있을 것이다' 하였으니, 이것이 분명한 증거입니다.

또한 맹자가 제 선왕이나 양 혜왕에게 왕도를 실천하도록 권한 것은 이 두 임금이 왕도를 행할 만하다고 여긴 때문이지, 어찌 이상론을 좋아한 것이겠습니까. 덕으로 말하면, 순·우의 덕은 두 임금이 별안간 갖출 수 없는 것입니다. 덕은 비록 순·우에 미치지 못하더라도 큰 뜻을 분발하여 몸소 실천하는 데 힘써, 현명한 신하를 신임하고 매사에 순·우를 본받아 나가면 순·우의 정치가 가까워질 것입니다. 신민이 성군을 만나고도 덕화를 보지 못한다면, 어느 때에 태평세월을 만나겠습니까."

하였다. 이때 이이가 독서당讀書堂의 월과月課(월 단위 과제) 제술을 통해 문답 형식으로 임금의 학문하고 정치하는 도리를 서술하여『동호

문답東湖問答』이라 하였다.[48] 상이 이이에게 묻기를,

"『동호문답』에서 어찌 한 문제漢文帝가 자기自棄[49]하였다고 하였는가. 그 논의가 지나친 듯하다."

하니, 이이가 대답하기를,

"문제는 진실로 천하의 현군입니다. 신이 그를 자기自棄라고 평가한 데는 그 이유가 있습니다. 선유先儒(옛 훌륭한 유학자)의 말에 '도道에 대해, 1등을 다른 사람에게 양보하고 2등으로 자처하는 것은 곧 스스로를 버리는 것'이라고 했습니다. 문제는 바탕이 좋은 임금으로 한漢나라가 한창 융성할 때를 맞아 고도古道로 회복할 수 있음에도 불구하고 의지가 높지 못하여 패도覇道를 혼용하는 데서 그치고 말았기 때문에 신이 자기라고 평가했던 것입니다."

하였다. 상이 이르기를,

"문제가 고도를 회복하지 못한 것은 경적이 불에 타 버리고 진정한

---

48) 독서당은 호당湖堂을 가리킨 것으로서, 홍문관의 젊은 관원들 중에서 선발하여 휴가를 주어 동호東湖에 가서 연구하게 하였다. 1426년(세종 8)에 사가독서 제도를 처음으로 실시하였는데, 이때에는 집이나 산사山寺에서 글을 읽게 하였다. 그 뒤 성종 때 마포의 한강 가에 남호독서당南湖讀書堂을 개설하였고, 중종 때에는 동대문 근처의 정업원淨業院을 독서당으로 만들었다가 1517년(중종 12)에 두모포의 정자를 고쳐서 독서당으로 만들었는데, 이를 동호독서당東湖讀書堂이라고 하였다. 광해군 때에는 한강의 별영別營을 독서당으로 삼았다. 이이의 『동호문답』은 바로 1569년(선조 2)에 동호의 독서당에서 사가독서 할 적에 왕도정치王道政治에 대한 경륜을 주객主客의 문답체로 서술해서 왕에게 올린 11편의 글을 묶은 것이다. 『율곡전서 권15 잡저2 동호문답』

49) 자신을 스스로 멸시하는 것을 말한다. 맹자가 말하기를, "말할 때에 예의를 비난하는 것을 스스로 해치는 것이라 하고, 내 몸은 인에 거하고 의를 따를 수 없다고 하는 것을 스스로 버리는 것이라 한다[言非禮義, 謂之自暴也; 吾身不能居仁由義, 謂之自棄也]." 하였다. 『맹자 이루 상』

유학자가 배출되지 않았기 때문일 뿐이지 어찌 문제의 과실이겠는가."
하니, 이이가 아뢰기를,

　"문제는 큰 뜻이 없이 매번 저급한 논의를 좋아하였으니, 비록 문헌
이 있었다 한들 어찌하였겠습니까. 임금이 세운 뜻이 높지 않은 것은
대체로 모두 스스로 버렸다고 할 수 있습니다."
하였다. 당시 아직 중궁中宮을 세우지 못하고 있었다. 헌납 오건이 아
뢰기를,

　"후비后妃를 선택하는 데는 먼저 그 가법家法을 볼 것이니, 장차 외
척의 걱정거리를 미리 막지 않을 수 없습니다."
하니, 상이 이르기를,

　"임금 자신이 현명하지 못하기 때문에 외척이 우환이 되는 것이다.
임금이 현명하다면 외척이 어찌 위복威福을 마음대로 할 수 있단 말인
가."
하였다. 이이가 말하기를, "전하의 견해가 참으로 탁월하십니다. 다
만 임금이 아무리 현명하더라도 스스로 현명함만 믿고 예방하지 않
는 것은 옳지 않습니다. 후비를 간택하는 데는 모름지기 가법이 어떠
한가를 보아야 합니다. 그렇게 하지 않는다면 꼭 성녀聖女를 얻는다고
할 수 없을 것이고, 후일 외척이 전횡할 걱정이 어찌 없겠습니까."
하였다. 상이 이르기를,

　"왕망王莽[50]의 딸 효평 황후孝平皇后도 현명하였으니, 어찌 꼭 부모에

---

50) 중국 전한前漢 말엽의 참주僭主이다. 책략을 써서 평제平帝를 죽이고 한나라를
　　빼앗아 국호를 신新이라 하고 즉위하였으나 내치內治와 외교外交에 실패하여
　　15년 만에 멸망하였다. 『한서漢書 권99』

게 달린 문제이겠는가."

하니, 이이가 아뢰기를,

"만약 데면데면하게 사리를 논하여 항상 그런 경우와 그렇지 않은 경우를 다 따져 본다면 성상의 말씀도 타당합니다. 그러나 지금 성상의 배필을 간택하는 데 부모가 어떠한가를 묻지 않고 만일의 요행을 바라는 것은 옳지 못한 일이 아니겠습니까. 반드시 대신들에게 자문을 구하고 널리 중론을 받아들여, 가법家法이 순정하고 부모가 어진 분을 얻으신 뒤에야 나라의 복이 될 것입니다."

하였다.

▶◀ 이준경이 상을 모시고 있다가 을사년의 일에 이야기가 미쳤는데, 아뢰기를,

"위사衛社⁵¹⁾ 당시에 선한 선비들이 혹 연루되어 죽은 사람이 있어 그 상처가 아직 아물지 않았습니다."

하니, 이이가 말하기를,

"대신의 말이 어찌 그처럼 모호하고 분명하지 않을 수 있습니까. 위사는 위훈僞勳이고 죄를 당한 사람은 모두 착한 선비입니다. 인종이 승하하자 중종의 적자는 단지 명종 한 분뿐이었으니, 천명과 인심이 어찌 다른 사람에게 가겠습니까. 간흉들이 하늘의 공을 탐내 사림을 참하여 거짓 공신을 등록하였으니, 귀신과 사람이 모두 분하게 여긴

---

51) 을사사화 뒤 책록한 공신의 명칭인데, 여기서는 사화 자체를 가리킨다. 명종이 즉위한 뒤 을사사화를 일으킨 정순붕·이기·홍언필·임백령·허자 등을 공신에 봉했는데, 1등을 추성 위사 협찬 홍제 보익推誠衛社協贊弘濟保翼, 2등을 추성 위사 홍제 보익, 3등을 추성 위사 보익이라 하였다.

지 오래입니다. 지금 성상께서 새로운 정치를 시작하시는 즈음에 마
땅히 공훈을 삭제하고 명칭을 바로잡아 국정 방향을 안정시켜야 하므
로 이 일은 늦출 수 없습니다."

하였다. 이준경이 말하기를,

"그 말이 옳기는 하나, 선왕 때의 일이라 졸지에 고칠 수 없습니다."

하니, 이이가 말하기를,

"그렇지 않습니다. 명종이 어려서 즉위하시어 비록 간흉의 속임을
면하지 못하였으나 지금 하늘에 계신 혼령이 그 간사함을 밝게 아실
것이니, 선왕 때의 일이라고 하여 어찌 고치지 못하겠습니까."

하였다. 이에 앞서 백인걸이 이준경을 볼 때마다 이이가 현명하고 재
능이 있어 추천하여 등용할 만하다고 칭찬한 적이 있었다. 이이가 경
연에서 두 번이나 이준경의 말을 꺾자 준경이 좋지 않게 여기고 백인
걸에게 말하기를,

"그대의 이이는 어찌 그렇게 말이 경솔한가."

하였다.

▶◀ 왕대비의 존호를 의성懿聖이라 올리고 백관이 하례하였다.

▶◀ 사관四館(성균관·예문관·승문원·교서관)의 신진新進(신임 관원)들을
침학하는 풍습을 혁파하도록 명하였다. 이이가 상에게 아뢰기를,

"인재를 키우는 효과가 하루아침에 드러나는 것은 아니나, 교화를
손상시키는 폐습은 개혁하지 않을 수 없습니다. 지금 과거에 처음 합
격한 선비들을 사관에서 신래新來(신입)라고 지목하여 모욕을 주고 침
학하는 데 하지 않는 짓이 없습니다. 대체로 호걸지사는 과거시험 자

체를 그리 대단하게 여기지도 않는데, 하물며 갓을 부수고 옷을 찢기며 흙탕물에 굴러 체통을 잃고 염치를 버린 뒤에야 사판仕版(관원 명부)에 오르게 된다면 호걸지사치고 누가 세상에 등용되기를 원하겠습니까. 중국에서는 새로 과거한 사람을 접대하는 데에 매우 예의를 지킨다고 하는데 만일 이 소문을 듣게 되면 반드시 오랑캐 풍속이라 할 것입니다."

하였다. 상이 이르기를,

"침학한다는 것은 무슨 뜻이며 어느 때부터 시작된 것인가."

하니, 이이가 대답하기를,

"글로 전하는 것은 없습니다. 단지 고려 말년에 과거가 공정하지 못하여 거기에 뽑힌 사람이 대부분 귀한 집 자제로 입에 젖내 나는 것들이 많았습니다. 그러므로 그때 사람들이 분홍방粉紅榜이라 지목하고 분개하여 마침내 못살게 굴기 시작하였다고 합니다."

하였다. 상이 말하기를,

"이는 개혁하여야겠다."

하고, 드디어 완전히 개혁하도록 전교하였다.

▶◀ 홍문관에서 상소하여 성지聖志(임금의 뜻)를 정하여 실효를 거두도록 노력할 것, 도학을 숭상하여 인심을 바르게 할 것, 기미를 살피어 사람을 보호할 것, 왕비의 혼례를 삼가여 배필을 중히 할 것, 기강을 진작시켜 조정을 엄숙하게 할 것, 절약을 숭상하여 나라 재정을 넉넉하게 할 것, 언로를 넓혀 여러 계책을 모을 것, 능력 있는 인재를 거두어 관직을 맡길 것, 폐단을 낳는 법을 개혁하여 민생을 구제할 것 등을

청하였다.

상소가 올라가자, 상이 분수에 지나치다 하여 받아들이지 않았다. 상이 즉위한 지 3년이 되어도 정치를 도모하는 정성이 없고 신하들도 모두 인습에 젖어, 도학은 땅에 떨어지고 인심은 이익만 추구하고 있다. 간사한 사람들이 틈만 엿보는데 조정에는 직언이 드물며, 기강이 허물어지고 사치는 도를 넘어 나라 재산이 고갈되고 현명한 선비는 위축되어 물러났다. 민폐는 날로 깊어가고 배필을 정할 데가 반드시 어진 집안이 될지 알 수 없으므로 옥당의 상소가 이러한 것이다.

▶◀상이 문묘文廟에 별제別祭를 지내고 유생을 시험보아 노직盧稙 등을 급제시켰다.

겨울 10월 이이의 실망

재이災異(기상이변)로 인하여 정전正殿을 피하고 고기반찬을 줄였으며, 음악을 철폐하고 사방으로 의견을 구하였다. 이때 해의 변화가 이상하므로 널리 공경에게 물으니, 영의정 이준경이 대답하기를,

"가례嘉禮(왕실의 혼례)가 가까운데 이변이 이러하니, 후일 내전內殿에서 정치를 간섭하고 외척이 날뛰는 폐단이 일어날까 염려됩니다. 두려워하시어 덕을 닦으십시오."

하였다.

▶◀이이가 경연에서 『맹자』를 진강하다가 '왕이 좌우를 돌아보며 다른

말을 하였다'는 대목[52]에 이르러 아뢰기를,

"지금 민생이 피폐하고 기강이 문란하여 사방 나라 안이 몹시 다스려지지 못하고 있습니다. 가령 맹자가 주상께 '어떻게 하실 것입니까?' 하고 묻는다면, 주상께서는 뭐라 대답하시겠습니까?"

하니, 상이 대답하지 않았다. 이이가 상이 정치를 추구할 뜻이 없음을 알고 드디어 떠날 생각을 가지게 되었는데, 마침 외조모의 병이 위중하다는 소식을 듣고 벼슬에서 물러나 귀성하기를 청하니, 상이 휴가를 주어 돌아가게 하였다.

11월 선조의 사친 추숭

덕흥군德興君(선조의 생부)을 높여 대원군大院君이라 하고 그 후사 하원군下原君 정瑆에게 1품 관작과 전답·노비를 지급했다. 상은 1품 관작을 세습시켜 그 제사를 받들도록 하려고 하였으나 조정 신하들이 모두 옳지 않다고 했다. 또 "종실의 녹은 4대로 한정한 옛 법을 변경시킬 수 없다."고 하므로, 작록은 4대로 한정하고, 다만 전토와 노비만 주어 대대로 제사를 받들게 하였다.

---

52) 이이가 맹자와 똑같은 논리로 선조를 추궁하는 대목이다. 맹자가 제 선왕齊宣王을 만나, "왕의 신하 중에 처자를 친구에게 맡기고 초楚나라에 가서 놀던 자가 있었는데, 돌아올 때에 보니 친구가 그 처자식을 얼고 굶주리게 하였다면 어떻게 하시겠습니까?" 하니, 선왕이 "끊어 버리겠습니다." 하였다. 또 "사방 나라 안이 다스려지지 않으면 어찌 하시겠습니까?" 하니, 제 선왕은 대답할 말이 없자 좌우를 돌아보고 다른 말을 하였다고 한다. 『맹자 양혜왕 하』

율곡 생각 정통正統에 마음을 쏟는 것이 이치로 보아 정당하지만, 사친私親을 높이 받드는 것도 지극한 정이다.[53] 명분名分 한 가지 이외에는 아무리 융숭하게 하더라도 안 될 것이 없다. 조정 신하들은 인정과 예절을 헤아리지 않고 다만 옛 규례만 지키려 하는데, 옛 규례는 비록 변경시킬 수 없으나 사리事理는 만 번이라도 변할 수 있다. 어찌 꼭 그대로 지키고만 있을 수 있겠는가. 금상今上도 지손支孫으로 들어와 대통을 이었으니, 이 또한 어찌 옛 규례라고 하겠는가. 대원군이 성상을 낳아 길렀는데 4대 뒤에 대를 잇는 손자의 녹이 끊어진다면, 이는 그 복왕濮王의 칭호를 세습하여 대대로 제사하던 사례[54]와는 다른 것이니, 어찌 상의 마음에 섭섭함이 없겠는가.

12월 왕비 책봉

박씨朴氏를 왕비로 책봉하고, 그 부친 박응순朴應順을 전례에 따라 영돈녕부사로 임명했다. 박응순의 아우 박응남朴應男이 명망이 있어 요직에 있었고, 또 심의겸과 친밀하였으므로 박씨의 책봉에 그의 힘이 컸다.

---

53) 선조는 명종의 뒤를 이었으므로 종통宗統으로 보면 명종이 아버지가 된다. 여기서 말하는 사친私親은 선조를 낳아 준 덕흥군을 말한다.

54) 복왕은 송 영종宋英宗의 생부인 복안의왕濮安懿王 조윤양趙允讓을 가리킨다. 영종이 즉위하여 복왕의 원묘園廟를 세웠고, 신종神宗 때에는 복왕의 아들 종휘宗暉를 사복왕으로 봉하여 세습케 하였다. 『송사宋史 권245 복왕열전濮王列傳』

사림과 유속의 구분

율곡의 『경연일기』에서 키워드를 찾으라고 하면 단연 사류士類와 유속流俗을 들 수 있다. 사류는 사림士林으로도 쓰인다. 유속이란 요즘에는 '세상에 널리 퍼져 있는 풍속'을 뜻하지만, 율곡 당시에는 상당히 다른 의미를 갖는다. 공무에 필요한 문장이나 짓고, 자리보전이나 하면서 때 되면 승진을 바라는 관료를 율곡은 이렇게 불렀다. 이런 유속이 왜 문제이고, 어떤 역사적 의미를 지녔는가?

현재 학계에서 말하는 사림은 16세기 사화기에 훈신이나 척신과 대비되는 정치세력을 말한다. 훈신은 대개 세조가 단종의 왕위를 찬탈하는 과정에서 형성된 공신집단을 일컫는다. 이들이 왕실 또는 공신 간의 혼인을 통하여 척족을 형성하면서 이른바 훈구파勳舊派를 이루었던 것이다.

이에 반해 집현전의 사육신死六臣 계열이라고 볼 수 있는 사림은 훈구파가 주도한 사화의 와중에서 죽거나 귀양을 갔는데, 이들은 왕도王道 정치, 민본民本 정치의 구현을 통해 훈구파의 기득권이 낳은 폐단을 개혁하고자 하였다. 이러한 변혁 속에 훈구파와 사림파가 직접적으로 충돌한 정치적 사건이 4대 사화, 즉 무오사화·갑자사화·기묘사화·을사사화였다.

이러한 지식인 집단, 예비 관료 집단의 성격 변화는 분명 공자 유학의 재해석, 그러니까 '신유학新儒學=성리학性理學'과 관련이 있다.

정치사적인 의미에서 볼 때, 성리학의 등장은 관료제의 발달과 상관이 크다고 생각한다. 즉 조정朝廷이 귀족이 아닌 능력에 의해 선발된 관료에 의해 움직이는 과정에서 생겨났기 때문이다. 어떤 방식으로든 성리학은 관료의 자질과 태도에 대해 기존의 조정 관료와 다른 무언가의 대안을 제시하지 않으면 안 되었고, 실제로 제시하였다.

이렇게 생각하면 이해가 쉬울 듯하다. 동아시아에서 관료제를 배워 간 서구의 경우, 21세기 관료제 전문가들은 '관료제가 지닌 책임의 역설'을 고민하고 있다고 한다. 공무원은 공복公僕으로서 단지 더 높은 정치적 권위(국민 또는 상급자)를 위한 도구에 지나지 않는다. 여기서 그들은 직무상 개인적인 책임감의 결여라는 위험성에 노출되어 있다. 쉽게 말해서 윗사람에게 보고하고, 또 보고해서, 위로 책임을 넘기는 방식 또는 업무 분장을 통해 책임을 분산하는 방식으로 운영된다. 다른 한편, 고위 관료는 정책 수립에 적극적으로 참여하기도 하므로 직무에서 형성된 그들의 주관적인 행동이 보다 높은 정치적 권위나 이상을 침해할 위험성도 있게 된다.

이런 두 측면의 위험을 조정, 관리하기 위해 유무형의 요구 사항이 있다. 유형은 '공무원 윤리 규정' 같은 것이고, 무형은 '조직 문화'라고 부르는 것에 포함되어 있으며, 그중 부정적인 것으로는 '눈치 보기' 같은 게 있을 것이다. 이런 요구 사항들이 오히려 공무원들이 온전히 책임감 있는 자세로 표준을 따르기 위해 필요로 하는 그들 개인의 도덕적인 역량을 약화시키는 측면이 있다. 외적 규정과 규제가 내적 자율성을 압도하는 것이다.

송나라 사마광司馬光(1019~1086)부터 내내 동아시아 학자—관료는 관료제 아래서 살아 있는 정치—현실이 문서에 갇힐 상황에 대하여 끊임없이 경고하면서, 관료의 책임 있는 태도를 강조하였다. 다른 태도는 사마광의 선배 범중엄范仲淹(989~1052)이 "천하의 근심에 앞서서 먼저 근심하고, 천하가 모두 즐거워한 뒤에 즐거워하리라. 이런 정도의 사람이 아니라면, 내가 누구와 함께 벗을 삼겠는가!"라고 사士의 사회적, 역사적 역할을 천명한 데서 분명히 드러난다.

사마광이 경계한 바, '문서에 갇힌다'는 말은 무슨 뜻일까? 관료의 첫 번째 조건은 글을 지을 수 있는 능력이다. 외교문서, 대국민 담화문, 관청 사이의 연락 문서 등 관료제는 문서로 이루어진다. 과거시험의 핵심은 글을 짓는 능력을 테스트하는 것이다. 이는 정치적, 사회적, 철학적인 주제를 행정 수준으로 축소 또는 환원하는 경향으로 나타나기도 한다. 빈곤의 문제를 구조적으로, 더 나아가 철학적으로 사유하지 못하고, 재정 문제, 예산 문제로 환원하는 방식이 그 대표적인 사례이다.

아마 이런 이유 때문에 과거시험이 문장력이나 테스트하는 사장학詞章學으로 전락하고 있다는 비판 및 경고가 끊이지 않았을 것이다. 한국사 교과서에서 보듯이, 인재 선발의 중심이 사장詞章에서 경학經學으로 옮겨가야 한다는 주장이 정치권에 사림이 등장하는 시기에 나오는 이유이다.

그러므로 율곡의 말에서 나타나는 사류와 유속의 구분은, 윤리적 태도의 문제만이 아니라, 대신大臣, 간관諫官, 경연관, 일반 관료 들

사이의 역할을 어떻게 구조화할 것인가, 또 그 역할의 지향점을 어디에 둘 것인가 하는 제도사 및 정치사적 의미를 담고 있는 역사적 개념이었던 것이다.

을사사화를 바로잡다

금상 3년 봄 정월 이조 판서 이탁

이조 판서 박순이 병으로 면직되고, 이탁이 이조 판서가 되었다. 이탁의 명망이 박순에 미치지는 못하였으나 선비를 사랑하고 국량이 있었다. 이조를 맡게 되자 공적인 도리를 펴는 데 힘썼고, 행정 처리는 박순보다 나았다.

3월 을사사화 관련자 복권 요구

좌의정 권철이 병을 핑계로 나오지 않다가 상이 권유하자 나왔다. 이에 앞서 권철이 경연에서, 백인걸이 상에게, "임금과 정승은 부자와 형제같이 서로 화합한 뒤에야 일의 성과를 낼 수 있는데, 지금 화합이 부자와 형제와 같다 할 수 있겠습니까." 하는 말을 들었다. 권철이 그

말을 잘못 듣고는, 백인걸이 자신과 이준경이 화합하지 못한다고 배
척하는 말이라고 생각하였다. 물러나와 사람들에게 말하기를,

"내가 백군白君에게 무거운 논박을 당하였으니, 다시 나올 수 없다."
하였다. 이때 이준경이 병으로 사직하자 권철도 병을 끌어대니, 여론
이 떠들썩하였다. 홍섬이 이를 듣고 아뢰기를,

"인걸의 말이 무슨 의도인지 알 수 없습니다만, 권철과 이준경의 사
이에 평소 실올만 한 혐의도 없습니다. 남의 말만 듣고 대신을 동요하
게 하는 것은 옳지 않습니다."
하니, 상이 답하기를,

"백인걸은 본래 성격이 솔직하여 고인의 풍도가 있었다. 비록 과한
말을 하였다 치더라도 개의할 것이 없다."
하고는 권철에게 나와서 일을 보라고 권하였다. 백인걸이 홍섬의 말
을 듣고 놀라며 괴이하게 여겨 승정원에 와서 『승정원일기』를 살펴보
니, 따로 권철을 배척한 말이 없었다. 이에 소를 올려 스스로 해명한
뒤에야 권철이 잘못 들었던 것을 깨닫고 출근하였다.

율곡 생각   대신이란 나라의 중임을 받은 사람이니, 마땅히 그 책임을 다하
여야 한다. 자신이 돌아보아 옳으면 남의 말 때문에 스스로 저어해서는
안 되며, 자기가 헤아려 보아 그 직책에 어울리지 못하면 간곡히 사양
하여 현명한 인재에게 내어 주는 것이 옳다. 지금 권철은 삼공의 자리
를 채우고 있으면서 정사를 밝게 일으킨 바가 없고 앞뒤의 눈치나 살피
며 남의 말만 두려워하니, 어찌 대신이라는 명칭과 자리에 부끄럽지 않

겠는가.

◗◖ 상이 친히 모화관慕華館에서 무사武士들을 시험 쳤다. 저녁에 환궁하는데, 궐문에 미처 들어가기 전에 저녁종이 울렸다. 호위하던 신하들 가운데 집이 삼문三門(동대문·서대문·남대문) 밖에 있는 사람들이 종소리를 듣고 흩어져 달려가므로 사람과 말이 마구 요동하니, 식자들이 놀라고 해괴하게 여겼다.

◗◖ 가뭄이 심하여 상이 이준경 등에게 재해를 그치게 할 대책을 물었다. 삼공의 진언이 열몇 가지였으나 모두 묵은 말들이고 별로 적용할 만한 대책이 없었다. 이때 흉황이 너무 심하여 민생이 길을 잃고 나라의 형세가 급급하였으나, 대신들은 구태의연하여 좋은 건의가 없었다. 사류 중에서 그래도 일을 하고자 하는 사람이 있으면 그때마다 일 만들기 좋아하는 사람으로 그들을 배척하니 선비들의 기운이 몹시 꺾여 있었다.

◗◖ 우박이 내리고 흰무지개가 해를 꿰뚫었다. 기상이변이 연이어 나타나 인심이 흉흉하였다. 대신과 대간·승정원이 상에게 정전을 피하고 구언求言(임금이 신하의 바른말을 구하는 것)하도록 청했으나 상은 다시 날씨를 관찰하라고만 하고 받아들이지 않았다.

◗◖ 임천林川에 상의 태胎를 묻었다. 상이 처음 즉위하였을 때, 조정의 공론이 선대의 전례에 따라 땅을 골라 태를 묻어야 한다 하니, 잠저潛邸(임금이 되기 전에 살던 집)에 태의 소재를 물어 그 동산 북쪽 숲에서 찾아냈다. 적합한 곳을 가려 강원도 춘천에 묻기 위하여 공사를 거의 끝

내고 정혈正穴을 살펴보니 옛날 무덤이었다. 그래서 황해도 강음江陰
으로 옮겨 터를 닦을 때 정혈에서 열 걸음 남짓 떨어진 곳에 작은 항아
리가 묻혀 있었으므로 혹시 또 옛 무덤이 아닌가 의심하였다. 관찰사
구사맹具思孟이 말하기를, "여기는 정혈이 아니다. 또 단지 작은 항아
리가 있었을 뿐 다른 물건이 없으니, 이것 때문에 경솔히 큰 공사를 그
만둘 수 없다." 하여, 사람들의 의구심이 가라앉았고 공사 또한 거의
마치게 되었다. 조정에 이 소식이 알려져 사헌부에서 구사맹을 계품
하지 않은 죄를 논핵하여 파면시켰고, 대신들이 더럽혀진 곳에 묻을
수 없다 하여 충청도 임천으로 옮겼다. 그때 백성에게 기근이 들었는
데, 돌을 운반하는 데 고생하였다. 한 번 임금의 태를 묻는 일로 3도가
피해를 입었으니, 식자들이 탄식하였다.

율곡 생각　　임금은 그 고귀함이 이미 극에 이르렀다. 따라서 신하된 이가
　　　떠받들기만 하는 것을 공경이라 생각하지 말고, 좋은 일을 실행하도록
　　　간하는 것으로 공손을 삼아야 한다. 흉년을 당하여 민생이 도탄에 빠진
　　　이때에, 대신과 대간이 임금을 바로잡고 민생을 구제하는 데 급급하지
　　　않고, 태경胎經의 설[55]에 현혹되어 여러 번 임금의 태를 옮겨 3도의 민
　　　력을 고갈시키고도 가엾이 여기지 않으니, 뭐라고 해야 하겠는가.

---

55) 실록에, "태경의 설이 시작된 것은 신라·고려 사이이고 중국에 예로부터 있었
　　던 일은 아니다. 우리나라 법규는 국장國葬에 있어서는 길지吉地를 고르기 위하
　　여 심지어 사민士民들의 분영墳塋을 모두 파내고 혈을 정하기도 하고, 태봉胎封
　　은 반드시 최고로 깨끗한 자리를 고르기 위하여 이렇게까지 하고 있는데, 이는
　　의리에 어긋나는 일일 뿐만 아니라 감여堪輿의 방술方術로 따지더라도 근거가
　　없는 일이다." 했다. 「선조수정실록 3년 2월 1일」

산릉을 택하는 것이 태를 묻는 것보다 더 중하다. 그래서 오히려 옛 무덤이라고 해서 피하지 않고 남의 분묘를 파내고 무덤을 쓰는데, 태를 묻는 데만 옛 무덤을 피하는 것은 무슨 까닭인가. 또 나라 안의 봉만峰巒은 숫자가 한정되어 있고 태는 대대로 다함이 없이 묻을 터인데, 한 번 묻은 곳을 두 번 다시 쓰지 못한다면 나중에는 나라 밖에서 구할 것인가. 이는 계승해 나갈 도리가 아님이 분명하다.

4월 임금의 친향 반대

근신近臣이 다시 기상이변을 들어 정전을 피하도록 청하였다. 상이,
"정전을 피하는 것은 곧 임금이 자기를 낮추는 일이거늘, 신하가 어찌 경솔히 말할 수 있겠는가."
하였다. 상이 종묘에서 여름에 올리는 큰 제사를 몸소 행하려 하는데, 대신·간관·근신이 모두 재변을 이유로 말리니 상이 그만두었다.

율곡 생각 종묘에 친향하는 것은 예에 당연한 것인데, 기상이변 때 삼가는 데에 무슨 방해가 되겠는가. 의장儀仗을 줄여서 호위하고 직접 종묘에 간다면 선조를 받들고 이변을 삼가는 데 모두 합당한 일이다. 조정 신하들이 이 의의를 알지 못하고 친히 제향에 나가는 것을 유람 가는 일에 비교하여 좋은 마음을 저지하였으니, 이는 재계나 하고 경문이나 외워 적을 물리치려고 하는 것과 무엇이 다르겠는가. 아! 대신과 시종이

모두 이와 같이 식견이 없으니, 아무리 임금을 바로잡고 일을 바르게
하려 한들 할 수 있겠는가.

◗◖ 가뭄이 더욱 심하였다. 상이 정전을 피하고 고기반찬을 줄였으며
음악을 중지하고 사방으로 대책을 구하였다.

기미일 ◗◖ 상이 친히 남교의 산에 있는 제단에서 기우제를 올렸다.

◗◖ 관학館學(성균관과 한양 내의 사부 학당) 유생들이 상소하여 김굉필·
정여창鄭汝昌·조광조·이언적 네 사람을 문묘에 종사하기를 청하니,
상이 "이런 중대한 일을 경솔히 처리할 수 없다." 하였다. 상소가 세
번이나 올라왔으나 끝내 허락하지 않았다.

◗◖ 병조 참판 백인걸이 상소하였는데, 대강의 뜻은 다음과 같다. 첫
째, 폐정을 개혁할 것, 둘째, 을사년과 기유년의 억울한 일56)을 씻어 줄
것, 셋째, 조광조를 문묘에 함께 제사할 것, 넷째, 이황을 부를 것, 다
섯째, 벼슬을 그만두고 고향으로 가겠다는 것이었다. 상이 흐뭇하게
칭찬하여 답하고, 그 상소를 대신들에게 내려 의논하여 아뢰도록 하
였다.

---

56) 을사년(1545, 명종 1)의 억울한 일이란 을사사화를 말한다. 기유년(1549, 명종
4)의 억울한 일은, 이른바 기유옥사를 이른다. 이때 이약빙李若氷의 아들 이홍남
李洪男이 그의 아우 이홍윤李洪胤을 모함하여 옥사를 일으켰다. 이홍윤은 윤임
의 사위로 충주에 있었는데, 윤원형 일파에 의하여 윤임 등이 처형되고 부친 역
시 양재역 벽서 사건에 연루되어 죽자, 불평하는 말을 자주 하였다. 이에 동생과
사이가 나쁜 이홍남이 고발하자, 이기 등은 이홍윤이 윤임의 사위라는 이유로 사
실 여부를 따지지 않고 이 사건을 확대하여 충주 한 고을 사람들이 거의 다 연루
되어 억울하게 처형되고, 충주는 유신현維新縣으로 강등되기까지 하였다. 『명종
실록 4년 4월 18일; 23일』

〕〔큰 기근이 들었다. 경기·경상·충청의 세 도가 더욱 심하였다. 상이 경연에서 홍섬에게 묻기를,

"어사를 세 도에 파견하여 폐단을 조사하고 기근을 구제하려면 누가 좋겠는가?"

하니, 홍섬이 답하기를,

"신이 우매하여 그런 사람을 알지 못하니, 성상께서 골라 임명하시는 것이 마땅할 것입니다. 그렇지 않으시면 대신들과 의논해서 아뢰겠습니다."

하였다. 홍섬이 나와서 권철과 의논하여 아뢰기를,

"어사의 임명은 성상께서 선택하실 일이고, 신 등이 간여할 바가 아닙니다."

하였다. 상이 굳이 묻자, 삼공이 합의하여 아뢰기를,

"삼공이 어사를 천거하는 전례가 없으므로 후일 폐가 생길까 염려됩니다."

하니, 상이 그만두고 묻지 않았다.

율곡 생각 대신이란 나라를 맡아 원기元氣를 조화시키니 나라의 일을 모두 미리 알아야 한다. 더구나 인재를 천거하여 직무를 맡기는 것이 그 책임이다. 삼공이 의정부에서 놀고먹으면서 나랏일에는 득실을 알지 못하고 인재에 대해서는 그 재량을 분변하지 못하다가 졸지에 물으면 놀라서 어쩔 줄을 몰라 하며 겨우 전례가 없다는 말만 하니, 자기 몸을 위하는 계책으로는 잘했는지 모르지만 천하와 후세의 조소는 어찌할

것인가. 아! 나랏일은 날로 잘못되어 가고 폐습은 이미 고질이 되었는데, 다만 전례를 준수하고 앉아서 망하기만 기다리고 있으니, 대신이 적당한 인물이 아니면 재앙이 끝이 있겠는가.

5월 위훈삭제 논의

영의정 이준경 등이 백인걸의 상소를 의논하여 아뢰기를,

"상소 중에, 성학聖學에 공을 들이고 현명한 사람을 초빙하여 일을 위임해야 한다는 건의는 오직 성상께서 살피시어 돈독히 실천하기에 달렸습니다. 기타 폐정에 대하여는 모두 방금 상의하고 강구 중에 있는 일로, 담당 관원들이 할 일이라 다시 성상께 번거로이 여쭐 것이 없습니다.

그 대의를 살펴보면 을사년과 기유년의 억울함을 씻고 선현先賢을 문묘에 함께 제사지내려는 것뿐입니다. 을사년의 일은 실로 의논할 여지가 많으나[57] 오늘날 가벼이 의논할 것이 아니고, 기유년의 옥사는 가장 억울한 것으로 진실로 안타까운 일입니다.

문묘종사文廟從祀하는 일의 경우, 백인걸의 뜻은 조광조를 가리키고 있습니다만 우리나라 의리義理의 학문은 사실 김굉필에서 열린 것이니, 이 두 사람을 문묘종사하는 것은 진실로 부끄러움이 없는 일입

---

57) 원문에 '乙巳之一缺一, 實多有可議之端'이라고 하여 '乙巳之' 다음 글자가 빠져 있다. 맥락을 고려하여 '事' 자를 넣어 번역하였다.

니다. 성상의 말씀에 '을사·기유의 일은 지금 논할 것이 아니고, 문묘
에 종사하는 일은 경솔히 거행해서는 안 된다' 하셨으므로 신 등이 감
히 입을 놀릴 수 없으나, 그 사안이 이와 같기 때문에 감히 전말을 말
씀드리는 것입니다."
하였다. 상이 알았다고 답하였다.

율곡 생각　대신이 임금을 보좌하는 데는 아무리 평소 일이 없을 때라도 정
성을 다하여 잘못을 바로잡아 나랏일을 바르게 한 뒤에 그만두어야 된
다. 더구나 기상이변이 예사롭지 않아 상하가 허둥지둥하는 때임에랴!
이준경 등은 선왕 때의 원로로 주상이 존중하는 바이고 나이와 작위가
모두 높으니, 더 바랄 것이 없는 터이다. 마침 성상이 의견을 구하고 노
신老臣(백인걸)이 상소했을 때이니 숨김없이 다 말하여 무너져 가는 기
강을 진작시킨다면 사람들의 기대가 흡족했을 것이다. 그런데 모호한
태도로 아뢰지 않고 '감히 입을 놀릴 수 없다'고까지 하였으니, 이 무슨
말인가.

대신이 감히 입을 열지 못한다면 누가 감히 말할 수 있단 말인가. 을사
년의 일은 삼척동자도 모두 무고함과 억울함을 알며, 귀신과 사람이 모
두 분하게 여긴 지 이미 오래되었다. 그러므로 지금 말하여도 될 만한
때인데 말을 못하고 경솔히 논할 일이 아니라고 미루었으니, 그 황당
함이 너무 심하다. 대신의 계가 어름어름하고 분명하지 못하므로 상도
'알았다'고만 하고 가부를 말하지 않았으니, 아! 나라가 기강이 바로잡
힐 날은 마침내 기대할 수 없게 되었다.

기묘일 ❱❰상이 사직단에서 친히 기우제를 지내니, 이날 비가 내렸다.
❱❰이때 이준경·권철·홍섬이 삼공이 되었으나, 권철과 홍섬은 본래
용렬한 자질로 직급에 따라 정승이 되었고, 이준경만은 인망이 다소
있었다. 다만 재능과 식견이 부족하고 성격이 거만하여 선비들에게
몸을 굽히고 말을 들어주는 아량이 없는 데다가, 재해가 절박하여 인
심이 뒤숭숭한 때를 맞아 별로 건의한 것이 없으므로 사류의 여론이
그를 그르게 여기자, 준경 역시 스스로 편안하지 못하였다. 이로 인하
여 신진 사류와 협동하지 못하였다.

　기대승은 재능과 기개가 넘치고 일을 의논할 때에 과감하고도 예리
하여 이준경과 여러 가지로 어긋났다. 대승이 분개하여 벼슬을 버리
고 돌아가니, 사류가 대부분 애석해했다. 백인걸이 어떤 사람에게 말
하기를,

　"지금 조정에 신진과 구신 사이에 불화가 있다. 대신은 안정만을 힘
쓰므로 그 폐단은 구차함이고, 사류는 건의만을 힘쓰므로 그 폐단은
과격함이니, 조화롭게 만들어 중도를 얻어야 한다. 내가 주상을 뵙고
모두 말씀드리겠다."

하니, 그 사람이 인걸이 말을 번다하게 하여 본래의 취지를 잃어버려
서 주상이 붕당이 있나 의심하게 만들까 싶어 그를 극력 저지하였다.
홍섬이 백인걸에게 말하기를,

　"내가 정승 노릇하는 것이 어떠하오? 만일 정승을 할 만한 사람이
조정에 있다면 그대가 나를 탄핵하지 않겠소?"

하니, 인걸이 되는대로 대답하고 나와서 말하기를,

"만약 퇴계가 올라온다면 홍섬의 지위를 논박하여 교체시키기가 무엇이 어렵겠는가. 다만 퇴계가 오지 않을 뿐이다."

하였다. 백인걸은 충직하다고 자처했지만 배움의 힘이 부족하고 정신이 이미 쇠퇴하였으며, 상이 은총은 보이면서도 실제 말을 채용하지 않고 사류도 그를 믿고 따르지 않았다. 친한 사람 중에 그에게 물러나라고 권하는 이가 많았는데, 백인걸이 답하기를,

"내가 성은에 감격하여 차마 훌쩍 떠나지 못한다."

하였다. 백인걸의 상소로 인하여 을사년의 문제가 대두된 뒤, 사람들이 분하고 억울하여 모두 그 원통하고 억울함을 풀어주지 못해서 이런 가뭄이 온 것이라고 생각하였다. 이준경 등이 여론을 억제하기 어려움을 알고, 동서벽東西壁[58]을 거느리고 입궐하여 정미년과 기유년 죄인들의 억울함을 씻어 주고, 이기·정언각의 삭탈관작을 청하면서도 여전히 을사년의 일은 말하지 아니하였다. 다음 날 삼사가 함께 나서 을사년 이후의 억울함을 씻어 주기를 청하면서도 위훈에 대해서는 거론하지 않았다.

율곡 생각   신하가 임금을 섬기는 데는, 거스르는 일은 있어도 숨기는 일은 없어야 한다. 을사년의 화는 원한이 천지에 차고 분노가 귀신과 사람에게 맺혔으므로 위훈을 삭제하지 않으면 명분을 바로잡을 수 없다. 그런

---

58) 좌우 찬성과 참찬을 말한다. 어떤 관청이건 관원이 근무하러 나오면 장관이 정면에 앉고, 그다음은 위계位階에 따라 동쪽과 서쪽으로 갈라 앉는데, 동쪽에 앉은 것을 동벽, 서쪽에 앉은 것을 서벽이라 한다. 의정부는 삼공三公이 정면, 좌우 찬성이 동벽, 좌우 참찬이 서벽에 앉는다.

데 지금 대신은 감히 을사년을 거론하지 못하고 삼사는 감히 위훈을 삭제하자는 말을 하지 못하니, 그것을 알지 못한다면 지혜가 없는 것이요, 알고도 말하지 않았다면 충심이 없는 것이다. 큰일을 들추어 임금을 감동시키려면 그 지성이 돌을 뚫는 듯하여도 오히려 이르지 못할까 염려되는데, 천착이나 하는 꾀와 잔단 정성으로 임금을 감동시키려 하니, 어찌 일을 이룰 수 있겠는가. 위훈을 삭제하지 못할 것이 당연하다.

◗◖ 박점朴漸을 정언으로 삼았으나 사은謝恩하고 병 때문에 면직되었다. 박점은 집에서 효도와 우애로 이름났다. 심의겸이 그와 깊이 교유했는데, 이양이 권력을 잡았을 때 박점은 사림이 장차 화를 입을 것을 예견하고 의겸에게 힘써 권하여 의겸의 아버지인 영돈녕부사 심강沈鋼에게 말하여 이양을 쫓아내었다. 이양이 귀양 간 뒤 박점이 가만히 있지 못하고 스스로 그 공을 내세웠으므로 명예가 갑자기 성대해져서 교유하는 사람들은 모두 명사였고 문 앞이 조용하지 않았다.

박점은 재능과 지혜가 부족하고 학술도 없었지만 항상 나라를 걱정하는 말을 하였고, 훌륭한 선비가 청현직에 오르지 못했다는 말을 들으면 꼭 당로자에게 천거하려 하였다. 식자들은 그 어리석음을 민망하게 여겼고, 지각이 없는 사람은 그 세력에 따랐으며, 시기하는 자는 그 명성을 꺼렸다. 이렇게 헐뜯는 말과 찬양하는 말이 뒤섞였는데, 효행으로 천거되어 성혼과 함께 참봉의 직을 받고 얼마 되지 않아 과거에 급제하였다.

백인걸은 본래 박점을 모르고 그 명성만을 들었다가 성혼이 6품으

로 발탁되어 임명될 때 상에게 아뢰기를,

 "박점도 학문과 행실이 구비되었으니, 6품으로 발탁하여 등용해야
합니다."

하자, 상이 가납하여 6품에 제수하니, 여론이 좋지 못하였고 그를 꺼
리는 자가 더욱 많아졌다. 어떤 사람이 백인걸의 잘못된 천거를 나무
라니, 백인걸이 답하기를,

 "나는 박점을 알지 못하고, 다만 성혼과 함께 일컬어지기에, 성혼이
6품으로 승진되는 것을 보고 박점도 6품이 되는 것이 마땅하다고 여
긴 것인데, 지금 공론이 인정하지 않으니 내가 다시 상에게 아뢰어 그
임명을 거두도록 하겠다."

하였다. 백인걸의 심지와 사려가 일정하지 못함이 이와 같았다. 이준
경이 본시 박점을 마땅치 않게 생각하였다. 어느 날 누가 이준경에게
뭔가 청탁하였는데 이준경이 허락하지 않자, 그 사람이 말하기를,

 "박점은 관직이 없었는데도 오히려 세력이 있어서 편지 한 장으로
주군州郡(고을. 곧 수령 자리)을 뒤흔드는데, 무슨 재상이 도리어 이처럼
냉랭하십니까?"

하니, 준경이 말하기를,

 "박점의 행실 없기가 이와 같으니, 혹 중망을 도둑질한 것이 아닌
가."

하고는 더욱 미워하였다. 박점이 정언이 되자 이준경이 대사간 김난
상에게,

 "박점은 청요직에 둘 수 없다."

하였다. 김난상 역시 박점의 과실이 많다는 말을 들었던 터라 동료들과 함께 그를 논박하려 하자 동료들이 놀라며 거절하였다. 김난상이 말하기를,

"내가 장관이 되어 남에게 신임을 얻지 못하니, 마땅히 스스로 탄핵하리라."

하고는 대궐에 들어가 아뢰기를,

"박점이 부박하고 의논을 좋아하여 유생으로 있을 때부터 조정의 정사를 논란하고 조정 관원들과 결탁했으므로 이 사람은 청요직에 둘 수 없습니다. 그 때문에 신이 동료와 함께 그를 논박하려 하였으나 동료들이 듣지 않으니, 이는 신이 못나 동료 관원들에게 신임을 얻지 못한 것입니다. 신의 관직을 교체해 주십시오."

하였다. 상이 허락하지 않았지만, 사헌부가 김난상을 그르다고 논핵하여 체직하니, 박점은 마음이 편치 않아 병을 핑계로 사직하였다. 이준경이 경연에 입시하였을 때 박점의 죄과를 극언하니, 상이 이르기를,

"박점은 형편없는 사람인데, 내가 하마터면 속을 뻔하였다."

하고, 백인걸을 돌아보며,

"어찌 그런 사람을 천거하였는가?"

하자, 인걸이 아뢰기를,

"소신이 전하는 소문만 믿고 잘못 아뢴 것입니다. 이준경의 말이 옳습니다."

하였다.

율곡 생각　박점은 학술이 부족한데 훌륭하다는 명성이 너무 높았다. 명예가 사실보다 지나쳤지만 폄훼도 또한 진실이 아니었다. 김난상이 박점을 좋아하지 않았다면 그 명성이 실상보다 지나친 점만 들어 논핵하면 되는 것이고, 조정 신하 중 청요직에 있는 인물이 모두 반드시 박점보다 나은 것도 아니니 놔두고 논박하지 않아도 역시 무방하였다. 지금은 조정 정사를 비난했다는 죄목까지 붙였으니, 이는 임금에게 신하의 말을 싫어하는 마음을 열어 주어서 조정 신하들이 직언하는 길을 막는 일이니, 그 해가 어찌 적겠는가.

유생이 조정 정책을 비난하는 것은, 비록 그 당사자에 대해서 주제 넘는 말을 함부로 한다는 책망을 할 수는 있으나, 조정에서 이것 때문에 사람에게 죄를 줄 수는 없는 법이다. 공자가 이르기를, "나라에 도가 없으면 행동은 준엄하게 하여도 말은 공손히 하라."[59] 하였으니, 말이 불손한 것은 나라에 해가 되는 것이 아니다. 어찌 선비로 하여금 말을 공손하게 하게 하여 도가 없는 나라로 만들 수 있겠는가.

◗◖ 김난상이 체직된 뒤로 사류 중에 그가 잘못 아뢴 것을 책망하는 사람이 많자, 김난상이 말하기를, "내가 20년 동안 귀양살이 끝에 지금 성상의 은총을 받았으니 내 한 몸도 아까울 게 없거늘, 어찌 다른 것을 고려하겠는가. 다만 박점이 허명으로 일을 그르칠까 두려웠기 때문에 떨쳐 일어나 몸을 돌보지 않고 그를 논핵한 것일 뿐이다. 또한 이는 나

---

59) 『논어』「헌문憲問」에 "나라에 도가 행해질 때에는 말과 행동을 모두 준엄하게 해야 하지만, 나라에 도가 행해지지 않을 때는 행동은 준엄하게 하되 말은 공손히 해야 한다[邦有道, 危言危行; 邦無道, 危行言孫]." 하였다.

의 의견이었을 뿐 아니라, 유식한 사람들 역시 박점은 등용해서는 안 된다고 하였다. 나의 이번 행동은 단지 나라를 위하였을 따름이다." 하였다. 김난상이 얼마 있다가 병으로 죽자 어떤 사람은 그가 사림에 거슬리자 답답하여 병이 더 나빠졌다고 하였다.

갑오일 ▶◀ 홍문관이 비로소 위훈을 삭제하자는 의논을 들고 나오니, 대간이 피혐하였다가 다시 직무에 나왔다. 이때부터 삼사와 온 조정이 모두 위훈을 삭제하자고 청하였다.

6월 이기·정언각의 관작 삭탈

무술일 ▶◀ 정미년과 기유년의 죄인에 대해 아울러 원통함을 풀어 주도록 명하였는데, 이홍윤李弘胤만은 용서하지 않았다. 이기·정언각의 관작을 삭탈하였다. 이때 대간이 날마다 합문에 엎드려 있었고, 옥당은 하루에 두 번씩 차자를 올리고 대신들도 자주 와서 아뢰었으며, 온 조정과 종친·유생·충의위忠義衛 등이 다투어 상소하였으나 유음兪音 (윤허)이 여기서 그쳤으므로 여론이 더욱 격하여졌다.

▶◀ 5월부터 큰비가 내려 7월까지 계속되었고, 벼락 친 곳은 이루 기록할 수 없었으며, 사람과 가축이 많이 죽었다.

8월 위훈삭제 및 이류 복권 요청

임술일 ☽☾ 삼공·동서벽·육경·삼사 장관을 사정전으로 불러 을사년의 일에 대해 자문을 듣고, 비로소 정순붕·임백령의 관작을 삭탈하였다. 다음 날 삼공이 백관을 거느리고 뜰에 서서, 위훈을 삭제하고 이류二柳 [유관柳灌과 유인숙柳仁淑]의 원통함을 풀어 주도록 청했다. 그 뒤로 양사가 하루에 다섯 번씩 논계하고 옥당이 날마다 세 번씩 차자를 올렸다.

9월 대간의 사직

병인일 ☽☾ 대간이 비로소 사직하였다.

10월 이류의 반역죄 사면

정사일 ☽☾ 대간이 중국 황제의 생일을 축하하는 일 때문에 직무에 나와서 이 일을 다시 논계하니, 유관과 유인숙의 반역했다는 죄명을 씻어 주었다.

11월 위훈삭제 실패

 논계를 중지하였다. 이 일이 시작된 후로 백사가 직무를 폐지하고 합문에서 부르짖은 지 일곱 달이 되었으나 끝내 위훈을 삭제하지 못하였다. 대신이 당초 뭇사람의 뜻에 쫓겼고 자신들의 정성에서 출발하지 못했기 때문에 끝내 주상의 마음을 돌리지 못한 것이다. 이준경 등은 오히려, "일은 마땅히 점진적으로 해 나갔어야 하는데 위훈을 삭제하자는 의논이 너무 급진적이어서 허락을 얻지 못했다." 하였다.

율곡 생각   온 조정이 대궐 합문에서 호소하였으나 끝내 허락을 얻지 못한 것은 네 가지 이유가 있다. 금상이 왕위를 이은 초기에는 비록 이전의 오류를 당장 개혁할 수는 없더라도, 대신이 간흉의 죄와 선량한 사람의 원통함을 날마다 경연에서 개진하여 주상의 마음에 점차 스며들게 하여 주상으로 하여금 좋아하고 미워할 기준을 미리 정하도록 했어야 하는데, 도리어 모호하게 입 다물고 있었다. 그 실마리가 터진 뒤에도 오히려 경솔히 의논할 일이 아니라 하여 주상이 선왕 대의 일을 졸지에 고치기 어렵도록 만들었으니, 이것이 그 첫째 이유이다.
대신들이 모두 윤임의 일은 논할 것이 아니라 하여, 마치 윤임이 실제로 반역을 도모한 것처럼 되어 버렸는데, 윤임이 실제 반역하였다면 어찌 그 도당이 없었으며 윤임을 주벌한 자에게 어찌 공에 대한 훈장이 없었는가. 주상은 여기에 의심이 없을 수 없던 것이니, 이것이 둘째 이유이다.

당초 아뢸 때 위훈을 삭제하자고 곧바로 청하지 못하고 말을 빙빙 돌리어 분명하지 않았고 간곡한 정성도 부족하였다. 그러니 주상이 대신들이 아랫사람들의 인정에 못 이겨 말할 뿐 그 본의는 아니라고 짐작한 때문에 끝내 믿지 않았으니, 이것이 셋째 이유이다.

원종공신原從功臣에 기록된 공신들은 태반이 나인의 족속으로 궁중에 깊이 뿌리박혀 온갖 계략으로 교란시켰는데, 대궐 안 사람들이 반역이란 명목을 익히 들어 온 터라 대비전을 찾아 읍소함으로써 도리어 공론이 선왕을 저버렸다고 생각하여 왕대비가 무고를 변별하지 못하고 주상이 일을 결단하기 어렵게 되었으니, 이것이 그 넷째 이유이다.

▶◀ 지금 상이 공론을 굳이 거부하여 조야가 흉흉한 즈음에 어떤 사람이 심의겸에게 "대비전에 아뢰어 기어코 이 일을 성취시켜야 한다."고 권하였으나, 의겸은 감히 못하겠다고 사양하였다. 백인걸이 말하기를, "이양을 쫓아낼 때 심의겸이 사실 대비전과 의견을 나누었는데 지금은 감히 할 수 없다 하는 말은 무슨 까닭인가. 심의겸이 위훈을 삭제하지 않겠다는 것이다." 하였다. 이에 앞서 위훈삭제에 대해 한 조정 선비가 심의겸에게 물으니, 의겸이 말하기를, "원종공신 천여 명 가운데 대궐 안 사람들과 연결되어 있는 자가 많으므로 이 사람들이 반드시 죽음을 무릅쓰고 공론을 막으려 할 것이다. 만일 거사하였다가 성공하지 못하면 오히려 해가 있을 것이니, 차라리 그만두는 것이 옳다." 하였다. 이리하여 식자들은 심의겸을 부족하다고 여겼다.

▶◀ 정공도감正供都監을 설치하였다. 이준경 등이 민폐를 구제하기 위

하여 특별히 도감을 두어 삼공이 이를 통솔하고 조정의 신하 중에 재주와 학식 있는 사람을 뽑아 낭관에 충당하여 장차 백성들을 이롭게 하려 한 것이다. 그러나 상의 뜻은 다만 예전대로만 따르려고 하고 대신들도 개혁하기를 꺼려 단지 장부만 기입하고 삭제할 뿐, 별반 폐단을 혁신하는 일이 없으므로 식자들이 비웃었다.

어떤 사람이 권철에게 말하기를,

"정공도감은 장차 각 고을의 공물貢物을 균등하게 하자는 것인데, 주군州郡 중에 이전에는 넉넉했다가 지금은 부족한 곳도 있고, 물산이 이전에는 산출되다가 지금은 없는 것도 있으며, 호구戶口가 이전에는 많았다가 지금은 줄어든 곳도 있고, 농지가 이전에는 경작하다가 지금은 황폐해진 곳도 있을 것이다. 지금 마련해야 할 계책은 주군의 물산 유무와 호구의 다소, 전토의 경작 여부, 전곡錢穀의 분량을 보고 공물의 수량을 개정하는 것이다. 각각이 그 적절함을 얻으면 공물이 고르고 공평하여 팔도가 한집 같아서 백성이 실제 혜택을 입을 것이다. 지금은 그렇지 못하다. 작은 현縣이 큰 주의 10분의 1밖에 되지 못하는데 정해진 공물은 조금 차등이 있을 뿐 큰 차이가 없어서 작은 현의 백성이 더욱 역役의 무게에 고통 받고 있으니, 고치지 않으면 안 된다."

하니, 권철이 말하기를,

"이러한 일은 하늘이 내린 재주를 가진 사람이 있어야 처리할 수 있는 것이지, 누구나 다 할 수 있는 일이 아니다. 다만 주군의 관청에서 사용하고 있는 수요품을 일체 민간에 부과하지 말고 모두 창고 곡식에서 스스로 마련한다면 백성이 쉴 수 있을 것이다."

하였다. 손님이 또 말하기를,

"주군의 형편이 같지 않아서, 큰 읍은 혹 지탱할 수 있겠지만 작은 읍은 창곡이 얼마 되지 않으므로 수령들이 공공의 용도를 빙자해서 사사로운 이익을 취하려고 교묘한 명목을 만들어 백성에게서 수취할 것이다. 설사 백성에게서 수취하지 않는다 하더라도 창고 곡식이 떨어진 뒤에 경비를 지탱할 수 없다면 어떻게 할 것인가."

하였다. 권철은 그렇지 않다고 하였다.

12월 이황이 죽다

신축일 ❱❰ 숭정대부 판중추부사 이황李滉(1501~1570)이 세상을 떴다. 이황의 자는 경호景浩로 성품이 온순하여 순수한 것이 옥과 같았다. 젊어서 과거로 관직에 나왔으나 만년에는 성리학에 뜻을 두고 벼슬살이를 좋아하지 않았다. 을사년의 난리 때 이기가 그 명성을 꺼리어 관작을 삭탈하였는데, 억울하게 여기는 사람들이 많았으므로 이기가 다시 아뢰어 복직시켰다. 이황은 권간들이 집권하는 것을 보고 더욱 조정에 있을 마음이 없어 벼슬을 시킬 때마다 사직하고 나오지 않았다. 명종이 그의 염퇴恬退(명예와 이익에 욕심이 없어 물러나기를 좋아함)를 가상하게 여겨 여러 번 관작을 올려 정2품 자헌대부資憲大夫에 이르렀다.

이황은 예안禮安의 퇴계退溪에 살면서 그곳의 지명을 따서 호를 퇴계라고 지었다. 의식衣食은 겨우 살 만할 정도였고 담박한 것을 즐기며 세력이나 이익, 화려한 것을 뜬구름같이 보았다. 말년에 도산陶山에 집을 지었는데 자못 산속의 정취가 있었다. 명종 말년에 여러 번 불렀으나 굳이 사퇴하고 나오지 않으니, 명종이 '어진 이를 불러도 오지 않는다'는 탄식을 시제詩題로 내고 근신에게 시를 짓게 하였다. 또한 화공畵工을 시켜 이황이 사는 도산을 그려 오게 하였으니, 그 공경함과 그리워함이 이와 같았다.

이황의 학문은 문文을 통하여 도道에 들어갔고, 의리가 정밀하여 한결같이 주자朱子의 가르침을 준수하였다. 여러 가지 학설의 차이 또한 조리가 분명했고 훤히 이해하였지만 주자의 학설을 기준으로 판단하지 않는 것이 없었다. 한가한 곳에 홀로 거처하면서 경전 이외에는 마음을 두지 않았다. 가끔 시골길 사이를 거닐며 성정性情을 읊어 한가한 흥을 깃들였고, 배우는 이들이 질문해 오면 아는 대로 다 말해 주었으나 제자를 모아 선생으로 자처하지 않았다.

평소에 자랑하려고 애쓰지 않아 보통 사람과 크게 다른 점이 없는 것 같았으나, 출처나 진퇴, 사양하고 받거나 주고 가지는 예절이 털끝만큼도 어긋남이 없었고, 남들이 선사하는 것도 의로운 것이 아니면 끝내 받지 않았다. 한양에 우거할 때 이웃집 밤나무의 두어 가지가 담을 넘어왔다. 밤이 익어 뜰에 떨어지자 아이들이 주워 먹을까 하여 손수 주워 담 밖으로 던져 주었으니, 그 청렴하고 깨끗한 점이 더할 나위가 없었다.

금상이 즉위하자 조야는 지극히 다스려지는 정치를 바랐고 사림의 공론은 한결같이 이황이 아니면 성덕을 성취시키지 못한다 하였으며,

상의 뜻도 이황에 있었으나, 이황은 스스로 자기 재주와 지혜가 큰일을 감당하지 못할 것이라 생각하였다. 더구나 말세에는 유학자가 큰일 하기 어렵고 상의 마음 역시 잘 다스려 보려는 성실성이 없었다. 대신 또한 학식이 없는 터이라 한 가지도 믿을 것이 없었기 때문에 작록을 굳이 사양하고 기어코 물러간 것이다.

도산으로 돌아간 뒤에는 당시의 정치에 대해 말하지 않았다. 여론이 여전히 다시 나오기를 바랐으나, 이황이 갑자기 죽으니 나이 70세였다. 조야가 애통해하고 부고가 전해지자 상도 매우 슬퍼하며 영의정을 추증하고 1등의 예로 장사하라 하였다. 이황의 아들 준寯이 유언에 따라 예장禮葬⁶⁰⁾을 사양하였으나 조정에서 허락하지 않았고, 성균관의 여러 학생도 함께 제전祭奠과 제문祭文을 갖추어 가서 제사하였다.

이황에게 특별한 저서는 없었으나, 성학聖學의 모범을 발휘하고 현명한 가르침을 드러내어 널리 밝힌 의논이 세상에 많이 전해지고 있다. 중종 말년에 화담花潭 사는 처사 서경덕徐敬德이 도학으로 유명하였는데, 그의 이론은 기氣를 이理로 생각한 곳이 많았다. 이황이 이를 병통이라 생각하고 글을 지어 변박하니, 그 논지가 밝고 통달하여 배우는 자들이 믿고 인정하였다. 이황은 당세 유학의 종주로 조광조 뒤로는 그에 비할 사람이 없었다. 이황의 재주와 국량은 조광조를 따르지 못하나, 의리를 깊이 연구하여 정미한 경이에 이른 것은 조광조가 그를 따르지 못할 것이다.

---

60) 나라에 공功이 있는 신하가 죽었을 때, 국가적인 차원에서 관곽을 내려 주고, 예관禮官을 보내어 그 등급에 따라 장례를 치르는 것을 말한다.

세대 차이로 본 성리학, 이황과 이이

퇴계와 율곡이 왜 중요한 인물이냐는 질문에 의외로 대답을 못하는 전문가가 많다. 그에 대해 내 생각을 적어 본다. 성리학의 존재론은 이기론理氣論이다. 우주의 원리가 모든 존재에 내재한다, 인간도 마찬가지다, 라는 『중용』의 명제가 '하늘이 명령한 것이 본성이다[天命之謂性]'라는 말이다. 그 천리天理가 기氣의 운동성에 힘입어 각각의 사물과 생명에 깃든다. 이것이 이理는 하나이면서도 모든 존재에 깃든다는 '이일분수理一分殊'이다. 우리가 국어나 한국사 시간에 배웠던 「월인천강지곡月印千江之曲」('달은 하나지만 온 강에 비추듯이 임금도 그렇다'는 노래)의 '월인천강'이 바로 '이일분수'이다. 다분히 불교적이다. 그러나 인간의 이理는 사단四端, 즉 인의예지라는 사회적 관계성에 지향이 맞추어져 있다.

이理는 하늘의 '뜻=의지'이기도 하고, 우주의 질서와 원리이기도 하며, 도리이자 가치이기도 했다. 그러니까 이기론에서 이理의 초월성과 내재성을 둘러싸고 학자들의 이해 차이가 드러나기도 하고 논쟁으로 나아가기도 했는데, 그것이 바로 사단칠정논쟁四端七情論爭이다.

이기론에는 이理의 내재성과 초월성이 동시에 담겨 있다. 분명 퇴계는 '이기호발론理氣互發論', 곧 '기뿐만 아니라 이도 (초월성, 주재성만이 아니라) 운동성이 있다'는 입장이었다. 반면 율곡은 '기발이승론

氣發理乘論', 곧 '운동성은 기에게 있고, (초월자이든, 주재자이든) 이 가 거기에 올라탄 모습으로 세상이 존재한다'는 입장이었다. 존재론 으로 보면, 퇴계는 이기이원론, 율곡은 이기일원론이라고도 할 수 있다.

이기호발이든, 기발이승이든 말싸움으로 시작하고 끝나면, 그것 은 그저 공리공담空理空談이 되어 버린다. 식민주의자들은 성리학에 서 아무런 우주론적 또는 실천적 의의를 발견하지 못했고, 또 아예 발견하지 않으려고 했다. 그 논리적 귀결이 공리공담이었다.

사림에게는 '도학정치'라는 이상을 실현하기 위한 자기훈련도 중 요했지만, 무엇보다 그 이상이 실제로 보편적으로 실현 가능한 것이 어야 했다. '솔개는 날아올라 하늘에 닿고, 물고기는 연못에서 뛰어 오른다[鳶飛戾天, 魚躍于淵]'라는 『중용中庸』의 구절로 상징되는 은유 를 사람에 빗대어 말하면, '인륜을 실천한다는 것은, 일상생활에서 보통 사람들도 누구나 실천할 수 있는 것, 즉 매우 자연스러운 일'을 의미했다. 즉 이들의 이상은 특수한 계층의 전유물이 아니라 보편성 을 띤 목표라는 점을 설득해야 했다.

이런 자기훈련에 대한 촉구와 반성이 퇴계의 '이기호발론'으로 나 타났다고 생각한다. 율곡에 따르면 자기훈련이란 본성을 함양하여 그 힘으로 운동과 변화의 세계인 기氣의 과불급過不及을 중화中和하 는 것이다. 그러나 한 세대 앞서 태어난 퇴계는 아직 그 본성의 함양 수준을 신뢰하지 못하였다. 이것은 두 학자 사이의 철학의 차이 이 전에 세대의 차이라고 나는 본다.

그래서 퇴계는 이와 기를 철저히 분리[兩斷]하여 사단과 칠정에 분속시킨다. 즉, 사단은 이의 작용이고, 칠정은 기의 발동이라는 것이다. 이론의 체계 측면에서 보면 참 곤혹스런 주장이다. 왜냐하면 이는 주재자이면서 초월자이고, 게다가 작용하는 힘, 에너지 자체이기도 하다면, 기는 도대체 무엇이냐는 질문이 가능하기 때문이다. 나중에 퇴계를 주리론으로 분류하는 빌미가 여기에 있다.

그러나 고봉(기대승)과 율곡은 달랐다. 퇴계와는 달리 칠정을 인간 본성 밖의 무엇이라고 인정할 수가 없었다. 희노애락은 너무도 명백한 인간의 모습이었다. 그것은 유혹이기도 하지만 발랄함이기도 하였다. 때로는 수렁이기도 하지만, 창의성의 원천이기도 하였다. 이를 부정하는 것은 과도한 경건주의가 아닙니까, 라고 고봉은 퇴계에게 물었던 것이다. 칠정도 역시 우주적 원리[理]에 근거한 인간의 힘이자, '우리 학문[斯文]'을 닦는 모든 동지의 힘이 아니겠습니까, 라고 묻고 싶었던 것이다. 선생이 말씀하신 뜻은 알겠습니다, 경계하라는 뜻은 알겠습니다, 그러나 이제 때가 되었습니다, 우리 자신의 수양에 그치는 것이 아니라 우리의 비전을 가지고 조선 사회를 바꾸어 나갈 때가 되었습니다, 라고 고봉이나 율곡은 말하고 싶었던 것이 아니었을까.

한심한 재상, 위태로운 나라

>> 선조 4년 > 1571_신미년

금상 4년 3월 대사헌 노수신

　노수신으로 대사헌을 삼았다. 노수신은 복직된 뒤로 매번 물러나 쉬고자 하여 부모를 봉양해야겠다고 상소하였는데 그 말이 매우 간절하였다. 상이 고향에서 가까운 고을의 수령 자리를 주어 양친에 편하게 하려고 청주 목사를 시켰다가 곧 충청도 관찰사로 승진시켰는데 미처 부임하기 전에 부친상을 당했다. 상중에 병을 얻자, 상이 의원을 보내어 진찰하게 하였다. 이때 탈상하였으므로 상이 평소 그의 어짊을 듣고 특명으로 특별히 품계를 올려 사헌부 장관에 임명한 것이다.

　노수신이 간곡히 사양했으나 허락을 받지 못하고 상주尙州로 모친을 뵈러 가려 하자, 상이 "경은 하루라도 나의 곁에 없어서는 안 된다. 모친을 서울로 오게 하여 충과 효를 온전하도록 해야 할 것이다."라고 친히 하교하고는, 경상도 각 고을에 명하여 가마꾼을 징발하여 그의 모친을 서울로 호송하라 하니, 수신이 은덕에 감격하여 눈물을 흘렸다. 그의 모친은 원래 한양에 살았기 때문에 올라오는 것을 좋아하였으므로 노수신도 사퇴하지 못하였다.

이때 이황이 이미 죽고 중망이 노수신에게 쏠려 있었으나, 상은 은총만 베풀 뿐 나랏일을 같이 다스릴 뜻은 없어, 수신의 의견을 대부분 채택하지 않았다. 노수신도 이전의 사화士禍에 상처를 받은 적이 있는 터라 다시금 도를 행한다고 자임하지 않았지만, 사림은 현인賢人이 조정에 있는 것만으로도 의지하며 세력을 삼을 수 있었다.

5월 우의정 인사

영의정 이준경이 병으로 체직되니, 영중추부사에 임명하였다. 이준경은 정승이 되어 일을 진정시키는 데만 힘쓰고 큰일은 하지 못했기 때문에 사림이 많이 부족하게 여기었다. 그러나 맑은 인덕이 있어 문으로 뇌물이 들어온 적이 없으므로 현상賢相으로 일컫는 이도 있었다.

◗◖ 오겸吳謙을 우의정으로 삼고 권철·홍섬을 차례로 승진시켰다. 오겸은 곧 면직되었다. 오겸이 조정에 있을 때 겉으로는 부지런하고 성실한 듯하였으나 안으로는 순실함이 부족하고, 오래도록 찬성으로 있었으나 정승이 되지 못하였다. 사류가 자기를 지지하지 않는 것을 알고 벼슬을 내어놓고 나주羅州로 돌아가 있다가 이때에 우의정에 임명되었으나, 사헌부에서 인망이 아니라고 논핵하였기 때문에 면직되었다.

◗◖ 이탁을 우의정으로 삼았다. 이탁은 학술이 부족하였으나 순후한

데다가 국량이 있었고 또 훌륭한 사람을 좋아하는 도량이 있었다. 그러므로 여망이 그에게 돌아갔다. 다만 뛰어난 기개가 없어 어려울 때를 당하면 굴복하는 경향이 없지 않았고 정승 자리에 있으면서 몸을 근신했을 뿐 다른 것은 없었다.

6월 용렬한 박충원

　박충원을 우찬성으로 삼았으나 곧 면직되었다. 박충원은 용렬하고 비루한 자질로 어름어름 작위를 취하여 청현직을 모두 역임하였으므로 사람들 중에 비웃는 이가 많았다. 젊어서 정언으로 있을 때, 허항許沆이 대사간으로 있으면서 김안로에게 붙어, 세력이 불꽃 같고 사류를 해치는 데 전력을 다하였다. 다만, 박충원은 평소 구수담具壽聃과 친하였다. 어느 날 그를 찾아가 보았는데, 구수담이 말하기를,

　"근일에 대간의 공박하는 논계가 너무 과격하니, 어찌 조화로운 기운을 손상시키지 않겠는가."

하니, 박충원이 그렇다고 생각하고 다른 날 동료들에게 말하기를,

　"근일 논박하는 계가 과격하여 식자들이 옳지 않다 한다."

하였다. 허항이 노하여,

　"식자라는 게 누군가?"

하고 묻자, 박충원이 사실대로 말하지 않으니, 항이 말하기를,

　"정언이 사실대로 말하지 않으면 이 역시 악인의 편을 드는 일이다."

하니, 충원이 겁을 먹고 구수담의 말이라 해 버렸다. 허항이 말하기를,
　"수담은 죄인이고, 정언이 그를 만나 본 것도 죄가 된다. 대궐에 나
아가 스스로 아뢰지 않으면 탄핵을 면치 못할 것이다."
하였다. 박충원이 더욱 겁에 질려 대궐에 나아가 자신의 죄를 스스로
탄핵하니, 구수담은 이로 인하여 멀리 귀양 가고, 사림은 충원이 친구
를 팔았다고 떠들썩하여 청의에서 용납되지 못하였다. 찬성이 되자,
양사에서 상소하여 논박한 지 여러 날 만에 파직을 명하였다.

7월 백인걸의 쇠락과 사림의 영수 박순

　백인걸이 벼슬을 그만두고 파주로 갔다. 이때에 사류가 비록 청요
직에 있었으나 대신은 모두 유속 부류라 대소 관원의 의논이 서로 모
순되어 조정에 맑고 조화로운 분위기가 없어지고 뜻을 펴지 못하던
간인들이 제법 틈을 노렸다. 오겸과 박충원이 잇달아 논핵을 당하자
고관 중에 용렬한 자들이 모두 불평한 마음을 품었다. 백인걸은 본시
이준경의 됨됨이에 심복한 터라 사류가 이준경에게 붙지 아니함을 한
으로 여겨 때로는 말로 표현하기도 하였다. 또 기대승과 심의겸을 좋
아하지 않아 사람을 만날 때마다 그들의 과실을 들추니, 사류가 자못
의심하였다.
　이원경李元慶이란 자는 이준경의 재종제이다. 관직을 잃자 불평을
품고서 조정에 무슨 일이 나기만 바랐으며, 상의 외삼촌 정창서도 권

세를 잡고자 하였다. 두 사람이 서로 은밀히 모의한 끝에 박순·이후백·오건 등 10여 인[이름을 다 적지 못함]을 공격하려고 하였다. 이원경이 백인걸과 이준경에 의지하여 지지 세력으로 삼으려고 매번 인걸을 찾아가 박순 등의 과실을 폭로하는데, 인걸은 노쇠한 터라 시비를 분별하지 못했다.

이원경은 매번 이준경의 말이라 칭탁하고 백인걸을 충동하니 인걸이 더욱 현혹되었다. 어느 날 이원경이 인걸에게 말하기를,

"상이 박순·이후백을 매우 싫어하시니, 몰아내기가 쉽다."

하였다. 백인걸이 민기문閔起文에게 물었으나, 기문이 말리지 못하였다. 민기문이 노수신에게 가 보았는데, 이때 이원경도 좌석에 있었다. 민기문이 노수신에게 말하기를,

"백 사위白士偉(백인걸의 자)가 망령된 짓을 하려 하니, 공이 말려야 한다."

하였다. 이원경이 말하기를,

"그 사람이 사생을 결단하고 거사하려 하는데, 어찌 남의 말을 듣고 중지하겠는가."

하였다. 민기문이 나가자, 이원경이 노수신에게 말하기를,

"숙도叔度[민기문의 자]는 믿지 못할 사람이다. 오늘 나와 같이 백공의 말을 듣고도 공에게 와서는 말리라 하니, 이 어찌 믿을 수 있는 사람이겠는가."

하였다. 얼마 지나서 백인걸 역시 노수신을 보고 말하기를,

"사림 중에 연소한 사람들의 기세가 너무 극성이니, 좀 억제시키려

한다.”

하니, 수신이 말렸다. 이예李睿라는 자가 있었는데, 이원경이 정창서에게 보내는 편지를 입수해 가지고 와서 심의겸의 형 인겸仁謙에게 보였는데, 그 내용에 대략 “먼저 영중추부사[이준경]를 만났고 다음에 사위士偉를 만났으니, 이 일은 곧 일으켜야겠으니, 빨리 내통하여 도모하지 않을 수 없다.” 하였다.

이리하여 물의가 들끓고 모두 백인걸이 장차 사림을 해치고 이준경이 이 일을 주동한다고 하였다. 이탁이 듣고 박수朴受를 보내 그 까닭을 묻고 이어 그 일을 중지하라 하였다. 박수가 백인걸을 보고 물의를 자세히 알려주자, 인걸이 놀라며 말하기를,

“내가 어찌 사림을 해치겠는가. 다만 방숙方叔[심의겸의 자]을 온당치 않다고 생각했을 뿐이다.”

하니, 박수가 말하기를,

“남곤 등이 감행하였던 신무문神武門의 옛 행적[61]을 공이 어찌 다시 밟으려 하는가.”

하였다. 백인걸이 대단히 놀라며 말하기를,

“사림이 나를 이렇게까지 의심하는가.”

하였다. 박수가 나간 뒤, 백인걸의 집 문밖에서 오건을 우연히 만났으나 미처 말을 나누지 못하고 돌아갔다. 오건이 들어와 백인걸을 만나

---

61) 1519년(중종 14) 기묘사화 당시 훈구세력인 남곤, 심정 등이 경복궁의 북문인 신무문을 통해 몰래 들어와 중종을 만난 뒤 조광조 등 사림을 제거한 사건을 말한다. 실제로는 신무문이 아니라 연추문延秋門으로 들어왔다. 『중종실록 14년 11월 17일』

또한 소문을 알려주었다. 백인걸이 짐짓 놀라는 체하며 "어찌 이럴 수가!" 했는데, 낯빛과 말투가 마치 그런 말을 못 들어본 듯하니, 오건이 더욱 의심하였다. 권철 역시 사람을 시켜 백인걸을 말리니, 인걸이 부끄러워 어찌할 줄을 모르다가, 권철과 박순을 두루 만나 변명하였는데, 그 말이 대부분 궁색하고 앞뒤가 맞지 않았으므로 사림이 해괴하게 여겼다. 누군가가 백인걸에게 "물러나지 않는 것이 망측하다." 하므로, 인걸이 낭패하여 돌아갔으나 사림의 의심은 안정되지 않았다. 혹자는 백인걸이 애매한 비방을 받았다고 하였다.

율곡 생각　백인걸은 학력이 비록 부족하였으나 스스로 명예와 절개를 아끼는 사람인데, 어찌 사림을 모해하는 데에야 이르렀겠는가. 분명 노쇠한 탓으로 뭇 소인에게 팔리어 혹여 시비를 분간하는 데 어두웠을 뿐이다. 하늘을 찌를 듯한 곧은 명성이 일거에 꺾였으니, 아, 애석하도다! 인걸의 노쇠한 것도 진실로 애석하지만, 조정의 일이 더욱 한심스럽다. 현부賢否가 뒤섞이고 출척黜陟이 분명하지 못하며, 묘당에는 기둥이 될 중신이 없고 대각에는 꿋꿋하게 바른말을 하는 사람이 없어 천리의 나라를 텅 빈 지역으로 버려 두고, 이원경·정창서 같은 서캐나 이, 여우나 쥐 같은 무리가 그 틈에 날뛰려 하고 있으니, 아, 위태롭도다!

)(찬성 자리가 비자 상이 특명으로 박순을 우찬성에 임명하니, 사림이 곧 안정되었다. 이때 박순이 사림의 영수領袖가 되었다. 이후백은 법을 잘 집행하였으나 도량이 좁아서 남을 용납하지 못했다. 오건은

이조 낭관이 되어 벼슬길을 맑게 하여 묵은 폐단을 교정하고 흑백을 구분할 때 원망이나 비방을 피하지 않았기 때문에 소인들이 더욱 꺼리고 미워하였다.

　백인걸이 물러간 뒤에 사림이 이원경을 미워하여 죄를 주려고 하였으나 다시 시끄러울까 염려하여, 모두 '대신이 경연에서 그 까닭을 자세히 아뢰고 이어 그를 쫓아내면 일이 매우 합당할 것이다'라고 생각하였다. 박수가 이런 내용을 권철에게 말하니, 권철이 장차 이를 아뢸 것같이 하였다. 정철이 듣고는 "권철은 틀림없이 아뢰지 못할 것이다. 이 일을 아뢴다면 그때는 권철이 아닌 것이다." 하였는데, 권철이 과연 이준경에게 연루된다는 이유로 결국 아뢰지 않았다.

8월 호랑이보다 무서운 군사

　강릉康陵의 정자각에 불이 나자 상이 5일간 소복素服을 입었다.
◗◖ 겨울에 경기 지방에 호랑이 피해가 자주 발생하였다. 장수에게 명하여 군사를 거느리고 가서 호랑이를 잡게 하였는데, 군사들이 마을에 들어가 노략질을 자행하므로 백성들이 호랑이보다 이들을 더 괴로워하였다.

대신은 바른말을 않고,
나라의 기강은 해이해지니 >> 선조 5년 > 1572_임신년

금상 5년 정월 처사 조식이 죽다

처사 조식曹植(1501~1572)이 죽었다. 조식의 자는 건중健仲이다. 그 성품이 청렴하고 꿋꿋하였으며, 젊었을 적에 과거공부에 힘썼으나 그가 즐겨서 한 것은 아니었다. 하루는 그가 한성에서 성수침成守琛을 방문했는데, 수침은 백악봉白嶽峰 아래 집을 짓고 세상일을 사절하고 살고 있었다. 조식이 그걸 보고 좋아서 마침내 시골로 돌아가 벼슬하지 아니하고 지리산 아래에 살면서 스스로 남명南溟이라고 호를 지었다.

그는 주고받는 것을 구차하게 하지 않았으며 아무나 인정하지 않았다. 늘 한 방에서 꿇어앉아 있었는데 졸음이 오면 칼을 어루만지며 자지 않았다. 칼머리에 명銘이 있었는데 "안으로 밝게 하는 것은 경이요, 밖으로 끊는 것은 의이다[內明者敬, 外斷者義]."라고 적혀 있었다. 한가로이 지낸 지 오래되니, 욕심이 깨끗이 씻어지고 절벽처럼 깎아 세운 듯한 기상이 있었다.

남이 잘한 것을 들으면 좋아하고 나쁜 것을 들으면 미워하여, 마을 사람 중에 불선한 자 보기를 마치 물들 것같이 하므로 마을 사람들이 함부로 만나자고 들지 못하였다. 다만, 학도들만이 그를 따랐는데 모두 심복하였다. 명종 때에 성수침과 함께 불려나가 단성 현감丹城縣監에 임명되었다. 이때 권간이 권세를 잡고 문정왕후를 미혹시켜 사림의 기상을 꺾었다. 비록 공론을 가탁하고 숨어 있던 선비를 천거해 쓴다고 하였으나 허명일 뿐 실지는 없었다.

그러므로 조식이 벼슬에 뜻이 없어 상소하여 사직하면서, 아울러 시폐時弊를 아뢰기를, "자전께서 성실하고 심원하시지만 단지 깊은 궁궐의 한 과부에 불과하고, 전하께서는 나이가 어리시어 선왕의 아버지 잃은 아들에 불과합니다." 하였다. 또한, "노래는 처량하고 의복은 희니 망할 징조가 이미 드러났습니다." 하였다. 명종은 욕이 대비전에게 미쳤다고 하여 좋아하지 않았으나, 그래도 산림의 처사로 대우하여 죄를 주지 아니하였다.

명종 말년에 경서에 밝고 행실을 닦은 선비를 천거하라 하여 조식은 이항李恒·성운成運·한수韓脩 등과 같이 천거 받아 6품관에 임명되었다. 상이 이들을 불러 정치하는 도리를 물었다.

조식은 끝내 벼슬을 사양하고 돌아갔다. 이항이 임천 군수林川郡守가 되어 부임하는 것을 보고, 조식이 농담하기를 "이 선비가 하루아침에 군수가 되니, 장차 화의 발단이 아니된다고 할 수 있으리오." 하였다.

조식이 시골로 돌아오니 청명한 이름이 더욱 퍼졌다. 금상 때에도 여러 번 벼슬에 임명되었으나 모두 부임하지 아니하고 다만 상소하여 시정의 득실을 개진할 뿐이었다. 죽을 때에 그 문도들에게 "후세 사람들이 나를 처사라 하면 옳지만, 유학자로 지목한다면 실상이 아니다." 하였다.

문하생이 가르침을 청하니, 조식은 "경敬과 의義 두 글자는 해와 달 같아서 그중 하나도 폐할 수 없다." 하였다. 그의 첩이 울면서 들어와 영결하기를 청하나 허락을 아니하고 세상을 떴다. 조정에 부음이 들리자 대간과 조신 들이 역명易名(시호)을 내려 기릴 것을 청하였다. 상이 전례가 없다 하여 허락하지 않고 부의만 하사하였다. 문인 가운데 강개한 선비가 많았는데, 김우옹金宇顒·정인홍鄭仁弘·정구鄭逑가 가장 알려진 인물이다.

율곡 생각   조식은 세상을 피하여 홀로 서서 뜻과 행실이 높고 깨끗하였으니, 진실로 한 시대의 일민逸民(학덕을 갖춘 은자)이었다. 그러나 그의 논저를 보면 학문에 내실 있는 견해가 없고 상소한 것을 보아도 역시 경세제민의 방책은 못 되었다. 이로 보아 비록 그가 세상에 나와 일을 했다 하더라도 치도治道를 성취했으리라고는 장담할 수 없다. 그러므로 문인들이 추중하여 조식을 도학군자道學君子라고까지 하는 것은 진실로 실상에 지나친 말이다.

그러나 근대의 처사라고 하는 이들로서 조식과 같이 시종 절개를 보전하여 천 길 벼랑에 우뚝 선 듯한 기상을 가진 이가 얼마 없었다. 성관星官(천문을 관찰하는 관상감 관원) 남사고南師古가 일찍이, "올해에는 처사성處士星이 광채가 없다." 하였는데, 오래지 않아 조식이 세상을 떴으니, 조식은 시대에 대응한 비상한 선비라고 하겠다.

2월 적전

신해일)(친히 적전籍田(임금이 직접 경작하는 논)을 갈고 돌아와서 크게 사면령을 내리고 백관의 축하를 받았다.

윤2월 조식의 제자 오건의 정계 입문과 좌절

이조 정랑 오건이 벼슬을 버리고 고향으로 돌아갔다. 오건은 젊을 때에 학문을 좋아하여 조식을 따라 배우고 늦게 과거에 붙어 세상에 나왔으나 문벌門閥이 아니었기 때문에 현직顯職을 맡지 못했다. 많은 명사가 그의 능력을 알아보고 사관史官에 천거하였다. 사관이 될 때는 으레 재능을 시험 보는데, 오건이 응시하지 않았다. 누가 그 까닭을 물었더니, 오건은 "내가 무슨 고생을 하려고 천고千古의 시비 속에 들어가겠는가." 하였다. 그는 6품에 오른 뒤 청요직을 밟아 이조 낭관이 되어 공도를 펴는 데 힘썼다.

사람 됨됨이가 순실하고 과감하여 일을 당하면 곧바로 나아가서 굽히거나 흔들리지 않았으므로 원망하는 사람이 많았다. 노진이 오건과 친분이 있어 야단치기를, "그대가 초야에서 출세하여 청현직에 이

른 것이 그대에게는 과분하니 자신을 감추고 조심하여 인심에 부응해
야 할 것인데, 어찌 자기 소견만 고집하여 스스로 뭇사람의 원망을 받
는가." 하였으나, 오건은 여전히 고치지 아니하였다. 뭇사람의 원망
이 더욱 심해졌고, 또 상의 뜻이 사류를 싫어하여 소인배의 세력이 날
로 성해지자, 오건은 일할 수 없음을 헤아리고 벼슬을 버리고 고향으
로 돌아갔다.

3월 친잠

을미일 ▶◀ 중전이 친히 누에를 쳤다.

4월 대사간 기대승

박순이 병으로 찬성을 사면하고 정대년鄭大年을 우찬성으로 삼았
다. 기대승이 대사간으로 부름을 받고 서울에 왔다. 기대승이 대신들
과 불화하여 벼슬을 버리고 고향으로 갔다가 이때에 다시 온 것이다.
▶◀ 가뭄이 석 달이나 계속되더니 비로소 비가 왔다.

5월 박순에 대한 신뢰

부제학 유희춘이 『육서부록六書附錄』을 올리니, 상이 장려하였다. 유희춘은 고서를 많이 읽어 잘 외었으나 실상은 참지식이 없고 또 세상 시무에 몽매하여 식견이 없었다. 올린 부록도 역시 핵심적이고 긴요한 말은 아니고 다만 참고 자료일 뿐이었다.

◗◖ 해충이 생겨 볏모를 갉아 먹었다.

◗◖ 특명으로 박순을 좌찬성에 임명하였다. 박순은 봄부터 대제학을 사직하여 여름까지 그치지 않고 사직장을 여러 차례 올렸으나 상이 끝내 허락하지 않았다. 이때 박순이 높은 명망으로 사림의 영수가 되어 있었는데, 상으로부터 이렇게 보살핌을 받자 사림이 믿고 안심하였다.

6월 재해에 정전을 피하는 도리의 적합성

우의정 이탁이 병으로 사직하였다. 이탁이 정승 자리에 있으면서 별로 건의한 것은 없으나, 늘 사림을 지지하고 보호할 뜻이 있었으므로 인망이 그를 중시하였다.

◗◖ 이때 가뭄이 심하고 태백성이 낮에 보여 정전을 피하였다. 대신이 더운 때라고 해서 정전으로 돌아가실 것을 청하자 상이 답하기를,

"태백성이 들어가지 아니하여 마음이 두려운데 어찌 그렇게 빨리

정전으로 돌아가겠는가."

하였다. 대신이 다시 아뢰기를,

"전하께서 두려워하여 정전으로 돌아가시지 아니하니, 덕을 닦으시며 재앙을 없애는 도리가 지극하지 않음이 없다고 하겠습니다. 다만 하늘에 응하는 데는 실지로써 할 것이요, 형식으로 할 것이 아닙니다. 찌는 듯한 날씨에 처마 밑에 나와 앉았으니 성체를 손상시킬까 두렵습니다. 속히 다시 정전으로 돌아가십시오."

하자, 상이 이윽고 허락하였다. 이때 샛바람[東風]이 크게 불어 볏모가 상하였다.

율곡 생각　재해로 인하여 정전을 피하는 것은 진실로 형식이고 대수롭지 않은 처신이다. 대신이 이미 형식임을 알았으면 무슨 까닭으로 면전에서 "덕을 닦아 재해를 없애는 도리를 다하였다."고 속였는가. 만일 정전을 피하는 것으로 재해를 없애는 도리를 다하였다면 재해가 없어지기도 전에 갑자기 정전으로 돌아가도록 청한 것은 무슨 까닭인가.

또한 "하늘에 응하는 데는 실질로써 할 것이요, 형식으로 할 것이 아닙니다."고 했으니, 말은 옳다. 지금 그 형식을 버리게 했으면 어찌하여 그 실질된 것을 잘 아뢰어 하늘에 응하도록 하지 않았는가. 비록 무더운 여름이라고 하더라도 어좌가 어찌 늘 뜨거운 태양 아래에 있었겠는가. 구차히 상에게 아첨하는 말을 하고 진퇴에 이토록 근거가 없으니 대신을 장차 어디에 쓰겠는가.

아! 그때 대신은 바로 권철과 홍섬이었다. 주상께서 이미 정치에 힘쓰고 하늘을 공경할 뜻이 없으니, 비록 소하蕭何·조참曹參[62]·요숭姚崇·송경宋璟[63]이라도 오히려 시폐를 구할 수 없는데, 하물며 권철·홍섬 같은 용렬한 자들이겠는가. 권철과 홍섬에게 무엇을 나무라겠는가.

▶◀ 정대년을 의정부 우의정으로 삼으니, 양사가 논박하여 개정하였다. 대년이 비록 청백하고 검소한 행실이 좀 있으나 불학무식하여 생각이 범속하고 또 학자들을 좋아하지 아니하기 때문에 인망을 얻지 못하였다.

---

62) 한 고조漢高祖 때의 명재상들이다. 고조가 태자太子를 세운 뒤에 승상丞相 소하로 하여금 관중을 지키게 하였는데, 이에 소하가 태자를 보좌하며 군량 수송을 원활하게 함으로써, 항우項羽의 초나라를 이기고 한나라를 세울 수 있었다. 『사기 권53 소상국세가蕭相國世家』 조참은 소하와 함께 고조를 도와 병사를 일으켜 건성후建成侯에 봉해졌고, 천하가 이미 평정된 뒤에는 평양후平陽侯에 봉해졌다. 소하가 죽을 때 자신과 사이가 좋지 않던 조참을 재상으로 천거했고, 조참은 재상이 된 뒤에도 소하의 정책을 그대로 시행하였다. 『사기 권54 조상국세가曹相國世家』

63) 요숭(650~721)은 당나라 섬주陝州 사람으로, 자는 원지元之이다. 본명은 원숭元崇이나 현종玄宗의 연호를 피해 요숭으로 바꾸었다. 측천무후에게 발탁되어 관직에 오른 이래 중종中宗, 예종睿宗과 현종 초기에 걸쳐 여러 번 재상의 직에 올라 국정을 숙정하고 민생의 안정에 힘썼다. 『구당서舊唐書 권96 요숭열전姚崇列傳』 송경(663~737)은 당나라 형주邢州 남화南和 사람이다. 문장에 뛰어나 측천무후 때 누차 좌대어사중승左台御使中丞에 임명되었는데, 강직한 관리로서 측천무후의 신임을 받았다. 예종 복위 후에 폐단을 혁파하고 인재를 등용하는 과정에서 태평공주太平公主의 미움을 받아 초주 자사楚州刺史로 좌천되었다. 현종 개원 초년에 다시 형부 상서에 임명되었다. 개원 4년에 요숭을 이어 재상이 되어 요숭과 함께 개원의 현상賢相으로 일컬어진다. 시호는 문정文貞이다. '요송姚宋'은 당나라 명재상의 대명사처럼 쓰인다. 『신당서新唐書 권124 송경열전宋璟列傳』

7월 이준경이 죽다

영중추부사 이준경李浚慶(1499~1572)이 세상을 떠났다. 이준경의 자는 원길元吉인데, 어려서부터 뛰어났고 생김새가 웅장하여 선비들 사이에 이름이 높았다. 조정에 서자 청렴하고 엄정하게 행동하여 그의 형 윤경潤慶과 함께 인망이 있었다. 다만 윤경은 겉으로는 온화하나 속으로는 꿋꿋하고 준경은 겉으로는 굳세나 속으로는 겁이 있었다.

인종 말년에 이윤경의 아들 중열中悅이 이휘李輝와 사담을 하다가 당시 금기되는 말을 한 적이 있었다. 을사의 난리가 일어나자 중열이 이휘가 한 말을 가지고 고변하고 자기를 변명하려는 의도로 아버지 윤경에게 문의하였다. 이윤경은 말하기를, "자기 몸이 죽는 것은 비록 두려운 일이나 친구를 어찌 배반하겠느냐." 하였다. 이준경에게 물었더니 준경은 말하기를, "친구 때문에 죽을 땅으로 자진해 나갈 수는 없다." 하였다. 중열이 이에 조정에 자수하였으나 역시 죽음을 면하지 못하였다. 을묘왜변乙卯倭變[64]에 윤경은 전주 부윤이요 준경은 도원수로 나주에 진을 쳤는데, 윤경에게 편지를 보내, "적의 군대가 매우 날래고 용맹하니 형은 전진하지 말고 좀 피하시오." 하였다. 이에 윤경

이 답하기를, "내가 나라의 후한 은혜를 받았으니 죽음으로 갚는 것이 마땅하다." 하고, 드디어 군사를 거느리고 영암으로 가서 싸움을 도와 이겼다. 이준경은 자못 주저하는 태도가 드러나 남에게 비난을 받았다. 이에 사람들은 그 아우가 형보다 못한 것을 알았다.

권간이 세력을 잡았을 때에 이준경이 감히 이론은 제기하지 못했지만 마음속으로 사류를 보호한 까닭에 인망이 떨어지지는 않았고, 윤원형이 패하자 나랏일을 맡게 되었다. 금상 초년에 사림이 그가 일을 잘하기를 크게 바랐으나 이준경은 경세제민의 재주가 없었고, 또 성품이 거만하여 선비에게 몸을 굽히지 아니하였다. 또 옛 전철을 고수하는 것으로만 상을 인도하여 그럭저럭 미봉해 나갔으니, 정승으로서의 업적이 볼 것이 없었다. 이에 사림이 부족하게 여기었다.

기대승이 더욱 신랄하게 비판하니 이준경이 듣고 분하게 생각하여 마침내 사류와 화합하지 아니하였다. 병이 위독하자 차자를 올려 조정 신하 사이에 사사로운 붕당이 있으니 타파하라고 논하였다. 상이 놀라서 대신에게 묻기를 "붕당이 있으면 조정은 어지러워진다." 하였다. 대신이 설명했으나 말이 매우 모호하였고 상께서도 자세히 묻지 아니하여 아무 일 없었다. 이로 인하여 사림은 이준경을 옳은 것을 비방하는 사람으로 지목하여 그 명망을 보전하지 못하였다.

율곡 생각 이준경은 네 조정을 거친 원로로 몸가짐을 깨끗하게 하고 일처리에는 굳세며, 권간을 내쫓고 성군을 추대하였으니 누가 현명한 재상이라고 아니하겠는가. 다만 거만하여 혼자만 똑똑하다 하고 선비에게 굽히지 아니하므로 그것이 쌓여 선비들 사이에 틈이 생기고 끝내는 나라가 망할 말로 임금을 그르쳐 명망을 잃었으니, 참으로 애석한 일이다.

◗◖ 노수신을 이조 판서로 삼았다. 수신이 귀양살이에서 재기용된 지 얼마 안 되어 전형銓衡을 맡았으므로 조야가 다 인재를 얻었다고 기뻐하였다. 그러나 수신은 사화 때 처벌을 받은 후 기개가 위축되어 그가 정무를 볼 때 한결같이 유속을 따르고 거조擧錯(인물 등용)에 타당한 데가 없어 사림이 실망하였다.

◗◖ 박순을 의정부 우의정으로 삼았다. 노수신은 전형을 맡고 박순은 정승 자리에 있어 참으로 사람들의 기대에 맞았다. 박순은 몸가짐을 청렴하고 검소하게 하여 정승 자리에 있어도 문 앞이 썰렁하여 관직이 없는 집과 같았다.

임진일 ◗◖ 명나라 황제의 부고가 왔다. 5월 26일 경술에 황제가 붕崩했다고 한다. 상이 백관을 거느리고 참최를 3일 입고 벗었으니, 대개 날[日]로써 해[年]를 대신한 것이다.

8월 군령과 나라 기강의 해이

기대승이 벼슬을 버리고 고향으로 돌아갔다. 기대승은 기개가 당대에 높고 눈에 강하게 보이는 자가 없었다. 마음속으로 온 세상을 흔들어 움직이면 다 자기의 지휘를 받으리라 생각하였으나, 조정에서는 말이 대부분 어울리지 못하여 상도 중히 돌아보는 마음이 없었으며 대신도 또한 높여 중히 여기지 아니하므로 결단을 내려 고향으로 갔다.

▶◀ 왕자 진국鎭國이 태어났는데 숙의 김씨淑儀金氏의 소생이다.

▶◀ 우의정 박순을 명나라 경사京師(북경)로 보내어 새 황제의 취임을 축하하였다.

▶◀ 궁성 밑에 있는 민가를 헐었으니, 상이 『경국대전』대로 준행하려 한 것으로, 『경국대전』에는 "궁성 밑 1백 척의 한계 내에서는 민가 짓기를 허락하지 않는다." 하였다. 법전에는 이러했으나 실제에는 행하지 못하였고 역대 이래로 금하지도 아니하여 궁성의 지척에 민가가 즐비하여 백 년 된 오랜 집도 많았다. 어느 날 상이 궁성에 바짝 붙여 집을 짓는 것을 보고 매우 노하였다. 이에 법전을 상고하고 1백 척 안에 있는 집을 헐라고 하였다.

도성 사람들이 놀라고 두려워하여 뒤숭숭해지자 신하들이 많이 아뢰고, 또 말하기를, "중국 사신이 국경에 다다를 즈음에 백성의 마음을 동요시키는 것은 옳지 못하니 일단 다른 해를 기다리도록 하십시오." 했으나, 상이 명령을 거스르는 데 대해 더욱 노하여 속히 헐라고 명하였지만, 그래도 거리는 30척으로 줄이도록 명하였다. 대간이 중지하도록 번갈아 계를 올려 청하였으나, 상은 더욱더 노하여 독촉이 심하였으므로 백성 중에 울부짖는 자가 많았다.

▶◀ 평안도 절도사 이대신李大伸이 우후 이붕李鵬을 시켜서 서해평에 가서 곡식을 빼앗아 오도록 했는데, 돌아올 때 군대가 혼란스러웠기

때문에 대신과 붕이 모두 벌을 받았다. 이붕이 오위군五衛軍을 거느리고 서해평에 가서 곡식을 뺏고 촌락을 불사르고 돌아올 때에 아군 중에 오랑캐의 화살에 맞은 자가 놀라 소리를 질렀다. 온 군대가 놀라 동요하여 오랑캐 군사의 숫자를 헤아리지도 못하고 모두 무기를 버리고 어지러이 달아났다.

이붕이 앞서 가다가 군사의 동요하는 소리를 듣고 돌아와서 후미의 군대를 단속하였는데, 후위장後衛將 강계 부사江界府使 이선원李善源이 말을 달리다가 말이 넘어지는 바람에 땅에 떨어지자, 아군이 더욱 놀라서 거의 대패할 뻔하였다. 오랑캐 군사를 자세히 보니 보잘것없었고 10여 명에 불과하였다. 군사들의 마음이 조금 안정되고 아군이 오랑캐를 쏘자 오랑캐들은 화살에 맞고 달아나 숨어 버렸다.

이붕이 군사를 거두어 본부로 달려오는 중에 날이 이미 저물었다. 이붕이 군중에 명하여 진을 치고 노숙하다가 아침이 되거든 돌아가자 하였고, 이선원은 굳이 야간에 행군하고자 하여 두 사람이 다투었다. 온 군대가 누구를 따를지 몰라 가기도 하고 머물러 있기도 하니 어지러워 통제할 수가 없었다. 한 사람이 크게 소리치기를, "이선원은 목을 베어야 한다." 하였다. 이붕이 이선원을 잡고 목을 베려고 하자, 선원이 곧 명에 복종하여 군사를 주둔시켰다가 이튿날 돌아왔다. 서울에서 군사가 패하였다는 소식을 듣고 이대신·이붕·이선원을 잡아다가 군대를 갖추지 못한 죄를 국문하였고, 모두 관작을 빼앗아 졸개로 삼았다.

율곡 생각 이때 군령이 해이하고 상하가 서로 관할하지 못하여 전군이 소수의 적을 치는 데도 군사들은 오히려 공포심을 품었다. 한 오랑캐가 화살을 쏘자 삼군이 놀라 도망치고 한 사람이 크게 소리치자 군령을 시행하였으니, 이러한 군사로 적의 기마병 백여 명을 만난다면 의심할 여지없이 패할 것이니, 굳센 대적을 만났으면 어찌 될 것인가. 아, 위태롭도다!

9월 우직한 박응남의 죽음

승정원 도승지 박응남朴應男(1527~1572)이 세상을 떴다. 박응남은 우직하여 말을 과감히 하고, 겉으로는 시비를 분별하지 못하는 듯하나, 속으로는 판단하는 기준이 있었다. 여러 번 대사헌이 되어 기탄없이 논박하므로 원망하는 사람이 많았다. 그러나 착한 일을 좋아하였기 때문에 좋은 사람들이 존경하며 인정했고 또 왕비의 숙부였으므로 상이 총애하고 사림이 신뢰하였다. 그가 죽자 사류가 애석해하였다.

10월 기대승이 죽다

대사간 허엽이 향약鄕約을 실시할 것을 청하니, 상이 '지나치게 이상적이어서 풍속에 맞지 아니한다' 하고 듣지 아니하였다.

◗◖ 객성客星(항성이 아닌 별)이 책성策星의 옆에 나타났는데 금성金星보다 컸다.

◗◖ 전 사간원 대사간 기대승奇大升(1527~1572)이 세상을 떴다. 기대승의 자는 명언明彦인데 젊었을 때 문장과 학문으로 세상에 이름이 났다. 널리 보고 잘 기억하였으며 기개가 장하여 담론하면 온 좌중을 굴복시켰다. 과거에 급제한 후에 맑은 명성이 크게 드러났으나, 이양이 권력을 잡았을 때 그를 꺼려 벼슬을 빼앗았다. 이양이 패한 후 관직이 더욱 현달하였고 사류가 추중하여 영수로 삼았다.

기대승 역시 일세를 경륜할 것을 자부하였으나, 그의 학문은 변론이 박식하고 원대했지만 마음을 다잡고 실천하는 공부가 없었다. 또 남을 이기기를 좋아하는 병통이 있어 남이 자기에게 순종하는 것을 좋아하는 까닭에 지조 있는 선비는 어울리지 않았고 아첨하는 사람이 많이 따랐다. 그의 지론 역시 상례를 따르는 데에 힘쓰고 개혁하는 것을 좋아하지 아니하였으므로 식자가 더욱 받아들이지 않았다.

젊었을 적에 조식이 그를 두고 "이 사람이 뜻을 이루면 반드시 시사를 그르치리라." 하였고, 기대승 역시 조식을 유학자가 아니라 하여, 두 사람이 서로 인정하지 아니하였다. 기대승이 조식의 허물을 언급하였기 때문에 식의 제자들이 그를 미워하였다.

그가 대사성으로 있을 때 유생들에 대한 음식 공급을 야박하게 하였다. 또 '먹을 때 배부르게 먹지 않는다[食無求飽]'[65]라는 글제를 내어

---

65) 공자가 말하기를, "군자는 먹을 때 배부름을 추구하지 않고, 거처하는 데 편안
   함을 추구하지 않는다[君子食无求飽, 居无求安]." 하였다. 「논어 학이學而」

잠箴(경계되는 글)을 짓게 하여 유생들을 깨우치려 하였으므로, 유생들이 좋아하지 아니하여 대부분이 학관에 나가지 않았다.

경오년(1570, 선조 3)에 바야흐로 위훈을 논의할 때, 기대승이 듣고 "을사년의 훈공은 거짓이 아니요 또 선왕이 정한 것이니, 지금에 깎는 것은 불가하다." 하였다. 간사한 무리가 기대승의 말을 주된 논지로 삼았으므로 식자들이 자못 옳지 않게 여기었다. 기대승은 유속과 이미 어울리지 않았던 데다가 식자들이 받아들이지 않게 되었고, 주상 역시 평범하게 대우하였다. 이렇게 되자 울적하고 뜻을 얻지 못하여 벼슬을 버리고 가다가 중도에서 볼기에 종기가 나서 고부古阜 시골집에 이르러 결국 일어나지 못하니, 사람들 중 그의 재주를 아까워하는 이가 많았다. 기대승이 비록 실제 재능은 아니었으나 영특함이 남보다 뛰어나, 이황과 사단칠정四端七情의 동이同異를 변론한 것이 수천 마디였는데 논의가 뛰어나 배우는 사람들이 옳게 여기었다.

율곡 생각 선비에게는 다행과 불행이 있으니, 누구인들 때를 만나면 다행으로 알고 때를 만나지 못하면 불행으로 여기지 않겠는가. 그러나 혹 때를 만나도 불행하고, 못 만나도 다행한 이가 있으니 어찌 한 가지 기준으로 말하겠는가. 유자후柳子厚[66]는 좌천되어 궁벽한 시골에서 죽었으나 문학과 문장이 찬란하게 후세에 전하니 이는 불우한 중에 다행이

---

66) 당송팔대가唐宋八大家의 한 사람인 당나라 문인 유종원柳宗元(773~819)이다.
　자후는 그의 자이다. 유주 자사柳州刺史로 좌천되었다가 죽었다.

고, 왕 개보王介甫[67]는 정권을 잡아 정책을 폈으나 소인들이 아부하여 마침내 나랏일을 그르쳤으니 이는 때를 만났지만 불행인 것이다.

기대승은 뛰어난 재능과 박식함으로 그 기개가 일세를 덮을 만하였으나, 자신감이 너무 지나치고 자신에게 바른말하는 벗을 좋아하지 아니하였다. 만일 뜻을 얻어 배운 바를 행했다면 그가 때를 만난 것이 다행이었을지 불행이었을지는 알 수 없다. 일찍이 들으니, 누가 최영경崔永慶의 처소에서 기대승과 친한 사람에게 대승의 상에 대해,

"우리 학문(유학)이 불행하여 이 사람이 갑자기 죽었다."고 조문하니, 영경은 불끈 낯빛을 변하며, "기명언은 재주와 학문은 조금 있으나 큰 병통이 있었으니, 을사년의 간신들은 공훈이 있다 하였고, 조 남명曹南溟이 조정을 요란하게 하였다고 했으니, 이러한 편견을 가지고 만일 일을 했다면 반드시 정치에 해를 끼쳤을 것이다. 이 사람의 죽음이 우리 학문에 불행할 것이 무엇인가." 하였다 한다. 최영경의 말이 지나쳤지만, 식자 중 더러 전연 그르다고는 아니하였다.

---

67) 송나라 학자이자 정치가인 왕안석王安石(1021~1086)을 말한다. 개보는 자이고 호는 반산半山, 시호는 문文이며 임천臨川 사람이다. 신종神宗 때 정승이 되어 신법新法을 행하고 부국강병의 정책을 폈다. 시문에도 능하여 당송팔대가의 한 사람으로 꼽힌다. 왕안석의 장인 장돈章惇 등이 정권을 잡아 사마광司馬光 등을 간당奸黨으로 지목하여 몰아내고 자기의 당류黨類를 조정에 불러들여 사리사욕을 추구함으로써 나라를 어지럽혔다.

11월 황제 등극을 알리러 온 사신

계미일 ◗◖ 중국 사신 한림원 검토 한세능韓世能과 급사중 진삼모陳三謨
가 서울에 들어왔다. 이번에 황제가 즉위하여 조서詔書를 반포하러 온
것이다. 돌아간 황제의 시호는 장莊이요, 묘호는 목종穆宗이라 하였
다. 세능 등이 재물을 많이 요구했는데, 학자 출신 관원이 재물을 요
구하는 것은 근래에 없던 일이다.

신묘일 ◗◖ 중국 사신이 서울을 떠나 북경으로 향하였다. 도중에 수행
하는 중국 사람들이 연회 상에 진설해 둔 그릇을 많이 집어 가는데도
사신이 막지 아니하니, 혹 사신들이 시킨 것인가 의심하였다.

◗◖ 함경도 경성鏡城에 곰이 나타나 사람을 많이 해쳤다. 우리나라에는
곰이 없는데 별안간 나타났으므로 사람들이 놀라고 괴상하게 여겼다.

12월 진하사의 귀국 보고

북경 갔던 사신이 돌아와서 말하기를,

"황제의 나이가 11살인데 모후가 조정에 임하지 않고 정사를 친히
하여 그 영명함이 뛰어났다."

하니, 김계휘가 말하기를,

"삼대 이후에 어찌 11살의 성인聖人 천자가 있겠는가. 이는 이치에
당치 않으니, 분명 잘못 전해진 것이다."

하였다.

▶◀ 정유일鄭惟一을 동부승지로 삼았다.

정치를 잘하려는 뜻이 있습니까

>> 선조 6년 〉 1573 _ 계유년

금상 6년 정월 흰무지개 이변

흰무지개가 해를 꿰뚫으니 조야에 대책을 구하는 교서를 내렸다. 또 성운成運·이항李恒을 불러 역마를 타고 올라오라 하니, 장차 재해를 그치게 할 계책을 물으려고 한 것이었다. 성운과 이항은 병이 있다고 사양하고 오지 아니하였다.

◗◖ 흰무지개가 해를 꿰뚫은 재앙으로 정전을 피하고 반찬을 줄였으며 음악을 중지하였다.

◗◖ 낙동강 물이 하루 동안 흐르지 아니하였다.

2월 재상 인사

가물고 바람이 불었다. 또 흙비가 내렸다.

◗◖ 영의정 권철은 병으로 사직하고, 좌의정 홍섬은 어버이가 연로하다는 이유로 사직하여 정승에서 물러나니, 노수신을 우의정으로 삼고 박순을 좌의정으로 승진시켰다. 노수신이 이조 판서로 있을 때 볼 만한 인사 행정이 없었고 간혹 사사로운 청탁을 들어주더니, 정승이 되어서도 정사를 일으켜 밝히는 것이 없었으므로 식자들이 부족하게 여기었다.

3월 대사헌 오상의 죽음

사헌부 대사헌 오상吳祥(1512~1573)이 죽었다. 오상은 유속 중에서는 좀 지조가 있는 사람이었으나 식견이 부족하였다. 지위가 육경에 이르렀으나 상규만 따르고 자리나 보전할 뿐이었다.

5월 인망 있는 5인

상이 명하여 높은 행실이 있는 사람을 천거하라 하니, 이조에서 이지함李之菡·최영경崔永慶·정인홍鄭仁弘·조목趙穆·김천일金千鎰을 천거하여 모두 6품관에 임명하였다. 이지함은 기개와 도량이 범인과 다르고 효도와 우애가 남보다 뛰어났다. 젊을 때에 해변 후미진 곳에 부모를 장사지냈는데 조수가 점점 다가들었다. 오랜 세월 뒤에는 바닷

물이 반드시 분묘를 쓸어갈 것이라 염려하여 제방을 쌓아 물을 막으려고 곡식을 불리고 자재를 모으는 데 매우 근면하였다. 사람들은 모두 힘을 헤아리지 않고 일을 계획하는 것을 조롱했더니, 이지함이 "사람의 힘으로 미치든 못 미치든 내가 힘쓸 것이고, 일이 되고 아니되고는 하늘에 달려 있다. 사람 자식이 되어 어찌 힘이 부족하다고 후환을 막으려 하지 아니하겠는가." 하였다. 바다 어귀가 넓어서 끝내 성공하지 못하였으나 지함의 정성은 그치지 아니하였다. 본래 욕심이 없어 명성이나 이익, 소문이나 여색에는 담담하였으나 이따금 점잖지 못하게 농담을 하여 남들이 그의 속을 가늠할 수 없었다.

최영경은 전에 조식에게 배웠고 청렴 개결하기로 세상에 뛰어나 의가 아니면 터럭만큼도 취하지 아니하였다. 부모에게 효성이 지극하더니, 부모가 돌아가자 집안 재산을 모두 기울여 장례를 치렀으므로 마침내 곤궁하여졌다. 집이 성 안에 있었으나 친구를 사귀지 아니하여 아는 사람이 없었으며, 마을 사람들이 모두 고집스러운 선비라고 부를 뿐이었다.

안민학安敏學이 방문하여 그가 말하는 것을 듣고 범상한 사람이 아님을 알아챘다. 성혼에게 말하기를, "우리 동네에 기이한 사람이 있는 것을 몰랐다가 지금에야 서로 알게 되었으니 가 보지 않겠는가." 하였다. 성혼이 서울에 왔다가 그 길에 가 보았다. 문을 두드린 지 한참 뒤에 맨발의 조그만 여종이 나와 맞이하였다. 들어가니 꽃과 풀만 뜰에 가득하였다. 좀 있다가 최영경이 나오는데 베옷에 떨어진 신을 신고 있어 빈한한 기색이 쓸쓸히 풍겼으나 그 모습은 엄숙하고 장중하여 감히 범하지 못할 데가 있었다. 앉아 이야기할 때는 한 점의 티끌 묻은 태도가 없었다. 성혼이 무척 좋아하였다. 돌아온 뒤 백인걸에게 말하기를, "내가 아무개를 만났는데, 돌아올 때 갑자기 맑은 바람이 소매에 가득함을 느꼈다." 하니, 인걸이 크게 놀라며 기이하게 생각했다. 이때부터 그의 이름이 사림 사이에 퍼졌다.

정인홍은 조식의 고제高弟(수제자)로 강직하고 엄숙하며 효제孝悌에 독실하였다. 조목은 이황의 고제로 순수하고 방정하며 온순하고 근엄하여 이황이 매우 중하게 여기었다. 김천일은 이항의 고제로 정밀하고 단아한 사람이었다. 이상의 다섯 사람은 모두 인망이 있었다.

6월 내탕 사용의 문제

우의정 노수신이 상에게 아뢰기를,
"호조 판서는 반드시 계획성 있고 아직 늙지 않은 사람을 임명해야 하는데, 정2품에는 그런 사람이 없으니 전하께서 발탁하여 임명하십시오."
하자, 상이 이르기를,
"젊은 사람 중에 호조 판서가 되고 싶어 하는 사람이 있는가?"
하니, 수신이 부끄러워하며 나왔다. 부제학 허엽이 아뢰기를,
"내탕內帑(궁내 왕이 쓰는 용도나 물품, 또는 그 공간)의 재물은 해당 관원이 출납하게 해야 합니다. 『주례周禮』에도 그러합니다."

하였다. 상이 이르기를,

"오늘날 조정에서 『주례』를 행하려고 하는가."

하니, 허엽이 감히 더 말하지 못하였다. 상이 유학자의 말을 듣기 싫어하여 건의하는 말마다 전부 들어주지 않았다. 좌의정 박순이 찾아온 손님에게 탄식하기를, "상의 마음이 닫혀 있어 조금도 돌릴 수가 없고 우리는 녹만 먹을 뿐이니 다시 무엇을 하겠는가. 이 숙헌李叔獻 (이이의 자)은 무슨 걱정이 있겠는가. 그의 고상함은 참 따를 수 없다." 하였다. 이때에 이이가 병을 이유로 물러나 있었기 때문에 박순이 이렇게 말하였다.

7월 홍문관 직제학 이이

이이를 홍문관 직제학으로 삼았다. 이이는 파주에서 지내며 병이 있다고 사직하고 오지 않았다. 상이 사직을 허락하지 않으므로 이이가 곧 대궐에 나아가 사은謝恩하고 사직소를 올렸다. 사직소를 세 차례 올리자, 비로소 상이 퇴직을 윤허하였다. 삼사에서 번갈아 상소하여 머물게 하기를 청하였으나 뜻을 이루지 못하였다.

유몽학柳夢鶴이 이이를 보고 말하기를,

"물러가기를 원하다가 물러가게 되었으니 상쾌할 것이나, 사람마다 물러가려는 뜻을 가진다면 누가 나라를 부지하겠는가."

하니, 이이가 웃으면서,

"만일 위로 삼공부터 아래로 참봉까지 모두 물러가려고만 하는 사람이라면 나라의 형세는 절로 크게 융성해질 것이니, 부지하지 못할 염려는 하지 말라."

하였다. 대사간 김계휘가 이이를 보고 '죽은 말머리'에 대한 이야기[68]를 나누었다.

◗◖이조 판서 박영준이 병으로 사직하고 체직되어 이조 판서를 임명해야 하는데 그 후임 후보자가 될 만한 사람이 없었다. 대신이 가선대부嘉善大夫(종2품)에서 추천하려 했으나 상이 허락하지 않았으므로 김귀영金貴榮·강사상姜士尙만을 후보로 추천하였다. 이때 6조의 판서들은 다 인망이 아니었다. 영준은 잔약하고, 귀영은 탐욕스럽고 비루하였으며, 사상은 입 다물고 남이 하는 대로 따라만 가는 사람이라 모두 이조 판서로 합당하지 않았지만, 이들이 그중 좀 나은 사람이라고 해서 바꾸어 가면서 그 자리에 있었으므로 식자는 비웃었다.

---

68) 전국 시대 연燕나라의 명신 곽외郭隗의 일화이다. 연나라 소왕昭王이 나라를 부흥시키고자 곽외에게 인재 추천을 부탁하니, 곽외가 "옛날 어떤 임금이 천리마를 구하려고 사자使者에게 천금을 주었는데, 죽은 천리마의 뼈를 5백금에 사왔습니다. 임금이 노하자 그가 '죽은 말을 샀으니 산 말은 곧 들어올 것입니다' 하였는데, 과연 1년이 지나기 전에 세 마리의 천리마가 들어왔습니다. 왕께서도 인재를 오게 하려면 먼저 곽외로부터 시작하십시오." 하였다. 소왕이 이에 곽외를 스승으로 삼았더니 위魏나라에서 악의樂毅가, 제나라에서 추연鄒衍이, 조趙나라에서 극신劇辛이 달려 왔다고 한다.『사기 권34 연소공세가燕召公世家』

8월 5현 문묘종사 논의

성혼·이항·임훈林薰·한수韓脩·남언경南彦經 등을 모두 3품직에 임명하니 이는 차서에 구애되지 않은 발탁 임용이었다.

◗◖ 관학館學의 유생들이 상소하여 김굉필·정여창·조광조·이언적·이황 등 다섯 현인을 문묘에 종사하기를 청하니, 상이 "공론은 오래 이루어진 뒤에 결정할 일이니 경솔히 할 수 없다."고 대답하였다.

율곡 생각 관학 유생이 5현의 종사를 여러 번 청하였으나, 상이 감히 경솔히 할 수 없다고 한 것도 진실로 사안을 어렵게 여기고 신중히 한 처사라고 할 수 있다. 하지만 우리나라가 천명을 받은 후에 유학자 중에 종사從祀할 만한 사람이 없지도 않았을 터인데 지금까지 빠져 있으니, 어찌 성스러운 전례의 흠이 아니겠는가.

이전 왕조의 인물로 종사한 사람은 정 문충鄭文忠(정몽주의 시호) 한 사람 외에 설총薛聰·최치원崔致遠·안유安裕는 우리 도학道學에 관계가 없으니, 의리대로 판단한다면 이 세 사람은 다른 곳에서 제사지내는 것은 되지만 문묘에 배향하는 것은 잘못이다. 또한 유생들이 청하는 5현으로 말하더라도 그중에 어찌 우열이 없겠는가. 김 문경金文敬(김굉필의 시호)과 정 문헌鄭文獻(정여창의 시호)은 언론과 풍모가 미미해서 드러나지 못하였고, 이 문원李文元(이언적의 시호)은 출처에 자못 논란이 될 만한 점이 있었다. 오직 조 문정趙文正(조광조의 시호)만이 앞장서서 도학을 밝혀 후인을 계도하였으며, 이 문순李文純(이황)은 의리에 침잠하여 한 시대의 모범이 되었으니, 이 두 분만 내세워 종사하자고 하면 누가 불가하다고 하였겠는가.

◗◖특지特旨로 심의겸을 대사헌에 임명하니, 정언 정희적鄭熙績이 경연에서 상에게 아뢰기를,

"특지는 외척에게 써서는 안 됩니다."

하니, 상이 화를 내며,

"그 사람의 현부賢否에 달린 일이다. 외척이 무슨 상관인가."

하니, 희적이 무척 기가 죽어 어찌할 줄을 몰랐다. 집의 신응시辛應時가 진언하기를,

"정희적의 말이 공론입니다. 전하께서 지나치게 꺾어서는 안 됩니다."

하였다. 경연이 끝난 뒤 정희적이 빈청에 나와서 신응시를 보고 매우 감사하게 여기는 기색이 있었다. 정희적은 곧 심의겸의 집으로 가서,

"영공을 폄훼한 것이 아니라 다만 사람 쓰는 일의 대체를 말함이었다."

하였다. 정희적이 비록 직언을 하였으나 금방 아첨하는 태도를 보이자 식자들이 그를 비루하게 여겼다.

9월 향약 시행과 군적의 폐단

옥당과 양사에서 상소하여 팔도 군읍의 사민士民으로 하여금 향약
을 행하도록 하자고 잇달아 청하니 상이 허락하였다.

▶◀ 영의정 권철이 병으로 사직하자, 이탁을 영의정으로 삼았다.

▶◀ 다시 이이를 직제학으로 임명하고 사직을 허락하지 않았다. 세 번
이나 부르고 놔두지 않으니, 이이가 할 수 없이 직무에 나아갔다.

계묘일 ▶◀ 상이 문묘에 나아가 헌작하고 유생들을 시험보아 이발李潑
등을 뽑아 급제시켜 주었다.

10월 군적의 폐단과 기강의 해이

상이 이이에게 이르기를,

"그대는 어찌 물러가서 오지 않았는가?"

하니, 이이가 대답하기를,

"신은 병이 깊고 재주도 소략하여 스스로 생각할 때 아무 일도 못할
것 같고 한갓 녹만 먹음으로써 나라의 은혜를 저버리느니 물러가서
죄를 면하는 것이 나을 것 같았습니다. 그러므로 감히 나오지 못하였
습니다."

하였다. 상이 이르기를,

"그대의 재주는 내가 안다. 너무 겸손한 말을 하지 말고 이제부터는

다시 물러가지 말라. 그대가 물러가 있었지만 여러 번 올린 상소를 보니 나랏일을 잊지 않았음을 알겠노라."

하였다. 이이가 대답하기를,

"신이 시골구석에 있었으므로 전하의 학문이 얼마나 진보되셨는지 알지 못하겠습니다만, 임금은 비록 깊은 궁궐 안에 있더라도 실제 덕행만 있다면 백성이 감화하여 사방이 그 영향을 받는 법입니다. 지금 민생이 초췌하고 풍속이 퇴폐하기가 이보다 더 극심할 수 없습니다. 신은 전하의 학문이 날로 빛나기를 기대하였는데 종시 그 실효를 보지 못하니, 신은 괴이하게 여기는 바입니다. 전하의 자질이 영명하시어 참으로 큰일을 하실 바탕이 있사오나, 즉위하신 처음에 대신들이 잘못 보필하고 인도하여 마땅함을 잃고, 매번 가까운 규례만 가지고 유학자의 의논을 억제했기 때문에 오늘날까지 좋은 정치를 하시지 못한 것입니다."

하였다. 상이 이르기를,

"나의 성품이 불민하여 감히 큰일을 하지 못한 것이다."

하니, 이이가 대답하기를,

"만일 전하의 자질이 영명하지 않으시다면 신도 또한 기대를 그만두겠습니다. 지금 전하는 자질이 영명하시면서도 정치를 잘 하시고자 하는 큰 뜻을 분발하시지 못하니, 이 점이 신으로서는 이해할 수 없습니다. 필부가 글을 읽고 몸소 실천할 때도 오히려 뜻이 세상을 구제하고 백성을 편안하게 하려는 데에 있는데, 하물며 전하께서는 한 나라 백성의 주인으로서 일할 만한 권력을 가지셨고 할 수 있는 자질을 타고 나셨는데도, 어찌 개연히 스스로 분발하실 뜻을 가지지 않으십니까.

향약은 삼대三代의 법인데 전하께서 시행하라 명하셨으니 참으로 근래에 없던 경사입니다. 다만 모든 일에는 뿌리가 있고 말단이 있습니다. 임금은 마땅히 자신의 마음부터 바르게 함으로써 조정을 바르게 하고, 조정을 바르게 함으로써 백관을 바르게 하며, 백관을 바르게 함으로써 만민을 바르게 하는 것입니다. 향약이란 만민을 바르게 하는 법입니다. 조정 백관이 바르지 못하고서 먼저 만민을 바르게 하려면 이는 뿌리를 버리고 말단만 취하는 것이니 틀림없이 일이 성공하지 못할 것입니다.

이제 이미 훌륭한 일을 시작하셨으니 중지하지 마십시오. 전하께서 반드시 몸소 실천하고 마음속으로 체득하여 그것이 조정에까지 파급되게 하시면 정령이 모두 바른 데서 나올 것이고, 그런 뒤에야 백성이 감동하여 흥기할 것입니다."

하였다. 홍문관 정자 김우옹이 아뢰기를,

"관저關雎와 인지麟趾의 뜻[69]이 있은 뒤에야 주나라의 제도를 행할 수 있습니다. 지금 전하께서 몸소 실천하는 것이 극진하지 못하면 아무리 향약을 행하여도 반드시 백성을 감화시켜 좋은 풍속을 이루지 못할 것입니다. 전하께서 이것을 생각하여 덕업을 쌓는 데 힘쓰십시오."

하였다. 상이 이르기를,

---

69) '관저'와 '인지'는 「시경」「주남周南」의 편명으로, 둘 다 임금의 금실 좋은 덕이 아랫사람에게 미치는 것을 노래하였다.

"그 말이 옳다. 내가 스스로 돌아보아 행할 수가 없다고 짐작하고 경솔히 거행하지 않으려고 했는데, 건의하는 사람이 그치지 않았으므로 따랐을 뿐이다."

하였다. 이이가 아뢰기를,

"그런 뜻으로 한 말이 아닙니다. 꼭 덕이 요순같이 된 뒤에야 요순의 사업을 일으킬 수 있다면 요순의 사업을 어느 때 하겠습니까. 덕행이 꼭 문왕과 같은 뒤에야 비로소 '관저'와 '인지'의 의미가 있는 것은 아닙니다. 지금이라도 전하께서 하고자 하는 뜻을 분발하시어 성심으로 좋은 정치를 기원하신다면 이 생각이 곧 '관저'와 '인지'의 뜻이니, 이 생각이 퇴보하지 않으면 주관周官의 법도를 시행할 수 있을 것입니다."

하였다.

▶◀ 우레 소리로 인하여 삼공이 사직을 청하였으나, 따로 건의한 계책은 없었다.

▶◀ 상이 시신侍臣에게 이르기를,

"인심人心(사욕이 깃든 마음)과 도심道心(공명정대한 마음)은 둘이 아니다. 다만 발동한 후에 도의道義를 위한 것으로 보이면 도심이라 이르고 식색食色을 위한 것으로 보이면 인심이라 부르는데, 식색도 절도에 맞게 되면 이것 역시 도심인 것이다."

하니, 이이가 대답하기를,

"참으로 전하의 말씀과 같습니다. 전하께서 의리에 대해 소견이 정밀한데, 어찌 이런 견해를 나라 다스리는 데에 옮겨 적용하지 않습니까. 요즘 보니 천시天時와 인사人事가 점점 어긋나서 하늘의 재변이 자주 발생해도 두려워하지 않으며 기강이 풀리고 인심이 흩어져서 장차 나라꼴이 되지 않을 것 같습니다. 전하께서 만일 큰 뜻을 분발하시어 퇴폐한 것을 정돈하지 않으시면 흙이 무너지고 기와가 풀리는 듯한 형세가 날을 받아놓은 듯 닥쳐올 것입니다."

하였다.

)(홍문관에서 차자를 올려서 뜻을 세워 시폐를 구제하기를 청하니, 상이 답하기를,

"글을 보니 뜻이 간절하고 의논이 통쾌하여 보는 사람의 마음이 두렵고 떨리게 한다. 과연 재주와 학문이 뛰어난 것을 볼 수 있어 깊이 가상하고 기뻐한다. 다만 내가 진실로 불민하고 심신을 가다듬지 못하여 하는 일마다 어긋나서, 위로는 천심이 좋아하지 않으시고 아래로는 인사의 걱정이 많으니, 임금이 이 같아서야 무슨 일을 성취하겠는가. 나의 몸과 지금의 시세를 비교하니 심히 맞지가 않다. 그러므로 스스로 나를 분명히 알아서 그런 것이지, 감히 고의로 사양하고 핑계 삼는 것이 아니다."

하였다.

)(이이가 상께 아뢰기를,

"옛날 성인도 스승이 있었으니 그 스승이 꼭 자기보다 나은 것이 아니었습니다. 한마디의 좋은 말로도 스승을 삼았기 때문에 풀 베는 사람의 말도 성인은 선택하였습니다. 공자가 '세 사람이 길을 가는 데는

반드시 나의 스승이 있다[70]고 하였으니, 꼭 탕湯임금과 이윤伊尹 같은 관계[71]라야 스승이라 하는 것이 아닙니다. 임금이 높은 자리에 앉아서 스스로 만족하고 있으면 좋은 말이 어디로 들어가겠습니까. 반드시 두루 듣고 널리 물어서 착한 의견을 택하여 허심하게 받아들인 후에야 뭇 신하가 다 나의 스승이 되고 뭇 착한 것이 임금의 몸에 모여들어 덕업이 이로써 높고 넓어질 것입니다.

지금 전하께서는 겸손과 사양의 태도로 하교하시니, 신은 얼마나 감격스러운지 모르겠습니다. 그러나 겸양에는 두 가지가 있습니다. 스스로 만족하지 않아서 자기를 버리고 남을 따르는 것은 선을 하는 근본이 되지만, 사양하고 물러나 진취하지 않고 떨치고 일어날 뜻이 없으면 겸양이 도리어 병통이 됩니다. 전하의 말씀은 겸손하시나 공론을 좇지 않으면서 나만 옳고 남은 그르다 하게 되면 도리어 나보다 나은 사람은 없다고 여기는 병이 되니, 이는 신이 근심하는 바입니다.

오늘날 삼공은 다 인망이 있으니, 어찌 전연 생각도 없이 자리만 지키겠습니까. 건의하려고 하여도 성상의 마음에 거슬리어 대신의 말을 듣지 아니하시면 도리어 군주의 덕에 흠이 될까 하여 민망하게 묵묵히 날만 보내는 것입니다. 만일 성상의 뜻이 좋은 정치를 하고자 하면 대신도 반드시 할 말을 다할 것이요, 조정 신하도 각각 마음에 생각한

---

70) 『논어』「술이述而」에 나오는 말이다.

71) 이윤은 탕왕을 보필하여 은殷나라를 세웠다. 처음에는 이윤이 탕임금을 만날 길이 없자 탕임금의 처인 유신씨有莘氏 집의 요리사가 된 뒤에, 솥과 도마를 등에 지고 탕임금을 만나 음식으로써 천하의 도리를 비유해 설명했다고 한다. 『사기 권3 은본기殷本紀』

바를 진달할 것입니다."

하였다. 상이 이르기를,

"우리나라 일은 참으로 하기가 어렵다. 한 폐단을 고치려 하면 또 한 폐단이 생겨, 폐단을 없애지 못하고 도리어 해로움만 더하게 되니, 대책이 없다고 하겠다."

하니, 이이가 대답하기를,

"그런 까닭이 있습니다. 기강이 서지 않고 인심이 해이해져서, 관직에는 어울리는 인재를 택하지 않고 구차하게 벼슬의 자리만 채운 사람이 많습니다. 한갓 먹는 것만 알고 나랏일을 생각하지 아니하여 폐단을 고치려는 명령이 한번 내리면 먼저 싫어하고 꺼리는 생각부터 가지고, 거행하지 않을 뿐 아니라 고의로 폐단이 생기게 하니, 이것이 성과가 이루어지지 않는 까닭입니다.

비유하면 병 없는 사람은 원기가 좋고 비위가 조화되어 음식물의 좋고 나쁨을 가리지 않고 먹은 것이 모두 기운을 돋우지마는, 만일 원기가 극히 약하고 비위가 상하는 사람은 아무리 좋은 음식을 먹어도 도리어 오장육부가 상할 것이니, 지금의 일이 이것과 무엇이 다르겠습니까. 기강이 서지 않으면 정치의 도리가 성립할 수 있는 길이 없으나, 기강을 세우는 것 또한 엄한 명령으로 통제할 수는 없습니다. 먼저 성상의 마음을 정하여 반드시 다스리고자 하시고, 호오好惡와 시비是非를 한결같이 하늘의 이치를 따라 정연하여 문란하지 않으면, 기강이 설 것입니다."

하였다. 영부사 이탁이 아뢰기를,

"이이가 이른바 삼공이 마음먹은 바가 있어도 말하지 못한다는 것은 다만 상을 감동시키려고 절실하게 말한 것입니다. 신 등이 어전의 지척 아래에 있으면서 만일 회포가 있으면 어찌 감히 아뢰지 않겠습니까. 다만 요새 상께서 공론을 굳이 거부하시어 대간이 민망하게 생각하고 물러가게 하시니, 이것이 신의 근심하는 바입니다."

하였는데, 이탁의 말소리가 매우 낮고 작아서 간신히 들렸다. 상 또한 잘 듣지 아니하였다.

)(노진을 사헌부 대사헌으로 삼았다. 노진은 명망이 있었는데, 퇴거하여 늙은 어머니를 봉양하였으므로 사람들이 현자로 지목했으나 경세제민의 포부가 없었다. 노수신이 맑다는 명망으로 재상의 지위에 있으면서 그럭저럭 눈치만 보고 지내는데도 노진은 모난 짓을 하지 말라고 경계하니, 식자들이 부족하게 여겼다.

)(이때 군적軍籍을 정리하였는데, 담당 관리들이 서류만 완전하게 하도록 힘쓰고 실제의 허실은 조사하지 않아, 머슴이나 거지까지도 다 실제 역에 정하니, 백성이 심히 괴로워하였다. 군읍에서 혹 상소하여 실제 숫자를 밝혀 역을 정해 달라고 하였으나 관리가 일체 거부하였다. 승정원에서 이에 아뢰기를,

"지금 백성의 삶이 황폐한 것은 어디를 가나 그러합니다. 군적을 만든 본래의 뜻은 군액의 부족이 많기 때문이 아닙니다. 실제 숫자가 없는 허위 문서로 인하여 가족이나 이웃에 괴로움을 끼쳐 백성을 도탄에 빠지게 할까 염려하여, 허위 문서를 없애고 실제 인원만 기록하여 백성의 조그만 폐단이라도 구하려는 것입니다.

계축년(1553, 명종 8) 군적을 만들 때에 일을 담당한 관리가 백성을 사랑하는 나라의 본의를 본받지 못하고 다만 일을 처리하는 것만 현명하다고 생각하여 엄하고 급히 처리하는 것을 능사로 삼았습니다. 각 고을에서도 이런 분위기를 답습하여 인원수를 허위로 과장하고 걸인까지도 찾아 모두 집어넣었고, 닭이나 개의 이름도 수효로 채워졌으니, 군적을 만든 지 얼마 안 되어 태반이 포흠逋欠(빠지거나 축이 남)이 되었습니다. 이를 채우기 위해 이웃을 다그치고 일가를 긁어대므로 온 나라에 원성뿐이었습니다. 이번에도 다시 전철을 밟는다면 이름은 군적이지만 실로 백성의 해가 될 것입니다.

청컨대, 팔도 감사에게 명령하여 군읍 백성의 강약과 군액의 다소를 살펴서 고르게 배정하고, 혹 수효가 부족하면 일단 문서를 비워 두고 천천히 한가한 장정들을 찾아내는 대로 그때마다 보충하면서 장기간의 기한을 두게 하면 군대의 허위 문서가 없어지고 백성도 도탄에 빠진 삶을 벗어날 수 있을 것입니다."

하였다. 의논을 병조에 내렸으나 끝내 시행되지 않았다. 군적이 이미 끝난 뒤에도 빠진 수효는 전과 같이 부족하여 그 해독은 이웃과 가족에 미쳤다.

▶◀ 김우옹이 상에게 아뢰기를,

"학문이 비록 여러 방면이 있으나 옛사람의 말을 강론하여 마음속으로 수습하고 몸과 마음으로 자기에게 절실한 공부가 되도록 해야 합니다. 그렇지 않으면 고서를 읽는다 한들 무슨 보탬이 있겠습니까. 근래 성학聖學(유학)이 고명하고 아는 것이 많은 것은 알겠으나, 정사에는 그 효과가 나타나지 아니하니, '글은 글대로, 나는 나대로[書自書, 我自我]'[72]의 병통이 아니겠습니까.

정심正心과 성의誠意의 학설에 대해서 옛사람이 이미 극진하게 말하였는데, 이제 와서 도리어 절실하지 않다고 생각하고 있습니다. 천하의 일은 모두 임금의 마음에 달려 있습니다. 만일 성의·정심에 힘을 얻지 못하시면 아무리 좋은 정치를 하고자 하여도 마침내 이루지 못할 것입니다. 고인의 천 마디, 만 마디 말이 모두 절실한 것이나 그중에도 가장 중요한 것은 경敬이라는 한 글자입니다. 경은 모든 선善이 있는 곳입니다. 경을 논한 말이 퍽 많으나 그중에 이른바 '정제하고 엄숙하면[整齊嚴肅] 마음이 곧 하나가 되고, 마음이 집중되면 그르고 편벽된 간섭이 없을 것이며, 경을 보존하면 천리가 밝아진다'는 말이 가장 빈틈없고 간절하니, 위아래 모두 여기에서 공부를 시작할 곳입니다."

하였다. 상이 대답하기를,

"그 말이 옳다. 정제·엄숙을 왜 공부를 착수할 곳이라고 하는가. 이는 겉을 말한 것이기 때문에 공력을 쓰기가 쉽고, '하나에 집중하여 허튼 데로 가는 것이 없다[主一無適]'는 것은 안을 말한 것이기 때문에 손을 쓰기가 어려운 것이다."

하였다. 동부승지 이이가 아뢰기를,

"정제·엄숙은 유독 외모만 그런 것이 아닙니다. 다만 얼굴이나 태

---

72) 주희朱熹가 『독대학법讀大學法』에서 한 말로, 글을 읽되 마음이 딴 곳에 있으면 아무 혜택이 없음을 말한 것이다. 이이의 『격몽요결』에도 같은 말이 보인다.

도만 정돈하고 정치가 천리天理에서 나오지 아니하면 정제·엄숙이라고 할 수 없습니다. 한 성제漢成帝가 엄숙하게 조정에 임하여 존엄하기가 신神 같았으나 정사는 어지러웠으니, 어찌 경이라 할 수 있겠습니까."

하였다. 상이 이르기를,

"성제 같은 이는 정제·엄숙한 것이 아니다. 사관史官이 다만 얼굴과 태도를 잘 닦았다고 말했을 따름이다."

하였다. 이이가 이어 아뢰기를,

"지금은 나라에 기강이 없어 할 수 있는 것이 없습니다. 만일 이런 상태로 간다면 다시는 희망이 없습니다. 반드시 주상께서 큰 뜻을 분발하시어 기왕 잘못된 것을 깊이 뉘우치시고, 이어 대신과 백관을 경계하여 일시에 일깨워 기강을 세운 뒤에라야 나라가 될 것입니다.

기강은 법령과 형벌로써 억지로 세울 수 있는 것이 아닙니다. 조정에서 착한 것을 착하다 하고, 악한 것을 악하다 하여 공정함을 얻어 사사로운 마음이 유행하지 않아야만 기강이 서는 것입니다. 지금은 공公이 사私를 이기지 못하고, 정正이 사邪를 이기지 못하니 기강이 어떻게 서겠습니까. 옛날 초 장왕楚莊王과 제 위왕齊威王은 지극히 현명한 임금도 아니었습니다마는, 오히려 거의 망하게 된 나라를 일으켜 마침내 부강의 업적을 이루었습니다.[73] 지금 전하께서는 비록 스스로 불민

---

73) 초 장왕은 춘추 시대에 패권을 다투던 5패霸 중 한 명이었다. 제 위왕齊威王이 임금이 된 지 3년에 음란한 놀이만 하고 정치는 돌보지 아니하였다. 순우곤淳于髡이 왕에게 수수께끼를 내기를, "큰 새가 한 마리 있는데 3년 동안이나 날지도 않고 울지도 않으니 무슨 까닭입니까." 하니 왕이 답하기를, "3년 동안 날지 않다가 날면 장차 하늘을 찌를 것이며, 3년 동안 울지 않다가 울면 장차 사람을 놀래

하다고 하시지만, 어찌 저 두 임금보다 못하겠습니까."

하였다. 김우옹이 아뢰기를,

"지금의 폐단은 과연 이 말과 같습니다. 공도가 행해지지 못하고 사욕이 횡행하여 법을 세워 고치려고 하면 입법되자마자 폐단이 또 생깁니다. 반드시 상께서 분발하시고 학문에 힘쓰시어 마음속에 천리가 유행하고 인욕人慾이 끊어지게 해서 실천하는 바가 대공지정大公至正의 도이면 사람들이 모두 감동하여 명령이 나가면 반드시 행해질 것입니다. 만일 전하께서 뜻을 세우시고 정심과 성의에 힘쓰면 요·순·탕·무의 사업을 하실 것이니, 초 장왕이나 제 위왕은 말할 것도 못 됩니다."

하였다. 이이가 아뢰기를,

"신이 말하는 의미는 초 장왕이나 제 위왕에게서 배울 것이 있다는 말이 아닙니다. 초 장왕이나 제 위왕도 분발해서 이룩한 것이 있었는데 주상께서 어찌 못하시겠느냐는 것입니다. 예전부터 사람의 소견이 같지 아니하여 우활한 유학자는 요순의 정치를 아침저녁 사이에 할 수 있다고 하고, 유속流俗은 옛 도는 결코 지금에 행할 수 없다 하지만, 이는 모두 잘못된 것입니다. 정치는 모름지기 당우唐虞(요임금과 순임금)를 목표로 할 것이나, 일의 성과는 마땅히 점진적이어야 합니다.

신이 전에 옥당에 있을 때에 매양 당우와 삼대의 일을 아뢰었더니, 주상께서 대답하시기를 '어찌 갑자기 할 수가 있느냐'고 하셨으니, 그 말씀이 옳습니다. 신의 뜻도 급하게 그 효과를 보려는 것이 아니었고,

---

게 할 것이다." 하고 그날부터 정치에 힘을 써서 강국強國이 되었다. 『사기 권46 전경중완세가田敬仲完世家』

다만 오늘에 한 가지를 실천하고 내일에 한 가지 일을 실천하여 점차 좋은 경지로 가자는 것입니다.

우리나라가 다스려지지 않은 지 오래입니다. 오직 세종대왕의 정치가 참으로 본받을 만합니다. 그때에는 사람을 등용할 때 상례에 구애받지 않고 현명한 이를 임용하고 능력 있는 자에게 일을 시켜 각각 그 재능에 어울리게 맡겼기 때문에 현명하고 불초하고 간에 몫이 정해져 있었습니다. 오늘날도 사람을 가려서 벼슬을 주고 국정을 맡기면 모든 일이 잘될 것입니다.

기묘년에 조광조가 중종의 지우를 입고 큰일을 할 가망이 있었으나, 다만 젊은 선비들이 일을 할 때 단계가 없어서 소요를 면하지 못하였고 소인이 이 틈을 타서 사림을 해쳤습니다. 지금까지 정사를 맡은 사람들이 기묘년의 일로써 경계를 삼으니, 기묘년의 인물들이 일을 할 때 점진적인 단계가 없었던 것은 비록 실수였다고 하더라도 요즘처럼 전연 일을 하지 않는 것보다야 어찌 낫지 않겠습니까.

주상께서 큰일을 하려고 하신다면 먼저 몸소 실천하여 본원本原이 밝아진 후에 다스리는 방안을 차례로 거행하면 아랫사람들이 솟구쳐 움직일 것입니다. 먼저 자신을 닦은 뒤 반드시 어진 이를 높여야 하니, 어진 이를 높이는 것은 벼슬만 시키는 것이 아니라, 반드시 그의 말을 듣고 채택하여 일에 시행한 뒤에야 참으로 어진 이를 높이는 것이 됩니다.

지금 전하께서는 참으로 현자를 좋아하시지만 불러서 작록만 주실 뿐이고 그 말을 채택하는 것은 보지 못하였습니다. 그가 참으로 도를 지키는 선비라면 어찌 허례 때문에 벼슬하러 오겠습니까. 또 과거 급제를 못한 사람이라도 재주와 덕망만 있으면 사헌부 관원으로 쓰는 것이 나라의 늘 있는 규례인데 기묘년에 실패한 뒤로는 마침내 그 길을 막았으니, 이는 역대의 법을 시행하지 않는 것입니다."

하였다. 상이 이르기를,

"이 일은 참으로 그러하다. 나 또한 이를 알고 말하였다. 현자를 쓰는 것이 좋다만, 일 경험이 없는 사람들이라 일을 할 때 중도에 지나칠까 걱정하는 것이다."

하였다. 이이가 아뢰기를,

"전하께서는 매번 지나칠 것만 염려하시고, 현재 전혀 일을 아니하는 것은 근심하지 아니하시니 어찌된 일입니까. 중용中庸에 지나친 일이 있으면 전하께서 제재할 수 있으니, 어찌 하지 않는 것보다 낫지 않겠습니까."

하였다. 상이 이르기를,

"그렇지 않다. 고집하는 사람들이 제재를 듣지 않고 굳이 제 뜻대로만 하려고 하니 어찌하겠는가."

하니, 이이가 아뢰기를,

"어찌 일할 때 아주 지나치기까지야 하겠습니까. 세상이 쇠하고 도가 희미하니 어수선한 선비들은 과거가 출세할 길인 줄만 압니다. 으뜸가는 인물들은 반드시 이를 탐탁잖게 여기니, 과거시험으로 사람을 쓰는 것은 말세의 습속이지 어찌 흥성하는 시대의 일이겠습니까. 혹자는 과거급제를 못한 사람을 사헌부 관원을 시키면 좋지 못한 사람들이 섞이어 들어올까 염려하나 그것은 그렇지 아니합니다. 만일 공론이 크게 행해지면 이러한 관직에는 반드시 할 만한 사람을 뽑을 것이고, 공론이 행해지지 않는다면 문사文士라도 좋지 못한 사람들이 요직에 머무르는 자가 많을 것이니, 하필 과거급제를 못한 사람에만 좋지 못한 사람이 섞여 나올 것을 근심하겠습니까."

하였다. 상이 이르기를,

"그 말이 옳다."

하였다. 이이가 아뢰기를,

"요새 사대부의 습성을 보니 한 직위에 오래 있으려 하지 않고 어수선하게 병을 핑계로 사직하여 아침에 취임하였다가 저녁에 옮기니, 그 까닭에는 세 가지가 있습니다. 사람을 잘 선택하지 않으므로 매번 관리 임명 명단이 나올 때마다 인물이 관직에 적합하지 아니하여 남의 손가락질이나 웃음거리가 되면 결국 병을 핑계로 사면하는 것을 염치로 아는 경우입니다.

혹은 뜻있는 선비가 사안이 자기 마음에 어긋나서 스스로 시위소찬尸位素餐(멍 하니 앉아 밥만 축냄)하는 것을 부끄러워하여 부득이 병을 핑계하고 사면하는 경우가 있습니다. 마지막으로 참으로 병이 있는 사람이 역시 부득이 해임을 청하는 경우가 있습니다. 이것이 벼슬자리에 오래 있지 못하는 까닭입니다.

주상께서 진실로 정치하는 데 뜻을 두어 정신을 가다듬고 아랫사람을 거느리시면 신하들이 감히 자기 편한 대로 하지 못하고 힘을 다하여 직무를 볼 것입니다. 지금의 할 일은 공도를 넓히는 것보다 더 급한 것이 없지만, 주상께서 조금이라도 사사로운 의도가 없어야 사람을 감동하게 할 것입니다.

요사이 대간에서 계달하는 것이 만일 궁중이나 내수사內需司의 일에 관한 것이면 주상께서는 반드시 고집스레 거부하시므로 신하들이 전하께서 사심이 있는가 의심하게 되니, 어디서 본받겠습니까. 조정의 신하들이 대부분 침묵을 용인하는 것을 체면 차리는 일이라고 생각하는 것은 그 말이 주상에게 신뢰를 받지 못할까 우려하기 때문입니다. 신같이 어리석은 사람이 또 누가 있겠습니까. 어리석은 자도 혹 하나의 깨달음은 있는 것이니 그 말 또한 들을 만할 것입니다.”

하였다. 이이가 물러 나와서 김우옹에게,

“오늘날의 일은 단지 상의 뜻을 돌리기가 어려울 뿐만 아니라 대신의 마음을 돌리기도 어렵다. 상의 마음이 전과는 조금 다르니 이야말로 대소 관원들이 협력하고 성의를 다하여 상의 마음을 열어드릴 때인데, 나이든 대신들이 한창 잠만 자니 어찌할 도리가 없다. 나랏일을 근심하는 이는 사암思菴[좌의정 박순] 한 분뿐이나 역량 역시 부족하니, 오늘날의 큰 걱정은 나랏일을 같이 할 사람이 없는 것이다.”

하였다. 김우옹이 답하기를,

“그렇다. 공이 경연 석상에서 아뢰는 말이 참 좋았다. 다만 사업에 대한 말은 많았으나 심학心學에 대한 말이 적은 것 같다. 나의 생각은 그렇지 않으니, 상께서 학문에 들어가는 길을 아시게 되면 정사가 저절로 이치에 맞게 될 것이다.”

하였다. 이이가 말하기를,

"그대의 말이 매우 좋다. 다만 내가 아뢴 것은 모두 입지立志에 대한 말이었다. 반드시 상의 뜻이 좋은 정치를 원하여야 학문에도 힘을 얻으실 것인데, 진실로 그 뜻이 없으시다면 학문에도 안돈할 곳이 없을 것이므로 성심으로 좋은 정치에 노력하시라는 말을 반복하여 아뢴 것이지, 공업을 앞세우고 학문을 뒤로한 것이 아니다."

하였다.

11월 선조의 변명

이이가 과거에 급제하지 않은 사람에게 사헌부 관직을 열어 주도록 다시 청하였다. 상이 노수신에게,

"이 말이 어떠한가."

하니, 수신이 대답하기를,

"신의 뜻도 그러하오나 다만 성상께서 결정하실 일이며, 남의 말에 끌려 하실 것은 없습니다."

하였다. 상이 이 의논을 대신에게 내리니, 대신들이 모두 계책이 옳다고 하였다. 그중에도 이탁이 더 힘써 말하여 상이 허락하였다.

신사일 ▶◀ 밤에 상이 비현합조顯閤(경복궁 사정전의 부속 건물)에서 시신侍臣을 불러 놓고『서경』「태갑太甲」편을 진강하게 하였다. 이이가 아뢰기를,

"태갑이 이윤伊尹의 바로잡는 노력에 힘입어 덕업을 성취하였으니,

조광조, 그리고 기묘사화의 조짐

『경연일기』와 같은 조광조에 대한 율곡의 평가는 그의 『동호문답』에도 보인다. 한편 퇴계는 조광조의 활동을 다음과 같이 평가하였다.

"조정암은 타고난 자질이 진실로 아름다웠으나 학력이 충실하지 아니하여 그가 시행한 일이 과도함을 면치 못했고 결국 일을 그르치기에 이르렀다. 만약 학문의 힘이 충실해지고 인덕의 국량이 성취된 뒤에 관직에 나가 세상일을 담당했더라면, 그가 이루었을 성취는 쉽게 짐작하기조차 어려웠을 것이다. 군자의 뜻이 있더라도 때와 힘을 헤아리지 않으면 어찌 일을 성공할 수 있겠는가. 기묘년의 실패는 여기에 있다. 당시에 정암은 이미 실패를 깨닫고 스스로 억제하려고 했으나 여러 사람들이 도리어 그르다고 하면서 정암을 공격하려 했으니 정암도 어쩔 수가 없었다."

중종의 조광조 발탁은 획기적인 데가 있었다. 아마 연산군의 폭정을 바로잡으려는 의지가 작용한 것으로 보인다. 조광조가 활동한 기간은 만 4년, 햇수로 5년이었다. 전체 역사로는 물론, 개인의 인생으로 보아도 그리 긴 시간은 아니었다. 그러나 어떤 누구보다도 강력한 족적을 남겼다.

정암은 29세가 되었던 1510, 1511년경(중종 5, 6)에 추천되었다
가 '아직 어리다'는 이유로 등용이 유보되었다가 1515년(중종 10)에
이르러서야 천거를 받아 조정에 등장하였다. 홍문관 관원이 된 정암
은 중종을 만나 이상적인 정치의 방향과 구현에 대해 끊임없이 논의
하였다. 『중종실록』의 기록은 이들이 얼마나 경연을 열심히 했는지를
보여준다.

> "중종은 얼굴빛을 가다듬으며 들었고, 광조 등이 함께 설명할
> 때 성의가 간결하여 날이 저무는 줄도 모르다가, 어린 내관이
> 촛불을 들고 가자 드디어 물러갔다."

처음엔 중종도 좋아했다. 새롭게 탄생한 조정에 기운을 북돋고 싶
은 생각이 있었기 때문이다. 그러나 차츰 중종은 염증을 내기 시작
했다. 긴 경연 시간, 끊임없는 다그침이 그렇게 만들었을 것이다. 경
연 시간에 중종이 조는 것을 보고 공신들이 반동을 획책했다는 기록
도 보인다.

결정적인 계기는 위훈삭제였다. 선조 초반 을사사화 때의 위훈삭
제 논의가 있었던 것과 마찬가지로, 중종 초반 중종반정 공신에 대
한 위훈삭제 논의가 시작되었다. 부당하게 공신이 된 사람들을 추리
자는 것이었다. 결국 117여 명의 공신 중에서 4분의 3을 위훈이라고
하여 공신 명단에서 뺐다.

그런데 공신 명단에서 빠지면 받았던 전답(토지), 노비 그리고 공

신으로서 누릴 수 있던 특권들을 박탈당하게 되므로, 이러한 특권을 누리던 사람들에게는 매우 불만스러운 상황이 연출된 것이다. 무엇보다 이들 공신은 중종의 정치 기반이기도 하였다. 세자가 아니었던 중종은 반정을 하지 않았으면 국왕이 될 수가 없었다. 다시 말해 조광조를 중심으로 한 세력이 위훈삭제를 주장하는 명분은 정당했지만, 당시 중종의 세력 기반을 완전히 무시한 이상주의적인 방식을 취했다는 뜻이다. 중종 역시 자신의 지지기반을 뒤흔드는 위훈삭제 문제에 부닥치자 마음이 변하였다. 기묘사화 1년 전인 1518년(중종 13)에 이미 사관은 이렇게 적었다.

"그 마음은 본디 나라를 위해서 하였을 뿐이었으나 사람을 쓸 적에 함께 어울리는 사람이면 그다지 훌륭한 사람이 아니더라도 칭찬하여 추천하고, 어울리지 않는 사람이면 비록 쓸 만한 인재라도 물리쳐 버리므로 원망이 크게 일어나서 질투가 날로 심하여 가니, 사람이 다 말하기를 '동한東漢 때 당고黨錮의 화 같은 사화가 반드시 다시 일어나게 될 것이다' 하였다. 또 신진들은 탄핵이 너무 지나쳐서 조정의 재상이 다 자신을 보전하지 못할 것처럼 위태롭게 여기는 마음을 가졌다. 이 때문에 원한이 골수에 사무쳤다."

같은 날, 의정부와 사간원의 대문에 화살이 꽂혔는데, 조정에 나온 조광조 등 사림이 나라를 망친다는 쪽지가 달려 있었다고 한다.

만일 이윤이 아니었다면 덕업의 성취를 기대하지 못하였을 것입니다. 임금이 현자를 얻는 것이 한때만 이익이 되는 것이 아니라 또한 나이 어린 후사를 부탁할 수도 있는 것입니다. 아무리 지혜가 있는 임금이라도 넓은 천하를 혼자 다스릴 수는 없으니 반드시 현자를 얻는 일을 급선무로 삼는 것입니다. 그러므로 맹자가 말하기를 '요임금은 순을 얻지 못할까 근심하였고, 순임금은 우禹와 고요皐陶를 얻지 못할까 근심하였다'[74] 하였으니, 임금의 책임은 현인을 얻는 데 있습니다." 하였다.

▶◀진강이 끝난 뒤에 시강관侍講官 송응개宋應漑가 나와 말하기를,

"야대夜對(밤에 왕이 신하를 대면함)할 때 천지의 온갖 소리가 그쳐 고요하여 심기가 청명하니 이러한 때에 독서만 할 것이 아니라, 치도治道와 민막民瘼(백성의 괴로움)에 관해 신료들에게 물으신다면 어찌 아뢸 만한 말이 없겠습니까. 사람마다 모두 자기의 품은 생각을 아뢴다면 그중에 어찌 도리에 가까운 한마디쯤이야 없겠습니까. 오늘밤은 입시한 신하의 수도 많으니 여기 있는 사람 모두가 각각 그 뜻을 개진하게 하고, 사관도 진언하게 하는 것이 좋을까 합니다." 하였다. 이이가 진언하기를,

"이전에 주상께서 말씀하신 인심·도심의 설이 지극히 정교하고 간절하시니 비록 스스로 학문한다는 선비라도 소견이 어찌 다 이와 같으리까. 주상께서는 스스로 불민하다고 핑계하셔도 성학은 벌써 고명한 데에 이르셨으니, 이 정밀하고 분명한 학문에 실천의 공력을 더하

---

74) 『맹자』 「등문공 하」에 나온다.

면 한 시대를 바로잡을 수 있을 것입니다. 아무리 문장의 뜻에 밝다 하더라도 실천에 절실하게 힘쓰지 않으시면 무엇이 유익하겠습니까.

또한 주상께서 말씀이 매우 드물어 신하들의 말에 대답을 잘 하지 않으시니, 주상의 생각에 대답할 만한 것이 못 되어 그러하십니까? 옛사람이 말하기를 '천하의 선비를 가볍게 여기지 말라' 하였는데, 신하들의 말에 어찌 답을 하지 않으십니까.

근래 과거급제를 하지 않은 사람에게도 사헌부 관원을 시키라고 명을 내리셨는데, 역대의 제도로 보면 이상할 것이 없습니다. 하지만 오래 폐지하였던 규례를 회복하였으므로 사람들이 다 전하께서 정치하실 뜻을 세운 줄 알고 좋아하지 아니하는 이가 없습니다. 다만 모든 일을 반드시 아래에서 건의하여 올리기만을 기다리고 주상의 생각에서 나온 것이 없기 때문에 신하들은 주상의 의향이 어디에 있는지 알지 못하고 있습니다. 만일 전하께서 몸소 실행하는 실제가 밖으로 드러나면 아래에서는 더 열성을 가지고 할 사람이 있어 소문만 듣고도 흥기할 것입니다.

신이 보건대, 근래에 기강이 흩어져서 명령이 시행되지 아니하고, 민생의 고통이 물이나 불 속에 있는 것 같습니다. 예전부터 조정에 기강이 없고 민생이 도탄에 빠지고서도 나라가 무사한 적은 없습니다. 지금 급히 현사를 모아 각각 품은 생각을 말하게 하여, 민생을 구제하기에 절실한 대책을 채용한다면 오히려 구제할 수 있겠으나, 혹 전철을 그대로 따라 날로 더욱 아래로 내려가면 대현大賢이 있더라도 어찌할 수 없게 될 것입니다. 신같이 어리석은 자에게는 진실로 물으실 것이 없겠으나, 들어와 모신 지 여러 날이 되어도 치국治國의 도리를 한 번도 묻지 아니하시니, 신은 감히 성상께서 정치를 잘하시려는 뜻이 있는지를 알 수 없습니다. 신하들이 이것을 걱정스럽게 생각합니다.”

하였다. 검토관檢討官 김성일金誠一이 아뢰기를,

“진번陳蕃의 말에 ‘나라에 세 가지 빈 것이 있으니, 조정이 빈 것, 창고가 빈 것, 농지가 빈 것이 그것이다’[75] 하였습니다. 지금 비록 조정에 사람이 없다고 할 수는 없으나, 한 사람도 나랏일을 담당할 자가 없습니다. 재정과 민생에 관해서는 주상께서 이미 아시는 바이며, 이대로 가면 10년이 못 되어 위망의 화가 닥칠 것입니다. 조정의 명령은 막혀 시행되지 못하고, 상하의 형세는 흩어지고 통일이 되지 않았으며, 경연에서 한두 가지의 건의가 있어도 그것을 시행하려고 절목을 겨우 만들면 다른 폐단이 따라 생깁니다. 이러하고서도 나라를 다스릴 수 있는 경우는 드뭅니다. 맹자는 임금의 옳지 못한 것을 바로잡는 것을 제일로 삼았고, 주자는 정심·성의를 말하였으니, 만일 전하께서 정심으로 그 본원을 닦지 못하시면 전국의 인심이 어찌 복종하겠습니까.”

하였다. 이이가 아뢰기를,

“명령이 행해지지 못하는 까닭은 오늘 저녁의 일로써도 예상할 수 있습니다. 군신 사이는 마땅히 부자와 같이 하여 상하가 서로 믿은 뒤에라야 일의 성과가 이루어지는 것입니다. 지금 지척의 거리에 입시

---

75) 진번(?~168)은 후한後漢 때 사람으로 자는 중거仲擧이다. 환제桓帝가 광성廣成으로 사냥하러 가자, 진번은 농지가 빈 것[田野空], 조정이 빈 것[朝廷空], 창고가 빈 것[倉庫空] 등 세 가지 빈 상황을 두고 간언하였다. 『후한서 권96 진번전陳蕃傳』

하고 있어도 주상께서는 아직 마음을 열지 않아서 정의情宜의 막힘이 이와 같거늘 하물며 천 리 밖에야 명령이 어찌 통하겠습니까."

하였다. 송응개는 아뢰기를,

"음양陰陽이 조화로워야 비가 내리고 만물이 자랍니다. 전하께서 침묵만 지키시면 상하가 통하지 못합니다."

하였다. 상이 이에 이르기를,

"나를 두고 말을 하지 않는다고 한 것은 옳다. 그러나 특별히 무슨 말을 하겠는가. 지금 말하는 것이 모두 나의 한 몸에 중점을 두고 있는데, 스스로 돌아보건대 변변치 못하여 정치의 도리를 일으킬 수 없다. 그래서 말을 하지 않는 것이다."

하였다. 일제히 아뢰기를,

"어찌 그러하겠습니까."

하였다. 이이가 아뢰기를,

"이것은 겸양의 말씀이지, 어찌 정말 그렇겠습니까."

하였다. 상이 이르기를,

"겸양하는 것이 아니다. 옛사람의 말에 '사람이 어찌 자기를 모르랴' 하였으니, 낸들 어찌 나를 모를 리가 있겠는가."

하였다. 이이가 아뢰기를,

"참으로 주상의 하교와 같다면 현자를 얻어 믿고 맡기면 나라를 다스릴 수 있습니다. 다만 주상께서는 '좋은 정치를 할 능력이 없다'고 하시나, 신은 믿지 아니합니다. 지금 전하께서 여색에 깊이 현혹되셨습니까. 음악을 좋아하십니까. 술을 즐기십니까. 말 타기와 사냥을 좋아하십니까. 궁중의 은미한 일을 신이 비록 알지 못하나, 이 여러 가지는 예로부터 덕을 잃은 임금이 하는 일이지 주상께서 하시는 일은 아닌데, 지금 '좋은 정치를 할 수 없다'고 말씀하시는 것은 무슨 까닭입니까.

다만 전하께서 부족하신 점은 뜻을 세워 좋은 정치를 도모하지 않는 것입니다. 이는 바로 학문에서 실천하는 공부가 부족한 데서 나온 것입니다. 뜻을 세워 하려고 하면 어찌 다스려지지 못할 것을 근심하겠습니까."

하였다. 상이 이르기를,

"지금 말한 것은 내가 감당하지 못하겠으나, 내가 덕은 부족하여도 과연 그러한 허물은 없다. 예로부터 임금이 재주도 있고 덕도 있어야 나라를 다스리는 것인데, 나는 재주와 덕이 없는 데다 마침 다스리기 어려운 시대를 만났다. 이것이 큰일을 하기 어려운 이유이다."

하였다. 이이가 아뢰기를,

"임금의 덕이 꼭 요·순·탕·무 같은 뒤에야 정치를 잘할 수 있다면 과연 어려울 것입니다. 그러나 지금 전하께서는 이미 덕을 잃은 적이 없으니 이것에 근거하여 덕을 증진시켜 갈 수 있고, 덕이 증진되면 재주 또한 생기는 것입니다. 만일 재주가 나라를 다스리기에 부족하다고 스스로 생각하신다면 자신보다 어진 이를 얻어 맡기면 될 것입니다."

하였다. 상이 이르기를,

"예전부터 새로 나라를 세운 임금의 행실을 살펴보면 덕을 잃은 적이 없지 않았어도 오히려 소강小康(조금은 살기 좋은 세상)을 이루었다. 그러나 건국한 지 오래되어 차차 쇠미하게 되면 아무리 현군이라도 잘 다스리지 못하는 것이다."

하였다. 이이가 아뢰기를,

"그것도 그렇지 아니합니다. 주 선왕周宣王·한 광무漢光武는 다 중흥을 이룩한 임금입니다. 두 임금이 어찌 무왕이나 고조보다 현명하였겠습니까. 진 도공晉悼公 같은 이는 나이 겨우 14세에 즉위하여, 육경六卿은 강하고 공실公室(왕실)은 약하였으나 도공이 스스로 분발하여 마침내 패업을 이루었으니, 그 뜻을 세우기에 달렸습니다. 지금 전하께서 뜻을 세워 정치에 노력하고 묵은 병폐를 개혁하시면 어찌 치적을 이루지 못하겠습니까.

신이 비록 지극히 어리석으나 어려서부터 글을 읽어서 의리를 대강 알며, 오늘날 조정에서 벼슬하는 것이 따뜻하게 옷 입고 배부르게 먹기 위한 것이 아닙니다. 신의 말이 나라에 유익하다면 비록 몸이 부서져도 사양하지 않겠지만, 남의 뒤나 따라다니며 녹이나 먹는다면 신이 비록 염치없는 사람이라도 결코 견딜 수 없습니다."

하였다. 상이 이르기를,

"오늘날 폐단을 개혁하기가 심히 어렵다."

하였다. 이이가 아뢰기를,

"사람을 얻으면 폐단을 개혁하기는 어렵지 않으나, 마땅한 사람을 얻지 못하면 일이 틀림없이 성과가 없을 것입니다."

하였다. 상이 이르기를,

"그렇다. 사람을 얻었다 하더라도 송 신종宋神宗같이 뜻은 크나 재주가 엉성하다면 또한 무슨 이익이 있으랴."

하였다. 김성일이 아뢰기를,

"신종은 왕안석王安石을 현인으로 알고 쓴 까닭에 화란을 당한 것입니다. 만일 한기韓琦·부필富弼·사마광司馬光 같은 이를 데리고 일을 하였으면 무슨 일인들 이룩하지 못했겠습니까."

하였다. 이이가 아뢰기를,

"신종의 입지立志도 잘못이었습니다. 나라를 다스리는 데는 백성을 사랑하는 것이 먼저인데 신종은 부국강병만 일삼았기 때문에 소인이 틈을 타서 이익을 일으키자는 논설을 바친 것입니다. 만일 백성을 보호하는 데 힘썼으면 소인이 어떻게 간계를 부리겠습니까. 임금 된 이는 반드시 백성을 보호함에 뜻을 두어야 됩니다."

하였다.

◗◖ 이조 판서 김귀영이 세 번 상소하여 사직하고, 또 대궐에 나아가 세 번이나 관직을 면하고자 청하였으나 모두 허락하지 않았다. 귀영은 변변치 못한 자질로 지위가 육경에 이르러 총재冢宰(이조 판서)의 자리에 있으며 뇌물을 많이 받아서 청론이 허락하지 아니하였다. 물의를 입을까 두려워하여 여러 번 사직을 청하였으나 상이 끝내 허락하지 않았으니, 이는 상의 뜻이 청탁淸濁을 분별하고자 하지 않았기 때문이다.

◗◖ 대사헌 노진이 부름을 받고 서울로 와서 사직했으나 상이 허락하지 아니하였다.

❱❰ 신하들이 이황에게 시호를 내리라고 청하니, 상이 행장行狀이 없다고 허락하지 않으며,

"어찌 행장을 짓지 아니하는가."

하였다. 이이가 아뢰기를,

"예전에 황간黃幹이 주자朱子의 고제高弟였지만 그가 주자의 행장을 지은 것은 20년 뒤였으니, 하물며 이황의 문인들이 어찌 쉽게 지을 수가 있겠습니까. 황의 행적은 사람들의 이목에 뚜렷합니다. 행장이 있고 없는 것이 행적에 무슨 영향이 있겠습니까. 우리 동방에 유학으로 세상에 이름난 이가 더러 있으나, 그 말과 행실을 상고하면 유학자의 기준에 합하지 못하는 사람이 많습니다.

황은 정신과 기백을 비록 강하게 타고나지 못하였고, 재주와 기국이 진실로 옛사람에게 미치지 못한 데가 있으나, 다만 일생을 두고 의리의 학문에 침잠하여 글에 나타난 언론과 풍모는 비록 예전 이름난 학자의 말이라도 이보다 낫지는 않습니다. 전하께서 이미 죽은 현인으로서 행적이 드러난 이에게도 오히려 높이 기리기를 아끼시니, 더구나 당대의 선비에게 어찌 호선好善[76]의 성의가 있을 수 있겠습니까. 황의 시호는 한두 해 지체되어도 큰 해는 없으나, 사방의 선비들이 전하께서 현인을 좋아하시는 정성이 없다고 의심하게 되면 그 폐해가 어찌 적겠습니까.

또한 요즘 경연 석상에서 좋은 의논이 없는 것은 아니지만, 위로는

---

76) 호선은 '선을 좋아한다'는 말로, 맹자는 "선을 좋아하면 천하를 다스리는 데도 넉넉하다[好善優於天下]." 하였다. 『맹자 고자告子 하』

임금의 마음을 바로잡는 데까지 이르지 못하고, 아래로는 백성의 폐단을 고치는 데까지 미치지 못하여, 모두 입으로 말하고 귀로 듣기나 하는 것일 뿐입니다. 전하께서는 성리性理에 대한 책에 깊이 마음을 두고 만일 의심나는 것이 있거든 언제든지 유신儒臣(경연을 맡는 홍문관 관원)을 불러 반복 강론하여 그 뜻이 밝혀지면 실제로 이행하십시오. 그러면 그 효력이 반드시 정사에 나타날 것입니다. 백성의 폐단은 한두 가지가 아니오나 신하들을 접견하실 적에 사람들에게 남김없이 말을 하게 하여, 채택할 만한 계책을 가리어 시행하여 빈말이 되지 않게 하시면 민생이 소생할 것입니다."

하였다. 이때 이이가 정성을 다하여 상의 마음을 돌려 보려고 힘써 벼슬에 나왔는데, 그 친구 성혼이 말하기를,

"유학자는 마땅히 임금을 바로잡기에 힘쓸 것이니, 만일 상의 마음을 돌릴 수 없으면 속히 물러나는 것이 마땅하다. 상의 마음을 얻지 못하면서 사업에만 먼저 힘쓰면 이것은 한 자[尺]를 굽히어 한 길[丈]을 펴려는 것[77]이니, 학자의 일이 아니다."

하였다. 이이가 말하기를,

"그 말이 참 옳다. 그러나 임금의 마음을 어찌 갑자기 돌릴 수 있겠는가. 두고두고 정성을 다하여 감동하고 깨닫기를 바라는 것이다. 만일 천박한 정성으로 한 달 사이에 효과를 기대하다가 뜻과 같지 아니

---

77) 원래 큰 이익을 위하여 작은 이익을 희생한다는 논리이다. 그러나 맹자는 "한 자를 굽혀서 한 길을 편다는 것은 이익을 가지고 말한 것이니, 만약 이런 식으로 한 길을 굽혀서 한 자를 펴더라도 그것이 이익이 되면 하겠는가." 하여, 이익을 위한 편법을 경계하였다. 『맹자 등문공滕文公 하』

하면 문득 물러가려 하는 것도 신하의 의리가 아니다."
하였다.

12월 임금과 신하의 도리

상이 시신에게 묻기를,

"조식이나 이황의 제자로서 조정에 있는 사람이 있는가?"

하니, 부제학 유희춘이 아뢰기를,

"이황의 제자로 조정에 있는 사람은 정유일鄭惟一·정탁鄭琢·김취려金就礪가 그들입니다."

하였다. 김우옹이 아뢰기를,

"조식은 스스로 스승으로 자처하지 아니하였으나 그 왕래하던 사람은 오건吳健·최영경崔永慶·정인홍鄭仁弘 등이요, 소신도 역시 그 문하에 다녔습니다."

하였다. 상이 이르기를,

"조식이 그대에게 무엇을 가르쳤으며, 그대는 무슨 공부를 하였는가?"

하였다. 김우옹이 대답하기를,

"신은 진실로 공부에 힘쓰지 못하였으나, 조식의 가르친 바는 '풀어진 마음을 수습하는 일[求放心]'[78]에 힘쓰게 했고, 또 경敬을 주로 하여

---

78) 맹자는 "학문의 도는 다른 것이 아니라 그 풀어진 마음을 수습하는 것뿐이다."

풀어진 마음을 수습하는 공부를 삼았습니다."

하니, 상이,

"풀어진 마음을 수습하는 것과 경을 주로 하는 것은 다 몸에 절실한 공부이다."

하였다.

율곡 생각 정유일·정탁·김취려가 비록 이황의 문하에 다녔다 하나 실은 도학道學의 제자가 아니다. 정유일은 조잡하여 검속이 없고, 정탁은 혼미하여 지조가 없으며, 더구나 김취려는 아첨이나 하고 따라다니며 일이나 할 따름이니, 이 세 사람을 제자라고 부르면 이황에게 너무 욕되지 않겠는가. 유희춘은 단지 고서만 읽었을 뿐 식견이 없어서 시비에 어둡기가 이와 같았으니 참으로 한탄할 일이다.

▶◀ 대사헌 노진이 상소하여, 어머니가 연로하므로 관직을 사면하고 돌아가 봉양해야겠다고 청하니, 상이 "경의 상소를 살펴보고 상황의 절박함을 알았다. 그러나 경이 온 지 얼마 안 되니 내가 어찌 곧 사퇴를 허락하겠는가. 경은 더 머물러 나라를 도울 계책을 진술하여 나의 선택을 기다리면 내가 섭섭하지 않겠다."고 답하였으나, 노진은 사직하고 끝내 한마디 말도 없이 가 버렸다.

하였다. 『맹자 고자 하』

율곡 생각   임금과 신하의 의리는 천지 사이에서 피할 수 없다. 신하가 임금을 섬길 수 없는 것은 인륜의 변례이지, 본심은 아니다. 지금 노진이 가는 것이 단지 노모를 봉양하기 위한 것인가 아니면 딴 뜻에서인가. 비록 부득이하여 물러가게 되더라도 상의 권고와 자문이 그와 같으니, 가슴에 쌓인 포부를 한번 진술하여 상의 채택 여부를 두고 보는 것이 차라리 옳지 않겠는가.

지위가 아경亞卿에 이르렀으니 나라의 은혜가 두텁지 않은 것도 아니었는데, 직책이 풍헌風憲(사헌부)에 있으면서 시정時政에 대한 말을 한 마디도 하지 않았으니, 나라의 은혜를 저버리지 않았다 하더라도 나는 이를 믿지 않는다. 다만 노진이 착한 이름은 있으나 실상 세상을 구할 재주가 없었다고 한다. 정녕 이러하다면 아무리 말을 하려고 했어도 할 수 없었을 것이니 무슨 책망할 것이 있겠는가.

)(흰무지개가 해를 꿰뚫었다. 상이 마침 친히 보고서 놀라 영의정 이탁과 좌의정 박순을 불러[우의정 노수신은 병으로 휴가 중에 있었다] 하교하기를,

"조정의 현인이 경연에 많이 모여 있어, 중대한 말大言(부정적으로는 큰소리라는 의미)이 다투어 나오고 새로운 제도를 시행하기 좋아하니, 당연히 풍속이 순후해지고 정치가 잘되어야 할 것인데, 기강이 무너지고 백성이 곤핍하여 인심이 좋지 못하며 효력은 털끝만큼도 없고 도리어 예전 권간들이 권력을 잡았을 때만도 못하니 왜 이런지 이해할 수가 없다."

하였다. 이탁·박순이 다만 황공하다는 말만 하고 따로 바로잡을 대책이 없었다. 이때 이이·김우옹 등이 근시近侍의 반열에 있으면서 말끝마다 삼대를 끌어대어 상의 마음을 돌리려 하였다. 이로 인해 경연에서 옛 도를 말한 적이 많았는데, 상이 그 말을 들어주지는 않고 도리어 재변이 큰소리만 친 결과라고 하니 인심이 몹시 두려워하였다.

정인홍이 이이에게 묻기를,

"선비가 물러난 처지에 있을 때, 형세가 일을 할 수 없는 것을 분명히 알면서도 소명이 있으면 부득불 와야 되는가?"

하니, 이이가 답하기를,

"분명히 일을 할 수 없는 것을 안다면 어찌 번거로이 오가겠는가. 혹여 오는 까닭은 만에 하나라도 희망이 있어 그런 것이다."

하였다. 정인홍이 말하기를,

"임금의 마음이 굳게 정해져 일을 하지 않으려 하는데도 또한 희망이 있는 것인가?"

하니, 이이가 답하기를,

"주상이 즉위한 지 7년인데 보좌할 만한 사람이 없어서 성상을 이끌 수 없었던 것이다. 만일 어진 사람이 조정에 있어서 정성껏 보좌하면 혹 만에 하나라도 희망이 있을까 한다."

하였다. 정인홍이 물러가 어떤 사람에게 말하기를,

"숙헌이 만일 일을 하게 되면 어쩌면 소강小康을 기약할 수 있겠으나, 그렇지 못하면 숙헌도 보통 재상이 될 수밖에 없다."

하였다.

◗◖ 성혼을 사헌부 지평으로 임명하였다. 성혼은 어려서부터 아버지의 교훈을 받아 도를 지키고 벼슬하지 않았다. 인망이 매우 무겁더니 이제 비로소 사헌부 관원이 되었다.

좋은 정치를 하려거든,
공부해야 합니다 >> 선조 7년 > 1574 _ 갑술년

금상 7년 정월 이이의 만언소

재변으로 인하여 정전을 피하고, 반찬을 줄였으며, 음악을 정지하였다.

◗◖ 우의정 노수신이 병으로 사퇴하자, 지체 없이 체직을 명하니 뭇사람이 의혹하였다. 이이가 어떤 사람에게 말하기를,

"재변이 몹시 혹독하여 주상이 마음으로 두려워하면서도 재변을 풀 계책은 알지 못하고 한갓 의혹만을 조장하므로 의혹하지 않는 사람이 없고, 일마다 의혹되지 않음이 없으니, 내가 상소하여 시폐를 극진히 말하고 폐단을 구제할 계책을 말씀드리려 한다."

하니, 박순이 듣고 만류하기를,

"상의 위엄을 범하여 더욱 불안하게 될까 우려되오."

하였다. 이이가 탄식하기를,

"대신이란 인망이 달려 있는 존재인데, 자기도 말을 다하지 못하면

서 다른 사람까지 말을 못하게 합니까."

하였다.

❱❰ 이탁과 박순이 대궐에 나아가 노수신을 유임시키도록 청하니, 상
이 허락하였다.

❱❰ 상이 직접 쓴 교서를 내리어 의견을 구하였다.

❱❰ 서울에 지진이 있었다.

❱❰ 성혼이 병으로 사직하고 부름에 응하지 않았다.

❱❰ 우부승지 이이가 만언소를 올려 시폐를 극진히 말하고, 또 재변을
구제할 계책과 덕을 닦는 공부를 진달하니, 상이 답하기를,

"상소의 말을 살펴보니, 요순 시대 군민君民의 뜻을 보는 것 같다. 의
논이 훌륭하다! 옛사람들도 이보다 더 나을 수 없을 것이다. 이와 같은
신하가 있으니 어찌 나라가 잘 다스려지지 않음을 걱정할 게 있을까.
그대의 충성을 진실로 아름답게 여기니, 어찌 유념하지 않을 수 있겠
는가. 다만 일을 경장하자는 것이 많으니 갑자기 모두를 변경시킬 수
는 없다. 이 상소를 모든 대신에게 보이어 상의하여 처분하겠다."

하고, 그 상소를 베껴 올리라 명령하였다. 당시 인심이 흉흉하였는데,
상의 비답을 보고는 사람들의 마음이 크게 안정되었다. 상이 감기 때
문에 오래 정무를 보지 못하였는데, 신하들이 문병하면 반드시 편안
하다고 답하였다.

이이가 승정원 동료에게 말하기를,

"신하들이 오래도록 주상의 용안을 뵙지 못하여 상하가 막혔으니
정무를 보시라고 청하지는 못하지만 어느 때고 신하들을 불러 보시라

고 아뢰는 것이 마땅하다."

하고, 아뢰기를,

"역대 임금 때에는 편치 않은 중이라도 신하들을 불러 보시는 일을 그만두지 않았고, 누워 계신 방에 들어오라 하시기까지 했습니다. 그런 까닭에 상하가 서로 믿어 정이나 뜻에 간격이 없었습니다. 임금과 신하란 아비와 자식 같은 것입니다. 부모가 병이 있을 때 자식이 얼굴을 못 뵐 도리가 어디에 있겠습니까.

편한 자리로 신하들을 자주 불러 보고 아울러 의관더러 진찰하라 하시어 증세에 대한 약제를 의논하실 뿐 아니라 마음을 닦고 기운을 기를 방법도 물으시면 옥체를 조섭하는 데 큰 도움이 될 것입니다. 아랫사람들도 주상께서 신하들을 불러 보신다는 말을 들으면 주상의 증세가 위독하지 않은 것을 알고 모두들 좋아할 것입니다. 이것이 역대의 옛 사례이므로 감히 아룁니다."

하니, 상이 답하기를,

"근일에는 없던 일이니 경솔히 행하기가 어려울 것 같고 조섭하여 정무를 보도록 하겠다."

하였다.

정유일 ▶◀ 상이 정전을 피했기 때문에 사정전思政殿(경복궁 편전) 처마 밑에서 아침 경연을 하려 했는데 날씨가 몹시 추웠다. 승정원에서 아침 강의는 하지 말고 다만 비현합에서 대신과 대간을 접견하도록 계청했다. 재차 아뢰어 대신과 대간, 경연관만 비현합으로 들어와 만나자고 명하였다.

이때 입시 관원들이 모두 사정전 문밖에 나아갔으나, 비현합이 좁아서 지경연사와 특진관은 들어갈 수 없었다. 이탁이 이이를 보고 말하기를,

"조강朝講(아침에 하는 경연)이라 부르면서 지사와 특진관이 들어가지 못하니 그 체모가 무슨 꼴인가."

하니, 이이가 대답하기를,

"이것은 상규가 아니라 무시로 접견하시는 것이니, 체모를 상한다 할 것이 없지 않은가."

하였다. 이탁이 말하기를,

"생각하여 보라. 온당치 못한 것 아닌가?"

하니, 이이가 말하기를,

"옛날 중종께서 대신과 대간을 수시로 수도 없이 접견하였으니, 어찌 격식이 있다 하겠는가."

하였다. 이탁은 묵묵히 말이 없었다.

율곡 생각 군주와 신하가 서로 만나는 데는 진실로 체모가 있어야 할 것이나, 어찌 규례를 지키는 데만 얽매이겠는가. 비현합은 이미 좁아서 경연관이 다 입시하지 못하고, 처마 밑에는 바람이 불고 날씨가 몹시 차서 주상이 나와 앉을 수가 없다. 그렇다고 해서 접견의 예마저 폐할 것인가. 이탁은 식견이 용렬하여 단지 근일의 규례만 지키려 하니 고루하지 않은가.

◗◖상이 비현합에서 이탁에게 말하기를,

"근래에 위로는 하늘의 재변이 심상치 않고, 아래로는 민생이 고달 프다. 나의 덕을 돌아보니 앞으로 나아가는 것은 한마디인데, 뒤로 물러나는 것은 한 자나 되어 나랏일을 그르치는 일이 많다. 지금은 요행히 면한다고 하더라도 자손에게는 반드시 근심이 있을 것이다. 이제 영의정에게 묻노니, 장차 어떻게 하면 하늘의 노여움을 그치게 하여, 민생을 소생시키며 나라를 편히 할 수 있겠는가?"

하니, 이탁이 대답하기를,

"신의 생각으로는 주상께서 마땅히 유념하실 것은 하늘을 공경하고[敬天] 백성에게 근면한 것[勤民], 이 두 가지 일입니다. 주상께서 하는 일이 어찌 하늘의 뜻에 부합하지 않는 것이 있겠습니까. 재변이 생기는 것은 실로 신 같은 못난 것들이 중대한 자리를 차지하고 있는 까닭이오니, 미욱한 신을 파면하고 현명한 재상을 다시 임명하시면, 치도治道를 이룰 수 있을 것이고 하늘의 마음을 기쁘게 할 수 있을 것입니다.

요즘 정치는 그리 어지럽지 아니하고 지방의 뇌물 행위도 드뭅니다. 또 의견을 구하는 교서를 내리어 겸손히 자책하심이 지성에게서 나온 것이니, 성탕成湯의 여섯 가지 자책[79]도 이보다 나을 수는 없습니

---

79) 이른바 '상림육책桑林六責'의 고사이다. 은殷나라의 성탕成湯이 7년 동안 큰 가 뭄이 계속되었을 때에 비를 빌기 위하여 상림桑林에서 여섯 가지 일을 가지고 스스로 자책하였는데, "제가 정치에 절제가 없이 문란해졌기 때문입니까[무계획], 백성이 직업을 잃고 곤궁에 처해 있기 때문입니까[무책임], 제 궁전이 너무 화려하기 때문입니까[토목], 여알女謁이 성하여 정치가 공정하지 못한 때문입니까[여자], 뇌물이 성하여 정도正道를 해치고 있는 때문입니까[재물], 참소하는 말로 인

다. 옛사람의 말에 '알기 어려운 것이 아니라 행하기가 어렵다'[80] 했고,
또 '하늘을 공경하는 것은 실질로써 하고 형식으로써 하는 것이 아니
다'[81] 하였습니다. 진실로 실질로써 하늘에 응대하면 하늘의 꾸지람은
풀리게 될 것입니다. 흰무지개의 변은 고금에 전쟁의 형상이라 하였
으니, 변방의 수비를 미리 조처하여야 할 것입니다."
하였다. 부제학 유희춘이 비위에 금해야 할 음식에 대하여 아뢰었다.
이이가 아뢰기를,

"병을 다스리는 데는 약과 음식뿐 아니라, 마음을 다스리고 기를 기
른 뒤에라야 병을 조리할 수 있습니다. 옛사람의 시에 '온갖 보양이 모
두 쓸데없고 마음을 잡는 것만이 요령이다'[82] 하였습니다. 따라서 마
음을 다스리는 것이 근본이요, 음식물은 말단의 일인 것입니다. 마음
을 다스리지 않으면 어찌 양생養生을 할 수 있겠습니까."
하니, 유희춘이 말하기를,

"시무를 아는 것은 준걸한 이들에 있습니다. 지난번에 이이가 상소
한 것을 주상께서 대신에게 의논하여 처리하라 명하시니 뭇 신하가
모두 좋아했습니다."

하여 어진 사람이 배척당하기 때문입니까[소인]" 하였다. 『여씨춘추 순민順民』

80) 『서경』 「열명說命」에 나온다.

81) 『신당서新唐書』권 98 「마주열전馬周列傳」과 『진서晉書』권6 「원제기元帝紀」 등에
"사람을 감동시킬 때는 행동으로 하지 말로 하지 않으며, 하늘을 대할 때는 실질
로 응하지 형식적으로 하지 않는다[動人以行, 不以言, 應天以實, 不以文]."라고
한 내용이 보인다.

82) 후재厚齋 김간金幹의 문집에는 이 구문이 중국 원나라 때의 유학자인 노재魯齋
허형許衡의 시에 나온다라고 하였다.

하였다. 이이가 일어나 사례하고,

"신이 별다른 소견은 없고 다만 나라를 근심하는 마음으로 어리석은 소견을 토로하였을 뿐인데 지나치게 격려를 받으니 감격을 이기지 못하겠고 감당하지도 못하겠습니다. 다만 옛사람의 말에 '죽은 말도 사거늘 하물며 산 말이겠는가' 하였습니다. 지금 신 같은 사람의 말도 오히려 가상히 여겨 받아주셨으니, 사방에서 반드시 좋은 말을 바치는 사람들이 있을 것입니다.

성명께서 위에 계시어 한 사람도 말로 득죄한 사람이 없어 사람마다 진언함으로써 말이 많지 아니한 것은 아니나, 다만 빈말일 뿐이고 한마디의 혜택도 민생에 미친 것이 없었습니다. 방관자들은 실효를 얻지 못하는 허물을 말하는 사람에게 돌리게 되었으니, 이렇게 되면 반드시 사기가 꺾일 것입니다. 바라건대 주상께서는 힘써 실효를 구하시고 빈말을 숭상하지 않게 하소서.

재변을 만난 그날에는 주상의 마음이 참으로 놀라셨지만, 오래되면서 두려워하는 마음이 점점 해이해졌으니, 하늘에 응대하는 실질이 없을까 걱정입니다. 이탁이 말하는 이른바 경천, 근민이란 단지 제목일 뿐이요, 반드시 경천, 근민하는 사업을 실행한 뒤에라야 재변을 풀 수 있을 것입니다. 지금 전하께서 하실 것은 학문이 근본입니다. 실지로 공부를 하시고 경연관을 자주 접하시어 의리를 강론하시고, 또 아래와 위가 서로 믿게 하여야 합니다. 그러나 뜻을 크게 갖지 않으면 큰 일을 하시지 못할 것이니, 원대한 계획을 가지시고 근래의 규례에 구애되지 마시어 아랫사람들로 하여금 보고 느끼며 흥기하게 하십시오."

하였다. 김우옹이 아뢰기를,

"주상께서 재변을 당하여 놀라고 두려워하시는 생각을 가진 것은 지극하십니다. 지금 하교하시기를 '나의 덕을 돌아보니 진취는 적고 퇴보는 많다' 하셨으니, 이것이 바로 더욱 진취하신 말씀입니다. 항상 이 마음을 지니고 학문에 더욱 힘쓰시며, 경연관을 가까이하시어 치도를 강론하시고, 늘 나랏일을 생각하시면 재변을 어찌 없애지 못할까 걱정하겠습니까.

지금 이이의 상소를 대신에게 보이라 하셨으니, 이이에게 대신과 함께 의논하라 하시고 또 주상의 면전에서 친히 물으시어 그의 생각을 남김없이 펼치게 하시는 것이 좋습니다. 지성으로 하는 진언進言은 부박한 큰소리와는 다릅니다. 나라를 근심하는 충언을 부박한 것이라 의심한다든가, 일 만들기를 좋아하는 큰소리를 충성으로 안다든가 하는 것은 모두 옳지 못한 것입니다."

하니, 이이가 물러나와 사람에게 말하기를,

"주상께서 대신에게 묻는 말씀은 간절하신데, 대신의 대답은 시폐를 구제할 계책이 없으니 한탄스럽다. 유 부제학이 아뢴 음식에 대한 금기는 양예수楊禮壽[예수는 어의이다]의 임무인데 유공柳公이 임금의 덕을 보좌하고 인도하는 것이 고작 여기에 그치는가."

하였다. 김우옹이 말하기를,

"요즘 일은 빈말일 뿐이니, 혜택이 어떻게 백성에게 미치겠는가."

하였다.

▶◀ 상이 김우옹에게 이르기를,

"매번 경연에서 그대의 말을 들으니 그대의 자질이 아름답고 또 학술이 있는 것을 알겠다. 그대는 물러가서 평일에 스승과 벗에게 들은 것과 자신이 터득한 바로 잠箴을 지어 올려라."

하니, 김우옹이 물러나와 여섯 가지의 잠을 지어 올리니, 첫째, 뜻을 안정하는 것[定志], 둘째, 강학講學, 셋째, 몸을 공경히 함[敬身], 넷째, 극기克己, 다섯째, 군자를 가까이 함[親君子], 여섯째, 소인을 멀리함[遠小人]이었다.

▶◀ 이이가 비록 상으로부터 대우는 받았으나 의견은 쓰이지 않았다.

친구 송익필宋翼弼이 묻기를,

"숙헌이 조정에 머문 지 두어 달인데 무슨 성과가 있었는가?"

하니, 이이가 대답하기를,

"나라의 정권을 맡은 사람이라도 두어 달 만에 효과를 기대할 수는 없는 노릇인데, 하물며 의견은 올렸으나 시행되지 못한 사람이겠는가."

하였다. 송익필이 말하기를,

"식자들이 숙헌이 이번에 오래 머무니 전일 물러났던 뜻과는 다르다고 의심하고 있었다."

하니, 이이가 말하기를,

"물러가려 하면 혹 상의 마음을 돌릴 수 있을까 미련이 남고, 머물러 있고자 하면 의견을 채용하지 아니하므로, 거취를 결정하지 못하고 있네."

하였다. 송익필이 말하기를,

"식자들은 상의 마음을 결코 돌릴 수 없다고들 하네."

하니, 이이가 말하기를,

"내가 듣기에 성현聖賢은 그와 같이 단정적인 말은 하지 않는다 하였네."

하였다. 유몽학이 이이를 보고 말하기를,

"엎어지는 것을 붙들고, 위태한 것을 도우려는 뜻이 있으면 아무리 구차스럽다 하더라도 물러가서는 안 될 것이네."

하니, 이이가 말하기를,

"구차하다는 것은 자기를 굽히는 것이다. 자기를 굽히고서 엎어지는 것을 붙들고 위태한 것을 도울 수 있는 경우를 나는 아직 듣지 못했다."

하였다. 유몽학이 말하기를,

"크게 일을 하지는 못하더라도, 때에 따라 일에 따라 보탬이 있어서, 나라가 위태한 지경에 이르지 않게 하는 것 역시 하나의 도리일 것이다."

하니, 이이가 말하기를,

"그것은 나라의 정권을 맡은 대신의 일이다. 대신은 이미 중임을 맡았으니 마땅히 위태함을 보면 목숨을 바쳐야 하고 물러갈 수 없다. 나는 대신이 아니니 기미를 보아 일어나 행동할 것이요, 처신을 잃을 수는 없다."

하였다. 이이가 어떤 사람에게 "내가 두어 달을 머무는 동안 어떤 사람은 오래 머문다고 의심하고 어떤 사람은 속히 물러날까 염려하니, 식견의 중용을 얻기가 어찌 어렵지 않겠는가." 하였다.

◗◖ 성혼을 다시 사헌부 지평으로 삼으려고 불렀으나, 성혼이 또 사양하고 오지 아니하였다.

2월 향약 시행 논란

상이 이이에게 묻기를,

"한 문제漢文帝가 왜 가의賈誼를 쓰지 아니하였던가?"

하니, 이이가 대답하기를,

"문제가 현명하기는 했으나 뜻이 높지 못하여 가의의 말이 원대함을 보고 의심이 나서 쓰지 않은 것입니다. 대체로 사람이 큰 뜻이 있은 뒤에야 큰일을 할 수 있는 것입니다. 비유하면 주인은 두어 칸짜리 작은 집을 지으려 하는데, 목수가 큰 집을 지으려 한다면 주인이 그 말을 좋아서 듣겠습니까."

하였다. 이어 아뢰기를,

"지금 재변이 여러 번 생기고 있습니다. 만일 도가 없는 세상이라고 생각한다면 성명께서 위에 계시어 언제나 잘 다스려 볼 마음을 가져야 합니다. 만일 도가 있는 세상이라고 생각한다면 민생의 곤란이 날로 심해져 이야말로 진정 장차 어지러워질 수도 있고 다스려질 수도 있는 분기점입니다. 한갓 '두렵게 여기고 반성한다'고만 하고, 그 실효

율곡의 만언소萬言疏 : 만언봉사萬言封事

율곡이 우부승지로 재직하던 1574년(선조 7), 선조의 구언求言 하교에 부응하여 올린 상소이다. '만언萬言'이란 내용이 자세하고 구체적이어서 매우 길다는 뜻이다. 『율곡전서』 권5에 수록되어 있으므로, 여기서는 내용을 항목별로만 소개한다. 먼저 율곡은 '실제 성과[實功]가 없는' 문제점을 일곱 가지로 정리하였다.

첫째, 실질적으로 위아래(임금과 신하)가 서로 믿지 않는다.

둘째, 실질적으로 신하들이 일을 책임지지 않는다.

셋째, 경연에서 아무 것도 성취하는 실질이 없다.

넷째, 현명한 사람을 초청하여 거두어 쓰는 실질이 없다.

다섯째, 재해를 당하여도 실제로 하늘의 뜻에 대응하는 조치가 없다.

여섯째, 백성을 구제하는 실질적인 정책이 없다.

일곱째, 실제로 선善을 지향하는 인심이 없다.

이를 위해, 임금의 수신과 백성을 위한 정책이라는 두 측면에서 각각 네 조목, 다섯 조목의 방향을 제시하였다.

1. 수기修己의 네 가지 요강

첫째, 성상이 의지를 분발하여 삼대의 흥성했던 시대를 복구하도
록 한다.

둘째, 성학聖學을 힘씀으로써 성의誠意와 정심正心의 효과를 다하
도록 한다.

셋째, 편벽된 사사로움을 버림으로써 지극히 공정한 도량을 넓
힌다.

넷째, 현명한 선비들을 가까이함으로써 보필해 주는 보탬이 되도
록 한다.

2. 안민安民의 다섯 가지 요강

첫째, 정성된 마음을 개방하여 여러 신하들의 충정衷情을 얻는다.

둘째, 공안貢案을 개혁하여 폭압적으로 거두어들이는 폐해를 없
앤다.

셋째, 절약과 검소함을 숭상함으로써 사치스런 풍조를 개혁한다.

넷째, 역役을 바치러 올라오는 제도를 바꾸어 공노비의 고통을 덜
어 준다.

다섯째, 군정軍政을 개혁함으로써 안팎의 방비를 굳건히 한다.

가 없어서는 안 될 것입니다. 근래의 전교는 참으로 좋지만 실효는 보지 못하겠습니다."

하였다. 상이 말하기를,

 "어떻게 하면 실효가 있겠는가?"

하니, 이이가 아뢰기를,

 "주상께서는 매번 변통하기를 어렵게 여기시기 때문에 끝내 실효가 없는 것입니다. 개혁하지 않으면 나라꼴이 되지 않을 것입니다."

하였다. 상이 이르기를,

 "조종조에서 내려온 법이 아니라면 어찌 개혁하기 어렵겠는가."

하니, 이이가 아뢰기를,

 "조종의 법을 모조리 변경하자는 것이 아닙니다. 공안貢案 같은 것은 연산군이 추가하여 제정한 것이요, 조종조의 법이 아닙니다.[83] 신이 개혁을 좋아하는 것이 아니라 민폐를 구제하자는 것입니다. 현재의 정사를 고치려면 반드시 일을 할 만한 인재를 구하여야 할 것이나, 고치려 하지 않으신다면 현명한 사람은 구해서 어디에 쓰겠습니까. 근래 주상께서 노수신을 우대하시나, 수신이 병이 있다고 나오지 않는 것도 뜻이 있는 것이라 합니다. 수신은 젊어서부터 훌륭한 명성이 있었으므로 전에 정승이 아닐 때에는 사람들이 모두 '이 사람이 정승이 되면 태평시대가 올 것이다' 하였습니다. 그러나 정승이 된 뒤로

---

83) 연산군의 공물 추가 징수는 재앙의 수준이었다. 기존 공안이 무의미해지자, 공안의 현실화라는 미명 아래 추진된 것이 1501년(연산군 7) 신유년의 공안 개정貢案詳定이었다. 율곡이 「만언봉사萬言封事」에서 가장 큰 문제점으로 지적한 공물 추가 분정이 바로 신유공안이었다.

별로 건의하는 말이 없자 사람들이 그 직분을 수행하지 못함을 비웃었습니다. 수신으로서는 건의하고 싶었지만 주상의 뜻이 변통을 원하지 않으시니 처신이 극히 어려운 처지라 부득이 물러가기를 청한 것입니다."

하였다. 상이 이르기를,

"이것은 우스운 일이다. 이 사람의 건의를 내가 듣지 아니한 것이 별로 없었다."

하니, 이이가 아뢰기를,

"이 사람이 경세제민할 재주가 있는지는 제가 알 수 없습니다만, 조야를 진정시키기에는 충분할 것입니다. 주상께서는 그가 물러나 쉬는 것을 허락하지 마십시오."

하였다. 상이 이르기를,

"아속雅俗(조정과 재야, 또는 세속)을 진정시켰을 뿐 아니라, 또한 학문하는 사람이다. 다만 임금을 잘 만나지 못했다."

하니, 이이가 아뢰기를,

"그럴 리가 있습니까. 다만 그가 물러가는 것을 허락하지 마시고 그의 말을 들어주십시오."

하였다. 상이 이르기를,

"내가 그의 뜻을 보니 역시 개혁하려는 사람이다."

하니, 이이가 아뢰기를,

"예전부터 성현은 때를 따라 변통하는 것입니다. 천운으로 말하더라도 해가 오래 되면 역수曆數가 반드시 차이가 나므로 시대마다 아는

사람이 나와 개정하는 것입니다. 시대를 따라 개정하지 않는다면 천
상天象이 어긋나고 사계절의 차례가 바뀔 것입니다."
하였다. 이이가 상에게 묻기를,

"전일 경연에서 조정기趙廷機가 신의 말이라고 하면서 아뢰기를 성
혼은 그 행동을 꼭 법도대로 한다고 한 적이 있습니까?"
하니, 상이 이르기를,

"물으려 하다가 미처 묻지 못하였는데, 성혼이 어떠한 사람인가?"
하였다. 이이가 대답하기를,

"이 사람은 신이 잘 압니다. 성수침의 아들로서 일찍이 아버지의 교
훈을 받아 잡박한 말을 듣지 아니하고, 성질이 순후하여 훌륭한 일을
할 만하니, 학문에 힘쓰고 있다고 하면 옳을 것이나 학문이 성취되고
덕이 정립되었다고는 할 수 없습니다. 어찌 그 행동을 꼭 법도대로 하
는 데까지야 이르렀겠습니까. 다만 이 사람은 병이 많아서 결코 지평
의 직무는 감당하지 못할 것입니다."
하니, 상이 이르기를,

"내가 듣기에는 마음을 다스리면 병이 없다던데, 학문하는 사람도
병이 있는가?"
하니, 이이가 말하기를,

"학문하는 사람이라도 기운을 얇게 타고나면 병을 면치 못합니다.
옛날 백우伯牛(공자의 제자 염경)가 병이 있는 것을 공자가 명命이라 하
였으니, 병은 자기가 잘못하여 생긴 것이 아님을 밝힌 것입니다. 성혼
은 얇게 타고난 기질에다가 병까지 심하게 걸렸으니, 죽지 않고 견디

는 것 또한 마음을 다스린 효과인 것입니다. 방심放心하는 사람이 성
혼과 같은 병에 걸렸다면 어찌 곧 죽지 않겠습니까.

　만일 전하께서 꼭 이 사람을 보시려면 그 관직은 체직시키고 올라
오게 하는 것이 좋습니다. 선비를 대접하는 도리란 그를 쓸 만하면 쓰
고, 쓰지 못하게 되면 그가 마음 편히 물러나 있을 것을 허락하여, 그
지조를 격려하고 산림山林에서 높은 뜻을 지키게 하는 것도 선비의 기
상을 키우는 하나의 도리인 것입니다."

하였다. 김우옹이 아뢰기를,

　"성혼 같은 이는 불가불 불러야 합니다."

하니, 이이가 말하기를,

　"과거급제를 못한 사람이 경연관을 겸하는 것이 조종조 때 하던 일
이니 성혼 같은 경우는 한관閑官(직무가 적은 관직)으로 경연관을 겸하
게 하여 때때로 입시하게 한다면 좋을 것입니다."

하였다. 김우옹이 아뢰기를,

　"과거를 못한 사람을 벼슬시키는 데 꼭 『경국대전』에 따라야 한다
고 말할 때는, 문음門蔭을 가리키는 것입니다. 산림의 현자는 격외로
특별히 대우하는 것이 마땅하지, 어찌 문음으로 취급하겠습니까. 현
자라 하여 초청하면서 문음으로 대우하면 현자를 쓰는 도리가 아닙니
다. 과거를 하지 않은 사람이 경연관을 겸하는 것은 비록 법도 밖의 일
이라 하더라도 또한 그렇게 할 만합니다. 정치를 하는 데는 근본을 세
워야 할 것이니, 반드시 현명한 선비를 널리 모아 임금의 덕을 돕게 하
여야 할 것입니다. 위에는 성명하신 자질이 있으나 아래에는 서로 닦

고 보양할 사람이 없으니, 이것이 신이 근심하는 바입니다."

하였다. 상이 이르기를,

"한번 말하여 보라. 나의 자질이 어떠한가? 큰일을 할 수 있겠는가?"

하니, 김우옹이 아뢰기를,

"기질의 작용은 작고 학문의 효력은 크니, 진실로 학문을 하시면 하지 못할 천하의 일이 없을 것입니다. 전하의 자질이 영특하고 밝으시어 어떤 왕보다도 뛰어나셨으니, 여기에다 학문을 더하면 어찌 불가능을 근심하겠습니까. 하시지 않음이 걱정일 뿐입니다."

하니, 상이 이르기를,

"그 말은 너무 과하다."

하였다. 이이가 아뢰기를,

"어떤 왕보다도 뛰어나셨다는 그 말이 과연 과합니다. 다만 전하께서는 영명하시고 욕심이 적으시니 분명히 일을 하실 만한 자질이 있는데, 훌륭한 정치를 하지 못하는 것은 하지 않기 때문이지, 자질의 탓이 아닙니다. 정치를 하는 데는 근본이 있고 말단이 있으니, 주상께서 학문에 힘쓰시어 이치를 밝혀 알고 난 뒤에야 현자에게 맡기고 능력 있는 사람에게 일을 맡겨 그 은택이 백성에게 미칠 것입니다.

요새 신하들이 급히 향약을 행하자고 청하므로 주상께서도 행하도록 명하셨으나, 신은 향약을 시행하기에는 너무 이르다고 생각합니다. 백성을 살리는 것이 먼저이고, 백성을 가르치는 것은 뒤에 해야 합니다. 민생이 곤란하기가 지금보다 더 심한 때가 없으니, 급급히 폐단을 구제하여 먼저 백성의 고통을 풀어준 뒤에라야 향약을 행할 수 있습니다. 덕과 가르침은 양육梁肉(고량진미)과 같은 것입니다. 비위가 몹시 상하여 죽도 내려가지 않는다면 양육이 아무리 좋은들 먹을 수 있겠습니까?"

하니, 유희춘이,

"이이의 말이 옳습니다."

하였다. 상이 이르기를,

"당초에 나도 어려울 것으로 알았다. 지금 이미 향약을 시행하라고 명하였는데 다시 중지한다면 어떻게 되겠는가?"

하니, 이이가 아뢰기를,

"백성을 살게 해준 뒤에 향약을 행하자는 것이니, 이는 중지가 아닙니다. 모든 일을 주상께서 몸소 통솔하실 일이니, 그렇지 않으면 백성이 따르지 아니할 것입니다."

하였다. 상이 말하기를,

"나의 자질이 변변치 못하니 어찌 일을 할 수 있겠는가."

하니, 이이가 아뢰기를,

"매번 강론할 때 주상께서 말씀하시는 것이 다른 사람의 의도보다 뛰어나시니 어찌 일하실 자질이 아니겠습니까."

하였다. 상이 이르기를,

"향약을 지금 중지하라 하는 것이, 비록 뒤로 미루는 것이지만 백성이 불신할지 어찌 알겠는가."

하니, 이이가 아뢰기를,

"향약을 정지한 뒤 백성을 잘살게 하는 정치를 하지 않으면 백성이 반드시 믿지 않겠지만, 만일 백성을 부양하는[養民] 정치를 행하시면 백성이 반드시 믿을 것입니다."

하였다.

이때에 이이가 주상을 정치하는 도리로 보좌하고 이끌려고 입시할 때면 힘써서 자상하게 진달하니 유속에 물든 사람들은 대부분 비웃었다. 박순이 이이에게 말하기를,

"지금 가장 큰 걱정은 인재가 없어 대관大官을 맡길 만한 사람이 없는 것이네. 갑작스럽게 효과를 구할 것이 아니라, 서서히 때를 기다려 현량한 인재가 점차 등용되면 서로 도와 정치를 할 수 있을 것이네."

하니, 이이가 말하기를,

"주상의 마음이 다스리기를 구하신다면 서서히 때를 기다려도 되지만, 주상의 마음이 전혀 다스림을 구하지 아니하면 아무리 현인이 많이 모여도 어찌할 수 없을 것입니다."

하니, 박순이 말하기를,

"현인이 많이 모이게 되면 혹 주상의 마음도 바로잡을 수 있겠지."

하였다.

◗◖ 다시 성혼을 부르라고 명하였으나 또 사양하고 오지 아니하니, 이윽고 벼슬을 교체하고 날씨가 풀리기를 기다려 올라오라고 명하였다.

◗◖ 향약의 일로 대신들과 의논하니, 누구는 정지하자고 하고, 누구는 정지해서는 안 된다고 했다. 이에 상이 정지하라고 명하였다. 허엽이 이이를 만나,

"어찌하여 향약을 정지하라고 권하였나?"

하고 물으니, 이이가 말하기를,

"의식衣食이 넉넉한 뒤에라야 예의를 아는 것이다. 기근과 추위에 고통받는 백성에게 억지로 예를 행하게 할 수 없다."

하였다. 허엽이 탄식하기를,

"세도世道의 오르고 내림이 운명에 달렸으니 어떻게 하리."

하니, 이이가 말하기를,

"공은 민생의 곤란이 아무리 심하여도 향약만 행하면, 과연 백성을 교화시켜 좋은 풍속을 이루어 정치가 태평으로 될 것이라고 생각되는 가?"

하니, 허엽이 그렇다고 하였다.

이이가 말하기를,

"공은 향약으로 집안을 다스릴 수 있는가?"

하니, 허엽이 말하기를,

"주상의 명령이 없으므로 못하였다."

하였다. 이이가 말하기를,

"공의 집안을 다스리는 데 주상의 명령을 기다릴 게 뭐 있는가?"

하고, 또 말하기를,

"예전부터 민생이 도탄에 빠지고도 예속禮俗을 이루는 일이 있는 가? 지금 부자간이 비록 지친至親이라 하지만, 추위와 배고픔을 염두 에 두지 않고 날마다 매질이나 하며 학문을 권한다면 반드시 서로 갈 라서고 말 것인데 하물며 백성이겠는가."

하였다. 허엽이 말하기를,

"지금 세상 사람이 착한 이는 많고 착하지 않은 이는 적으므로 향약을 행할 수 있다."

하니, 이이가 웃으며 말하기를,

"공은 마음이 착하여 사람의 착한 것만 보았으나, 나는 착하지 못한 사람이 많게 보이니, 이것은 틀림없이 내 마음이 착하지 못하여 그러할 것이다. 다만 옛 책에 '몸소 가르치면 따르고, 말로만 가르치면 시비를 따진다'[84] 하였으니, 지금 향약이 바로 시비거리가 아니겠는가."

하였다. 허엽이 말하기를,

"공은 굳이 고집하지 말고 대죄해야 한다. 양사로 하여금 다시 논하게 하는 것이 좋겠다."

하니, 이이가 말하기를,

"나는 스스로 잘못을 알지 못하기 때문에 함부로 대죄하지 못하겠다."

하니, 허엽이 개탄하여 마지않았다.

율곡 생각 남전藍田 여씨呂氏의 향약[85]은 강령이 바르고 조항이 상세하니,

---

84) 후한의 명재상인 제오륜第五倫이 당시 관리들의 가혹한 행정을 비판하며 올린 상소에서 "몸으로 가르치면 따라오지만 말로 가르치면 따진다[以身敎者從, 以言敎者訟]."라고 하였다. 『후한서 권41 제오륜열전第五倫列傳』

85) 남전은 중국 섬서성陝西省의 고을 이름이다. 여씨향약은 송나라 때 남전에 살던 여대충呂大忠, 여대방呂大防, 여대균呂大鈞, 여대림呂大臨 등 형제 네 사람이 그 고을 사람들과 서로 지키기로 약속한 자치 규범이다. "덕 있는 일을 서로 권하고[德業相勸], 허물을 서로 경계하고[過失相規], 예의 바른 풍속으로 서로 사귀고

이는 동지와 선비들이 서로 약속하여 예를 강구하는 것이지, 널리 백성에게 시행할 수 없는 것이다. 주자도 동지를 데리고 이것을 행하려다 끝내 실행하지 못하였다. 더구나 이 말세에 백성은 도탄에 빠져서 그 항심恒心(안정된 마음)을 잃어 부자父子가 서로 함께 있지 못하며, 형제·처자가 헤어지는 이 마당에 느닷없이 유학자의 행실로 구속하여 몰아대려고 하니, 이른바 결승結繩의 정치로 어지러운 진秦나라의 뒤를 이을 수 있다[86]는 것과 같고, 간척干戚의 춤으로 평성平城의 포위를 풀 수 있다[87]는 것과 같은 것이다.

더구나 향약의 약정約正·직월直月[88]을 맡을 만한 사람을 얻기 어렵다. 토호들이 향약을 핑계로 백성에게 괴로움을 끼칠 것이 뻔하다. 이것을 누가 단속할 것인가. 만약 향약을 행하게 되면 백성은 분명 더욱 곤란하게 될 것이다. 허엽 같은 오활하고 허망한 선비는 한갓 옛것을 앙모할 줄만 알고 시의를 헤아리지 못하며, 치도의 본말과 완급이 있는 것을 알지 못하고서 지금 향약으로 말속을 만회하여 태평을 이루려 하고

[禮俗相交], 근심스럽고 어려울 때 서로 구한다[患難相恤]."는 네 조목인데, 후세 향약의 기준이 되었다. 『소학 권6 선행善行』

86) 사회가 복잡해진 상태에서 발생한 문제를 그 이전 시대의 방식으로 해결하는 것은 난센스라는 뜻이다. 결승은 부호와 문자가 생기기 전 줄에 매듭을 만들어 의사를 표시하던 방법을 말한다.

87) 한시가 급한 상황에서 덕으로 교화하려고 한다는 뜻이다. 순임금의 신하인 우禹가 남방의 복종하지 않는 유묘씨有苗氏를 정벌하려고 하자, 순임금이 무력 대신에 교화를 펼쳐야 한다면서 간척의 춤을 추니, 3년 만에 유묘씨가 귀의하였다. 『한비자韓非子 오두五蠹』 또한 한 고조가 평성에서 40만의 흉노 군사들에게 포위당한 일이 있었다. 『한서漢書 권1 고조본기高祖本紀』

88) 약정은 향약의 임원이고, 직월은 실무를 맡아보는 간사 격의 직책이다.

있으니 또한 잘못된 생각이 아닌가.

)(이이가 상께 아뢰기를,

"향약은 주상께서 본시 행하려 하지 않았기 때문에 소신의 한마디에 이렇게 흔쾌히 결정한 것입니다. 이로 미루어 보면 소인小人이 상의 뜻에 잘 영합하면 말마다 반드시 들어주게 될 듯합니다."

하니, 상이 이르기를,

"내가 향약을 시행하지 않으려는 것이 아니라, 민생이 소생되기를 기다려 행하려는 것이다. 지금 사람들이 시세를 헤아리지 않고 분분하게 의논하는 것은 옳지 않다."

하였다. 이이가 아뢰기를,

"의논을 정하는 데도 두 가지가 있습니다. 군자가 임금을 잘 만나서 시행하는 일이 모두 이치에 합당하여 나라 사람들이 태평하고 심복하면 이는 선善으로 정하는 것입니다. 반면 소인이 나랏일을 맡아 위세만 펴며 한마디라도 자기 의견과 같지 않으면 반드시 화를 입히므로 사람들이 감히 그들을 어기지 못하게 되면 이것은 불선不善으로 정하는 것입니다. 제가 바라는 바는 전하께서 선으로 한 시대를 안정시키는 것입니다.

대체로 정치를 할 때는 반드시 학문을 바탕으로 해야 하고, 학문이란 다름 아니라 심문審問·신사愼思·명변明辯에 있습니다.[89] 지금 주상

---

89) 『중용』에 "널리 배우고, 자세히 묻고, 신중히 생각하고, 밝게 판단하고, 독실히 행한다[博學之, 審問之, 愼思之, 明辨之, 篤行之]." 하였다.

께서는 고명하시어 밝지 못한 점이 없습니다. 그렇더라도 어찌 묻고 질의할 것이 없었겠습니까만, 한 번도 물어보시는 적이 없으니 어찌 된 일이십니까."

하니, 상이 이르기를,

"반드시 그 맛을 안 뒤에야 의문이 생길 터인데, 나는 학문의 맛을 알지 못하기 때문에 질문할 만한 의심이 없다."

하였다. 이이가 말하기를,

"주상의 말씀이 매번 이러하시나 신은 믿지 못하겠습니다. 신이 병이 많아 박학의 공부를 쌓지 못한 사람이라, 만일 옛날 고사를 물으신다면 대답하지 못할 것이 많습니다. 그러나 의리義理에 있어서는 약간의 공부가 없지 않으니, 의리를 물으시면 혹 답을 드릴 수 있습니다.

지금의 나랏일은 털끝만한 것도 병이 들지 않는 것이 없어 다스리기가 어려울 듯하지만, 지극한 정성으로 다스리고자 한다면 어찌 내내 다스려지지 못할 리가 있겠습니까. 오늘날 신하들이 나랏일을 걱정하지 아니하니 진실로 분개할 노릇이나, 이것도 이치와 형세가 그러한 것입니다. 옛날부터 공公을 추구하지 않고 사私를 일삼는 자는 비록 죄를 얻는다 하더라도 파면당하는 데 그쳤지만, 나랏일에 힘쓰던 사람들은 왕왕 멸족하는 화를 당했기 때문입니다. 멸족의 화를 생각하지 않고 오로지 나랏일을 생각하는 사람이란 항상 있을 수 있는 것이 아니니, 사를 위하여 일하는 이가 많고 공을 위하여 일하는 이가 적을 것은 당연합니다.

지금 사람들이 더욱 나랏일에 힘쓰려면 반드시 주상께서 분발하시

어 모든 사람이 주상의 뜻이 꼭 다스리고야 만다는 데에 있다는 것을
분명히 알도록 해야만 됩니다. 전하께서 만일 요순과 삼대의 정치를
하시려면 조종의 법이라도 고치지 않을 수 없는 것이 있을 것이며, 만
일 소강小康에 그치시려면 조종의 좋은 법과 좋은 뜻을 준수해야 할 것
입니다. 요즘 말하는 '조종을 본보기로 삼는다'는 말은, 단지 근래의
규례 가운데 전해 오는 것만을 지킬 뿐 조종의 좋은 뜻은 실상 폐지하
고 행하지 않는 것이니, 이 점이 매우 옳지 못합니다."
하였다.

◗◖ 지평 한수韓脩가 세 번이나 병이 있다 하고 나오지 않았으나, 상이
그의 사직을 허락하지 않았다. 이에 한수가 출사하여 입시할 때, 상이
학문의 요지를 물었으나, 한수가 분명하게 밝혀 대답하지 못하므로
사람들이 비웃었다. 이이가 상에게 아뢰기를,

"훌륭한 사람에도 여러 부류가 있으니, 학식과 행실을 구비한 사람
도 있고, 행실은 깨끗하나 학식이 부족한 사람도 있습니다. 한수의 경
우는 행실은 깨끗하지만 학식이 부족한 사람입니다. 한마디 말이 주
상의 뜻에 맞지 않는다 하여 훌륭한 선비를 가벼이 여기지 마십시오."
하니, 상이 이르기를,

"내가 어찌 이 한 가지 때문에 현자를 경시하겠는가."
하였다.

◗◖ 상이 이이에게 묻기를,

"아무리 학문이 있어도 재주가 없으면 나랏일을 하지 못하는 것이
다. 성혼이 재주는 어떠한가. 정치를 잘되게 할 만한가?"

하니, 이이가 대답하기를,

"주상께서 성혼을 특별히 부르시니 사람들이 모두 감격합니다. 그런데 주상의 뜻이 한번 보기만 하시려는 것인지, 장차 일을 맡기려고 하시는지 알지 못하겠습니다. 재주라고 해서 다 같은 것은 아닙니다. 재주와 지혜가 뛰어나서 혼자 큰일을 감당할 사람도 있고, 재주는 비록 부족하나 여러 정책을 잘 활용하는 사람이 있습니다. 성혼이 재주가 출중한지는 신도 알 수 없으나, 그의 도량은 여러 정책을 잘 활용할 만하니, 어찌 나라를 다스리지 못하겠습니까. 다만 성혼이 오더라도 폐정을 고치지 않는다면 역시 어찌할 수 없을 것입니다."

하였다.

◗◖ 승정원에서 날씨가 추우니 비현합에서 주강과 석강에 임하시도록 청했으나, 상이 전례가 아니라 하여 허락하지 않았다. 이이가 상에게 아뢰기를,

"전하께서 단지 심상한 전례만 따르신다면 결코 일을 진작시킬 도리가 없습니다. 비현합에서 진강하는 것이 무슨 어렵고 중대한 일이라고 전하께서 허락하지 않으십니까. 오늘날 전하께서 큰 뜻을 분발하여 정치를 일신하시고 한 시대를 움직일 만한 조치를 하신 뒤에라야 세도를 만회할 수 있을 것입니다."

하였다. 상이 기강이 진작되지 못하는 것을 한탄하니, 이이가 아뢰기를,

"국가에 기강이 있는 것은 마치 몸에 호연지기浩然之氣가 있는 것과 같습니다. 호연지기는 의義를 모아서 되는 것이지, 어떤 한 가지 일이

우연히 의에 배합되었다 하여 당장에 취할 수 있는 것이 아닙니다.[90] 오늘 하나의 의를 행하고, 내일에 하나의 의를 행하여 그 의가 몸에 쌓여 위로 하늘에 부끄럽지 않고 아래로 땅에 부끄럽지 않아야 호연지기가 충만하게 흐르는 것입니다.

　기강도 그와 마찬가지입니다. 하루아침, 저녁에 분발하여 세울 수 있는 것이 아닙니다. 공평하고 정대한 마음으로 정치를 하여 오늘 한 가지 좋은 정책을 행하고, 내일 한 가지 선정을 행하여야 합니다. 곧은 사람은 반드시 등용하고 굽은 사람은 반드시 버리며, 공이 있으면 반드시 상을 주고 죄를 지으면 반드시 벌을 내리십시오. 이와 같이 하면 기강이 설 것입니다."

하였다. 상이 이르기를,

　"매번 경연에서 정성껏 치도를 말하여 경연에 들어오면 그렇지 않을 때가 없으니, 참으로 가상하다. 지금은 무슨 일을 하여야만 잘 다스려지겠는가?"

하니, 이이가 아뢰기를,

　"다스리는 도리를 어찌 다 말씀드리겠습니까. 대체로 말하면, 먼저 큰 뜻을 정하시고 현자를 얻어 맡기는 것이 옳습니다. 다만 사람을 알아보기란 실로 어려우니, 반드시 먼저 학문에 힘쓰시어 궁리窮理ㆍ거경居敬ㆍ역행力行의 세 가지에 더욱 공력을 더하여 이치가 밝아지고 덕

---

90) 율곡의 논의는 맹자의 말을 요약한 것이다. 맹자는 "그 기氣됨이 지극히 크고 지극히 강하니, 곧음으로써 기르고 해침이 없으면, 천지의 사이에 가득 차게 된다. 그 기가 도의道義와 배합하니, 이 호연지기가 없으면 시들게 된다. 이것은 의義를 축적하여 생겨나는 것이다. …… 반드시 여기에 종사하고 효과를 미리 기약하지 말아서 마음에 잊지도 말고 조장하지도 말아야 한다." 하였다. 「맹자 공손추 상」

이 이루어지는 경지에 이르게 되면 인물의 현명하고 어리석음, 간사하고 바름을 훤하게 알게 되어 털끝만치도 틀리지 않을 것입니다.

그러나 학문은 반드시 아랫사람들의 계옥啓沃[91]하는 것에 도움을 받으셔야 하니, 유신儒臣(경연관)을 가까이하시고 정성을 다하여 보좌하고 인도하게 하셔야 할 것입니다. 이런 일들이 다스리는 근본이 되며, 이 밖에 별다른 교묘한 계책은 없습니다."

하였다. 심의겸이 나아가 아뢰기를,

"조종조에서는 신하들을 친근히 하시기를 마치 집안사람이나 부자간과 같이 하셨기 때문에 계옥하는 데에 정성을 다하였다 합니다."

하였다. 이이는 아뢰기를,

"신하들에게 친밀하여 간격이 없게 하시면 정상을 자세히 알게 되어 취사가 정당하게 될 것입니다. 세종대왕께서 사람을 알아 임무를 맡기신 것도 역시 그 정상을 아신 까닭입니다. 세종조에는 사람을 쓰시되 이력이 오래고 오래지 않은 것과 위계의 높고 낮은 것을 묻지 않고 오로지 인재와 직책이 서로 부합되게 하였습니다. 그래서 한 직책을 지켜 종신 맡았던 사람도 있고, 며칠 안 되어서 발탁되어 경상卿相에 이른 사람도 있었습니다. 6경과 백사百司(모든 관청)가 구임久任[92]이 아닌 사람이 없었던 까닭으로 모든 일이 잘 되었으며, 유신에게는 대

---

91) 흉금을 터놓고 임금을 보좌하고 깨우친다는 뜻이다. 『서경』 「열명說命」에 "그대의 마음을 열어서 나의 마음에 부어 달라[啓乃心, 沃朕心]." 한 데서 온 말이다.

92) 문무관은 그 품계와 직책에 따라 일정한 임기가 있으나, 그 직무의 중요도 및 능력을 감안하여 임기에 구애됨 없이 상당 기간 근무하게 하는 것 또는 그런 자리를 말한다.

우가 특별하였기 때문에 신하들이 모두 목숨을 바칠 마음을 가졌던 것입니다.

군자는 임금을 도로써 사랑하고 대우가 후하고 박한 데에는 관계하지 않았으나, 중간 정도의 사람은 임금의 대우만을 보는 것입니다. 지금 주상께서는 별로 믿고 위임하신 신하가 없으며 모든 관직에 사람을 자주 바꾸기 때문에 모든 일이 다스려지지 않는 것입니다. 집안일에 비유하면, 집안사람들에게 책임을 주어서 밭을 갈 사람은 밭을 갈게 하고 나무를 할 사람은 나무를 하게 하고 베를 짤 사람은 베를 짜게 한 뒤에라야 가업이 이루어지는 법입니다. 만일 아침에는 밭을 갈다가 낮에는 나무를 하게 하고 낮에는 나무를 하다가 저녁에는 베를 짜게 한다면 하나의 일도 이루어지는 것이 없을 것입니다.

지금 사대부들은 직무에 충실하여도 상을 주지 않고, 직무를 비워 놓아도 벌을 주지 않으니, 먹을 것을 얻는 데는 매우 편하나 나랏일은 마침내 구제할 수 없게 될 것입니다. 전하께서는 어찌 사람을 가려 직임을 주고 그 직임에 오래 있게 하지 않으십니까. 또 신이 누구에게 들으니, 주상께서 지은 시에 매우 수심에 차고 답답한 의미가 있다고 합니다. 전하께서는 어찌하여 그렇게 즐겁지 않으십니까?"

하니, 상이 이르기를,

"어떤 시의 말인가. 외어 보라."

하니, 이이가 다음과 같이 시를 외웠다.

외로운 회포 풀지 못해 누각에 홀로 기대어 　　　　孤抱難攄獨倚樓

마음속에 온갖 감회 일어 시름 가눌 길 없네   由中百感不勝愁

달 밝은 옛 궁전에는 향로 연기 사라졌나니   月明古殿香煙盡

바람 찬 앙상한 숲엔 밤새 내린 눈만 남았네   風冷疏林夜雪留

이내 몸은 사마상여처럼 해묵은 병도 많고[93]   身似相如多舊病

마음은 초나라 송옥 같아 슬픈 가을 애달파라[94]   心如宋玉苦悲秋

쓸쓸한 뜨락에는 사람 말소리 하나 없는데   凄凉庭院無人語

구름 너머 종소리만 유유히 퍼지는구나   雲外鐘聲只自悠

대체 임금은 임금 노릇하는 낙이 있는 것이니, 사람을 얻어 직책을 맡기면 편안히 화락해질 수 있습니다. 전하께서 만약 심복의 신하 두세 사람만 있다면 어찌 이 지경에 이르기까지 근심을 품고 답답해하시겠습니까. 신이 이 시를 듣고 며칠 동안이나 심기가 편치 못하였습니다.

또한 요즈음 경연관들이 늘 잡서雜書를 보지 마시라고 경계하였는데, 성정性情을 시로 읊는 것은 진실로 성현도 면하지 못한 바이지만, 다만 사장詞章에만 마음을 두면 어찌 학문에 해가 되지 않겠습니까."

---

93) 한 무제 때 사마상여는 벼슬하다가 소갈병消渴病으로 인해 면직되었고, 문제 때 다시 벼슬하였으나 역시 병으로 사직했다. 『사기 권117 사마상여열전司馬相如列傳』

94) 송옥宋玉은 전국 시대 초나라의 시인으로, 그의 스승 굴원屈原의 신세를 애닯 게 여겨 「구변九辯」과 「초혼招魂」을 지었으며, 이 밖에 「풍부風賦」, 「고당부高唐賦」, 「신녀부神女賦」, 「등도자호색부登徒子好色賦」 등을 지었다. 그의 「구변」에 "슬프도다, 가을 기운이여. 소슬하구나, 초목이 떨어지고 쇠락함이여[悲哉! 秋之爲氣也; 蕭瑟兮! 草木搖落而變衰]."라고 하였는데 여기에 '슬픈 가을[悲秋]'의 모티브가 있다. 『문선文選 권34』

하니, 상이 부끄러운 얼굴로 한참 동안 머리를 숙이고 있었다. 수찬 윤현尹晛이 나와 아뢰기를,

"상께서 이이에게 다스리는 도리를 물으실 때 대충만 물으시고 자세히 묻지 않으시기 때문에 이이도 자세히 대답하지 못합니다. 어찌 자세히 묻지 않으십니까."

하니, 상이 이르기를,

"내가 요지를 알지 못하여 묻기도 어려우니 경연관이 묻고 이이가 답하면 내가 자세히 들으리라."

하였다. 이이가 아뢰기를,

"묻는 사람이 의심이 쌓였을 때 답하는 사람이 계발해 주어야 하는 것인데, 억지로 묻고 억지로 답하면 무슨 재미가 있겠습니까."

하니, 윤현이 아뢰기를,

"이이가 학문을 논의할 때 궁리窮理가 거경居敬보다 먼저라 하나, 신의 뜻은 거경이 궁리보다 먼저라고 생각하옵니다."

하니, 이이가 대답하여 아뢰기를,

"정자程子의 말에 '치지致知(지식을 체계적으로 쌓음)를 하면서 경敬에 있지 않는 이는 없다' 하였으니, 윤현의 말이 옳습니다. 다만 경은 시종을 일관해야 할 공력이라 선후를 의논할 것이 없습니다. 그리고 궁리는 지知에 속하고, 거경과 역행力行은 행行에 속하는 것이니, 신은 지와 행의 순서로 말씀드린 것입니다.

전하께서 학문에 힘쓰시려면 먼저 뜻을 세워 굳게 정하여 바꾸지 마시고 경으로 이치를 궁구하고, 경으로 힘써 행하십시오. 이렇게 하

면 처음에는 쉽지 않아 힘이 들 것이나, 지극한 노력으로 의리에 취미를 두어 배움으로 낙을 삼는 경지에 이르시면 선에 처하고 이치를 따라 쾌히 자족하게 될 것이며, 마음이 넓어지고 몸이 좋아져서 편안하고 즐거워질 것입니다. 옛날 임금들 가운데 더러 나라는 다스렸으나 학문의 낙을 알지 못하고, 사업의 공적만을 위해 힘쓴 까닭에 처음과 끝이 달라지는 수가 많았습니다.

예전 당 현종唐玄宗은 자신의 몸은 야위었으나 나라는 살찐다고 말하였는데,[95] 이는 일을 억지로 하는 것이니 어찌 오래 가겠습니까. 학문으로 효력이 있었다면 몸과 나라가 다 같이 살찔 것입니다. 지금 세속은 옛날 방식을 좋아하지 않아 남이 옛 도리를 실천하는 것을 보면 반드시 비웃고 배척하기 때문에 뜻을 굳게 세우지 못한 사람은 대개 뿌리를 내리지 못하고 맙니다. 전하는 그렇지 않습니다. 만약 옛 도리만 실천하신다면 뭇 신하가 감동되어 일어날 것이니, 무엇을 꺼리시어 하지 않으십니까."

하였다. 상이 이르기를,

"승지는 정치에 대한 물음에 답하기를 학문의 공력으로만 말하였다. 이것이 진실로 근본이기는 하나 안자顏子는 학문이 지극하였어도

---

95) 현종 때 당시 재상으로 있던 한휴韓休는 직간直諫을 잘하여 현종의 조그마한 잘못이라도 반드시 간하였다. 좌우에 있는 신하들이, "한휴가 재상이 된 후로 폐하께서 전보다 크게 수척해지셨습니다. 어찌하여 그를 축출하지 않습니까?" 하자, 현종은 탄식하며, "내 용모는 비록 수척해졌으나 천하는 반드시 살찌게 될 것이다." 하였다. 하지만 그 후 현종은 결국 간신 이임보李林甫를 등용하고 양귀비에게 빠져 천하가 크게 혼란해졌으며, 안녹산安祿山의 난으로 숙종肅宗에게 선위禪位하고 말았다. 『구당서舊唐書 권8 현종기玄宗紀』

공자에게 나라 다스리는 도리를 물었으니, 오늘날 어찌 할 만한 사업
이 없겠는가."

하였다. 이이가 일어나서 다시 땅에 엎드려 아뢰기를,

"전하께서 진실로 일을 하시려면 구습만 따르는 폐단을 통절히 개
혁하셔야 합니다. 사람 마음이란 수구守舊(구태의연히 예전대로 함)하는
것을 좋게 여기고 개선하기를 꺼리지 않는 경우가 없어서, '오늘 이렇
게 살았는데, 내일 어찌 별안간 바꾸겠는가' 하고 생각합니다. 이와 같
이 고식적으로 가면 점점 구제하지 못할 지경에까지 이르게 됩니다.
폐단을 개혁하려고 해도 반드시 사람을 얻는 데 달려 있으니, 사람을
얻지 못하면 폐단은 개혁할 수 없습니다."

하였다.

◗◖ 이때 상이 잔병이 잦으므로 신하들이 매번 여색女色을 경계하시라
는 말씀을 드리니 상이 듣기 싫어하였다. 수찬 성락成洛이 마음을 수
양하고 원기를 기르면 병을 고치는 방법이 된다고 과장하여 말하였는
데, 상이 농담으로 묻기를,

"그러면 장생長生할 수 있는가?"

하니, 성락이 그렇다고 대답하였다. 후일 이이가 상에게 아뢰기를,

"상하가 모두 실언하였습니다. 장생이란 이치에 없는 일입니다."

하니, 성락이 아뢰기를,

"그때 신이 상의 말씀을 장수長壽로 잘못 들었습니다."

하였다. 상이 이르기를,

"덕이 큰 사람은 반드시 오래 산다고 한 것은 이치에 근거하여 말한

것이다. 만약 마음을 닦고 원기를 길러 장수하고자 한다면 왕도王道가
아니다. 장수와 요절은 하늘에 있는 것이니 순리대로 받아들여야 할
뿐이다."

하니, 이이가 아뢰기를,

"주상의 하교가 옳습니다. 그러나 순리대로 받아들인다는 것은 쉬
운 일이 아닙니다. 털끝만치라도 스스로 몸을 해롭게 하면 이것은 순
리대로 받아들이는 것이 아닙니다. 정자의 말에 '나는 생을 잊고 욕을
따르는 것을 심한 수치로 안다' 하였는데, 이 말을 마땅히 유념하셔야
합니다."

하였다.

▶◀ 우부승지 이이가 병이 많아 승정원의 복잡한 사무에 견딜 수 없어
한직에 옮겨 병을 조리하겠다고 청했더니, 상이 대답하기를,

"그대는 마땅히 나의 곁에 있으면서 나의 부덕을 도와야 할 사람이
다. 사퇴할 수 없으니, 병을 조리하며 일을 행하도록 하라."

하였다.

▶◀ 이때 성균관 유생들이 앉는 차례를 나이순으로 하니 유속이 많이
그르게 여겼다. 이해수李海壽가 이이에게 말하기를,

"나이대로 앉는 것은 성균관에 적당한 것이 아니다. 방榜(과거합격자
발표)에서는 장원급제자를 존경하는데, 이것도 역시 예에 맞는 풍속이
다. 어찌 나이가 많다고 하여 장원 위에 앉을 수 있겠는가."

하니, 이이가 말하기를,

"장원을 존경하는 것은 급제자 모임에서나 시행하는 것이 옳다. 학

관은 윤리를 밝히는 곳이니 장유長幼의 순서를 문란시켜서는 안 된다.
또 장원이 높다고 해도 어찌 왕세자에게 비할 수 있겠는가. 옛날 왕세
자가 입학하여도 오히려 나이순으로 앉았으니 장원은 논의할 것도 없
는 것이다."

하니, 이해수가 말이 없었다.

▶◀ 우의정 노수신이 비로소 출사하니 상이 사정전 월랑에서 불러보
고 간곡히 위로하며 말하기를,

"어찌 아무 건의도 하지 않고 갑자기 사퇴하는가?"

하니, 노수신이 병으로 직무를 볼 수 없는 사정을 진달하였다. 상이
묻기를,

"근래에 천재가 거듭 발생하고 민생이 고단하니 어떻게 다스려야
하겠는가?"

하니, 노수신이 대답하기를,

"현량한 인재를 얻으면 다스릴 수 있습니다."

하였다. 상이 말하기를,

"어떻게 하면 현량한 인재를 구할 수 있는가?"

하니, 노수신이 대답하기를,

"지성으로 구하면 얻을 수 있습니다."

하였다. 상이 말하기를,

"내가 마땅히 정성껏 구하겠다. 이것이 '정치는 인재를 얻는 데 달
려 있다'는 뜻이 되니, 참으로 긴요하다. 다만 오늘날 어찌 할 만한 일
이 없겠는가." 하니, 수신이 사양하고 대답하지 못하였다.

율곡 생각 대신은 도리로써 임금을 섬기다가 할 수 없으면 그만두는 것이다. 수신이 시폐를 구제할 재주가 없으면 자신의 능력과 분수를 생각하여 함부로 정승 자리에 있지 말아야 할 것이고, 만약 그런 재주가 있다면 정성껏 주상을 인도하여 그 말을 써 주지 않은 연후에 사퇴하는 것이 옳다. 지금 우두커니 정승의 지위에 앉아 건의하는 것도 없이 다만 병으로 사퇴하는 것만 능사로 삼다가 상이 간절히 묻는데도 한 가지 방책도 아뢰지 못하였다. 아, 애석하다! 수신의 맑은 명성과 중망으로도 시무時務에 통달하지 못하고 마침내 녹봉만 먹는 것을 면치 못하였다.

❱❰함경도에서 벌레가 눈에 섞여 내렸다.

3월 황랍 반입을 둘러싼 대립

성혼을 불러 마지않았으나 성혼이 나오기를 어려워하였다. 이이가 성혼에게 말하기를,

"그대가 지금 일곱 차례나 소명을 받았다. 상의 명이 이러하니 어찌 한번 나아가 사은한 뒤에 사퇴하고 돌아오지 않는가?"

하니, 혼이 말하기를,

"내가 한번 성상을 뵙는 것이 크게 영광이기는 하나 조정을 욕되게 하는 것을 어찌하겠는가. 옛날부터 나같이 병들고 무능한 사람을 부르는 일도 있는가?"

공안 개정이 필요했던 이유

조선시대의 재정은 세금[賦稅]을 거두어야 운영되며, 그 세금은 논밭에서 걷는 세금인 조租, 특산물이 나는 지역에서 거두는 공물貢物인 조調, 그리고 현물의 형태가 아닌 노동력을 제공하는 요역徭役과 신역, 즉 용庸이라는 조·용·조 체제로 구성되어 있었다. 재정 중에서 공물의 비중이 가장 컸다.

율곡은 "공안貢案을 개혁하여 지나치게 거두어들이는 폐해를 없애야 한다."고 주장하였다. 이는 역사적 사실을 정확히 관찰하고 내린 결론이었다. 율곡은 당시 사정을 아는 노인들에게서, 연산군이 재정의 남용에 따른 부족분은 다음 해나 그다음 해에 사용할 공물을 미리 당겨쓰는 '인납引納', 육의전 등의 상인 조직에서 필요한 공물을 강제로 교환하는 '무납貿納'을 통하여 메워 나갔던 사실에 대해 들었던 것이다.

기존 공안이 무의미해지자, 공안의 현실화라는 미명 아래 추진된 것이 공안 개정[貢案詳定]이었다. 1501년(연산군 7) 신유공안辛酉貢案은 바로 해당 지역에 '추가 징수됐던' 공물과 진상을 '원래 있던 공물[常貢]'로 간주하는 조치였다. 말하자면 추가로 내던 세금이 그대로 고스란히 앞으로도 내야 할 세금이 된 것이다. 나아가 신유공안은 그동안 각 관청의 재정 규모를 정한 '횡간橫看(공납 목록)'을 무시하고, 상급 관청이 하급 관청의 재정을 전용할 수 있는 여지를 만든 악

법이었다. 율곡이 「만언봉사萬言封事」에서 가장 큰 문제점으로 지적한 공물 추가 분정이 바로 신유공안이었다. 율곡은 묻는다.

"신유년이라면 지금으로부터 74년 전인데, 그간에 성군聖君이 왕위에 있지 않았던 것도 아니고 어진 선비가 조정에 전혀 없었던 것도 아닌데, 이런 법을 어찌하여 개혁하지 않았단 말인가."

그 까닭을 따져 보니, 70년 동안은 모두 권간權奸이 국사를 장악한 때였기 때문이라는 것이다. 물산物産은 수시로 변하고 백성의 재물과 전결田結도 수시로 증감하는 것인데, 공물을 나누어 책정한 것은 바로 국초國初의 일이었던 것이다. 그러나 세월이 흐르면서 일정한 대가를 받고 생산되지 않는 공물을 대주는 전문 업종이 생겼고, 그 전문업을 우리는 '방납防納'이라고 한다.

이 문제를 해결하려면, 공물의 품목, 즉 산지와 수량을 기록한 '공안'을 현재 생산되는 산물로 개정하여야 했다. 그렇지 않으면 '불산공물不産貢物', 즉 현지에서 생산되지 않는데도 배정된 공물을 사서 내는 일이 계속될 것이기 때문이다. 또 이는 부담할 공물을 줄일 수 있는 실제적인 방안이기도 하였다.

공물 개혁론의 또 다른 축이 있었다. 나중에 대동법으로 가는 길이 그것이다. 쌀로 거두는 방식, 즉 '작미作米' 또는 '작포作布'에 대한 이해가 필요했다. 대동법은 공물을 현물이 아닌 쌀로, 그리고 특산물 산출 지역이나 호戶가 아닌 논밭에 세금을 부여하는 전결田結로 수세 제도가 바뀐 조세 혁명을 수반한 개혁이었다. 율곡은 이때 공안 개정과 수미법이라는 두 방향을 제시하고 있었던 것이다.

공안 개정은 공물 장부의 품목과 수량을 바로잡는 일이다. 한때 학계에서는 이를 소극적 개혁으로 보거나 심지어 개혁이 아닌 미봉책으로 보는 경우도 있었다. 하지만 그렇지 않다. 공안 개정은 방납 가격 폭등으로 부풀려진 공납가를 다시 산정하는 기준이 된다. 그래야 공물을 전세로 바꾸어 쌀로 거둘 때도 합당한 수취량을 정할 수 있었다. 그러므로 공안 개정과 수미법(전세화 초기단계)은 서로 보완적인 개혁방향일 뿐만 아니라, 유기적인 연관성을 가진 개혁의 축이었다.

하였다. 이이가 웃으며 말하기를,

"인재는 각각 그 시대에 따라 다른 법이다. 소열제昭烈帝(중국 촉한의 유비) 때 제갈량諸葛亮이 제일의 인물이었지마는, 만일 공명이 공자·맹자와 같은 때를 만났더라면 어찌 제일의 인물이 될 수 있었겠는가. 요즘 세상에는 마침 인물이 묘연하니 그대에게 소명이 내리지 않을 수 있겠는가."

하니, 성혼이 말하기를,

"내 자신을 돌아보면 부족하지만, 총명한 임금은 잊을 수 없다."

하였다.

◗◖박영준을 이조 판서로 삼았다. 이에 앞서 김귀영이 병으로 체직되고 정유길鄭惟吉이 대신하였다. 정유길이 일찍이 이양에게 붙었다 하여 청의淸議에 흠이 잡혀서 감히 나서지 못하고 병을 핑계로 사직하자 박영준이 다시 전장銓長(이조 판서)이 된 것이다. 박영준은 여러 번 이 직위에 있으면서 늘 주상의 의중만 살펴 따르기에만 애쓸 뿐 무언가 해 놓은 것이 없었다.

안자유安自裕가 어떤 사람에게 "박 이판은 남의 종이다." 하자, 어떤 사람이 그 까닭을 물으니, 자유가 "자신이 제 마음을 쓰지 못하고 남의 마음을 가져다 자기 마음으로 삼으니 남의 종이 아니고 무엇인가." 하였다.

◗◖이이를 사간원 대사간으로 삼았다. 이이가 전에 병으로 승지를 사직하였더니 얼마 안 되어 대사간을 시켰다. 이이가 사직하며 아뢰기를,

"오늘날 기강의 퇴폐와 민생의 곤궁은 주상께서도 이미 자세히 알고 계시는 바이오나, 더욱 근심스러운 것은 주상께서 마음을 미루어 맡길 생각이 적고, 조정의 신하는 또한 일을 담당하여 몸을 바칠 뜻이 없다는 것입니다. 높은 지위의 관원은 속습대로 편안해하며 손을 움츠리고 방관만 하여 일의 성패를 되는 대로 내맡겨 두기만 하고, 낮은 지위의 관원은 건의하는 것은 있으나 더러는 과격하고 더러는 오활하여 실용에 적절하지 않습니다. 의논이 분분하여 통일된 것이 없기에 나라의 형편이 날로 하락하는 것이 마치 물이 아래로 내려가는 것 같습니다.

이러한 때를 맞아 위로 허물과 잘못을 바로잡고 아래로 경망스러움과 나태를 고치고 깨우치는 일은 오직 간관諫官에게 힘입어야 하는데, 진실로 재주와 도량을 겸비하고 지식과 사려가 명달한 사람이 아니면 이 책임을 감당하지 못할 것입니다. 신같이 엉성하여 잘못이 많고 병들어 잔약한 사람이 어찌 관직을 더럽히겠습니까. 속히 체직하여 주십시오."

하니, 상이 '합당하니 사양치 말라'고 하였다. 이이가 재차 사직하면서,

"신이 지금 사직하는 것은 형식으로 하는 것이 아니고 진정 감당하지 못하겠기에 그러는 것입니다. 신이 이제 앞뒤를 돌아보지 않고 품은 바 생각을 다 아뢰려고 한다면 엉성하고 어리석은 계책이 분명히 주상의 마음에 합하지 않을 것입니다. 시속의 폐습에 따라 작은 일이라도 낱낱이 들추고 남의 오랜 악행이나 집어내어 책임을 메우고자 한다면 이것은 또 간언하는 신하의 대체가 아닐 것입니다.

　그렇다고 아무 말도 하지 않고 지위만 가지고 길에서 '물렀거라'만 하고 다니고자 한다면 이것은 사실 본심이 아니옵니다. 반복해서 생각하여도 끝내 공직의 합당성을 얻지 못하고 이 때문에 걱정되어 먹고 자는 것이 불안하오니 체직을 명해 주십시오."

하니, 상이 사양하지 말라고 답하였다. 세 번째 아뢰기를,

　"신의 보잘것없음은 주상께서 이미 밝게 아시는데도 오히려 버리지 않으시고 중임을 맡기시니, 이것은 요임금이 '시험해 보라' 한 뜻입니다. 신이 직무를 맡은 뒤에 말이 시대의 흐름에 맞지 않고 계책이 실효가 없거든 물러나 쉬라고 명하시거나 물리치시어 맑은 조정을 길이 욕되게 마십시오."

하니, 상이 답하기를,

　"그대는 이 직임을 넉넉히 감당할 것이니 직분을 다하면 된다."

하였다.

▶◀ 의영고義盈庫[96]에 있는 황랍黃蠟 5백 근을 대궐 안으로 들이라 명하였는데, 외간에서는 황랍을 어디에 쓰는지를 알지 못했다. 어떤 사람은 불사에 쓰일 것이라 하였다. 사헌부와 사간원에서 들이지 말기를 청하였는데, 사간원의 계사에,

　"전하께서 황랍은 어디에 쓰시려 하십니까. 쓸 곳이 정당하다면 불가불 써야 하겠지마는, 만약 떳떳지 않고 옳지 못한 데서 나왔다면 그만두어야 할 것입니다. 그만둘 수 없다 하더라도 남용해서는 안될 것이오니, 세 번 생각하시어 쓰실 곳이 정당하면 곧 전하의 의도를 밝히

---

96) 궁중에서 쓰는 기름·꿀·과일·나물 등의 물품을 공급하던 호조 소속의 관아이다.

시어 사람들의 의혹을 풀어 주시고, 만약 명시할 수 없으시거든 황랍을 들이라는 명령을 거두어 주십시오."

하니, 상이 노하여 답하기를,

"대궐에서 쓰는 물건은 아랫사람이 물을 바 아닐 것인데, 감히 번거롭게 여러 말을 늘어놓으니 이 무슨 뜻이냐."

하였다.

)◀ 정이주鄭以周가 군적軍籍 경차관敬差官으로 경상도에 가서 조급하고 까다롭게 하여 오로지 수색에만 힘쓰고 백성의 고통은 생각하지 않았다. 또 익명서匿名書(무기명 투서)로 품관品官을 체포하여 한정閑丁[97]을 찾아내라 추궁하며 매질을 매우 혹독하게 했다. 또 무뢰한인 그의 서동생[庶弟]에게 수색하는 권리를 주어 뇌물을 마구 받아들였으므로 민간에 소동이 일어나고, 원망과 비방이 길거리에 가득 찼다.

사헌부에서 정이주를 논핵하여 파면시키고 다른 사람을 보내고자 하니, 집의 정지연鄭芝衍은 "명을 받들고 간 신하를 확증이 없는 뜬소문으로 논핵하여 파면한다면, 그것은 임금이 시킨 명을 중히 여기지 않는 결과가 되니 반드시 뒤에 폐단이 있을 것이다. 더구나 군적을 작성하는 것은 중대한 일로 거의 끝이 나고 있으니 일을 맡긴 신하를 가벼이 변동시키는 것은 불가하다." 하였다. 대사헌 심의겸 등이 완강히 쟁론하며 "이것은 뜬소문이 아니다. 정이주를 파면하지 않으면 백성의 원성이 더욱 심할 것이다." 하니, 정지연은 의논이 맞지 않다고 하여 사직하고 피하자, 심의겸 등 또한 사직하고 피하였다.

---

97) 16세부터 60세의 양민 장정 중에 군역이 부과되지 않은 자를 일컫는다.

　근래의 규례에 대간의 계사는 반드시 동료와 의논이 모두 합치된 뒤에 아뢰었으므로, 의논이 일치되지 않으면 서로 용납하지 못한다. 대사간 이이가 동료에게 "대간이 대단하지 않은 일로 서로 용납하지 못 하니, 그 폐단이 이미 오래 되었다. 지금 이 폐단을 고쳐야 할 것이다." 하고, 이어 아뢰기를,

　"심의겸·정지연 등은 근일의 상규로 보면 서로 용납 못할 듯합니다. 다만 사람들의 소견이 같지 않으므로 옳고 그름이나 흑백이 판연하다면 단연 용납할 수 없습니다. 하지만 한 가지 일의 논의가 합치되지 않는 것은 크게 상관이 없는 것이니 어찌 서로 용납하지 못하기까지 해야겠습니까. 전에 조종조에서는 대간이 각각 자기 뜻대로 아뢰어 의리의 소재만 볼 뿐이고 동료와 의논이 맞지 않는 것은 꺼리지 않았습니다. 남의 의견에 부화뇌동하고 구차스럽게 의논의 합치를 보는 것은 필시 말세의 버릇입니다.

　정이주가 조급히 날뛰고 각박하게 한 과실이며, 그 서동생이 뇌물을 마구 받아들이는 일은 유언비어에서 나온 것이 아니고 경상도 전체가 소란스러워 전란을 당한 것 같으니, 정이주를 파면하지 않으면 영남 천리의 인심을 위로하고 복종시킬 수 없게 될 것입니다. 심의겸 등이 논핵하고자 하는 것도 결코 잘못이 아니요, 정지연의 소견 역시 이치는 있으나, 정이주를 파면시키자는 쪽보다 밝고 바르지는 못합니다. 다만 이것은 한 의논이 합치되지 못한 데 불과할 뿐이요, 사邪와 정正, 흑과 백 같이 서로 용납 못하는 것에 비할 것은 아닙니다. 둘 다 관청에 나오도록 명하십시오."

하였다. 상이 답하기를,

"심의겸 등의 의논이 각각 같지 않으니 그 형세가 서로 용납하지 못할 것이다. 억지로 서로 용납하게 하면 나중에 폐단이 있을 것인데, 대간의 체통이 이와 같을 수 없다."

하고 허락하지 않았다. 이이가, '이것은 미미한 규칙일 뿐이다. 주상께서 융통성 없이 지키려 하니, 더욱이 원대한 도모를 바랄 수 있겠는가'라고 생각하고, 어쩔 수 없이 정지연의 체직을 청하니 상이 허락하였다.

❱❰ 사간원에서 의영고의 황랍이 이미 대궐로 들어간 것을 알고 계하기를,

"전하께서 쓰실 물품은 담당 관원이 바치지 않는 것이 없으며, 궁중에서 따로 그렇게 많은 밀랍은 쓸 곳이 없습니다. 이는 반드시 남에게 알릴 수 없는 삿되고 떳떳하지 못한 데에 나온 것입니다. 그러므로 신들은 주상께서 미혹된 데가 없지 않은지 근심하여 작은 것부터 예방하고 조짐을 막으려는 것입니다. 지금 황랍이 이미 대궐로 들어갔으니 논란하여도 어쩔 수 없습니다만, 예전에 사마광은 '내 평생의 한 일이 남에게 말하지 못할 것이 없다'[98]고 한 적이 있습니다. 지금 신들이 바로 전하께 정심正心과 성의誠意를 바라고 있던 차에 단지 이 한 가지 일을 보여 주지 않으시니, 전하께서 과연 홀로 마음대로 할 수 있는 자리에서 속마음에 대해 부끄러워하지 않을 수 있을지 모르겠습니다.

---

98) 중국 송나라 명재상으로, 『자치통감』의 편찬자였던 사마광(1019~1086)의 이 말은 『송명신언행록宋名臣言行錄』에 나오는데, 『소학』 「선행善行」에도 실려 있다.

지금부터라도 바르지 않은 공물은 들이지 마시고 주상의 마음을 청천백일같이 환하게 보이시어 신하들이 우러러볼 수 있게 하십시오."

하니, 상이 답하기를,

"의영고의 물건은 내가 가늠하여 쓰는 데 달려 있지, 신하들이 감히 말할 대상이 아니다. 예전에 양 무제가 입이 써서 꿀을 찾았으나 얻지 못하였다 하더니,[99] 지금 또 그와 같은 일을 볼 줄은 몰랐다. 요즘 일이 이 지경이니 어찌 마음이 통탄하지 않겠는가."

하였다. 상이 갑자기 어울리지 않게 이러한 하교를 내리니 사람들이 매우 놀라워했다. 이이가 동료들을 데리고 대궐로 나아가 사직하고 아뢰기를,

"어제 하교를 받아 보니 말씨가 지나치게 엄하여, 신 등을 후경侯景에게까지 비하셨으니 신 등이 황송하고 송구하여 견딜 수 없습니다. 전傳에 이르기를 '창고의 재물은 임금의 재물 아닌 것이 없다'[100] 하였으니, 의영고의 물품은 전하의 소유입니다. 전하께서 바르게 쓰기만 한다면 신하들은 언제나 전하의 뜻을 받들 터인데 어찌 감히 한마디

---

99) 양 무제 재위 48년 중 그 전기는 남조南朝의 성세였으나 만년에는 불교를 숭상하여 정치가 부패했다. 그래서 후경侯景이 반란을 일으켰는데, 이를 막으라고 보낸 무제의 조카 정덕正德이 후경과 내통했다. 양 무제는 후경에게 유폐되어 음식도 마음대로 먹지 못했으며, 이로 말미암아 화병으로 정거전淨居殿에 누워 있었다. 무제가 입이 써서 꿀물을 찾았으나 끝내 얻어먹지 못하고 죽었다. 『남사南史 권6 양본기梁本紀 상』

100) 『대학』에 "윗사람이 인仁을 좋아하는데 아랫사람이 의義를 좋아하지 않는 자가 있던 적이 없으니, 아랫사람이 의를 좋아하고서 그 임금의 일을 마치지 못하는 경우가 없으며, 창고의 재물이 임금의 재물이 아닌 경우가 없다[未有上好仁, 而下不好義者也, 未有好義, 其事不終者也, 未有府庫財非其財者也]." 하였다.

라도 참견하겠습니까. 바르게 쓰지 못해 임금의 거조가 이제 불법으로 기운다면 의영고라도 이의를 제기해야 하는데, 더구나 언관이 어찌 침묵할 수 있겠습니까.

근래 외간에 전파되는 말이, 누구는 불상을 만든다 하기도 하고, 누구는 불사佛事를 일으킨다 하기도 하여, 듣는 사람들이 반신반의하고 있을 터에 마침 수은과 황랍을 들이라는 명령이 내려와 인심이 더욱 의아해하고 있습니다. 신 등이 이 말을 듣고 어찌 걱정하는 마음이 없겠습니까. 다만 성상의 학문이 고명하시어 이교異敎에는 현혹되지 않으실 듯하기에 꼭 그러하리라고는 믿지 않습니다. 지금 감히 여쭈었던 것은 성상께서 현혹되신 데가 없음을 밝히어 사람들의 의혹을 끊으려던 것입니다. 전하께서는 다만 내심 반성하시어 이런 일이 있으면 고치시고 없으면 더욱 힘쓰실 뿐인데, 이렇게까지 비밀로 숨기고 준엄하게 거부하는 것은 무슨 까닭입니까.

옛날 순임금이 칠그릇을 만들 때 반대하던 사람이 10명이나 되었고,[101] 무왕武王이 포어鮑魚를 즐기자 태공太公이 포어를 식사로 올리지 않으면서 '예에 포어는 제사상에 올리는 것이 아닙니다'[102] 하였으니, 이것이 어찌 사랑과 공경이 부족해서 그렇게 하였겠습니까. 충신은 덕으로 임금을 사랑하고 예법으로 임금을 공경하나니, 비위나 맞추고

---

101) 옛날에 순임금이 칠기漆器를 만들자 간하는 자가 10여 인이나 되었는데 순이 이를 듣고 바로 중지하였다고 한다. 『정관정요貞觀政要 구간求諫 제4』

102) 포어는 젓갈이라고도 하고 전복이라고도 한다. 무왕이 태자로 있을 때 부친 문왕文王이 태공망太公望을 태자의 사부로 삼았다. 태자가 포어를 좋아하였는데 태공망이 포어를 태자에게 주지 못하게 하면서 한 말이다. 『신서新書 권6』

명령대로 순순히 따르는 것은 도리어 사랑과 공경에 해가 되기 때문입니다. 말 한마디를 순순히 따르지 않았다 하여 전하께서 별안간 진노하시며 마음이 아프다는 말까지 하셨으니, 어찌 순임금의 신하들과 강태공의 일을 통하여 스스로 반성하지 않으십니까.

아! 비위나 맞추고 명령대로 순순히 따르는 태도가 부족하여 오직 말대로 따르고 거스르지 않는 것을 전하께서는 마음 아파하시지만, 신들은 위로 허심탄회하게 충언을 받아들이는 도량이 없고 아래로는 충직한 신하의 보좌가 없어 나랏일이 날로 잘못되어 시들해지고 퇴폐하여 수습할 수 없는 것을 마음 아파하고 있습니다. 아, 괴이합니다. 신 등이 천박하고 용렬하여 정성이 위로 통하지 못하니, 신 등을 쫓아내시어 신하로서 임금에 대한 사랑과 공경이 부족한 사람들을 깨우쳐 주소서."

하니, 상이 더욱 노하여 답하기를,

"지금 계사를 보니 더욱 하나의 웃음거리도 되지 않는다. 설령 이교를 받든다 하더라도, 옛날부터 전해오는 불상이 많은데 새로 만들어 무엇하겠는가. 어느 사람에게 들었는지 모르겠는데, 내가 잡아다 국문하여 밝힐 것이다. 이번 일을 통하여 더욱 인심이 경박하다는 것을 알았다. 이래서 내가 이 세상에 마음이 없고 일을 해 보고자 하는 데 뜻이 없다. 이미 유시하였으니 번거롭게 하지 말라."

하였다. 사간원에서 두 번째 아뢰기를,

"지금 상의 비답을 받으니 더욱 지극히 황송하고 의혹스럽습니다. 전파된 말이란 한 사람의 입에서 나온 것이 아닌데, 굳이 일일이 잡아

다 국문하는 것은 위衛나라 무당이 비방을 감시하게 하는 것[103]과 무엇
이 다르겠습니까. 전하께서 정당한 데 쓰셨다면 왜 훤히 보여 주어 신
하들의 의혹을 풀어 주지 않으십니까. 전하께서 이미 일할 의욕을 잃
으셨다면 신 등도 무슨 마음으로 낯을 들고 맑은 조정에 건의할 것이
있겠습니까. 신 등을 물리쳐 파직시켜 주십시오."

하였다. 상이 답하기를,

"내가 어찌 물음에 답하여 아랫사람에게 가볍게 여김을 당하고 후
일의 폐단을 열겠는가. 간관 중에 반드시 들은 사람이 있을 것이니 바
른대로 아뢰고 사직하지 말라."

하였다. 사간원에서 세 번째 아뢰기를,

"전파되는 말은 거리에서 전해지고 여항에서 나온 것이니, 거리와
여항의 사람들을 모조리 국문할 수 있겠습니까. 옛날에 비방해도 되
는 곳에 나무를 세워 나그네는 도로에서 비방하게 하고 장사치는 저
자에서 비방하도록 한 적은 있지만,[104] 밝은 왕이 그 비방이 근거 없는
것이라 하여 잡아다 국문하였다는 말을 듣지 못하였습니다. 신 등이
변변치 못하여 성상의 마음을 바로잡고 정도를 걷지 못한다 하더라

---

103) 주 여왕周厲王이 포학하고 사치하여 신하들의 간언을 듣지 않았다. 백성이 비
    방하자 위나라의 무당을 기용하여 비방하는 사람을 감시하여 보고하게 하고 보
    고하면 죽여 버리니 백성이 두려워하여 말도 하지 못하고 눈짓으로 얘기할 정도
    였다. 결국은 반란이 일어나 여왕을 습격하자 여왕이 체彘 땅으로 달아나 그곳에
    서 죽었다. 『사기 권4 주본기周本紀』

104) '비방하는 나무'란 뜻의 비방목誹謗木은 임금의 과실을 기록할 수 있도록 다리
    위에 세워 둔 나무로 순임금이 만들었다고 하며, '감히 반대의견을 제시하는 북'
    이란 뜻의 감간고敢諫鼓는 간언하고자 하는 사람들이 칠 수 있도록 궁문에 설치
    한 북으로 요임금이 만들었다고 한다. 『회남자 주위훈主衛訓』

도, 어찌 차마 겁을 먹어 영합하려고 죄 없는 사람들을 끌어대어 임금을 옳지 못한 곳에 빠지게 하겠습니까. 전하께서 단지 신 등을 망언한 죄로 다스리면 충분한데, 하필 위엄을 세우고 입을 막아 사방의 보고 듣는 이들을 놀라게 하십니까.

아! 지금 임금의 덕은 날로 높아지고 선비의 습속은 날로 시들시들 해지니 묵은 폐단은 개혁할 기약이 없고 뜻밖의 새로운 근심이 생겨나니, 설사 주운朱雲과 급암汲黯[105]이 관직에 있으면서 날마다 충직한 말을 하더라도 시사를 바로잡을 가망이 없습니다. 더구나 천박하고 용렬한 신 등이 만에 하나라도 보탬이 될 수 있겠습니까. 신 등이 현명하신 성상의 신뢰를 받지 못하고 진노와 문책을 당하였으니, 크게 언관의 체면을 잃어 마침내 부끄럽게 재직할 수 없게 되었습니다. 파직시켜 주시기를 청합니다."

하였다. 상이 답하기를,

"감히 들은 사람을 숨기고 번다한 말로 막으려 드니 이것이 과연 숨기지 않는 도리인가. 속히 바른대로 아뢰고, 더군다나 사직할 것까지는 없다."

하였다. 사간원에서 네 번째로 아뢰기를,

---

105) 주운은 한 성제漢成帝 때 직언을 하던 신하였다. 성제에게 상방尙方의 참마검 斬馬劍을 청하며 간신의 머리를 베겠다고 하니, 성제가 누구냐고 물었다. 안창후安昌侯 장우張禹라고 대답하자, 성제가 크게 노하여 이르기를, "면전에서 나의 스승을 욕하니 죽어 마땅하다." 하고는 어사御史에게 끌어내리도록 하였다. 주운이 난간을 붙잡고 간쟁하여 난간이 부러졌는데, 후일 성제는 그 난간을 고치지 말도록 했다. 『한서 권67 주운전朱雲傳』 급암은 한 무제漢武帝 때 직언을 하던 신하였다. 간쟁을 서슴지 않아 무제로부터 사직지신社稷之臣이란 칭찬을 받았다. 『사기 권120 급암열전汲黯列傳』

"전파된 말은 전하께서도 그 말이 나온 근원을 캐기 어렵다는 것을 모르지 않으면서 이렇게 곤란할 정도로 물으시는 것은 신 등을 가볍게 보고 우레 같은 위엄으로 꺾어 장차 직언의 길을 막으려는 것에 불과합니다. 들은 것이 있으면 반드시 아뢰는 것이 숨기지 않는 도리이지만, 만일 굳이 말의 근원을 지적한다면 이것은 위엄을 겁내어 비위를 맞추는 것이지 숨기지 않는 도리가 아닙니다. 전하께서 어찌 신 등을 속히 파면하지 않고 중요한 지위에 두고는 다그쳐 물음으로써 언관을 대우하는 체통을 손상하십니까. 파면해 주기를 청합니다."

하니, 상이 답하기를,

"애매하게 경솔히 아뢰기만 하고 물으면 숨기니, 이것이 과연 충직한 도리인가. 『주례』에 조언造言의 형[106]이 있으나, 지금은 일단 용서하니 사직하지 말라."

하였다. 사간원에서 다섯 번째로 아뢰기를,

"대간은 들은 것이 있으면 전파되어 나온 말이라도 감히 아뢰지 않을 수 없으니 이것이 군주를 섬겨 숨기지 않는 도리지만, 임금은 말을 들어 보아서 그런 일이 있으면 고치고 없으면 더욱 노력하되 말의 근원을 추궁하지 아니하니 이것은 언관을 예로 대하고 충간의 길을 널리 열어 주는 것입니다. 만일 전파된 말의 근원을 반드시 추궁하고 간관에게 말을 만든 죄를 내리면 신하들은 감히 말을 꺼내지 못하고 그 결과 임금의 총명은 날로 가려질 것이니, 이것이 한마디 말로 나라를

---

106) 조언은 없는 말을 지어내는 죄로, 주周나라에서 제정한 여덟 가지 형벌 중 하나이다. 여덟 가지 죄란 불효不孝, 불목不睦, 불인不婣, 부제不弟, 불임不任, 불휼不恤, 조언造言, 난민亂民을 말한다. 『주례 지관地官 대사도大司徒』

잃는다는 경우가 아니겠습니까. 전하께서 이미 신들이 말을 지어냈다고 의심하신다면 신들이 말한들 끝내 신뢰를 받을 수 있겠습니까. 결코 재직할 수 없사오니 속히 파직을 명하소서."

하니, 답하기를,

"사직하지 말라."

하였다. 이때 홍문관과 사헌부에서 차자를 올려 사간원의 계사에 대한 비답이 온당치 못함을 논했고, 승정원에서도 그 문제로 여러 번 계달하였다. 이때 귀인 김씨가 후궁 중에서 가장 총애를 받았는데, 아들을 위하여 복을 비느라 불사를 일으켰으나 상의 마음은 이교를 믿지 않았으므로 그처럼 말이 준절하였던 것이다. 이이가 이 일로 상이 마음속으로 사람을 가볍게 여기고 있음을 알아보고 물러날 뜻이 있었다.

◗◖ 좌의정 박순이 병이 있다고 다섯 번째 사직하니 체직을 명하였다. 승정원에서 체직시키지 말라고 세 번이나 아뢰었으나 받아들이지 않았다. 이때 영의정 이탁도 병으로 나오지 않고, 노수신이 홀로 정승 자리에 있었다.

◗◖ 상이 친히 군사를 검열하려고 하는데 종묘의 여름에 올리는 큰제사 날짜가 박두하여 제관祭官을 많이 차출한 결과 장수와 병졸이 부족하였으므로 정지하였다. 상이 경연에 나왔다. 노수신과 입시한 신하들이 박순을 체직시키는 것이 온당치 않다고 아뢰었으나, 상이 모두 답하지 않았다. 대사간 이이가 나와 아뢰기를,

"군사를 친히 검열하시는 것을 폐한 지 오래이니 그만둘 수는 없습니다. 다만 신의 생각에는 먼저 능을 참배하신 뒤에 친히 군사를 검열

하심이 좋을까 합니다. 강릉康陵(명종의 능)의 침각寢閣에 불이 난 뒤로
아직 친제親祭를 못 드렸으니 어찌 미안하지 않겠습니까."

하였다. 상이 이르기를,

"전에도 능을 참배하려 하였으나 신하들이 만류하여 못하였다."

하니, 이이가 아뢰기를,

"행차하실 때 도로를 대대적으로 수축하고 교량을 크게 설치하여
인민에게 폐를 끼치기 때문에 신하들이 정지하도록 청한 것입니다.
신의 생각으로는 도로와 교량은 간략히 수리하여 백성의 물력을 상하
지 않는 것이 옳을까 합니다."

하였다. 신하들이 보고가 끝난 뒤에 이이가 병이 많아 종사할 수 없는
형편을 아뢰고 물러나 조섭하겠다고 청하니, 상이 이르기를,

"병이 그렇게 심하면 또한 할 수 없는 일이니 은거하는 것이 가장 좋
다. 옛 시에 '귀를 씻어 세상일을 듣지 않고, 푸른 솔 벗 삼아 사슴들과
어울려 논다' 하였으니, 은거가 어찌 즐거움이 아니겠는가."

하였다. 이이가 아뢰기를,

"전하께서 은거의 즐거움을 말씀하시지만, 신은 그렇지 않습니다.
옛날 은사隱士들은 임금과 접촉이 없어 군신君臣의 정분이 없기 때문
에 서로 잊을 수도 있고, 또 건강한 몸으로 병이 없이 좋은 산 맑은 물
에 정취 있게 노닐기 때문에 즐거움이 있었습니다. 하지만 신의 경우
는 깊이 은덕을 받았으므로 아무리 시골에 파묻힌다 한들 마음은 임
금의 생각뿐일 것이고, 또 병으로 늘 신음할 것이니 은거한들 무슨 즐
거움이 있겠습니까. 다만 하는 일 없이 자리만 차지하고 있기 어려우

므로 할 수 없이 물러나는 것입니다."

하였다. 대사헌 심의겸과 승지 홍성민, 수찬 허봉 등이 나아가 상의
하교가 온당하지 못하다고 하면서 말하기를,

"'귀를 씻는다'는 구절은 군신의 의리가 없어 시의 의미가 좋지 못합
니다."

하니, 상이 이르기를,

"나더러 만류하지 않는 것이 잘못이라면 옳거니와 그 시야 무슨 흠
이 있는가."

하였다.

▶◀ 우의정 노수신이 박순을 유임시키자고 세 번이나 아뢰었으나 상
이 허락하지 않았다.

▶◀ 사간원에서 상소하여 학문에 힘쓰시고 어진 신하를 가까이하시기
를 청하니, 더욱 유념하겠다고 답하였다.

4월 이이의 사직

성혼이 소명을 받고 서울로 향하다가 도중에 병이 나서 도로 돌아
갔다. 경기 관찰사가 그 까닭을 보고했으나, 상은 다시 부를 의향이
없었다. 상의 마음은 사람을 싫어하였고, 성혼도 사간원에서 황랍 때
문에 상의 뜻에 거슬린 사실을 알았으므로 마침내 오지 않았다.

▶◀ 중국에서 장전자長甸子에다 진보鎭堡를 만들었다. 이곳은 의주에서

황랍 사건이 내포한 시대상

　의영고에 있는 황랍 5백 근을 대궐 안으로 들여 오라는 선조의 명으로 시작된 황랍 사건은 사소한 듯하면서도 함의가 깊다. 황랍은 벌집을 만들 때 벌이 분비하는 물질로, 진상품 중의 하나였다. 문제는 이 일을 놓고 외간에서 불상을 만든다, 불사佛事를 일으킨다는 말이 퍼진 데에 있다. 사간원 등에서 예민하게 반응했던 것은 바로 이 대목이었다.

　'사찰'에서 '서원'으로 지식인 사회의 중심이 이동하는 양상이 가시화된 시기가 중종~명종 무렵이었다. 대표적인 사례가 소수서원紹修書院이다. 소수서원은 지금의 경상북도 영주시 순흥면에 세웠다. 주세붕周世鵬(1495~1554)이 1542년(중종 37)에 풍기 군수로 재임하면서 안향安珦(1243~1306)의 사당祠堂인 회헌사晦軒祠를 세우고, 이어 주자의 「백록동학규白鹿洞學規」를 본받아 1543년에 백운동서원白雲洞書院을 설립했다. 이어 백운동서원은 1550년(명종 5) 2월 풍기 군수였던 퇴계의 요청에 따라 소수서원이라는 명종 친필의 사액賜額을 받았다. 이 백운동서원이 서원 건립 운동의 효시로서, 이후 서원 건립의 모범적인 사례가 되었다.

　이러한 중심의 이동은 사찰 경제의 비대화로 인한 소농 경제의 붕괴와 국가 수입의 감소 등 현실적 폐해를 극복하려는 조선 건국 이래 이어진 노력의 결과였다. 조선 초기에는 정부가 성균관과 향교를 두어 공교육을 정착시키려 했지만, 성균관에서 공부하려는 학생들도 없었고, 향교에 파견할 교수도 부족하였다. 대개 개인적으로 스승을 찾아가 배우거나, 끼리끼리 세미나를 하면서 성리학을 공부하였다.

한편 서당의 건립을 통하여 초등교육을 담당하는 등 여러 가지 변화도 수반되었다. 혁파된 사원전寺院田, 사찰 시설과 농민은 관청 시설이나 향교의 기반에 흡수되었다. 조선 초기 경연의 역사학 강의에서 불교의 현실적 폐단과 불교 이론 체계에 대한 비판이 집중적으로 이루어졌던 것도 이런 맥락에서 이해할 수 있다.

그런데 조선 초기뿐 아니라 이황 당시에도 보우普雨가 권세를 부리고 있었다. 그래서 조목趙穆이 척불斥佛 상소를 올리는 등 불교 비판은 당시에도 여전히 중대한 현안이었다. 더구나 보우는 정치권력을 좌우하던 명종의 어머니 문정왕후를 배경으로 삼고 있었다. 선조 때에 이르러 가까스로 불사를 벌이는 우려는 벗어났는데, 또 불사 이야기가 나오니까, 사류들은 멀리는 고려, 가까이는 명종대 보우를 떠올리지 않을 수 없었을 것이다.

그나저나 궁금하다. 그토록 사용처를 밝히라는 신하들의 추궁이 이어졌음에도 불구하고 선조는 "대궐에서 쓰는 물건은 아랫사람이 물을 바 아닐 것인데, 감히 번거롭게 여러 말을 늘어놓으니 이 무슨 뜻이냐."라고만 할 뿐 정작 명확한 답변을 하지 않았다. 그러니 율곡이 "전하께서 바르게 쓰기만 한다면 신하들은 언제나 전하의 뜻을 받들 터인데 어찌 감히 한마디라도 참견하겠습니까."라고 되물을 수밖에 없었던 것이다.

　귀인貴人 김씨金氏가 아들을 위해 복을 비느라 불사를 일으켰다고
한다. 1574년(선조 7)의 귀인 김씨니까 나중에 공빈恭嬪이 되는 인물
이다. 광해군의 생모인데, 아직 광해군은 태어나기 한 해 전이고, 임
해군이 세 살 때의 일이다.

20여 리인데 거주민이 압록강까지 밀려오게 되었다. 대사간 이이가 동료에게 "중국 사람이 우리 인민과 섞여 살면 후환이 많을 것이다." 하고, 이어 아뢰기를,

"중국에서 진보를 만들고 차차 개간하게 되면 장차 우리나라 사람들과 섞여 살게 되고 닭, 개 소리가 서로 들리며 물화가 상통하면 간사한 자의 농간과 분쟁의 폐단으로 반드시 사단을 일으킬 것입니다. 더구나 기근이라도 이어지면 분명 우리나라 지경으로 침입해 올 것이며, 국경 안으로 흘러 들어오고 만주족들이 침략할 경우 반드시 원군을 청하고 화를 전가하여 후일의 근심이 정말 클 것입니다. 특별히 사신을 보내 중국에 간절히 말하여 그것을 그치게 하십시오."

하였다. 상이 답하기를,

"중국에 말하는 것은 내 생각에 어려울 것 같으나, 대신과 승정원에서 의론하여 처리하라."

하였다. 이때 조정의 의견이 모두 "중국에서 진보를 설치하는 것은 우리가 말릴 수 없는 일이고 우리나라에도 매우 편리하니 어찌 정지시킬 것인가." 하면서, 사간원의 그릇된 계사라고 비웃었는데, 그 뒤에 점점 가까이 침입하여 경작해 들어와서 결국 평안도의 근심거리가 되었다.

▶◀여성군礪城君 송인宋寅이 이이를 보고 묻기를,

"좌의정 자리가 비어 주상께서 정승을 택하라는 명이 내렸다는데 누가 인망에 적합하겠습니까?"

하니, 이이가 말하기를,

"반드시 예전의 정승이 될 것입니다."

하였는데, 예전의 정승이란 홍섬과 박순을 지목한 것이다. 송인이 말하기를,

"만일 예전 정승이 갈리게 되면 누가 대신 될 것입니까?"

하니, 이이가 답하기를,

"현재 명망이 있는 사람은 듣지 못하였으니, 반드시 관직 차례대로할 것입니다."

하였다. 송인이 묻기를,

"계진季眞 같은 이가 전에 정승의 물망에 오르더니 지금 어찌 아무말이 없는지요?"

하니, 이이가 답하기를,

"계진季眞[이후백], 자응子膺[노진]이 사림의 명망은 약간 있으나 정승자리에 합당한지는 알 수 없고, 중회重晦[김계휘]는 정승의 명망은 없으나 계진보다는 나을 것이라고 생각합니다."

하였다. 송인이 묻기를,

"세 사람이 정승이 되면 무슨 사업이 있을까요?"

하니, 이이가 답하기를,

"계진은 국량이 좁고, 자응은 둔하며, 중회는 익살스러운 사람이라모두 유능하지는 못하나 다만 사림을 해하지는 않을 것입니다."

하였다. 심의겸이 묻기를,

"상지尙之[강사상]가 아마 먼저 정승이 되지 않을까요?"

하니, 이이가 웃으며 말하기를,

"상지는 순하고 말을 안 하여 아무 시비가 없으니 정작 지금 정승에 합당합니다."

하였다. 그 뒤에 이후백, 노진이 잇달아 죽고, 김계휘는 사림과 틀어졌으며, 강사상은 과연 정승이 되었다.

◗◖ 홍섬이 영의정이 되고 이탁이 좌의정으로 옮겼다. 사림에서는 박순이 다시 정승이 되기를 바랐으나 홍섬이 정승이 되니, 모두 실망하였다.

◗◖ 대사간 이이가 병으로 사직하였는데 다시 우부승지를 시키니, 병으로 사직하고 고향으로 돌아갔다. 이산해李山海가 이이에게 말하기를,

"그대가 물러나고자 하면 병을 이유로 사직하면 그뿐이지 하필 경연에서 계달하는가?"

하니, 이이가 답하기를,

"단지 병상만 아뢰기는 모호한 듯하여 그리하였다."

하였다. 이산해가 말하기를,

"그대가 출처를 의리에 따라 했으니, 형세로 보아 조정에 있을 수 없을 것이다. 나 같은 사람은 이미 세속 모양대로 자처하니 단지 자리만 보전할 뿐이다."

하였다. 최영경이 이이에게 말하기를,

"그대가 너무 서둘러서 퇴거를 결정하는 것 아닌가?"

하니, 이이가 답하기를,

"반년이나 머뭇거렸으니 어찌 서둘지 않겠는가."

하였다. 최영경이 또 말하기를,

"자기 처신은 이렇게 하는 것이 당연하겠지만, 시사를 어찌하려는 가?"

하니, 이이가 답하기를,

"자기 처신을 다하지 못하고도 시사를 구할 수 있는 사람은 없다."

하였다. 이이가 입시할 때마다 간곡하게 진달한 것이 많았다. 노수신 이 다른 사람에게 말하기를,

"이이가 경연에서 상이 듣기 싫어하는 말을 많이 하니 일을 일으킬 까 염려된다. 내가 말리고자 하나 서로 알지 못하는 사이라 그러지 못 한다."

하였다. 이이가 이를 듣고 말하기를,

"내가 물러가면 말이 없으리니 소재蘇齋[노수신의 호]의 근심이 없어 지겠지. 자기는 말을 못하면서 타인이 말하는 것까지 못하게 하는군. 평소 글을 읽은 사람인데 어찌 소견이 이와 같은가."

하였다. 이이가 한수에게 묻기를,

"소재는 어떤 인물인가?"

하니, 한수가 답하기를,

"문학을 잘할 뿐 아니라 기예도 있다. 그러나 정승의 재질로는 극히 졸렬하니 괴이한 일이다."

하였다. 이이가 말하기를,

"정승의 재질이란 기예로 보는 것이 아니다. 옛사람은 변란을 겪고 어려운 일을 경험할수록 기절氣節이 더욱 강건해졌는데, 소재는 그렇

지 못하다. 20년 귀양 끝에 기절이 소진되었다."

하였다. 정철이 이이가 관직을 그만두었다는 말을 듣고 "상이 귀를 씻는 구절을 외우셨다면 다음 날로 곧 떠날 것이지." 하였다. 이이가 듣고 말하기를, "계함季涵[정철의 자]의 말이 지나치다. 내가 조정에 있어도 도움이 되지 않으므로 사퇴한 것이지, 어찌 그 시 때문에 물러나기로 결심하였겠는가. 상이 그런 시를 외웠다고 다음 날로 곧 떠난다면 이는 발끈하는 소장부의 일이지 나의 심사는 아니다." 하였다.

박순이 이이의 퇴거를 듣고 편지로 만류하니, 이이가 편지 끝에 두보杜甫의 시를 인용하여 "안위는 대신이 알아서 할 일인데, 무엇 때문에 꼭 눈물 길게 흘리리오[安危大臣在, 何必淚長流]."라고 썼다.

◗◖ 김우옹이 이이를 작별하며 자신도 돌아갈 뜻이 있다고 하니, 이이가 옥당은 간관과는 다르니 억지로라도 더 있어 보라고 하였다. 김우옹이 경연에서 병이 많다고 아뢰고 고향에 가서 조섭하기를 청하니, 상이 이르기를,

"경이 무슨 병이 있는가? 내가 약을 지어 주겠다. 고향을 생각하는 것은 인정상 그러할 것이다. 한번 다녀오라고 허락하지 않으면 견디기 어려울 것이다. 내가 휴가를 줄 것이니 다녀오라."

하였다. 김우옹은 경연에서 하는 말이 간절하여 들음직했으나 거슬리는 말이 없었으므로 상이 오히려 소중하게 돌보았다.

5월 유생들의 정업원 폐지 요청

자수궁慈壽宮[107]의 여승이 중전의 명령으로 금강산에 가서 불공을 드
리다가 담당 관리에게 규찰당하여 회양옥淮陽獄에 갇혔다. 이에 관학
유생들이 상소하여 정업원淨業院[108]을 폐지할 것을 청하고, 또 황랍의
쓰임새가 바르지 않다고 말하니, 상이 너그럽게 받아들이며 황랍은 불
공드리는 데 쓴 것이 아니라고 답하고, 전에 대궐로 들였던 황랍을 해
당 관청으로 돌려보냈다. 상이 전일 간관을 꺾었던 잘못을 후회하였으
므로 학생들의 상소에 너그러이 답하고, 황랍을 도로 내보낸 것이다.

6월 가뭄 구제를 위한 사면 논란

크게 가뭄이 들자 죄인을 소방疏放(관대하게 처결하여 풀어줌)하라 명
하였다. 우의정 노수신이 건의하기를,
"원통한 기운이 재앙을 불렀습니다. 김여부金汝孚·김진金鎭·이명李

---

107) 원래 세종의 후궁들 중 왕자를 낳지 못한 후궁들이 세종 사후에 거처하던 궁가
宮家이다. 당시에 선조의 후궁 김씨가 불교를 숭상하여 이곳에 여승을 거주시키
는 등 궐내 절로 사용하였다.

108) 고려와 조선 시대에 왕실 여성들이 출가하여 수도修道하던 사찰로, 창덕궁 후
원 뒤편에 있었으며, 명종대에는 인수궁 내에 설치된 불당을 정업원이라 부르기
도 했다. 조선 시대에는 수차례에 걸쳐 폐지되었다가 복설되었다. 정업원은 창덕
궁 인근의 특정 사찰을 지칭하는 이름이었을 뿐만 아니라 왕실 출신의 비구니들
이 머무는 사찰을 통칭하는 용어로도 사용되었다.

銘·임복林復 등이 오래 금고禁錮되어 원기가 쌓였을 것이니, 다시 서용하여 원기를 푸십시오."

하니, 상이 그 말을 좇았다. 그러자 삼사가 함께 일어나 이들을 서용하지 말라고 청한 지 여러 날 만에 상이 허락하였다. 김여부·김진·이명은 병진년(1556), 정사년(1557) 무렵에 윤원형에게 아부하여 김홍도金弘度·김규金虯를 공격하고, 그 화를 사림에 전가시키려던 자들이고,[109] 임복은 을사년(1545) 이후에 권력을 잡은 간신에게 붙어서 사림을 해치고 출세하려던 자이다.[110]

율곡 생각 가뭄과 메뚜기는 원통한 기운이 초래하였지만, 이른바 억울하다는 것은 죄 없이 당한 것을 말하는 것이다. 만일 죄로 인하여 배척당한 것을 모두 억울하다 한다면, 요임금 시대의 사흉四凶[111]을 귀양 보내고 죽이는 것 역시 원기가 되어 요임금 시대에도 재앙이 생기게 되었을

---

109) 1557년 김여부 등이 "김홍도는 아비의 상사喪事 때 여자를 가까이했다는 비난이 있었는데 개전의 정이 전혀 없었습니다. 장사를 지낸 후에는 늘 서울 집에 있으면서 동류들을 불러모아 오로지 장기와 바둑을 일삼았습니다."고 탄핵하였다. 또 김홍도를 옹호한 친구 김규도 탄핵하였다. 『명종실록 12년 5월 23일; 6월 21일』

110) 1548년 사관 안명세安名世가 이기李芑 등의 무함에 의해 처형된 뒤 윤결尹潔이 "그의 사필史筆은 무슨 일이건 정직하게 썼으며, 끝내 대죄大罪를 입었으니 참으로 안타까운 일이다."라고 했다는 능원위綾原尉 구사안具思顔의 밀계密啓가 있었는데, 거기에 임복이 간여했다고 한다. 『명종실록 3년 6월 24일; 7월 10일』 안명세는 을사사화 당시의 기록을 사초에 남겼다가 손홍적孫弘績과 함께 참수되었다. 『명종실록 3년 2월 14일』

111) 요순 시대의 악명 높은 네 부족의 우두머리로, 『서경』 「순전舜典」에 "공공共工을 유주幽洲에 유배 보내고, 환도驩兜를 숭산崇山으로 내쫓고, 삼묘三苗를 삼위三危로 귀양 보내고, 곤鯀을 우산羽山에 안치시켰다." 하였다.

것이다. 노수신이 정승으로 상의 우대를 받고 있으면서 재앙이 생긴 때를 당하여 한 가지의 계책도 보잘 것이 없고, 다만 죄인을 다시 서용하는 것으로 하늘에 응답하는 도리로 삼으려 하니, 지극히 무능한 사람이라 하겠다.

7월 승지와 대간의 대립

이발을 이조 좌랑으로 삼았다. 이발은 젊어서부터 학문에 뜻이 있고 마음이 구차하지 않아 자못 깨끗하고 좋은 명성이 있었다. 과거에 합격하자 이이가 당국자에게 힘껏 추천하였더니 관직에 나온 지 얼마 되지 않아 곧 요직에 있게 되어 인망이 매우 무거웠다.

◗◖좌의정 이탁이 병으로 사직하고, 다시 박순을 좌의정으로 삼았다.

우부승지 정지연과 동부승지 신응시가 언사 때문에 파면되었다. 이때 청송 부사靑松府使 박신원朴愼元은 이조 참판 박근원朴謹元의 아우이다. 박씨 집안이 성대하여 상당히 세력이 있었다. 박신원은 전에 수안 군수遂安郡守로 있었는데 세력을 빙자하여 한없이 탐욕을 부려서 소문이 서울까지 자자하게 들려왔다. 청송 부사가 되자 그 고을이 피폐한 것을 꺼려 부임하지 않으려 하였으나 죄를 당할까 염려하여 몰래 간관에게 부탁하여 아뢰기를,

"박신원은 병이 중하여 갈 수 없으니 체직하십시오."

하니, 정지연 등이 전에 박신원에게 병이 없는 것을 보았으므로 간관

이 그에게 속았음을 분명히 알고는 의분을 견디지 못해 아뢰기를,

"간관은 박신원이 비록 병이 있다 하나 신원은 사실 병이 없습니다."

하였다. 그러자 양사가 떠들썩하게 일어나 정지연 등을 공격하기를,

"승지가 어찌 대간의 말을 억누르는가."

하였다. 다만 대사간 이후백만은 말하기를,

"아무리 간관의 말이라 하더라도 잘못이 있으면 어찌 바로잡지 않을 수 있겠는가."

하였다. 양사는 논의가 일치하지 않자 인혐引嫌[112]하고 물러났다. 홍문관에서 처치하려 할 때 부제학 허엽 등이 "대간의 말은 옳건 그르건 간에 꺾어서는 안 된다." 하여, 마침내 이후백을 체직시키라고 아뢰었다. 조금 있다가 신임 지평 민순閔純과 정언 최황崔滉이 아뢰기를,

"박신원의 탐욕과 방종은 사람들이 다 아는 바이며, 그가 병이 없는 것도 모르는 사람이 없습니다. 지금 그 탐욕과 방종은 논박하지 않고 병이 있다고 말하는 것은 위로 임금을 속이고 남의 비위만을 맞추는 것이니, 간관도 파직시켜야 합니다."

하였다. 그들 또한 동료와 논의가 일치되지 않는다고 해서 인혐하고 물러났다. 홍문관에서 민순과 최황을 체직할 것을 아뢰니, 상이 답하기를,

---

112) 혐의를 댄다는 말인데, 관원이 혐의 있는 일의 책임을 자기에게 돌리는 것을 말한다. 주로 관리들에 대한 탄핵과 감찰을 맡은 사헌부와 사간원에서 자신과 관련 있는 일을 처리할 때 공정성을 보장하기 위한 제도이자 태도이다. 아예 혐의를 피하는 방식인 '피혐避嫌'도 있다. 인혐은 일반 관원 사이에서도 있을 수 있다.

"간관이 옳은 사람이 아니어서 소란을 초래하였다. 지금 민순과 최황의 계사를 보니 뜻이 바르고 말이 곧으니 세상에 사람이 없는 것이 아니로다. 옥당의 의견은 어찌 이리 옳지 못한가."

하였다. 허엽 등이 앞의 주장을 끝까지 고집하여 민순과 최황을 체직하게 하고, 양사가 끝내는 정지연과 신응시를 파면시키기를 청하였다. 정철이 이 사건을 듣고 "삼사는 국가의 공론을 잡는 것인데, 삼사가 모두 속이고 있으니 다시 무슨 말을 하겠는가." 하였다.

율곡 생각　대간이란 임금의 눈과 귀이다. 임금이 대간을 중하게 여기는 것은 대간의 말이 반드시 공론이기 때문이다. 만약 대간이 사사로운 인정을 가지고서 임금을 속이고 남의 비위를 맞춘다면 그 죄가 크다. 승정원은 후설喉舌, 즉 목구멍과 혀인 신하들이니 대간의 잘못을 지적하여 배척한들 어찌 의리에 해가 되겠는가. 공론이 있는 곳이라면 나무꾼이나 김매는 사람에 대해서도 소홀히 하지 못할 것이고, 사사로운 의도에서 나온 것이라면 만승萬乘의 제왕이라도 바로잡지 않을 수 없다. 지금은 말이 간관에게서 나왔으면 시비를 물론하고 모두 어찌할 수 없다는 것인데, 그러면서 임금의 과실을 바로잡으려 한다면 형편상 어찌 기대할 수가 있겠는가. 애석하다! 삼사의 관리들이 모두 식견이 없어 스스로 임금을 속인 죄에 빠졌도다. 나라의 공론을 주도하는 사람들의 말이 이렇게 뒤집혔으니, 시사가 바로잡힐 리가 있겠는가.

▶◀ 민순이 고양高陽에 살면서 도를 지키며 벼슬하지 않으니 학자들 중

에 추앙하는 사람이 많았다. 이때에 그가 지평이 되어 처음으로 공직을 하다가 바로 체직된 것이다.

▶◀ 전 홍문관 전한 오건吳健(1521~1574)이 죽었다. 오건이 물러난 뒤에 사림이 매우 애석히 여기자 반드시 다시 등용하고자 하여 연달아 시종侍從의 관직을 제배했으나 모두 사양하고 나오지 않았다. 고향에 산 지 3년 만에 결국 죽었다.

8월 포천 현감 이지함 사퇴

포천 현감 이지함이 벼슬을 버리고 돌아갔다. 이지함은 포천에 곡식이 적어서 민생을 구제할 수 없음을 걱정하고, 어량魚梁을 떼어 받아 고기를 잡아서 곡식과 바꾸어 고을 비용에 보태려 하였으나 조정에서 허락하지 않았다. 이지함은 본시 고을 수령으로 오래 있을 생각이 없었고 다만 놀이 삼아 했을 뿐이기 때문에 그런 일이 있자 곧 관직을 버리고 돌아갔다.

9월 이조 판서 정유길 논핵

이조 판서 정유길이 논핵당하고 체직되었다. 정유길은 옛 정승 정광필鄭光弼의 손자이다. 명문가 자제로 어릴 때부터 문장으로 명성이

있었고, 풍도 또한 어른의 기상이 있어서 박영준·김귀영에 비하면 월
등하게 달랐다. 그러나 임술년(1562, 명종 17) 이양이 세력을 빙자하여
날뛸 때 정유길이 대제학으로 있으면서 성품이 유약하여 스스로 서지
못하고 자못 이양의 뜻에 맞추며 이양을 대제학으로 천거하려 하였기
때문에, 사류가 오늘날까지 천시하다가 양사가 논박하여 이조 판서에
서 체직시켰다.

10월 김귀영의 비루함

이조 판서 박영준이 병으로 사직하고, 김귀영으로 대신하였다. 김
귀영은 탐욕과 비루함이 날로 심하였으나 여러 번 이조 판서가 되었
으므로 청의淸議가 괴이하게 생각하였다.

윤12월 의성왕대비의 병환

의성왕대비懿聖王大妃(명종의 왕후 심씨)의 병이 나으니 반찬을 전과
같이 올리고 백관을 시켜 하례하려 하였으나 얼마 되지 않아 다시 병
환이 있어 하례를 정지하였다.

김효원 편, 심의겸 편 >> 선조 8년 > 1575 _ 을해년

정월 의성왕대비상

임인일[초2일] ◗◖ 의성왕대비가 세상을 떴다. 상이 예를 다하여 애통
해하니 한 달이 못 되어 몸이 약해져서 지탱할 수 없게 되었다.

2월 공의왕대비의 식사 권유

삼공이 백관을 거느리고 일단 임시로 고기반찬을 드시라고 청하였
으나 여러 날이 지나도 허락하지 않았다. 공의왕대비恭懿王大妃(인종의
비 박씨)가 친히 가서 고기를 권하니 겉으로는 따르는 듯하였으나 실상
은 소선素膳(육류)이 없는 식사를 들었다.

3월 발인 날짜 확정

대행대비의 발인 날짜를 4월 17일로 정하였다. 상이 상여를 따르려 하자 삼공이 백관을 거느리고, 주상의 몸이 몹시 쇠약해졌으니 상여를 따라서는 안 된다고 아뢰었다. 그러나 여러 날이 되어도 허락하지 않다가 공의왕대비가 간청하자 상이 어쩔 수 없이 허락하였다.

4월 인순왕후 발인

홍문관 부제학 이이가 사은하고 사직하였으나 허락하지 않았다. 이이가 고향으로 돌아간 뒤에, 상이 자못 마음이 있어 승지와 간관의 직으로 불렀으나 모두 나가지 않았다. 그러자 황해도 관찰사를 시켰으나 1년이 못 되어 병으로 체직되니, 바로 부제학을 시켰다. 이이가 병을 치료하려고 서울에 와서 세 번이나 사직을 청하였으나, 상은 오히려 휴가만 주었다. 이이가 병이 나아서 사은한 뒤에 사직하며 아뢰기를,

"변변찮은 소신이 밝은 시대를 만나 안으로는 시종侍從, 밖으로는 관찰사를 지냈으나 실적이란 털끝만큼도 없었고, 단지 벼슬자리만 더럽혔습니다. 더욱이 잔약한 기질에 혈기가 쇠해가는 몸이라 물러가 시골에서 목숨을 마치는 것이 분수에 합당하겠으나, 마침 나라에 초상이 있어 놀랍고 망극한 때를 당하였으니 신하의 도리로 감히 물러갈 수 없으므로 몸을 끌고 상경하였습니다. 그러나 하늘같은 성은이

견책하지 않으시고 부제학을 시키시며 여러 번 휴가를 주시어 기어코 직무에 나오라 하시니 감격하고 황공하여 몸 둘 곳을 모르겠습니다.

경연관은 위로 임금의 덕을 보양하고 아래로 공론을 유지하는 것이어서, 하나의 직무나 하나의 간언하는 책임만 가진 다른 관리와 비교할 자리가 아닙니다. 더구나 지금 전하께서 상례에 정성을 다하여 슬픔과 예의가 아울러 지극하시어 효성의 실천이 사방을 감동시키고 있습니다. 조야에서 목을 늘이고 눈을 비비면서 '우리 임금의 효도가 백왕의 으뜸이 되니, 장차 반드시 이 마음으로 학문에 종사하시고 몸을 닦아 정치를 일으키시면 동방 만세의 정치 기틀이 오늘날 시작되리라' 하면서 슬픔과 기쁨이 아울러 극에 이르렀고 백성들은 바람에 쓸리듯 감복하고 있으니, 지금이 바로 전하께서 선善의 단서를 넓혀 덕을 진전시키고 학문을 닦을 하나의 큰 계기입니다.

장차 이것을 받들고 자문하여 참된 덕을 이루도록 도울 책임이 옥당에 있으니, 제일가는 인물을 선택하여 훌륭한 의견을 진달하고 잘못을 바로잡을 책임을 맡을 만한 사람으로 장관을 시켜 훈도에 보탬이 되도록 하여야 할 것입니다. 어찌 신같이 천박하고 경솔한 사람이 하루인들 그 자리에 있을 수 있겠습니까. 청컨대 신의 직책을 체직하시고 적임자를 가려 그 직책을 주십시오."

하니, 상이 답하기를,

"여러 번 휴가를 준 것이 어찌 그 뜻이 없었겠는가. 그대가 지금 관청에 나온다면 내 마음에 위안이 되겠다. 훌륭한 의견을 진달하고 잘못을 바로잡는 일은 내가 기대하는 바이니 사퇴하지 말라."

하였다.

을유일 ◗◖인순왕후의 발인이 있었다.

◗◖상께서 예관禮官에게 하교하기를,

"관을 내릴 시간에 백관을 데리고 능을 바라보고 곡하려 하는데, 이 예는 어떠한가? 예관은 대신과 의론하여 아뢰라."

하고, 또 승정원에 하교하기를,

"능에 망곡하는 예가 뒤로는 법이 될 것이다. 전에 없던 일이라 그 시작을 확실한 근거 위에 하지 않을 수 없을 것이니, 옥당에서 이것을 의논하여 아뢰라."

하였다. 부제학 이이 등이 아뢰기를,

"예禮에는 상도常道와 변례變禮가 있습니다. 몸소 산릉에 가시는 것은 상도이고, 병환이 있어 대행시키는 것은 변례입니다.『오례의』에는 다만 그 상도만을 말한 것이기 때문에 대행하는 절차가 없으니, 지송祗送·지영祗迎 등의 절차는 모두 임시로 대처하는 변례입니다. 현궁玄宮을 내릴 시간에 전혀 아무것도 하지 않는 것은 결례가 될 듯한데, 아마예를 논의하는 신하가 미처 아뢰지 못한 것인 듯합니다. 지금 주상께서 효도가 지극하시고, 상례를 당하여 모두 극진하게 하지 않는 것이 없었으니 하교하신 말씀이 참으로 예의 뜻에 합당합니다. 이것은 실로 변례에 처하여 예의 정도를 얻는 것이니, 후세에 전하여 길이 법이 될 것은 의심할 여지가 없습니다."

하니, 상이 알았으니 아뢴 대로 하라고 하였다.

병신일 ◗◖인순왕후를 장례 지냈다. 상이 대궐 마당에서 서울에 남아 있던 백관을 거느리고 능 쪽을 바라보고 곡하였다. 예의 절차가 끝났으나 상은 여전히 곡을 그치지 않았다. 승정원에서 만류하였으나 그치지 않으므로 대신이 들어와 아뢴 지 한참이 지나서야 곡을 그치니, 시위한 신하들이 비통해하지 아니한 사람이 없었다. 이날 반우返虞할 때에 상이 광화문 밖에 나와 맞고, 우주虞主[113]가 경모전敬慕殿에 들어선 뒤에야 상이 재전齋殿(왕의 여막)으로 돌아갔다.

5월 의례 논란과 서경덕 추증

상이 하교하기를,

"인순왕후께서 전일 조정에 임하여 청정聽政하였으니, 신하들이 3년상을 입는 것이 옳을 듯하다. 대신과 예관이 의논하여 아뢰도록 하라."

하였다. 이에 대사간 김계휘가 대사헌 유희춘에게 말하기를,

"이 일이 잘못 정해지면 쟁론하기가 매우 어려울 것이니, 처음부터 확실히 쟁론하는 것이 낫다."

하였다. 이어 양사 전원을 거느리고 복합伏閤[114]하여 아뢰기를,

"대왕과 왕후의 상례는 각각 정해진 예가 있으니, 지금 다시 의논할

---

113) 왕실에서 반우할 때에는 뽕나무로 신주를 만들고 소상에는 다시 뽕나무로 신주를 새로 만들어 세운다. 반우할 때 모셔온 신주는 우주라 하고, 소상 때 다시 모신 신주는 연주라 한다.

114) 나라의 중대사에 대궐 문 앞에서 엎드려 상소하던 것을 말한다.

필요가 없습니다."

하고는, 승정원에서 역계逆啓[115]하지 않는 것은 잘못이라고 하여 추고
하기를 청하였다. 상이 답하기를,

"다시 의논하지 말라. 다만 자공子貢은 3년상이 정해진 제도인 줄 알
면서도 공자에 대해 홀로 6년상을 입었으니, 사람의 소견이란 혹 같지
않을 수도 있는 것이다. 이 일로 인하여 양사가 함께 복합까지 할 것이
뭐 있으며, 또 무엇 때문에 굳이 승정원을 추고하라고까지 하는가. 너
무 과하지 아니한가."

하였다. 양사가 이에 물러나왔다. 이이는 양사가 합계하였다는 말을
듣고 말하기를,

"양사가 함께 복합하는 것은 사체가 중대할 때 하는 것인데, 이런
일로 양사가 합동으로 쟁론할 필요가 있는가. 문정왕후의 상례 때도
이런 논의가 있었다. 그때는 윤원형이 국정을 맡았을 때인데도 오히
려 3년상을 행하자는 건의가 없었는데, 더구나 지금에 있어서는 말할
것도 없는 것이다. 대신이 현명하면 반드시 예를 삼갈 것이요, 대신이
현명하지 못하면 자신부터 3년상을 꺼릴 것이다. 이런 의논은 전혀 염
려할 것 없는 일인데 중회重晦(김계휘의 자)가 경솔하여 성급히 양사를
합하였으니, 상의 하교가 지극히 당연하다."

하였다.

▶◀ 사헌부 지평 민순閔純이 상소하여 졸곡 뒤에 송 효종宋孝宗의 전례

---

115) 이의를 제기하며, 반대 의견을 아뢰는 일이다. 임금의 말이라도 잘못된 것은
승정원이 도로 올리는 것이다. 복역覆逆이라고도 한다.

를 따라 흰 의관으로 일을 보기를 청하니, 상이 대신과 예관에게 의논하라고 하였다. 영의정 권철과 영중추부사 홍섬은, 졸곡 뒤 사무를 보는 데 검은 관·검은 띠를 쓰도록 『오례의』에 실려 있으니 경솔히 변경할 것이 아니라고 하였다. 좌의정 박순과 우의정 노수신은 흰 의관으로 일을 보는 것이 바로 예의 뜻에는 합당한 것이나, 예를 변경하는 것은 아래 사람들이 천단할 것이 아니니 주상의 생각으로 판단하라고 하였다. 전교하기를,

"좌·우의정의 의견을 좇으려 하니, 예관은 두 공과 다시 논의하여 아뢰라."

하였다. 이에 홍문관에서 차자를 올려 흰 의관의 설을 따르도록 청하였고, 상은 고례古禮를 널리 상고하여 아뢰도록 명하였다. 상이 상례에 예를 다하려고 한 때문에 민순의 상소를 무척 가납하였으나, 유속에 물든 대신들 대부분은 좋아하지 않았다. 박순과 노수신이 2품 이상의 관원과 삼사 장관을 회합하여 어전 회의를 청하니 상이 허락하였다.

홍문관에서 고례를 살펴보고 인용하여 아뢰었는데, 그 대략에,

"꼭 선왕의 예법에 하나 없이 다 맞게 하려면 당초 상하가 모두 최질의 상복을 갖추어 『의례』에 있는 제도대로 하고, 별도로 포모布帽·포단령布團領·포대布帶를 만들어 사무를 볼 때의 복색으로 해야 할 것이나, 지금은 이미 효종 때의 제도에 의하여 흰색의 의·관·대로 사무를 보는 것이 고례에 가까울 것입니다. 현관玄冠·오대烏帶의 제도는 정리와 예의에 비추어 생각해 보면 지극히 온당치 못합니다. 송 고종 때 나점羅點이 이 제도를 건의하였는데, 그때 상례의 기강이 퇴폐하여 역월

易月(1년을 1달로 침) 뒤에는 순전히 길복吉服을 썼기 때문에, 나점의 이 의견은 오히려 하지 않는 것보다는 낫다는 취지였습니다. 주자의 「군신복의君臣服議」[116]에 변론이 상세하니, 어찌 주자의 의견을 따르지 않고 나점의 의견에 구애되겠습니까.

『오례의』를 찬정할 때에 참찬 허조許稠가 나점의 말을 인용한 것이 마침내 정론이 되었습니다. 당시에 예를 아는 유신儒臣이 없어서 선왕을 정례로 인도하지 못한 것을 지금까지 뜻있는 선비들이 개탄하여 마지않는 것이오니, 어찌 오늘날 또 다시 잘못을 저지르겠습니까."

하였다. 이때 어전 회의에서 2품 이상은 모두, "『오례의』는 조종 때에 찬정하여 행한 지 이미 오래된 것이니, 뒤를 잇는 왕이 경솔히 변경할 것이 아니다."라고 주장하였고, 삼사 장관 가운데 대사간 김계휘와 부제학 이이는, "상례를 고례대로 못한 지 오래이니 이 기회에 변통하여 고례에 가까운 예를 좇아야 할 것이다."라고 역설하였다. 대사헌 유희춘은 "조종의 전례를 준수하여야 한다." 하고 또, "임금의 거상은 사대부와 다른 것이다." 하였다. 김계휘가 유희춘에게 이르기를,

"부모의 상은 귀천 없이 한가지인데 임금의 거상이라고 해서 어찌 사대부와 다르겠으며, 또 같지 않다는 것은 어떤 전적에서 나왔소?"

하니, 유희춘이 말하기를,

"권덕여權德輿(당나라 중기의 재상)의 말에 그러합니다."

---

116) 주자는, "참최 삼년복은 아버지와 임금을 위하여 『의례』「상복」의 설대로 입는 것이다. 그 복제는 포관布冠·직령直領·대수포삼大袖布衫·포최布衰·벽령辟領·부판負版·엄임掩衽·포촌삼布襯衫·포군布裙·마요질麻腰絰·마수질麻首絰·마대麻帶·관구菅屨·죽장竹杖인데, 천자부터 서인까지 귀천에 따라 증감을 두지 않는다." 하였다. 『회암집晦庵集 권69 군신복의』

하였다. 김계휘가 말하기를,

 "공이 만 권의 책을 읽고도 소견 없이 권덕여의 말을 좇으려 하오?"

하니, 유희춘은 말이 없었다. 상이 뭇 신하의 의논이 마음에 상쾌하지 않아 좌·우의정에게 전교하기를,

 "사람들의 의논이 모두 조종이 행하던 예를 변경하는 것은 옳지 않다 하니, 내가 독단하기 곤란하다. 경들이 잘 알아서 처리하라."

하니, 박순과 노수신이 아뢰기를,

 "『오례의』에서는 대개 소색素色을 따랐고, 다만 현관玄冠, 오대烏帶만 색이 다를 뿐입니다. 지금 크게 변경하는 것도 아니요, 관대만 검은 것을 흰 것으로 고칠 뿐이니, 신들 뜻으로는 백색 관대를 좇음이 마땅하다고 생각합니다."

하였다. 상은 이 의논이 매우 마음에 맞는다 하고, 그 말을 좇았다. 이때 경대부卿大夫가 모두 속류라 정론이 매우 약했으나, 상의 마음이 굳게 예를 좇으려 하고 좌우 정승이 그 뜻을 받든 때문에 속론이 능히 성립되지 못하였다. 예조 판서 홍담이 『오례의』를 변경하는 것은 불가하다고 강력히 말하였으나, 상이 이미 흰 의관을 쓰는 의논을 좇으니, 홍담이 몹시 못마땅한 빛을 하고, "임금의 거상은 결코 사대부와 같은 것이 아니다." 하며, 이치에 맞지 않는 말을 많이 하였다.

 홍섬은 『오례의』가 변경된 것을 듣고 탄식하다가 울기까지 하며 말하기를, "오늘날 조종祖宗의 전례典禮가 변경되는 것을 볼 줄은 생각지도 못하였다." 하였다.

 이때 찬성贊成이 결원이었는데, 어떤 사람이

"누가 이상二相(찬성의 별칭)이 될 것인가?"

하니, 홍담이 말하기를,

"이이와 민순이 반드시 이상이 될 것이다."

하였다. 민순이 상소하고 이이가 그것을 극히 주장하였기 때문에 홍담이 분하고 질투가 나서 하는 말이었다.

율곡 생각 『오례의』에 정해진 상례를 한·당에 비하여 보면 훨씬 잘 되었다 할 수 있으니, 이 역시 동방의 훌륭한 예전禮典이다. 그러나 고례로 참작하면 어찌 미진한 것이 없겠는가. 지금 이것을 변통하여 옛 도를 좇으려 하는데 조정 신하들이 이처럼 따르지 않았다. 속류들이 옛 도를 좋아하지 않을 것은 이치와 형세로 보아 당연하니 이상할 게 없다. 그러나 지금의 상례도 『오례의』를 모두 준행한 것이 아니다. 졸곡 뒤의 사무 복색은 현관·오대였고 통상복은 백립白笠에 백대白帶로 하는 것이 『오례의』에 기재되었지만, 인종의 상사에 이기李芑 무리가 백립을 흑립으로 변경하였다. 그러나 그 당시에는 조종의 법을 변경시킨다 하여 탄식한 사람이 있었다는 말을 듣지 못하였거니와 그때 홍섬이 눈물을 흘린 일이 있었던가. 그렇지 않았다면 조종의 법을 변경하여 세속의 잘못된 예를 좇는 것은 해가 없고, 조종의 법을 변경하여 고례를 좇는 것만 해가 있다는 말인가. 속된 선비의 심사란 역시 이상한 것이다.

▶◀ 이이가 작년에 대사간으로 있으면서 서로 말이 합치하지 않아 물러났다가 지금 다시 관직에 나오니 친구들은 그 출처가 바르지 못하

다고 많이 의심하였다. 성혼이 사람들에게, 숙헌 같은 출처는 예전에는 없던 일이라고 하였다. 이이가 듣고 웃으며 말하기를, "출처는 하나의 단서만 있는 것이 아니니, 이윤(伊尹)이 다섯 번 나간 것[117]이 어찌 출처의 상도라 할 수 있겠는가. 나는 당초 정말 관직을 맡을 뜻이 없었다. 산릉의 일이 끝난 뒤에 물러나려 하였더니 마침 상이 여러 번 휴가를 주면서 체직하지 않으셨다. 또 상이 상을 치르는 중에 좋은 마음이 전과 다르게 발현되었으므로 일단 조정에 머무르면서 정성을 다하여 만에 하나라도 다행을 바라는 것이다. 군자가 세상을 잊으려고 결단하였다면 모르거니와, 이 세상에 뜻이 있다면 음(陰) 중에서 양(陽)이 나오려 하는 이때에 어찌 탈 수 있는 기회가 없겠는가." 하였다. 최영경과 김우옹만이 이이의 말을 옳다고 여겼다.

무신일 ▶◀ 상이 친히 졸곡제를 행한 후에 백포·백관·백대·백화로 환궁하고, 신하들의 옷도 모두 동일하게 하여 오랜 잘못된 규례를 한 번에 씻어 버리니, 식자들이 모두 옳게 생각하였다.

▶◀ 인순왕후가 편치 않았을 때 시녀가 요망한 무당을 대궐 안으로 끌어들여서 기도와 액풀이로 미혹을 일삼고 약은 쓰지 않다가 큰 변고를 초래하게 되니, 인심이 통분해하였다. 이른바 요망한 무당이란 선비의 딸로서 종실 요경(堯卿)의 처였다. 삼사가 함께 일어나 시녀와 무당의 죄를 다스리라고 청하니, 상이 허락하지 않고, "사실을 추궁하면

---

117) 탕왕이 재상 이윤을 발탁하여 다섯 번이나 하나라 걸왕에게 내보냈으나, 걸왕은 이를 받아들이지 못하고 보낼 때마다 되돌려 보냈다.

사람들의 말대로는 아닐 것이다." 하였다. 대간이 누차 아뢰니, 조옥
詔獄(의금부의 옥)에서 무당을 국문하라고 하였다.

▶◀ 특명으로 이후백을 형조 판서에 임명하였다. 이후백이 청렴하고
근실하게 공무를 본다고 대신이 천거하여 이 인사가 있었다. 이에 앞
서 상이 박순에게 묻기를,

"형조 장관은 매번 적당한 사람을 얻지 못하여 근심이니 경은 직차
의 고하를 막론하고 맡을 만한 사람을 천거하라. 낭관에 있는 사람도
상관없다."

하니, 박순이 대답하기를,

"주상의 교시가 이러하시니 참으로 감격스럽습니다. 신이 나가서
동료와 의논하여 천거하겠습니다."

하였다. 나온 뒤에 이후백을 천거하였기 때문에 특지로 관직에 임명
하였다. 어떤 사람이 이이에게 말하기를,

"좌상은 재주가 없다고 하겠다."

하자, 이이가 그 까닭을 물으니, 말하기를,

"대신이란 평소 권형權衡(저울, 판단)을 정하여 어떤 사람이 쓸 만한
지 알아야 되지, 어찌 상의 질문을 받고도 대답을 못한단 말인가."

하였다. 이이가 말하기를,

"자네 말이 옳다. 다만 인물을 천거할 때 각각 그 재주에 적합하게
하는 것은 옛 대신이 하던 일이고, 지금 대신은 그것을 하지 못하는 것
이다."

하니, 어떤 사람이 말하기를,

"지금 대신은 어디에 쓸까?"

하므로, 이이가 말하기를,

"일없이 팔짱이나 끼고 앉아 정승의 일은 못 하더라도, '기와나 깨고 벽을 긁어 놓는 것[毁瓦畫墁]'[118]보다는 나을 것이다."

하였다. 어떤 사람이 말하기를,

"그렇다면 기와를 깨지 않고 벽을 긁지나 않는 것이 지금 정승의 일인가?"

하니, 이이가 그렇다고 하였다. 그 사람이 말하기를,

"가령 재주와 덕이 있는 사람이 지금 정승 자리에 있더라도 이런 정도일 뿐일까?"

하니, 이이가 말하기를,

"자네는 공장工匠으로서 뛰어난 재주가 있는 자를 본 적이 있는가? 만일 한 구석에 웅크리고 앉아 하는 일 없이 좋은 음식만 누린다면 필시 마음이 불안하여 꼭 자기 능력을 발휘하려고 할 것이고, 그렇지 않으면 차라리 떠나서 다른 곳으로 갈 것이다. 일찍이 재덕이 있는 사람이 벼슬자리에 있으면서 녹만 먹는 것으로 만족하는 이를 보았는가. 가령 재덕이 있는 이가 지금 정승 자리에 있다면 틀림없이 말은 채용되지 않고 계획은 맞지 않아 오래지 않아 떠날 것이니, 나라에 무슨 이익이 있는가. 사암思菴·소재蘇齋 같은 이는 재상 자리에서도 일을 하지 못하여 이익 되는 바는 없지만 그렇다고 손해되는 것도 없었으니,

---

118) 제대로 일도 못하면서 망쳐놓는 것을 말한다. 『맹자』「등문공 하滕文公 下」에 나온다.

기와나 깨고 벽을 긁는 것보다는 낫고 또 거취를 도에 따라 하는 사람보다도 낫다. 대개 거취를 도에 따라 하는 사람은 반드시 조정에 있지 않을 것이기 때문이다."

하니, 묻던 사람이 크게 웃었다.

◗◖ 졸곡 후에도 상이 평상시의 반찬을 쓰지 않으니, 삼공이 육조와 2품 이상을 거느리고 연일 권도權道(도리에 맞는 임시방편)를 좇도록 청하였다. 상이 편전에서 대신·시종·대간을 인견하였다. 좌의정 박순, 우의정 노수신, 대사헌 윤의중尹毅中, 대사간 김계휘가 권도를 좇도록 아뢰니, 상이 이르기를,

"이 일은 차치하고 다만 정치의 득실과 백성의 이해를 의논하는 것이 옳다."

하니, 백관이 아뢰기를,

"반드시 주상의 몸이 안녕하신 뒤에 일을 할 수 있습니다. 주상께서 기력이 허약하신 데다 오랫동안 육식을 드시지 않으시니 장차 큰 병이 생길 듯하여 조정 신하들이 당황하고 답답하여 어찌 할 줄을 모르겠습니다. 어느 겨를에 다른 일을 의논하겠습니까."

하고 반복하여 아뢰었으나, 상이 답하지 않았다. 부제학 이이가 나아가 아뢰기를,

"근일 상께서 상례를 맡아 예를 다하시어 효도의 실천이 중외를 감동시키셨으니 신민이 한편으로는 마음속으로 기뻐하고 한편으로는 걱정합니다. 마음속으로 기뻐한다는 것은, 예전부터 임금이 정치를 못하는 것은 근본적인 덕이 없기 때문인데, 지금 주상께서는 효성이

이렇게 지극하시니 이것을 미루어서 수신과 치국하시면 어디에나 극진하게 하시지 않을 곳이 없을 것이므로, 이것은 동방 만세에 태평할 기틀이라 생각하기 때문입니다. 걱정하는 것은, 주상께서 원기가 완전하지 못하시고 비위가 허약하신데, 졸곡이 지났으나 아직도 평상시의 반찬을 폐하고 계시어 장차 병환이 나실 듯하므로, 성체가 건강하신 뒤에라야 모든 정무를 할 수 있을 것이라, 성체가 편치 못하시면 무슨 일을 할 수 있을까 생각하기 때문입니다. 지금 공경公卿과 모든 신료가 그 직무를 폐기하고 대궐에서 육식 드시기를 호소해 마지않으니, 만일 청을 듣지 않으시면 분명 물러가 정무를 볼 리 없습니다. 이것은 위엄으로 제지하실 수 없는 것이니, 주상께서 참작하셔서 허락하십시오. 그렇지 않으면 조정의 모든 일이 폐지될 것입니다."

하였으나, 상이 끝내 허락하지 않았다. 신하들이 나가려 하는데, 상이 이이를 불렀다. 부제학 이이가 나아가 땅에 엎드리니, 상이 이르기를,

"전일에 고향으로 갔다가 이내 감사가 되므로 오랫동안 보지 못하였다."

하고, 온후하게 황해도의 민폐를 물어 보고 한참 동안 이야기를 나눈 뒤에야 내보내었다.

후일에 『서경』을 강하다가 '긍구긍당肯構肯堂'[119]이라는 문구에 이르러서 이이가 아뢰기를,

---

119) 자손이 선대의 유업을 잘 계승하는 것을 뜻한다. 『서경』 「대고大誥」에 "만약 아버지가 집을 지으려고 생각하여 그 규모를 정했으면, 그 아들이 기꺼이 집터를 마련하지 않으면서 하물며 기꺼이 집을 지으랴[若考作室, 旣底法, 厥子乃弗肯堂, 矧肯構]." 하였다.

"지금 사람들은 긍구긍당의 뜻을 해석하지 못하는 사람이 많아 다만 이전 규례만 융통성 없이 지키는 것을 긍당이라 하니 이것은 매우 안 될 일입니다. 경문으로 보면 그 아비가 터를 정하면 아들이 그 모양새에 따라 집을 짓는 것이니, 그런 뒤에라야 아비의 사업을 잘 계승한 것이 됩니다. 그 뜻은 같으나 그 일의 내용은 다릅니다. 만일 그 터만 지키고 아무 것도 건설하는 것이 없으면 이것은 긍구긍당을 하지 않는 것입니다. 나라로 말하면 조종祖宗의 창업에는 미비한 점이 많을 수도 있고, 혹은 시대가 변해감에 따라 개혁할 일도 많아지는 것이니만큼, 시의時宜에 따르고 계획을 세워 다스려서 의리에 맞게 하는 것이 바로 선왕의 뜻을 잇고 사업을 발전시켜 나가는 일입니다. 만약 법만 지키고 변통할 줄을 알지 못하여 퇴보를 면치 못한다면 어찌 선왕의 뜻을 잇고 사업을 발전시키는 것이라 할 수 있겠습니까."

하였다. 이이가 상에게 묻기를,

"일찍이 들으니 전하께서 시신에게 내가 학문을 하려 하나 일이 많아서 겨를이 없다고 하셨다는데, 정말 그런 말씀을 하셨습니까?"

하니, 상이 그런 말이 있었다고 하였다. 이이가 다음과 같이 아뢰었다.

"신이 그 말을 듣고 한편으로는 기뻐하고 한편으로는 근심하였습니다. 기뻐한 것은 주상께서 학문을 하실 뜻이 있기 때문이고, 근심한 것은 주상께서 학문의 이치를 살피지 못하셨기 때문입니다. 학문이란 오롯이 앉아 종일 글만 읽는 것이 아닙니다. 학문이란 날마다 하는 일이 하나하나 이치에 맞는 것을 말합니다. 그러나 이치에 맞는지 안 맞는지를 스스로 알지 못하기 때문에 독서하여 그 이치를 찾는 것입니다. 만일 독서를 학문으로 알고 날마다 하는 일에서 이치에 합당하기를 추구하지 아니한다면 어찌 학문이라 하겠습니까.

지금 주상께서 일상생활에서 일마다 이치에 합당하기를 깊이 탐구하시고 하나하나의 정무와 명령이 모두 정도에 맞게 하시어 선하지 않은 것이 조금도 없으면 그것이 곧 학문입니다. 주상께서는 자질이 아름답고 욕심이 적으시니 학문을 하지 않으시는 것이지, 학문을 하지 못하는 것은 아닙니다. 즉위하신 지 수년 동안에 덕을 잃은 적이 없는데도 별로 진작된 기풍이 없어 국사國事는 활기가 없어지고 신민臣民이 실망한 지가 오래입니다. 지금 효행을 다하는 마음이 원근에 드러나 신민이 다시 태평세월을 희망하오니, 이것이 이른바 '진실로 날로 새롭게 한다[苟日新]'[120]는 것입니다. 반드시 계속 날로 새롭게 하여 효성을 확장해 가야만 신민들이 다시 실망하지 않을 것입니다. 학문의 긴요한 점이란 뜻을 세우는 것이 먼저입니다. 뜻을 높이고 크게 갖지 않으시면 성취한 것도 낮게 됩니다. 큰 뜻을 분발하시어 요순堯舜을 표준으로 삼음이 옳을 것입니다."

▶◀ 고故 처사處士 서경덕徐敬德에게 의정부 우의정을 추증하였다. 서경덕은 개성 사람이며 천품과 자질이 총명하고 특출하였다. 젊어서 과거 공부에 힘써 사마시에 합격하였으나 곧 과거 공부를 버리고 화담에 집을 짓고 오로지 궁리窮理·격물格物을 일삼아 어떤 때는 여러 날을 묵묵히 앉아 있었다. 그가 궁리할 때 하늘의 이치를 궁구하려면

---

120) 『대학』에 "진실로 어느 날 새롭게 하였으면 이를 계기로 나날이 새롭게 하고, 다시 날마다 더 새롭게 되도록 해야 한다[苟日新, 日日新, 又日新]." 하였다.

'천天' 자를 벽에다 써 붙이고, 궁리한 뒤에는 다른 자를 다시 써 붙이고 궁리하였다. 그 정밀한 사고와 힘찬 연구는 남이 따를 수 없었다. 이렇게 하여 여러 해가 지나니 도리가 환하게 밝아졌다.

그의 학문은 독서를 일삼지 않고 오로지 탐색만을 일삼다가 이치를 얻은 뒤에 다시 독서하여 이것을 증명하였다. 그는 항상 "나는 선생을 만나지 못하였기 때문에 공력을 깊이 쏟아야 하였다. 뒷사람들이 내 말을 따른다면 나처럼 공력을 들이지 않아도 될 것이다." 하였다. 그의 이론은 횡거橫渠[121]의 학설을 주로 하여 정자나 주자와는 약간 달랐으나 자득自得의 즐거움은 남이 측량할 수 없었다. 언제나 마음 가득히 희열을 느끼며 세상의 득실, 시비나 영욕이 모두 마음에 들어오지 못하였다.

재산 관리에는 전혀 신경 쓰지 않아 양식이 자주 떨어져 굶주림을 견뎠는데, 남들은 감당할 수 없는 정도였으나 그는 편안히 거처하였다. 문하생 강문우姜文佑가 쌀을 싣고 가서 뵈었는데, 서경덕은 화담 가에 앉아 있었다. 해는 이미 오시午時(정오)나 되었는데 서경덕의 논의는 사람을 감동하게 하고 조금도 피곤한 기색이 없었다. 강문우가 부엌으로 가서 그 집사람에게 물으니, 어제부터 양식이 없어 밥을 짓지 못했다고 하였다.

---

121) 송나라 신종神宗·철종哲宗 때의 학자 장재張載를 말한다. 횡거는 그의 호이다. 시호는 명공明公이다. 벼슬은 운암 현령雲巖縣令·지태상례원知太常禮院을 지냈다. 저서에『정몽正蒙』·『서명西銘』·『역설易說』이 있다. 도학道學이 깊었고, 그의 학을 관학關學이라 한다. 『송사宋史 권127 도학열전道學列傳 장재張載』『송원학안宋元學案 권17·18 횡거학안橫渠學案』

그가 지은 문집이 세상에 전해지는데, 의논이 가끔 성현聖賢의 말과 차이가 있기 때문에 이황은 그를 유학자의 정맥正脈이 아니라 하였다. 중종 때 효행으로 천거되어 참봉을 시켰으나 나오지 않았다. 명종 때 호조 좌랑을 추증하였다가 이때에 와서 조정의 의논에 따라 다시 추증하기를 청하였는데, 박순과 허엽이 모두 그의 문인인 까닭으로 매우 힘써 논의를 주도하였다. 상이 시신에게 말하기를,

"서경덕의 저서를 내가 가져다 보았더니 기수氣數(길흉화복의 운수)를 논의한 것이 많고 수신修身을 언급하지 않았으니, 이것은 수학數學이 아닌가. 그리고 그의 공부에 의심나는 데가 많다."

하니, 박순이 아뢰기를,

"서경덕이 언제나 말하기를 '학자의 공력을 쓰는 방법은 이미 네 선생[122]을 거치면서 말하지 않은 것이 없다. 그러나 이기理氣의 학설은 미진한 것이 있으므로 분명히 변별하지 않을 수 없다'고 하였습니다."

하였다. 박순이 이어 서경덕이 궁리에 공력을 쓰던 실상을 아뢰니, 상이 이르기를,

"그의 공부는 종시 의심이 난다. 지금 사람은 칭찬하면 극구 좋은 점만 칭찬하고, 비방하면 극구 나쁜 점만 말하여 모두 중도를 잃고 있다."

하니, 이이가 아뢰기를,

"이 공부는 진실로 학자가 본받을 것은 아닙니다. 서경덕의 학문은

---

122) 중국 북송 때의 네 학자를 말한다. 뒤에 나오는 소장정주邵張程朱, 즉 소옹·장재·정자·주자를 가리키는 것으로 보이는데, 정자는 이정二程, 즉 정호와 정이를 말하므로 실은 다섯 명이다.

횡거한테서 나왔지만, 그의 저서가 성현의 뜻에 꼭 맞는다고 말하는 것에 대해서는 신이 알지 못하겠습니다. 그러나 세상에서 학자라고 일컫는 자들은 단지 성현의 설을 모방하여 말하지만 중심에는 자득한 묘리가 많이 없습니다. 서경덕의 경우, 깊이 생각하고 멀리 파고들어 자득의 묘리가 많고 문자나 언어의 학문은 아닙니다."

하였다. 상이 의정議政으로 추중할 것을 허락하였다. 허엽이 매양 서경덕을 추존하여 기자箕子의 도통을 이을 만한 사람이라 하다가, 이이가 서경덕의 학문이 횡거한테서 나왔다고 말한 것을 듣고 이이를 책망하기를,

"그대의 말이 이와 같으니 내가 깊이 근심하고 있다. 서 화담의 학문이 소장정주邵張程朱(소옹·장재·정자·주자)를 겸하였다고 한다면 옳을 것이다. 그대는 한 10여 년간 독서에 전념한 뒤에라야 화담의 지위를 논할 수 있을 것이다."

하니, 이이가 말하기를,

"아마 내가 독서를 오래 하면 할수록 더욱더 공의 의견과는 다를 것이다."

하였다. 이에 앞서 허엽이 이황에게 말하기를,

"화담은 횡거에 비할 만하다."

하니, 이황이 말하기를,

"화담의 저술 가운데 어느 글이 『정몽正蒙』에 비할 것이며 어느 것이

『서명西銘』이나『동명東銘』[123]에 비할 만한가."

하니, 허엽이 그만 말을 잃었다. 그러다가 이때에 와서는 과장이 더욱 심하여 '소장정주'의 학문을 겸하였다고 하기에까지 이르렀으니, 알지도 못하면서 망언하였다고 하겠다.

6월 선조에 대한 이이의 기대와 권학

상이 공의전恭懿殿(인종의 왕비인 인성왕후)에 문안하였다. 공의전에서 하교하기를,

"상께 육식을 전한 뒤에 호종한 신하들에게 공궤供饋(음식을 나누어 주는 것)하려 하나 상이 굳이 고집하고 좇지 않으니, 삼공이 계청하기 바란다."

하였다. 이에 삼공과 승정원·홍문관이 모두 공의전의 청을 좇으시는 것이 마땅하다고 아뢰었다. 또 공의전도 더욱 간절히 말씀하니, 상이 하는 수 없이 따랐다. 호종한 신하들에게 공의전에서 술과 고기를 하사하였다.

▶◀ 홍문관이 차자를 올려 입지立志·진덕進德·추행推行·보궁保躬하는

---

123) 『정몽正蒙』, 『서명西名』, 『동명東銘』은 모두 장횡거의 작품이다. 『정몽』은 2권으로, 1권에서는 천도天道를 논했고, 2권에서는 인도人道를 논했다. 『서명』과 『동명』은 장횡거가 제자들을 가르치던 서원에 동과 서로 창문을 내고 동쪽 창문에는 '폄우砭愚'라는 제목의 글을, 서쪽 창문에는 '정완訂頑'이란 글을 써서 걸었다가, 정이程頤의 지적을 흔쾌히 받아들여 '동명'과 '서명'으로 바꾸었다. 『고문진보 후집後集』

뜻을 논하니, 상이 답하기를,

"너무 고상한 논의는 하지 말라. 과인이 불민하여 충분히 감당할 수가 없다. 논의한 바는 마땅히 염두에 두겠다."

하였다.

▶◀ 상이 의전 앞에서는 잠깐 고기반찬을 들었으나 환궁한 뒤에는 다시 소선을 드니, 대신이 근심하였다. 이에 백관을 데리고 대궐 마당에 서서 권도를 좇기를 청하니, 상이 좌의정 박순과 우의정 노수신을 인견하고 이르기를,

"이 일에 어찌 백관까지 데리고 오는가. 이렇게 핍박하는 것이 미안하지 아니한가."

하였다. 대신과 시신이 모두 옥체를 보양하실 것을 반복하여 아뢰었으나 상은 답하지 않았다. 이이가 상에게 아뢰기를,

"어제 주상께서 홍문관의 차자에 답하여 '너무 고상한 논의는 하지 말라'고 하신 말씀이 만일 전하께서 스스로 겸손으로 하는 말씀이라면 옳거니와, 참으로 신들의 말을 고상한 논의라고 하신 뜻이라면 종묘사직과 생민生民의 복이 아니라고 생각합니다. 한 문제漢文帝는 삼대三代의 설을 고상한 의논이라 생각했기 때문에 공적이 비루함을 면치 못하였습니다. 이것을 어찌 본받을 것입니까."

하니, 노수신이 말하기를,

"어제의 그 말씀은 단지 스스로 겸양하신 말씀이니 말을 잘못 해석하여 그 뜻을 해쳐서는 안 될 것이다. 만일 전하께서 정말 한 문제를 본받으면 공적이 문제만 못하게 될 것이니, 그것이 어찌 옳겠는가."

하였다.

▶◀ 홍문관 수찬 김우옹이 전에 포폄褒貶(관원 고과 평가)에서 이문吏文[124]
에 익숙하지 못하다 하여 성적이 중中이었다. 그러다가 얼마 되지 않
아 수찬으로 임명하니, 국법에 포폄이 중인 사람은 일고一考(6개월)가
지나지 않으면 현직顯職을 주지 않는 법이라, 김우옹이 두 번이나 상
소하여 법대로 면직시켜 달라고 청하였다. 상이 대신에게 묻기를,

"김우옹은 관직의 진퇴가 이전부터 구차하지 않았으니 속된 학자가
아니다. 지금 법대로 면직하기를 청하니 어떻게 처리하면 좋겠는가?"

하니, 노수신이 아뢰기를,

"담당 관원은 법을 지키는 것이 당연하나, 다만 임금이 현명한 사람
을 쓰는 데는 법에 구애될 것이 아니오니 신의 생각으로는 체직시킬
필요가 없다고 여깁니다."

하였다. 박순이 아뢰기를,

"잠깐 체직시켰다가 다시 임명하더라도 열흘이나 보름에 불과할 것
이니, 체직시켜 그 뜻을 이루게 하십시오."

하였다. 상이 이르기를,

"나도 체직시켜 그 뜻을 이뤄주었으면 한다. 수찬을 시키지 않더라
도 어찌 만나 볼 수야 없겠는가."

하고는, 도승지 유전柳㙉을 돌아보며 김우옹을 불러오라 하였다. 신하

---

124) 조선 시대 대중국 관계 외교문서에 사용된 특유의 문체이며 동시에 외교문서
그 자체를 의미하기도 한다. 이문은 문체로서의 이문과 서책으로서의 이문이 있
다. 문체로서의 이문은 중국과의 외교문서에 사용된 독특한 한문이며, 이두는 국
내의 관청끼리, 또는 관민 사이에 주고받는 문서에 쓰인 한자 어구로 이문과 이
두는 조선 초기부터 구분하여 인식하였다.

들이 나간 뒤에 김우옹을 인견하고 조용히 정치의 도리를 물었다. 이 때에 상의 마음이 전과는 조금 달라졌기에, 이이와 김우옹이 상을 이끌어 정도正道를 가게 하려고 무척 애썼다. 이이가 박순을 보고 시사를 의논했더니, 박순이 말하기를,

"쓸데없이 의정부에 있으면서 민폐를 눈으로 보고도 무엇 하나 구제하지 못하니 참으로 부끄럽다. 차라리 자리를 피하는 게 낫다."

하니, 이이가 말하기를,

"공이 만일 그 자리에 있지 아니하면 시사는 더욱 어찌 할 수 없을 것입니다. 직분에 꼭 맞지 않더라도 다만 일을 그르치지 않는 것으로 직책을 삼는 것이 좋을 것입니다. 상의 마음이 열려 전일과 조금 다르니, 우리들이 협심하여 계발하면 가망성이 있을 것 같습니다. 국사는 마땅히 대신한테서 나올 것이고, 소신은 의논이나 할 뿐입니다. 지금 나랏일은 개혁하지 않으면 안 될 터인데, 상의 뜻은 변통하기를 몹시 어렵게 생각하니, 대신이 마땅히 정성껏 아뢰어 상의 마음을 기필코 돌이키도록 하는 것이 옳을 것입니다."

하였다.

◗◖ 이이가 상에게 아뢰기를,

"지금은 위로 성군이 계시고 대신은 모두 인망이 있으며 조정에 삿된 의논이 없으니 천재일우의 기회라고 하겠는데, 민생은 날로 곤란이 심하고 조정의 정령이 전부 형식화되고 있습니다. 형세를 보면 반드시 개혁한 뒤에라야 민생을 구제할 터인데 도리어 경장하는 것은 일 만들기를 좋아해서 하는 것이라 하니, 만일 이렇게 하기를 그치지

아니하면 아무리 조정에 좋은 계책과 충직한 의논이 줄줄 귀에 넘쳐
도 끝내 백성이 궁하고 재물이 다된 이 상태를 보익할 길이 없고, 결국
에는 난망으로 돌아갈 것입니다. 전하께서는 마땅히 두려워하는 마음
을 두소서."
하였다.

◗◖상이 시신에게 이르기를,

"『사서집주四書輯註』에 온당치 못한 데가 많으므로 좀 삭제하여 보
기에 편하게 하려고 하니 옥당이 이것을 맡아서 하라."

하였다. 부제학 이이가,

"그것은 신의 학력으로는 혼자 담당할 수 없습니다. 학문하는 선비
는 출신 여부를 막론하고 옥당에 참여하게 하고 같이 의논하여 삭제
함이 마땅할 듯합니다."

하니, 상이 이르기를,

"전일에 대신이 나에게 성혼을 불러 보라 했고 나도 보려고 했으나,
우리나라 규례에 과거를 통하지 못한 사람은 경연 석상에 참예하는 예
가 없으니 현자를 부른다 해도 한번 볼 뿐인데 무슨 도움이 있겠는가."

하였다. 이이가 아뢰기를,

"주상께서 진실로 일을 하시려면 구례에 없는 일이라도 변통하시어
규모를 넓히신 뒤에라야 옳은 정치를 할 수 있을 것입니다. 지나간 규
례만으로 어찌 사업이 되겠습니까. 학문하는 선비를 한직閑職에 두고
날마다 번갈아 경연에 입시하게 하면 임금의 덕을 조성하는 데 크게
보탬이 있을 것입니다."

하니, 상이 노수신에게 이르기를,

"이 말이 어떠한가. 경의 뜻에도 옳다 생각되는가?"

하자, 수신이 대답하기를,

"신의 뜻에도 옳다고 생각하나, 다만 주상께서 온당치 않게 여기시는 한 억지로 하기는 어렵습니다."

하였다. 상이 이르기를,

"현자를 한 번만 보고 말면 정말 무익하다. 그러나 이전의 규례에 없는 것이라 갑자기 변통하기가 어려울 것이다."

하니, 이이가 아뢰기를,

"진실로 일을 하시려면 이전의 규례를 어쩔 수 없이 고쳐야 합니다."

하였다. 신하들이 물러가려 할 즈음에 상이 우의정에게 이리 오라고 불렀으므로, 노수신이 나가 복지하였다. 상이 이르기를,

"우의정은 어찌 말이 없는가. 내가 자주 보려 하는 것은 다 뜻이 있었는데, 공연히 나왔다가 공연히 물러간다면 그것은 나의 바라던 바가 아니다. 오늘은 어찌 의논할 것이 없었는가?"

하였다. 노수신이 대답하기를,

"아뢸 만한 일은 신하들이 전부 말하였으니 신이 다시 무슨 말씀을 드리겠습니까. 다만 원하는 것은 주상께서 속히 권도를 좇으시어 옥체를 보양하시는 것입니다."

하였다. 상이 그런 말은 듣고 싶지 않다고 하였다.

▶◀ 박영준으로 의정부 우찬성을 삼고, 특지로 노진을 예조 판서로 삼

았다.

◗◖ 전 지평 민순이 벼슬을 버리고 귀향하였다. 민순은 자못 조용히 수양하는 공력이 있고, 조정에 들어와서는 논의가 구차하지 않았다. 이때에 상소하여 졸곡 뒤의 사무 복색을 흰 의관의 예로 행하게 하니, 유속이 많이 투기하므로 순이 벼슬을 버리고 돌아갔다.

◗◖ 이때 조정 신하들이 권도를 좇으시라고 계속 청하니, 상이 시신에게 이르기를,

"병이 있으면 술을 마시거나 고기를 먹는 것이 참으로 예문대로 하는 것이지만, 병도 없는데 후환을 예방하려고 술을 마시고 고기를 먹는 것은 어느 예전禮典에 있는가."

하니, 이이가 대답하기를,

"신하들이 모두 전하께서 병환이 나실 듯하기 때문에 애써 간하는 것입니다."

하였다. 상이 이르기를,

"내 기운을 내가 어찌 모르겠는가. 내 몸이 아직 편안하니 여러 말을 하지 말라."

하니, 이이가 아뢰기를,

"병이 없을 때 예방하는 것은 안 된다고 하신 성상의 하교가 지당하오나, 다만 바깥사람들은 전하께서 효성이 무궁하시어 너무 고집스럽게 예를 준수하느라 비록 병이 있어도 권도를 좇으실 생각을 아니하시는지 염려합니다."

하였다. 상이 이르기를,

"내가 아무리 미련하나 어찌 종사의 대계를 잊고 소식素食만 하려 하겠는가. 실은 견딜 만하기 때문이다. 옥당에서 먼저 논의하여 백관이 물러가도록 하는 것이 좋겠다."

하였다. 이이가 대답하기를,

"백료가 물러나는 것은 신들이 할 바가 아니오나, 다만 하교가 간절하시니 신들이 물러가서 다시 옥후를 살피겠습니다. 의관을 자주 불러 진찰하시어 조정의 신하들이 옥체의 안부를 잘 알 수 있도록 하셔야 할 것입니다."

하고, 또 아뢰기를,

"금일의 급무는 성학聖學에 힘쓰시어 정치를 잘할 근본으로 삼는 데 있으므로 반드시 현명한 학자를 얻어 같이 거처하시어 깨우치고 보좌할 바탕으로 삼고 인재를 급히 모아야 합니다. 전에 과거 출신이 아닌 사람도 경연에 출입하게 하기를 아뢰었는데 주상께서 어렵게 여기시니 이 일을 대신에게 다시 문의하여 처리해야 합니다.

승지가 직접 들어가서 보고하는 일은 오래된 법이 아니라 중종 때에 행하던 일입니다. 성종 때에는 무시로 옥당에 입직한 사람을 편전에서 대하셨으니 이것을 독대라 하였습니다. 이런 전례도 회복해야 할 것입니다."

하였다. 상이 이르기를,

"승지가 직접 보고하는 것은 시행하기 어려울 듯하다. 옥당 관원은 무시로 불러보는 것이 마땅하며, 책을 가지고 진강할 것 없이 다만 의리를 강론하는 것이 옳다. 근래 규례에 조강朝講 외에는 대신을 접견할 때가 없으나, 내 생각에는 자주 불러 보고 싶다."

하니, 이이가 그것은 매우 좋다고 말하였다. 상이 이르기를,

"내가 친히 정무를 보려고 하나 대신이 불가하다 하므로 감히 하지 못하고 있다."

하였다. 이이가 아뢰기를,

"친히 정무를 보시는 것은 좋은 일이니 대신도 반드시 따를 것인데, 혹 주상께서 무더위에 상하실까 염려하였으나 말이 그 의도를 제대로 전달하지 못한 듯합니다. 다시 물어 보시면 대신의 뜻을 아실 것입니다.

전하께서 만일 친정하시거든 초천超遷[125]·구임久任하는 법을 쓰십시오. 명나라 나흠순羅欽順이 이 법을 쓰자고 청하였으나 중국에서는 채택하지 못하였습니다. 진실로 정치를 하시려면 이 법을 쓰십시오. 세종께서 사람 쓰는 데 이 법으로 하셨으므로 그때에 모든 정치가 다 잘되었습니다. 지금 관작은 조변석개하여 아이들 장난과 같으니 어떤 일도 할 수 없습니다."

하고, 이이가 또 아뢰기를,

"민순은 학문이 있는 선비입니다. 지금 물러갔다는 말을 들으니 실망스럽습니다. 인물이 극히 드문 이때에 이러한 사람이 물러가는 것이 어찌 애석하지 않습니까."

하였다. 상이 이르기를,

"그의 집이 어디며 무슨 일로 갔는가?"

---

125) 초천은 계급의 차례를 밟지 않고 특진시키는 것이다.

하니, 이이가 아뢰기를,

"집은 고양高陽에 있습니다. 사헌부에서 논의할 때 동료와 의견이 대립하는 경우가 많았습니다. 뜻이 고례를 회복하는 데 있었으나, 사람들이 모두 비방하기 때문에 부득이 물러갔습니다."

하였다. 상이 이르기를,

"전에 그가 어질다는 말을 듣고 한번 보려다가 미처 보지 못하였는데, 사직하는 것을 보고 병을 조섭하는가 하였더니, 어찌 갑자기 물러갔는가. 들으니 백모白帽 일로 사람들이 비난하는 이가 많다고 한다. 뜻있는 일을 하려 하나, 인심이 이렇게 불순하니 무엇을 할 수 있겠는가."

하니, 이이가 아뢰기를,

"말세 인심이 그릇된 일을 하는 데 버릇이 되었으니, 고례를 회복하려 하면 반드시 떠들썩하게 불안해할 것이오나, 어찌 이런 이유로 그만둘 수 있겠습니까. 만일 주상의 심지를 굳게 정하시고 끊임없이 힘써 실행하시면 자연히 인심이 정하여질 것입니다."

하였다. 이때에 상이 이이에게 마음을 기울이시고, 이이도 상에게 좋은 일을 진술하여 그른 마음을 바로잡기로 자기의 책임을 삼아서 아는 대로 말하지 아니하는 것이 없으니, 조정이 주목하였다. 이이가 물러가서 김우옹에게 말하기를,

"주상의 말씀이 정녕 병이 없다 하시니 시끄럽게 권도를 좇으라고 청하는 것도 온당치 않다. 다시 옥후를 보아 대처하자."

하고, 권도를 좇도록 하는 계사를 정지하였다. 허엽이 듣고 탄식하

기를,

"연소하여 일을 경험해 보지 못한 사람들이 임금을 병환이 위태로운 지경에 방치하는구나."

하였다.

◗◖ 성혼을 지평으로 임명하고, 조목趙穆을 공조 좌랑으로 임명했다. 성혼이 지평으로 부름을 받고 또 상의 마음이 착한 일을 하고자 하여 이이가 두터운 대우를 받는다는 말을 듣고는 일할 만한 상황이라고 생각하였다. 한편 상의 부름을 받고도 사퇴만 하는 것이 미안하다고 생각하여 서울로 올라왔다. 그러나 도중에 더위에 병을 얻어 곧 사직하였다. 상이 그가 경성에 들어왔다는 말을 듣고 내의內醫를 시켜 진찰하게 하고 약을 지어 보냈다.

◗◖ 상이 노수신에게 현명한 학자를 천거하라고 하니, 수신이 대답하기를,

"신이 사람 알아보는 식견이 없으니 어찌 감히 경솔하게 천거하겠습니까. 다만 신이 본 바로는 이이와 허엽이 쓸 만한 사람인가 합니다."

하였는데, 상이 말하기를,

"이이는 내가 크게 쓸 사람으로 알고 있는데, 다만 그의 언론이 매우 과격하니 이것은 젊어서 그러한가? 허엽은 가장 오활한 사람인데, 쓸 만한 사람인가?"

하였다. 상의 뜻에 자못 이이를 쓰려고 하였다.

7월 사헌부 아전의 궁노 체포 사건

앞서 사헌부 아전이 길에서 제 신분에 어울리지 않은 의복을 입은 궁노宮奴를 보고 사헌부로 잡아가려 하자 궁노가 사헌부 아전을 때렸다. 아전이 사헌부에 고소하자 사헌부에서 사람을 시켜 잡으려고 했더니, 궁노가 왕자王子의 거처로 뛰어 들어가서 사헌부 아전이 문에서 불러도 끝내 나오지 않았다. 다음 날 사헌부에서 다른 아전을 정하여 기어코 잡으려 하니 궁의 수노首奴(우두머리 종)가 그 궁노를 잡아서 아전에게 넘겼다. 이때 김 귀인金貴人도 왕자 거처에 있다가 문밖에서 떠드는 소리를 듣고 그 까닭을 물으니, 사헌부 아전이 궁노를 잡아갔다고 하인이 귀인에게 고하였다. 귀인이 상에 아뢰기를,

"사헌부 아전이 문란한 행위를 단속한다는 핑계로 왕자의 거처에서 소란을 피웠습니다."

하였다. 상이 크게 노하여 지평 김찬金瓚에게 그 까닭을 물었다. 찬이 대답하기를,

"아전이 왕자의 거처에 간 것이 아니라, 궁노를 수노에게서 잡았을 뿐입니다."

하였더니, 상이 사헌부에서 아전을 사사로이 두둔하고 보호한다고 의심하고 더욱 노하여 아전을 의금부 옥에 가두라고 친필 전지를 내렸다. 또 "사헌부에서 아전을 보내어 왕자의 거처에서 사람을 잡아가는 것은 부당하다."고 하였다. 사헌부에서 이 때문에 피혐避嫌[126]하였다.

---

126) 탄핵의 대상이 된 사안에 연관되어 있는 관원이나 당사자가 혐의가 풀릴 때까

사간원에서 관직에 나오도록 청한 뒤에도 사헌부에서 사직하고 나오지 아니하며 아뢰기를,

"전하께서 신 등을 불신하시고 아전을 의금부로 잡아다 심문하신 것은 신 등이 주상께 신뢰를 받지 못한 것이니, 어찌 뻔뻔히 직무에 나아가겠습니까."

하였다. 이에 간원이 합사 복합하여 아전을 사헌부로 돌려보내 주기를 청하고, 옥당에서도 차자를 올려 언관의 간언을 따르시라고 청하였으나, 상의 노여움이 심하여 좇지 않았다. 사헌부가 사직한 지 여러 날이 되었는데, 부제학 이이가 상을 당하여 집에 있다가 출사한 뒤에 홀로 계하기를,

"이 일은 상하가 서로 실수한 것입니다. 사헌부 아전의 일은 대관이 눈으로 본 일이 아닌데, 왕자의 거처에서 바로 잡아갔는지 아닌지 어떻게 알고 아전이 왕자의 집에 간 일이 없다고 고집스럽게 주장합니까. 이것은 사헌부의 실수입니다. 또한 전하께서는 눈으로 보지 않으셨고 다만 아녀자와 내관의 말만 들은 것인데, 그들의 말을 전부 믿어서는 안 됩니다. 전하께서 법을 집행하는 관원을 대우하는 것이 어찌 아녀자와 내관보다 아래로 하십니까. 이것은 전하의 잘못입니다. 또 왕자 거처의 하인이 평소 방자하다는 소문이 있었으니 불가불 엄하게 살피고 단속해야 하며, 왕자의 유모는 순수하고 인자한 사람을 선택하여야 합니다.

또 옛적에 후씨侯氏(송나라 정자程子의 어머니)는 일개 부인이었으나

지 사직을 청하고 맡은 업무를 보지 않는 것을 말한다.

오히려 자식 가르치는 방법을 알고 항상 말하기를, "내 자식이 굽히지 못할까 염려하지, 기를 펴지 못할 것은 염려하지 않는다." 하였습니다. 지금 전하의 아들인데 어찌 기를 펴지 못할 것을 근심하겠습니까. 주상의 마음을 돌리시어 공론을 쾌히 따르십시오."

하였다. 이이는 실은 김 귀인이 아뢴 것을 알지 못하였기 때문에 '아녀자와 내시'라고 지척하여 말한 것이었다. 상이 크게 노하여 답하기를,

"네가 어찌 경솔하고 방자하게 이렇게까지 말을 많이 하느냐. 이 또한 내가 덕이 적고 어두운 탓이다. 하인의 일에 대하여는 항상 인심의 박하기가 네 말과 같을까 염려하기 때문에 날마다 살피고 단속하였다. 네가 어찌 자세히 알겠느냐."

하였다. 이이가 물러나와서 동료와 같이 차자를 올려 쟁론하였다.

이때에 대신이 상을 경복궁으로 이어하여 공의전을 모시기를 청하니 상이 허락하였다. 장차 혼전魂殿(인순왕후의 상청)에 별제別祭를 지내어 거처를 옮기는 사유를 고하려 했고, 신하들도 이어하면 권도를 좇아 육식을 할 길이 있을 것이라며 다행으로 여겼다. 이때에 이르러 상이 사헌부의 사직에 대해 노하여 말하기를,

"사헌부가 사직하였으니 이어할 수 없으며, 이는 정작 내가 원하는 바다. 별제를 정지하라."

하였는데, 승정원에서 정지하지 말라고 청하였다. 상이 대신에게 물으니 대신이 정지하지 말기를 네 번이나 청하였으므로 이에 허락하였다. 상이 대신에게 이르기를,

"내가 불민하여 아랫사람들이 가볍게 여기는구나."

하니, 대신이 아뢰기를,

"선비가 할 말을 다하는 것은 흥성하는 시대의 일이며, 그저 옳다 하고 대답만 하는 것은 쇠퇴하는 세태의 기풍입니다."

하였다. 상이 말하기를,

"내가 뭔가 하려는 것이 망녕이다. 내가 대신을 지성으로 대우하고 신하들을 벗같이 여기는데, 지금 신하들이 혼군昏君(혼매한 군주)·용주 庸主(용렬한 군주)로 나를 대우하니 어찌 감히 얼굴을 들고 경들을 보겠 는가."

하였다. 대신 박순, 노수신이 황송하여 감히 말을 못하고 물러갔다. 당시 상의 노여움이 갑자기 발동하여 호령이 급박하니, 사람들이 놀 라고 두려워하였다. 대사간 최옹崔顒이 병을 핑계로 나오지 아니하니, 사람들은 그가 일을 피하는 것을 비판하였다.

율곡 생각 이때에 상의 마음이 선善을 향하는 것이 샘이 처음 솟는 것 같고 불이 처음 붙는 것 같더니, 하루아침에 사헌부 아전의 일을 당하자 노 여움이 지나치게 준엄하여 샘이 막히고 불이 꺼지듯 착한 단서가 돌연 손상되어 바로잡을 도리가 없게 되었다. 아! 어찌 운명이 아니겠는가. 몸을 닦고 나라를 다스리는 것이 신하의 이익을 위한 것이 아니건마는 무슨 까닭으로 신하들의 거스르는 말을 미워하여 스스로 정치를 잘할 의지를 막는가. 당시 혹 이이가 아뢴 말이 너무 지나치게 곧았음을 나 무라는 사람이 있었지만, 진실로 상의 마음이 선을 향하였다면 곧을수 록 싫어하지 않았을 것이고, 선을 향하지 않았다면 언사를 완곡하게 했어도 도움이 없고 다만 아첨한다는 말만 들었을 것이다. 실로 하늘이 하는 일을 어찌할 수 있겠는가.

◖◖ 영의정 권철이 병으로 사직하였으므로 홍섬을 영의정으로 임명하고, 노진을 이조 판서에 임명하였으며, 특지로 여주 목사 황림黃琳을 대사헌에 임명했다. 이때에 상이 이조에 "지금 고을을 가장 잘 다스리는 사람이 누구인가?" 하고 물으니, 이조에서 여주 목사 황림, 해주 목사 이린李遴, 황간 현감 정인홍鄭仁弘, 용안 현감 김천일金千鎰이라고 대답하였는데, 특별히 황림을 대사헌에 임명하였다. 황림이 비록 고을 하나를 잘 다스리는 잔재주는 있으나, 단지 용렬한 사람으로 인망이 없었는데 졸지에 사헌부 장관이 되었으므로 여론이 탐탁하지 않게 여기더니, 끝내는 논박을 당하여 교체되었다.

◖◖ 경복궁으로 이어하고 양사의 말을 좇아 사헌부의 아전을 사헌부로 돌려보냈다. 이때에 자연재해가 여러 번 나고 여름 가뭄이 이상하게 심하여 팔도에 다 흉년이 들었다. 또 까투리가 장끼로 변한 일이 있었으며, 종이 주인을 죽이고, 자식이 아비를 죽인 일이 연달아 일어났다. 홍문관에서 차자를 올려 성학聖學을 부지런히 할 것, 천재天災를 두려워할 것, 풍속을 바르게 할 것, 언로를 넓힐 것을 청하였다. 상이 답하기를,

"바른말을 들었으니 어찌 가납하지 않겠는가. 천재와 시사에 참으로 한심한 것이 많다. 나같이 덕이 적고 무식한 임금으로는 한갓 이 자리만 더럽힐 뿐이니, 어찌 정치의 효과를 바라보겠는가. 헛되이 송구

함만 더할 따름이다. 반성하고 생각을 더하겠다.”

하였다.

❙❙ 전에 이탁이 이조 판서로 있을 때, 현사賢士인데도 시재試才에 나오지 않은 사람을 낭관이 추천하여 곧바로 벼슬길에 오르도록 청하여 상의 재가가 나서 전교를 받은 바 있었는데, 이를 낭천郞薦이라고 하였다. 이로 인하여 벼슬길이 좀 맑아졌다. 이때에 와서 상이 이조에 묻기를,

“학생學生으로 공천 받는 것이 『대전大典』의 법인가?”

하니, 이조에서 대답하기를,

“『대전』의 법이 아니라, 지조 있는 선비가 음관蔭官 시재에 나오지 않으므로 공천하도록 전교하신 적이 있었습니다.”

하였다. 상이 말하기를,

“뒷 폐단이 있을까 염려되니 지금부터는 전교 받은 것을 적용하지 말아야 할 것이다.”

하였다. 대개 상의 뜻이 사류의 행위를 싫어하였으므로 이렇게 하교하였고, 인심은 더욱 해이해졌다.

❙❙ 이때에 재령군載寧郡에서 종이 주인을 죽인 변이 있었는데 검시檢屍의 착오로 그 죽은 이유를 알아내지 못하여 의금부에서 국문하였다. 삼성三省(의정부·형조·사헌부)이 번갈아 문초하였는데, 좌의정 박순이 위관委官(국문 총괄 책임 관원)이었다. 옥사가 오래도록 결론이 나지 않으므로 지의금부사 홍담이 힘써 그 죄인의 억울함을 변명하였으나 역시 분명한 증거는 없었다. 박순은 강상綱常에 관련된 중대한 옥

사를 어떻게 경솔히 석방하겠느냐고 하였다. 홍담이 박순을 공박하는 말을 하며 굳이 석방하려고 하니 순이 그 말을 꺾지 못하고 다시 검시하기를 청하였다.

이에 검시하는 수령이 의금부에서 은근히 지시하는 뜻을 알아차리고 죽음에 이른 원인도 기록하지 않는가 하면, 병으로 죽었다고도 기록하여 사인死因이 혼란스럽고 일치하지 않았다. 이에 박순이 널리 조정에 의견을 모으도록 청하였으나, 조정 의논도 일치하지 아니하였다. 우의정 노수신이 경솔히 석방하는 것은 불가하다고 힘써 주장하였다. 상이 말하기를, "사인 검사서가 서로 어긋난다니 판단할 근거가 없다." 하고, 석방을 명하였다. 사헌부에서는 다시 가두고 국문하기를 계청하였다. 사간원에서는 논의가 분분하여 정언 김응남金應南만이 다시 국문하기를 주장하였고 다른 사람들이 따르지 아니하였다. 대사간 유희춘이 동료를 거느리고 아뢰기를,

"왕옥王獄을 두 번 일으키면 사체事體(일을 처리하는 원칙)에 방해가 되어 뒤에 폐해가 있을 것이니 그래서는 안 됩니다."

하였다. 사헌부에서도 견해가 같지 않다 하여 인혐하고 나오지 아니하였다. 홍문관에서 차자를 올려,

"종이 그 주인을 죽인 것은 강상의 큰 변고이며, 이 일로 옥사가 일어났으면 반드시 충분히 심문하여 무죄라는 사실을 분명히 안 뒤에야 석방해야 할 것입니다. 이번 옥사에서 사인 검사서가 비록 합치되지 않는다고 하여도 옥사가 현재 완전히 끝나지 않은 상태에서 갑자기 석방하여 공론이 그치지 않고 있으니, 대간이라면 힘껏 간언해야 하

는데, 사간원에서는 그저 다시 국문하면 뒷날 폐단이 된다고만 하고 있습니다. 만약 무죄라면 다시 심문할 것이 없고, 죄가 있으면 열 번이라도 왕옥을 일으켜야지 어찌 그만두겠습니까. 강상의 적賊을 놓아 주어 나쁜 짓을 한 자를 돕는 것은 유독 뒷 폐단이 없겠습니까. 사간원은 김응남을 제외하고 모두 교체해야 하고, 사헌부는 교체할 것이 아닙니다."

하니, 상이 따랐다. 이에 허엽으로 대사간을 삼으니 허엽은 종에게 죽은 주인의 족당族黨이라 옥사가 성립치 않은 것을 항상 분하게 여기고 있었으므로 대간이 되어 옥사를 다스리다가 체통을 잃었다. 그는 계를 올려 위관 박순을 추고하고 의금부 당상을 파면하자고 청하였으나, 상이 따르지 않았다. 이때에 홍담은 이 옥사가 틀림없이 억울한 것이라 하였고, 허엽은 이 옥사를 반드시 성립시켜야 하겠다고 하니, 사람들은 이 두 사람을 정면 상대라고 하였다.

◖◗ 대신·시종·대간이 경연 석상에서 권도를 좇아 육식하기를 간청하였다. 영의정 홍섬이 아뢰기를,

"인종께서 소식을 너무 고집하시어 중국 사신을 접견하실 때에 사신이 고기를 권하였습니다. 인종께서 손을 내미시는데 너무 심하게 여위어, 신의 생각에 이렇게 수척하시니 오래 부지하기 어렵겠다고 하였더니, 인종께서 과연 이 병으로 일어나지 못하셨습니다. 이 때문에 지금 신하들이 더욱 민망하고 절박합니다."

하였다. 부제학 이이가 아뢰기를,

"전에 성종께서도 예법대로 상례를 다하는 데 뜻을 두시어 소찬을

오래 하다가 점점 지쳐 가는 것을 깨닫고 '소식이 과연 어렵구나. 나는 여색을 가까이하지 않는 것으로 상례에 힘을 다하는 방법을 삼겠다'고 하시고, 고기반찬을 들이게 하고 몇 년 동안 여색만 가까이하지 아니 하셨습니다. 이것은 효성이 부족한 것이 아니라 형편이 어려운 까닭입니다.

양암諒闇[127]의 예가 폐지된 지 이미 오래여서 상중에도 임금이 여러 가지 정무를 다 잡고 있어 만일 소식을 하시다가 병이 생기면 정사를 어떤 사람에게 맡기시겠습니까. 지금 온 조정이 하늘에 호소하고 여항의 백성까지도 모여서 걱정하니, 이 걱정스럽고 참담한 기운 또한 천지天地의 조화를 상하게 하기에 충분할 것 같습니다. 제왕의 효도는 학문에 나아가고 덕을 닦으며 선왕의 뜻을 잇고 사업을 이어받는 데에 있으며, 상례 한 가지 행실에만 있는 것이 아닙니다."

하였다. 신하들이 반복하여 아뢰었으나 상이 모두 답하지 아니하였다. 이이가 이참에 아뢰기를,

"요사이 상하가 서로 다투어 상한 바가 많습니다. 전하의 심기 또한 상하신 점이 있지 않겠습니까. 사람이 다 현명하지도 못하지마는 또다 불초하지도 않습니다. 현명한 사람은 임금이 시비에 밝고 선비를 애호하기를 바라고, 불초한 자는 임금이 시비에 밝지 못하고 선비를 좋아하지 않기를 바라니, 이것은 이치와 형세로 보아 자연스러운 것입니다.

---

127) 임금이 부모의 상중에 있다는 말이다. 예전에 임금이 상제가 되면 총재에게 정 무를 맡기고 3년 동안 말을 하지 않았다.

근일에 주상께서 대신을 자주 접하시고, 선비에게 마음을 기울이시며 불시로 불러 보겠다는 하교까지 있어 사람들이 기뻐하여 나라가 잘 다스려지리라고 바랐습니다. 그런데 최근 상황이 갑자기 변하여 접견을 좋아하지 않으실 뿐 아니라, 경연도 드물었습니다.

또한 학생 공천은 비록 『대전』에 기재된 규정은 아니나 실은 사람 뽑는 데 좋은 법입니다. 시재試才를 달가워하지 않는 선비들이 이를 통하여 벼슬에 오르게 되어 벼슬길이 점차 맑아졌습니다. 그런데 졸지에 그 법을 폐하시니, 주상의 뜻이 어디에 있는지 알 수는 없으나 여염간에 좋지 못한 사람들은 모두 좋아하여 기운을 내고 있습니다. 어진 사람들은 근심하고 불초한 사람은 기뻐하는 것이 어찌 좋은 세상의 일이겠습니까. 어쩌다가 이렇게 되었는지 알지 못하겠습니다."

하니, 상이 이르기를,

"학생 공천은 『대전』의 법이 아니므로 뒷 폐단이 생길까 두려워한다."

하였다. 이이가 아뢰기를,

"요사이 사헌부 아전 사건 때문에 법을 지키고 주상의 뜻을 거스르는 신하는 상께서 반드시 싫어하십니다. 전하께서 이전 시대의 역사서를 다 열람하셨으니, 어찌 보신 바가 없겠습니까. 예로부터 아첨하고 빌붙는 자는 반드시 뒤에 배반하고, 정도만 지키고 아첨하지 아니하는 자는 반드시 뒤에 극진히 충성하였습니다.

주창周昌의 일로 보면, 한 고조가 조왕趙王 여의如意를 태자로 삼으려 하자 주창이 힘써 다투었으니, 인정으로 말하면 주창이 조왕을 좋아하지 않았다고 할 것입니다. 그 뒤에 고조가 깊이 조왕을 걱정하고 보전할 계책을 강구하여 조요趙堯의 천거로 주창을 조왕의 재상으로 삼았더니, 주창이 정성을 다하여 보호하였으므로 여후呂后가 조왕을 부르지 못하다가 주창을 먼저 부른 뒤에야 조왕을 불렀습니다.[128] 주창이 평소 정도를 지키는 절개가 있었으므로 뒷날 조왕을 보호하였으니, 이 의미를 주상만이 아실 것이 아니라 비빈妃嬪 또한 당연히 알아야 할 것입니다."

하였다.

◗◖ 좌의정 박순이 병으로 사직하였다. 대신으로서 탄핵을 당하였기 때문이다. 이에 앞서 심의겸이 사인舍人(의정부 4품관)으로 있을 때 보고할 일이 있어서 윤원형 집에 갔다. 원형의 사위 이조민李肇敏이 심의겸과 서로 아는 터라 자기의 서재로 데리고 들어갔다. 서실에 침구가 많은 것을 보고 심의겸이 누구의 침구이냐고 하나하나 물었더니 조민이 묻는 대로 대답하는데, 그중의 하나는 김효원金孝元의 침구였다. 김효원이 그때에 아직 과거는 못하였으나 글을 잘한다는 명성이 있었다. 심의겸이 마음속으로 "문학하는 선비가 어찌 권세가의 무식한 자제와 어울려 함께 거처하는가. 결코 깨끗한 선비는 아니다." 하고, 그

---

128) 주창은 당초 고조가 여후의 소생인 태자 영盈을 폐위하고 척부인戚夫人의 소생인 조왕 여의를 태자로 세우려 하자, 말을 더듬거리면서도 그 부당함을 강력히 간하여 중지시켰다. 고조가 죽고 태자 영이 즉위하여 혜제惠帝가 되었는데, 여후는 조왕을 살해하기 위하여 세 차례 소환하였으나, 주창은 그때마다 조왕에게 병을 칭탁하고 가지 못하게 하였다. 여후는 하는 수 없이 주창을 소환하여 장안長安에 오게 한 다음 다시 조왕을 소환하니, 조왕은 그대로 갔다가 결국 독약을 마시고 죽었다. 이에 주창 역시 병을 칭탁하고 조회하지 않다가 3년 만에 병사하였다. 『한서漢書 권42 주창전周昌傳』

를 비루하게 여겼다.

그 뒤에 김효원이 장원급제하여 재주 있다는 명성이 날로 성하여 몸단속을 깔끔하게 하고 관직에 책임을 다하니 조정 관원들이 다투어 추대하였고 오건吳健은 더욱 힘써 천거하였다. 심의겸은 전에 사림을 보호한 공이 있는 까닭으로 선배 사류가 많이 인정하였으므로 요직을 맡을 상황이었다.

오건이 김효원을 천거하여 전랑으로 삼으려고 하자 그때마다 심의 겸이 이전의 일로 불만스럽게 여겨 가로막고는 하였으므로 김효원이 낭료가 된 지 6~7년 만에야 전랑이 되었다. 김효원은 청류淸流를 이끌어 진출시키기를 좋아하고 일을 당하면 곧바로 행하여 회피하거나 동요하지 않으니 후배 사류가 모두 그를 추대하였다. 김효원이 심의겸을 마음속으로 얕잡아보아 항상 남들에게 '심沈은 마음이 어리석고 기운이 거치니 크게 쓸 수 없는 사람'이라고 하였다.

이에 심의겸의 동료들은 김효원이 원한을 품고 보복할 뜻이 있다고 의심하여 소인이라고 지목하는 이도 있었다. 김효원의 동료들도 역시 심의겸을 미워하여 정직한 사람을 해치는 사람이라고 하니, 이로 말미암아 사림의 선배와 후배가 서로 화합이 못 되어 당이 나뉠 징조가 있었다. 김효원이 사간이 되고 허엽이 대사간이 되어서는 허엽이 비록 선배이나 김효원을 인정하는 까닭에 젊은 사류가 허엽을 종주宗主로 추존하고, 박순은 청명과 중망이 있고 선배인 까닭에 사람들이 혹 심의겸의 당이라 지목하였다.

허엽이 박순의 옥사 처리가 체통을 잃었다고 추고하기를 청하려고 할 때 김효원도 그 의논에 이의를 달지 아니하고 추고를 청하였다. 뒤에 박순이 병을 이유로 사직하니, 사림은 김효원이 박순을 공격하여 심의겸의 세력을 고립시키려 한다고 더욱 의심하여 여론이 대단히 마땅치 않게 여겼다. 신응시가 이이에게 이르기를,

"사간원에서 대신을 추고하라고 청하는 것은 크게 사체를 잃은 것인데, 옥당에서 어찌 탄핵하여 체직시키지 아니하는가."

하니, 이이가 말하기를,

"옥당은 탄핵을 주도할 책임이 없고 반드시 양사가 피혐한 뒤에 처치하는 것이 일정한 규례이다. 일마다 탄핵하는 것은 아마도 다른 관청을 침해하는 듯하다."

하였다. 정철이 이이에게 이르기를,

"대신을 추고하자는 것은 필시 간사한 마음을 품고 어진 재상을 흔들어 그 자리에 있지 못하게 한 것인데 옥당에서 어찌 말이 없을 수 있겠는가."

하자, 이이가 말하기를,

"이것은 김효원이 한 것이 아니라, 허 대사간의 의논이 지나친 것이다."

하니, 정철이 말하기를,

"공은 이것을 지나친 정도로만 여기는가. 태휘太輝[허엽의 자]가 인백仁伯[김효원의 자]과 합심하여 요사이 간사한 논의의 주동이 되었으니, 이것은 어진 재상을 공격하여 제거하려 하는 것이지 생각 없이 한 것이 아니다."

하였다. 이때에 이조 판서 노진이 병으로 사직하고 나오지 아니하므로 정종영鄭宗榮을 이조 판서로 삼았다. 그러나 정종영은 본시 인망이 없고, 김효원에게 붙었다는 비난도 있었다. 정철이 또 이이에게 이르기를,

"정 판서를 어찌 그대로 둘 수가 있는가?"

하자, 이이가 말하기를,

"논박하는 것은 옥당의 책임이 아니다."

하니, 정철이 개탄하고 "군자[박순을 가리킴]는 황각黃閣(의정부)에서 물러나고, 소인은 이조를 맡았네. 어진 이는 물러가고 간사한 자가 나오는 때에 부제학의 마음은 편하구나" 하는 시를 지으니, 이이가 시를 보고 다만 빙긋 웃을 뿐이었다.

◗◗ 사헌부에서 이조 판서 정종영은 명망이 부족하여 전장銓長에 부적합하다고 탄핵하였으나 상이 윤허하지 않았다. 정종영은 비속하여 도량이 좁고 또 사류도 미워하는 까닭으로 김계휘가 대사헌이 되어 그를 탄핵하였다. 상이 비록 윤허하지 않았으나, 머지않아 종영이 병이 있다고 사면하였다.

8월 대신 허엽의 추고를 둘러싼 논란

정언 조원趙瑗이 아뢰기를,

"추고라는 것은 태장笞杖의 율과 같은 것으로서 일반 관료를 다스리

는 것이지 대신에게 시행할 수 없는 것이니, 사간원에서 대신을 추고
하자고 청한 것은 잘못이며, 동료가 이런 과실이 있는데도 신이 함께
용납한 것도 잘못입니다. 신의 관직을 체직시키소서."
하였다. 이에 양사가 다 피혐하여 자기들의 체직을 청하면서 아뢰기를,
　"대신을 추고하자고 청한 것을 불가하다고 보지 않습니다. 신 등은
조원의 소견과 같지 아니하니 이 자리에 있을 수 없습니다."
하였다. 대사헌 김계휘만이 소견이 조원과 같았으며, 이어 논계하기를,
　"대사간 허엽이 죽은 사람의 친족과 가까운 족친으로서 죽은 사람
의 친족 말만 듣고 지나치게 논란을 확대하여 대신을 추고하자고 청
하기까지 하였는데, 신이 그 잘못을 알고도 탄핵하지 못하였으니 신
도 이 관직에 있을 수 없습니다."
하였다. 홍문관에서 장차 대간을 처치하려고 하였는데, 이때에 박순
이 어진 재상으로서 탄핵을 당하여 병을 핑계로 사직하니, 공론이 매
우 불평하였다. 그러나 나이 젊은 사류는 다 김효원의 지지 세력이었
기에 의논이 서로 부합되어 공론을 돌아보지 않고 저들 소견만 주장
하여 효원을 옹호하려고 하였다. 정철이 매우 분하게 여기던 중에 조
원과 김효원이 서로 좋아하지 않는 것을 알고 공론으로 깨우치니 조
원이 이에 일을 일으켰다. 부제학 이이가 장차 동료를 만나려던 중에
마침 유몽학을 보고 이 일을 어떻게 처리해야겠느냐고 묻자, 몽학이
대답하기를,
　"지금 어진 재상 한 분을 잃은 것이 어찌 애석하지 않느냐."
하니, 이이가 말하기를,

"지금 조원을 논박하면 좌상左相(박순)을 겹문 안에다 가두는 격이니, 아무리 나오고 싶어도 가능하겠는가."

하였다. 이이가 동료를 모아 놓고 이 일을 어떻게 할 것인지 묻자, 동료가 말하기를,

"만일 양사를 교체하면 이것은 말하는 길을 막는 것이다."

하니, 이이가 말하기를,

"그렇지 않다. 일의 시비를 따져 보아야 한다. 간관의 실수가 있어 옥당에서 바로잡는 것이 어찌 말하는 길에 방해되겠는가. 대신에게 죄가 있으면 체직시켜도 옳고 파직시켜도 옳으며, 유방찬극流放竄殛[129]을 하더라도 옳은 것이다. 언관이 일을 따라 논박할 때 무엇을 회피할 것이 있겠는가마는 추고하자는 것은 불가하다. 이른바 추고라는 것은 담당 관리가 힐문하여 형률대로 처리하는 것으로, 일반 관원을 감독하는 것이지, 대신을 대우하는 도리가 아니다.

예전에 한나라 신하가 사예 교위司隸校尉를 시켜 삼공을 감독하게 하자고 청하는 자가 있자, 의논하는 이들이 그것을 그르게 여겨 담당 관리를 시켜 삼공을 감독하는 것은 결국 시행되지 않았다. 지금 대신을 추고하라고 청한 것은 바로 담당 관리가 삼공을 감독하는 법이다. 사간원의 계청이 이미 잘못인데 사헌부가 뇌동하였으니 다 체직시키고 오직 김 대헌金大憲과 조 정언趙正言만 출사시켜야 한다."

---

129) 『서경書經』「우서虞書」 '순전舜典'에 보면, "공공共工을 유주幽洲로 귀양 보내고, 환도驩兜를 숭산崇山에 가두고, 삼묘三苗를 삼위三危로 쫓아내고, 곤鯀을 우산羽山에 가두어 죽을 때까지 곤고하게 하였다." 하였는데, 이 유流·방放·찬竄·극殛은 모두 귀양 보내는 것이지만, 처지의 차이가 있었다.

하였다. 동료들의 의견이 일치하지 않다가 이이가 힘껏 명변한 지 한참 만에야 일치하게 되었다. 수찬 홍진洪進이 말하기를,

"허 대간許大諫은 당대의 종장宗匠인데 논박을 당하였으니 개탄스럽다."

하고, 저작 홍적洪迪·이경중李敬中 등은,

"허 대간이 어찌 친한 사람에게 사사로움을 두어 과한 논의를 하기까지야 했겠는가. 대사헌의 말이 지나쳤으니 역시 체직하지 않을 수 없다."

하니, 이이가 그 말도 옳다 하고서, 이에 차자를 올려 양사를 다 체직시키고 조원만을 출사하게 하니, 공론이 다 옥당의 처리가 적당하다고 했으나, 김효원의 동류만은 마음에 불쾌하게 여겼고 허엽은 더욱 불평하였다. 이성중李誠中이 허엽을 보고 말하기를,

"공이 좌상을 추고하자고 청한 것은 잘못이다."

하자, 허엽이 소리를 지르며 말하기를,

"내가 처음에 파직시키자고 청하려다가 동료가 말려서 추고만 청하였으니 내가 나약한 까닭이다. 또 옥당에서 대간을 체직시킨 것이 대단히 잘못이다. 어찌 양사를 다 갈면서 조원만 그냥 두었단 말인가. 숙헌처럼 어리고 일을 알지 못하는 사람이 옥당 장관이 되었으니, 국가가 어찌 그릇되어 가지 않겠느냐."

하니, 좌우에서 아무 말이 없었다. 한수韓脩가 이 말을 듣고 "허 태휘許太輝가 틀림없이 실성하였으니 장차 죽으려는가 보다." 하였다. 허엽은 사림의 기대가 있었는데도 오랫동안 당상에 있으면서 승품되지 못

하여 자못 유감의 뜻을 품고 있었다. 어릴 때부터 노수신과 친구인 까닭에 수신이 자기를 천거하지 아니하는 것을 한스럽게 여기더니, 어느 날 수신이 허엽에게 누가 정승을 할 만한가 묻자, 허엽이 조정 관료를 하나하나 손꼽으며 말하기를,

"누가 정승을 못하리오. 홍담·정종영 등이 다 정승을 할 만하다."

하니, 수신이 잠자코 있었다. 그 말이 감정에서 나온 말임을 알기 때문이었다.

)◖ 김계휘를 평안도 절도사로 삼았다. 김계휘가 사헌부에 있으면서 허엽을 지목하여 사정에 따라 제 소견만 일방적으로 주장한다고 하였다. 허엽의 아들 허봉이 이조 좌랑으로 있었는데 경박하고 견식과 사려가 없었다. 그는 김계휘가 그 부친의 과실을 드러낸 것에 노하여 김계휘를 외직으로 내보내려 하였다. 이조 참판 박근원이 김효원과 결탁하니, 세상 사람들이 소년의 당이라고 지목하였다. 박근원이 명망가의 비위를 맞추려고 마침내 김계휘를 외방으로 내보내니, 더욱 중망에 만족치 못하였다.

을유일)◖상이 강릉康陵을 배알하고 돌아왔다. 이때에 승정원에서 교량이 완성되지 못하였다고 능행을 정지하기를 청하자, 부제학 이이가 동료들에게 이르기를,

"능에 인사하는 일은 지극한 예이고 정을 다하는 것이니 추워지기 전에 해야 한다. 겨울이 되면 하기 어려울 것이다."

하고, 마침내 정지하지 말기를 청하였다. 상이 답하기를,

"계사가 지당하다. 바로 내 뜻과 같다. 정지하지 않는 것이 옳다."

하고, 능에 인사하고 돌아왔다. 이때에 좌상 박순이 네 번이나 사직하였으나 상이 매우 부지런히 돈유하였고, 또 상의 옥체가 조금 편치 않은데 박순이 약방 제조였기 때문에 어쩔 수 없이 나와 일을 보았다.

정해일 ▶◀ 상이 비로소 친히 정무를 보았다. 함경도 백성이 잘살지 못하는 것은 감사가 적임자가 아닌 까닭이라는 말을 듣고 관찰사 박대립朴大立을 체직시키었다. 이때 이후백이 어떤 일로 파직당하여 집에 있었는데 특명으로 이후백을 함경도 관찰사에 임명하였다.

9월 북방 방비에 대한 선조의 실언

유희춘이 벼슬을 버리고 호남으로 돌아갔다. 이이가 어떤 사람에게 말하기를,

"공은 재주는 없으나 글을 읽은 사람이며, 이 계진李季眞(이후백의 자)·김 중회金重晦(김계휘의 자)는 시무時務에 능숙하고 전고典故에 밝으니 조정을 떠나서는 안 된다."

하고, 동료들과 의논하여 차자를 올려 세 사람을 머물게 하기를 청하였으나 상이 들어주지 아니하였다. 이때에 심(의겸)과 김(효원)이 분당分黨할 형적이 있었는데, 김계휘와 이후백은 다 인망이 있고 심의겸의 당으로 지목을 받는 사람이었다. 두 사람이 이미 떠나니 김효원이 더욱 깊이 비방을 받았다.

▶◀ 상이 친히 정무를 보는 날에, 이조에 하교하기를,

"고집스럽고 괴팍한 사람을 쓰지 말고 순후한 사람을 쓰는 것이 좋다."

하니, 김계휘가 이 말을 듣고 아뢰기를,

"주상께서 순후한 사람을 쓰고 고집스럽고 괴팍한 사람을 배척하려 하시니 이는 진실로 옳은 일입니다. 다만 임금이 편벽되게 이런 생각을 가지면 유들유들 아첨하는 자가 순후하다는 이름을 얻고 강직한 사람은 괴팍하다는 비방을 받을 것이니, 그 피해가 적지 아니할 것입니다."

하였다.

◗◖사간원이 아뢰기를,

"이조에서 사사로움에 따라 인사를 잘못하였으니 참판 이하를 체직시키십시오."

하니, 상이 곧 윤허하고 또 하교하기를,

"전에 친정親政할 때에 낭관이 마음대로 하는 것을 보았으나 미처 말을 못하였다."

하였다. 이때에 심의겸과 김효원이 대립하고 있다는 설이 날로 더욱 성하여 조정 여론이 시끌시끌하였다. 대사간 정지연鄭芝衍이 이이에게 묻기를,

"의논이 결렬되니 장차 어떻게 처리할 것인가?"

하자, 이이가 대답하기를,

"이것은 이조가 적당한 사람을 얻지 못한 까닭이다. 다만 조용히 진정시킬 것이지 끝까지 공격해서는 안 된다. 오직 박 일초朴一初[박근원

의 자]만은 그의 하는 일이 사람들의 마음에 불만스러우니 이 사람은 체직시켜야겠다. 이조 낭관은 궐원이니 공평한 사람을 얻어 보충하면 인사가 체통 있게 될 것이며, 인백仁伯[김효원의 자]이 지방 보임을 자원하면 거의 무사할 듯하다."

하였다. 정지연이 그 말을 매우 옳게 여기어 박근원만 논박하려 하였으나, 동료들의 의견이 이조 관원 전부를 논박하려 하면서 그 의논이 매우 극성하여 지연이 압도하지 못하였다. 대개 이조 좌랑 이성중·허봉이 모두 김효원의 벗인 까닭에 사간원에서 이 사람들을 공격하여 세력을 꺾으려고 한 것이었다. 마침내 참판 이하를 다 체직시키니, 나이 젊은 사류가 모두 의심하고 두려워했다.

◗◖ 상이 사정전에서 조강에 임하였다. 그때에 상이 아직도 권도를 좇지 아니하니 영상 홍섬 이하가 다 권도를 따르시라고 반복하여 아뢰었으나 상이 모두 답하지 아니하였다. 집의 신점申點이 아뢰기를,

"북병사 박민헌朴民獻이 늙고 재략이 없으니 불가불 체직시켜야 하겠습니다."

하고, 또 아뢰기를,

"북방이 텅 비어 오랑캐 기병이 쳐들어온다면 막아낼 계책이 없으니 미리 장수를 선택하여 기르십시오."

하니, 상이 이르기를,

"조정에 큰소리치는 사람이 많으니 오랑캐 기병이 오거든 큰소리치는 사람을 시켜 막을 것이다."

하였다. 이이가 나아가서 아뢰기를,

"주상께서 말씀하신 '큰소리치는 사람'은 어떤 사람을 지목하신 것입니까. 만일 큰소리만 하고 실속이 없는 자를 지목하셨다면 그 사람을 쓰면 반드시 일을 그르칠 것인데, 어찌 그 사람을 시켜 적을 막게 할 수 있겠습니까. 만일 옛것을 좋아하고 성인을 사모하는 사람을 큰소리치는 사람이라고 하셨다면 주상의 말씀이 극히 온당치 못합니다. 예전에 맹자가 양 혜왕梁惠王과 제 선왕齊宣王을 만나서도 오히려 요순을 목표 삼았는데,[130] 이것이 어찌 큰소리를 좋아하는 것이었겠습니까.

지금 유학자의 말은 털끝만큼도 채택하지 않으면서 한갓 큰소리라고 지목하시어 그들로 하여금 북쪽 오랑캐를 막도록 하시겠다는 것은 마땅치 아니한 듯합니다. 임금의 말이 한번 나오면 사방으로 전파되어 옳지 못한 일이라면 천 리 밖에서도 왕명을 거역하는 법입니다. 지금 전하께서 유학자를 큰소리나 치는 사람이라고 지목하여 북쪽으로 보내려고 하시면, 어진 사람은 기운이 꺾이고 불초한 자는 갓을 털며 좋아할 것입니다. 임금의 발언이 선행하는 사람을 좌절시키고 악행을 저지르는 자를 기쁘게 해 준다면 어찌 그릇된 말씀이 아니겠습니까."

하니, 상이 아무 말이 없었다. 이이가 이어서 아뢰기를,

"전에 주상께서 착한 말을 즐겨 들으시며 유신儒臣(유학자 신하, 즉 홍문관 관원)에게 마음을 기울이시어 온 나라가 다 기뻐하였는데, 요즘 주상의 마음이 돌연 변하시어 유신을 소외하시니 전하께서 무슨 까

---

130) 맹자가 제 선왕에게 인의仁義의 정치를 하라고 자문하였으나 채택되지 못하였
고, 다시 양 혜왕에게 갔으나 또한 맹자의 말을 실천하지 못하였다. 『맹자 양혜왕』

닭으로 이러십니까. 마음을 돌리시어 어진 이를 가까이하고 선을 좋아하시어 사림으로 하여금 흥기하도록 하시면 더할 나위 없이 다행일 것입니다."

하였다.

▶◀이이가『성학집요聖學輯要』를 올리고 이어서 차자를 올려 학문과 정치의 도리를 극진히 논하였더니, 상이 답하기를,

"올린『성학집요』를 살펴보니 정치의 도에 크게 보탬이 되는 것이라 무척 가상히 여긴다."

하였다. 이이가 임금의 마음을 바로잡는 데에 뜻이 간절하여 경전과 역사책의 핵심 내용 중 학문과 정치에 절실한 것을 뽑아 차례를 나누어 수기修己, 치인治人으로 순서를 만드니 통틀어 5편이었다. 책이 완성되어 상에게 올리었더니 상이 그 이튿날 경연에 나와 이이에게 이르기를,

"그 글이 매우 절실하고 요긴하다. 이것은 부제학의 말이 아니라 곧 성현의 말씀이니, 정치의 도에 크게 보탬이 있을 것이다. 다만 나같이 불민한 임금으로는 실천하지 못할까 두렵다."

하니, 이이가 일어났다가 다시 엎드려 아뢰기를,

"주상께서 항상 이렇게 하교하시므로 신하들이 극히 답답해합니다. 전하께서 자질이 뛰어나시니, 성학을 하지 않는 것이지 하지 못하는 것은 아닙니다. 핑계대지 마시고 독실한 뜻으로 분발하시어 덕을 이루십시오. 예전에 송 신종宋神宗이 말하기를 '이것은 요순의 일이지 짐이 어찌 감당하겠는가' 하자, 명도明道 정호程顥가 걱정스럽게 말하

기를 '폐하의 이 말씀은 종사와 신민의 복이 아닙니다' 하였는데, 전하
의 말씀이 이 상황과 비슷하지 않습니까."

하였다.

◗◖ 이때에 삼공이 백관을 거느리고 상에게 권도를 좇기를 청하여 대
궐 뜰 맨바닥에 앉아 하루에 서너 번씩 아뢰었으나 윤허를 받지 못하
였다. 임술일에 공의왕대비가 친히 상의 처소에 와서 종일토록 간청
하니 상이 할 수 없이 권도를 따랐다. 이날 밤에 대비가 승정원에 하교
하기를,

"주상께서 요즘 주무시는 것이 편안치 못하시고 또 구토증이 있어
수라를 못 드시기에 내가 종일토록 간청하여 주상이 억지로 권도를
따르시니, 더할 나위 없이 감격스럽다."

하였다. 이에 신하들이 다 기뻐하며 물러갔다.

10월 김효원과 심의겸의 외직 발령

김효원을 부령 부사富寧府使로, 심의겸을 개성 유수開城留守로 삼았
다. 이때에 심의겸과 김효원이 각을 세운 의논이 분분히 종식되지 않
으니, 이이가 우의정 노수신을 보고 말하기를,

"두 사람이 다 사류로서 흑백黑白과 사정邪正을 구분할 것도 아니며,
또 진정으로 혐극이 생겨 서로 해치려는 것도 아닙니다. 다만 말속이
시끄러워 사소한 틈 때문에 허황한 말들이 소란하여 조정이 안정되지

못하고 있으니 두 사람을 지방관으로 내보내 들뜬 논의를 진정시켜야 합니다. 대신이 경연에서 그 사유를 아뢰시지요."

하니, 노수신이 의심하여 말하기를,

"만일 경연에서 아뢰면 더욱 소란이 생길지 알 수 없지 않소."

하였다. 마침내 사간원에서 이조를 논핵하게 되자, 노수신이 심의겸의 형세만 성대해질까 의심하여 드디어 경연에서 상에게 아뢰기를,

"근일에 심의겸과 김효원이 서로 결점을 언급하면서 이로 인해 말썽이 분분하여 사림이 화평치 못할 조짐이 생길까 염려되오니, 이 두 사람을 지방관으로 보내는 것이 마땅할까 합니다."

하니, 상이 묻기를

"두 사람이 서로 무슨 일을 가지고 말하는가?"

하자, 수신이 서로 평소의 잘못을 말한다고 하였다. 상이 이르기를,

"조정에 함께 있는 선비가 마땅히 뜻을 함께해야 할 것인데 서로 비방하는 것은 매우 옳지 않다. 두 사람을 다 외직으로 내보내라."

하였다. 이이가 아뢰기를,

"이 두 사람이 틀림없이 갈등이 깊지는 않았을 것입니다. 우리나라의 인심이 가볍고 말세의 풍속이 더욱 심히 시끄러워 두 사람의 친척과 친구가 각각 소문을 전파하여 마침내 어수선하게 되었습니다. 대신이 마땅히 진정시켜야 되기 때문에 두 사람을 지방으로 내보내어 말의 뿌리를 끊으려 하는 것입니다.

또 주상께서도 이 일을 아셔야 합니다. 지금 조정에 비록 뚜렷이 간사한 자라고 할 만한 사람은 없으나, 또한 어찌 반드시 소인이 없다고

할 수 있겠습니까. 만일 소인이 이들을 붕당이라 지목하여 두 편을 다 제거하려는 계략을 쓴다면 반드시 사림의 화가 생길 것이니, 이것을 모르셔서는 안 됩니다."

하니, 상이 이르기를,

"대신은 마땅히 진정시킬 생각을 가져야 할 것이다."

하였다. 홍문관 정자 김수金晬가 아뢰기를,

"주상께서 그러한 줄을 이미 아셨으면, 두 사람의 재주가 다 쓸 만하니 꼭 외직으로 내보낼 것이 아니라 마땅히 그들이 스스로 풀고 화합하도록 해야 합니다."

하니, 이이가 말하기를,

"그것도 그렇습니다. 다만, 두 사람이 원수 같은 혐의가 실제 있어 서로 도모하려는 것은 아니지만, 야박한 풍속이 조용하지 아니하여 허황한 말을 지어내어 끝내는 일을 저지르기에 이를 것입니다. 두 사람이 조정에 있으면 떠도는 말이 가라앉지 않을 터이니, 반드시 외직으로 내보내어 떠도는 말의 근본을 끊어 버려야 합니다."

하였다. 동부승지 이헌국李憲國이 아뢰기를,

"지금은 위로 성상이 계시고 아래로 현명한 재상이 있기 때문에 사림이 염려가 없지마는 만일 권간이 조정에 있다면 이 일이 또한 사림의 화를 빚어낼 수도 있는 것입니다. 예전 정사년丁巳年에 김여부金汝孚와 김홍도金弘度가 서로 비방하곤 하였습니다. 홍도가 윤원형이 첩을 처로 삼은 것에 항상 분노하여 자주 말을 꺼내자, 여부가 원형에게 고자질하여 원형이 홍도에게 감정을 품었습니다. 그러나 원형이 홍도가 이 말을 했다고 죄주자고 청하면 명종께서 반드시 벌주지 않으실 것이므로, 다른 죄로 얽어매어 귀양까지 보내고 사류가 많이 내쳐졌으니, 이것은 원형이 조정에 있었기 때문입니다.

지금은 비록 이러저러한 말이 있으나 어찌 일이 생기기까지야 하겠습니까. 두 사람이 다 버릴 인재가 아니니, 주상께서 두 사람을 부르시어 그들로 하여금 마음에 걸리던 것을 다 풀게 하면, 서로 용납하여 조정에 설 수 있을 것입니다."

하니, 상이 답하지 않았다. 얼마 안 되어 친히 정무를 볼 적에 특지로 김효원을 경흥 부사慶興府使로 임명하면서 이르기를,

"이 사람이 조정에 있으면 조정이 안정되지 못할 것이니, 먼 고을로 보내야 한다."

하니, 이조 판서 정대년과 병조 판서 김귀영이 모두 아뢰기를,

"경흥은 지극히 먼 변방으로 오랑캐와 가까우니 서생書生이 진압할 수 있는 곳이 아닙니다."

하면서 여러 번 아뢰고 나서야 부령으로 바꾸라는 명이 내렸다. 심의겸을 개성 유수로 임명하니, 이에 젊은 사류가 더욱 심하게 의심하였다. 이이가 중간에 서서 이편저편을 무마하려 하니 사림이 그에게 의지하였다. 노수신이 김효원을 내보낸 뒤에 허엽이 그가 경솔하게 내보낸 것을 탓하자, 수신이 사류에게 의심을 받을까 염려하여 허엽에게 편당하는 마음이 없다는 것을 변명하느라고 여러 번 맹세를 하니 식자가 비웃었다.

▶◀ 상이 석강에 나아갔다. 이이가 『대학연의大學衍義』를 진강하다가 안

자顏子(안연)의 극기복례克己復禮 대목에 이르렀다. 이이가 아뢰기를,

"사람의 천성은 본시 선하여 순전히 천리天理이나, 다만 사사로운 욕심에 가리어 천리가 회복되지 못하는 것입니다. 만일 사욕을 극복하면 그 천성은 온전하게 됩니다. 안자의 이치 탐구는 본시 밝아서 천리와 인욕이 흑백을 보는 것과 같이 분명했기 때문에 곧바로 극기복례에 노력하여 털끝만큼도 맑지 못한 의심이 없었습니다. 그런데 지금 사람은 전부터 궁리하는 공부도 없이 곧바로 극기만 하려고 하므로, 무엇이 자기를 위한 것이고 무엇이 예禮인지 알지 못하여, 간혹 사욕을 오히려 천리라고 하는 수도 있습니다. 이런 이유에서 격물치지格物致知를 『대학』의 시초 공부로 삼은 것입니다.

또 예전에는 공부하는 데 말을 많이 하지 않고 극기복례를 바로 실제로 실천하였기 때문에, 다만 이 네 글자만으로도 성인聖人이 될 수 있었습니다. 그런데 지금은 말은 많으나 원래 실제 공력이 없기 때문에 실효도 없습니다."

하였다. 상이 이르기를,

"안자가 '문으로 나를 넓힌다[博我以文]' 하였는데, 그때 어떤 문文이 있었는가."

하니, 이이가 아뢰기를,

"그때에 이미 육경六經이 있었습니다. 또 초나라 좌사左史 의상倚相이 『삼분三墳』·『오전五典』·『팔색八索』·『구구九丘』를 읽었다고 하였으니,[131] 의상이 공자보다 먼저 출생하였고, 이때에도 읽을 글은 있었으

---

131) 의상은 항상 초나라 임금에게 지난 일을 간언하여 선왕의 유업을 잊지 않도록

나 후세같이 많지는 않았습니다."

하니, 상이 이르기를,

"안자는 밝은 지혜만 있었을 뿐이 아니라 진실로 용기가 있었기 때문에 앞으로 나아가기를 그치지 아니한 것이다. 예를 들어 '순舜은 누구며 나는 누구인가[舜何人也, 子何人也]'[132]라고 한 말은 안자의 용기를 보여 주는 대목이다."

하였다. 이이가 아뢰기를,

"주상의 말씀이 매우 지당합니다. 후세 사람이 그 학문을 성취하지 못한 것은 다 그 뜻이 독실하지 못하기 때문입니다. 주상께서 이미 이러한 점을 아시니 뜻을 독실히 하여 용감하게 나아가시면 어디엔들 이르지 못하겠습니까. 근래 주상께서 항상 백성을 사랑한다는 말씀을 하시곤 하니 신하가 누군들 감격하지 않겠습니까. 그러나 그런 마음은 있지만 그에 해당하는 정책이 없으니 백성이 혜택을 입는 효과가 없습니다."

하니, 상이 이르기를,

"전에 비하면 지금 민생이 어떠한가."

하였다. 이이가 아뢰기를,

"권간이 국정을 맡았을 때와 비하면 백성에게 착취하는 것은 좀 줄

하였고, 초나라 사람은 의문이 있으면 그에게 가르침을 청하였다고 한다. 초나라 왕은 "저 사람은 훌륭한 사관이다. 그대는 잘 보도록 하라."고 하면서 위의 책을 읽었다고 하였다. 『춘추좌씨전 소공昭公 12년』

132) 안연이 순임금이나 자신이나 다 같은 사람이고, 그렇기 때문에 자신도 순임금 같은 인물이 될 수 있다는 뜻으로 한 말로 안연의 포부와 자신감을 보여 준 말로 자주 인용된다.

어든 듯합니다. 다만 공물貢物과 요역 규정이 매우 사리에 어긋나고 날이 갈수록 점점 잘못되어 백성이 그 피해를 입고 있습니다. 만일 고치지 아니하면 아무리 날마다 애민한다는 말씀을 내리셔도 도움이 없을 것입니다."

하니, 상이 아무 말이 없었다.

▶◀ 김효원이 부령 부사로 제수되자 사류가 두려워하여 안정하지 못하고, 또 효원은 병이 중하여 북방에 부임할 수 없었다. 부모 산소에 성묘하러 가려고 이이가 휴가를 얻어 하직하는 날에 성상을 홀로 뵙고 아뢰기를,

"신이 생각한 바가 있었으나 면대하지 못하였으니, 지금 인사 올리는 길에 아뢰지 않을 수 없습니다. 김효원을 외직으로 내보내자는 의견은 다만 대신의 뜻이 신과 합할 뿐 아니라 실로 사림의 공론입니다. 주상께서 육진六鎭을 무관의 손에만 위임하는 것을 걱정하시어 문관 중 명망이 있는 사람을 앉혀 진압하려고 하시니, 주상의 뜻도 실로 우연이 아닌 줄로 압니다.

만일 김효원에게 병이 없다면 이로 인하여 국은을 갚는 것이 진실로 때를 만났다 하겠으나, 다만 효원은 원기元氣가 치우치고 허하여 질병이 매우 중하므로 이 근력을 가지고 북방으로 부임하여 눈보라 속에서 고생하게 되면 죽지 않는 것만도 다행일 텐데 어떻게 주도하여 국경을 공고히 할 수 있겠습니까.

또 대신의 뜻도 사람들의 말이 안정되지 않으므로 두 사람을 외직으로 내보내어 진정시키려는 계책이지, 효원에게 죄가 있다고 하여

추방하는 것이 아닙니다. 내지의 외딴 고을을 효원에게 제수하여 안으로는 군신의 의가 보전되게 하고 밖으로는 변방의 수비를 굳게 하십시오.”

하니, 상이 이이가 김효원을 편드는 게 아닌가 의심하고 노하여 답하는 말에 사사로운 인정을 좇는다고 매우 나무랐다가 뒤에 그렇지 아니한 것을 알았다.

◗◖ 호남에서는 앵두가 열매를 맺었고, 한양에서도 살구꽃이 난만하게 핀 일이 있었다.

◗◖ 서산瑞山의 간사한 백성이 그곳 군수를 해치려고 명종의 태봉胎峯 돌난간을 때려 부쉈다.

기축일 ◗◖ 사정전에서 소대하였다. 이이가 파주에서 돌아와 입시하여 학문을 논하였다. 이이가 아뢰기를,

“옛날에는 학문이라는 명칭이 없었습니다. 날마다 쓰는 윤리의 도를 사람들이 실천하였고 특별히 딱 붙이는 명칭은 없었습니다. 군자는 마땅히 해야 할 것을 할 뿐이었습니다. 후세에 와서는 도학道學이 밝지 못하여 윤리의 행실이 폐하고 행해지지 않자, 자신이 해야 할 것을 하는 사람을 지목하여 학문한다고 이름 붙였습니다. 학문이라는 이름이 생긴 뒤로 도리어 세상 사람에게 지목을 받아 억지로 결함을 꼬치꼬치 캐내어 혹은 위선僞善이라고 지목하기도 하여 선을 행하는 사람으로 하여금 어물어물하게 만들어 학문의 이름을 피하게 되었으니, 이것이 후세의 큰 걱정거리입니다. 임금은 모름지기 학문을 주도하여 속류로 하여금 훼방하지 못하게 하는 것이 옳습니다. 학문에 어

찌 별다른 것이 있겠습니까. 다만 일상에서 옳은 것만 노력하여 실천할 뿐입니다."

하였다. 이날 추위가 심하였다. 상이 시신에게 이르기를,

"오늘은 춥구나. 나는 넓은 집, 부드러운 담요 위에 있으니 어찌 견디지 못하겠느냐마는, 저 북방의 병졸들이 밤새워 경비 서는 것을 생각하니 어떻게 견디는지 모르겠다."

하니, 이이가 아뢰기를,

"상의 말씀이 이러하시니 생령의 복입니다. 병졸뿐만 아니라 마을 백성도 얼어 죽은 사람이 많으니 유념하십시오."

하였다. 상이 이이에게 묻기를,

"소분掃墳(묘소를 돌봄)할 때에 성혼을 보았는가. 그의 병은 어떠하며 끝내 출사할 수가 없던가?"

하니, 승지 이헌국이 아뢰기를,

"성혼이 출사하고 싶지 않는 것이 아니라 병으로 출사하지 못하는 것입니다."

하였다. 상이 또 이르기를,

"고을 수령도 못하겠다던가?"

하니, 이이가 아뢰기를,

"고을 수령의 수고가 경관京官(중앙부처 관료)보다 심하니 병든 사람으로서 감당할 바가 아닙니다."

하였다. 상이 이르기를,

"학생은 가르칠 수 있던가?"

하니, 이이가 아뢰기를,

 "그것도 병 때문에 할 수 없습니다."

하였다. 상이 이르기를,

 "한가롭게 거처하면서 학생이나 가르쳤으면 좋겠다."

하니, 이이가 아뢰기를,

 "그것이 참으로 좋은 일이나 병으로 할 수 없으니 한스럽습니다."

하였다. 이어서 또 아뢰기를,

 "신이 전에 김효원의 일을 아뢸 때에 뜻을 충분히 전달하지 못하여 주상의 비답에 온당하지 못한 것이 많게 하였습니다. 그게 지금까지 황송합니다."

하니, 상이 이르기를,

 "내가 김효원이 병이 있는 것을 알지 못하고 변방 고을로 제수한 것인데, 부제학의 계사는 내 뜻을 깨닫지 못한 것 같기에 이런저런 말을 한 것이지, 부제학에게 사심이 있다는 말은 아니었다."

하면서 상의 말씀이 대단히 온화하여 위로해 주는 것 같았다. 이이가 아뢰기를,

 "신이 주상의 뜻을 알지 못한 것이 아니거니와 주상의 판단이 이러하셨으니, 이는 분명 신의 말이 뜻을 충분히 전달하지 못한 것입니다."

하였다. 상이 이르기를,

 "효원의 부임지를 고쳐 줄 것이니 그리 알라."

하니, 이이가 아뢰기를,

"그렇게 하시면 공과 사 모두에 편리할 것입니다. 전일 주상의 비답에 온당하지 못한 점이 있다는 말은 '신하가 국록을 먹으면 죽음으로 갚아야 한다'고 말씀하신 것을 가리킵니다. 이것은 신하 자신이 말한다면 옳겠지만 위에 있는 이는 이런 말을 내어서는 안 됩니다. 임금은 신하의 능력을 헤아리어 감당할 만한 직책을 가리어 줄 것이며, 신하는 사생을 불문하고 평탄하거나 험하거나 일관된 절의를 가져야 합니다.

또한 후한 녹봉과 깊은 은혜는 진실로 신하의 정을 맺는 방도이기는 합니다만, 신하는 분의를 중하게 알아야 합니다. 단지 은혜와 녹봉만 생각하며 충성을 바친다면 다른 임금도 은혜와 녹봉으로 유인할 수 있을 것입니다. 이런 까닭에 분의를 중하게 여기는 사람은 임금의 대우가 두터운가 박한가를 따지지 않고 다 절개와 의리에 죽을 수 있지마는 은혜와 녹봉을 중하게 여기는 사람은 그 마음을 믿을 수가 없는 것입니다."

하였다. 이헌국이 아뢰기를,

"임금이 어찌 은혜와 녹봉으로 신하를 대우하지 않을 수 있겠습니까. 『중용』에 나오는 구경九經의 뜻에도 '충신중록忠信重祿'[133]이라 하였습니다."

하니, 이이가 아뢰기를,

"구경의 뜻에 진실로 충신중록이라 하였으나, 충신을 녹보다 먼저

---

133) 『중용장구中庸章句』 제20장에 "성심으로 믿고 녹을 후하게 주는 것은 선비를 권면하는 방도이다[忠信重祿, 所以勸士也]." 하였다.

말하였으니 충신이 무겁고 녹이 가벼운 것입니다."

하였다. 상이 이르기를,

　"내가 소견이 부족해서 말에 실수가 많았다."

하니, 저작 홍적이 아뢰기를,

　"은혜와 녹봉에 관한 하교를 신은 실수로 보지 않습니다."

하였다. 상이 이르기를,

　"그렇지 않다. 내 말이 실수요, 부제학의 말이 옳다."

하고, 이어서 이이에게 이르기를,

　"내가 지나간 역사를 보니 시대가 점점 변하여 하나라가 당우唐虞
시대에 미치지 못하고, 은나라가 하나라에 미치지 못하며, 주나라가
은나라에 미치지 못하였으니, 지금 삼대의 정치는 회복하기 어렵다."

하였다. 이이가 아뢰기를,

　"세도世道가 참으로 점점 떨어졌습니다. 그러나 옛 도를 행하면 어
찌 복고할 수 없겠습니까. 정자가 말하기를 '요임금은 따를 수 없으나
삼대는 분명히 회복할 수 있다' 하였습니다. 대개 당우의 시대에는 인
위적으로 하는 것 없이 교화하였으니 후세가 따를 수 있는 수준이 아니
지만, 삼대의 정치는 정말 그 도만 행한다면 반드시 회복할 수 있습니
다. 단지 행하지 않을 뿐입니다. 3천 년 이래로 행하여서 이루지 못한
이를 보지 못하였는데, 무슨 연유로 회복할 수 없다고 보십니까."

하였다. 며칠 뒤에 김효원을 삼척 부사로 옮겼다.

11월 인재 얻는 법 강론

　당진唐津의 간사한 백성이 훈도訓導를 해치려고 향교의 위판位版을 두드려 부쉈다.

◗◖이이가 야대夜對(밤에 경연에서 만남)에서 상에게 아뢰기를,

　"천리와 인욕 사이는 털 하나도 용납하지 않을 정도로 가깝습니다. 이 둘은 처음부터 두 근본이 아니라 인심이 발하기 전에는 다만 혼연한 천리일 뿐인데, 언제나 발동하는 곳에서 선과 악이 나누어지는 것이니 마음이 움직인 뒤에야 인욕이 있게 됩니다."

하자, 상이 이르기를,

　"발동하는 것은 기氣 때문이다. 기에는 청淸과 탁濁이 있기 때문에 선과 악이 나누어지는 것이지, 천리와 인욕이 처음부터 마음속에 병립한 것이 아니다."

하였다. 이이가 아뢰기를,

　"상의 말씀이 지당합니다. 천리와 인욕이 처음은 두 근본이 아니지만 나누어 진 뒤에는 한계가 심히 분명하여 천리가 아니면 인욕이고 인욕이 아니면 천리이니, 천리도 아니고 인욕도 아닌 것은 없습니다."

하니, 상이 이르기를,

　"행하는 것이 비록 선하지만 명예를 요구하는 마음이 있으면 역시 천리라 할 수 없다."

하였다. 이이가 아뢰기를,

　"마음속으로 명예를 요구하고 거짓으로 선을 하면 이것도 인욕일

뿐입니다."

하니, 승지 정언지鄭彦智가 아뢰기를,

"이 말이 옳습니다. 다만 삼대 이후의 시대에 선비를 구하면 오직 명예를 좋아하지 아니할까 염려된다는 말이 있습니다.[134] 이름나기 좋아하는 선비를 심하게 비난해서는 안 됩니다. 명예를 좋아하는 선비를 깊이 그르게 여길 것이 아니오니, 그치지 않고 힘써 나중에 군자가 되지 않는다고 어떻게 장담하겠습니까."

하였다. 이이가 아뢰기를,

"처음에는 비록 명예를 좋아하였어도 후일에 마음을 고쳐 실질을 힘쓰면 군자가 될 것이나, 만일 시종 명예를 좋아하기만 하면 그 바탕이 없는 것이니, 어찌 군자가 되겠습니까. 정언지의 말은 까닭이 있어 꺼낸 것입니다. 요즘 세상 사람들은, 마음을 풀어놓고 악을 행하는 자에 대해서는 실질을 힘쓴다 하여 깊이 배척치 아니하고, 선을 행하는 사람을 보면 틀림없이 위선일 것이라고 의심하여, 명예를 좋아하는 것은 미워하면서 이익을 좋아하는 것은 미워하지 않습니다. 그러므로 정언지의 말은 시속의 폐단을 바로잡기 위한 것입니다. 학자의 마음씨로 논한다면 명예를 좋아하는 부끄러움이 좀도둑질보다 심합니다. 임금이 인재를 등용하는 것으로 말하면 이익을 좋아하는 사람은 등용해서는 안 되고, 명예를 좋아하는 사람은 버려서는 안 됩니다만 중용

---

134) 이는 훌륭한 선비를 얻어서 함께 정치를 하지 못할 바에는 차라리 명예를 좋아하는 선비라도 구해서 써야 한다는 말이다. 송나라 진훈陳塤의 상소 가운데 "삼대 이전에는 선비를 구할 적에 명예를 좋아하는 것을 걱정했지만, 삼대 이후에는 선비를 구하는 데 명예를 좋아하지 않을까 걱정입니다." 하였다. 『송사宋史 권 423 진훈열전陳塤列傳』

할 수는 없습니다."

하자, 상이 이르기를,

"'명예를 좋아하는 선비'는 천승의 나라는 사양할 수 있으나 막상한 도시락 밥과 한 그릇 국에는 안색이 달라지니,[135] 근본 공부가 없기가 이와 같다. 또 이익을 좋아하는 사람은 사람을 속이지 못하나, 명예를 좋아하는 사람은 사람 속이기를 잘하니 그 폐단이 크다. 옛사람이 '삼대 이후로 선비를 찾다 보면 명예를 좋아하지 아니할까 염려된다'고 한 것은 까닭이 있어 나온 말이지만, 온당하다고 할 수는 없다."

하였다. 이이가 아뢰기를,

"주상의 말씀이 지당합니다. 다만 선을 행하는 사람과 명예를 좋아하는 사람을 분별하기가 매우 어렵습니다. 만일 선을 행하는 사람을 보고 바로 명예를 좋아한다고 의심하면 선을 좋아하는 실제가 없는 것이니, 이것도 알아두지 않으면 안 됩니다."

하였다. 또 이어서 아뢰기를,

"근일에 민생이 날로 곤궁하고 풍속이 날로 퇴폐하여 심지어 한 달 사이에 미련한 백성이 태봉의 석란과 향교의 위판을 두드려 부쉈으니 이러한 큰 변은 매우 놀라운 일이며, 천재天災 또한 발생하지 않은 달이 없으나 사람들이 모두 이목에 익숙하여 변괴를 잊어버린 듯하니, 이것을 어찌 좌시할 수 있습니까. 반드시 그렇게 된 연유를 궁구하여 폐단을 구할 방책을 강구하여야 합니다."

---

135) 『맹자』「진심 하」에 "명예를 좋아하는 사람은 천승의 나라를 양보할 수 있거니와, 만일 그러할 만한 사람이 아니면 한 그릇 밥과 한 그릇 국에도 얼굴빛에 나타나는 것이다[好名之人能讓千乘之國, 苟非其人, 簞食豆羹, 見於色]." 하였다.

하였으나, 상이 책만 보고 대답하지 않았다. 이이가 아뢰기를,

　"고인이 야대가 주강보다 낫다고 한 것은, 밤에는 살아 움직이는 모든 것들이 쉬어 잠잠한 때이므로, 임금과 신하가 고요한 가운데에 서로 대하면 생각이 집중되어 이끌고 깨우치는 효과가 있기 때문입니다. 오늘 밤에는 주상께서도 학문에서 의심나시는 데나 시정의 득실을 신들에게 물으시는 것이 좋겠습니다."

하니, 상이 이르기를,

　"학문은 반드시 좀 아는 것이 있은 뒤라야 의심이 생기는 것인데, 나는 의심나는 것도 없어서 물을 수가 없구나. 아래에서부터 강론하면 내가 대답하겠다."

하였다. 이이가 아뢰기를,

　"예전에 맹자가 제 선왕에게 '사방 국경 안이 다스려지지 않으면 어찌 하겠습니까' 하고 묻자, 왕이 좌우를 돌아보고 다른 말을 하였는데, 주자는 그가 큰일을 할 수 없다고 비판하였습니다.[136] 지금도 나라 안이 다스려지지 않았으니, 전하께서는 어찌 하시렵니까."

하니, 상이 답하지 아니하였다. 시신이 물러가려 할 때 상이 고금의 사변事變을 한참 동안 반복 강론하다가 당 태종이 형을 죽인 사실을 논한 데 이르러, 상이 이르기를,

---

136) 맹자가 의리를 저버린 벗과 직무를 제대로 수행하지 못한 옥관獄官을 어떻게 처리할 것인지에 대해 묻자, 제 선왕이 벗은 관계를 끊고 옥관은 파직하겠다고 대답하였다. 이어 맹자가 "사경四境의 안, 즉 나라가 다스려지지 않으면 어떻게 하시겠습니까?"라고 물은 것이다. 제 선왕이 그것은 임금인 자신의 책임이므로 대답하지 못하였다. 주자는 그런 태도로는 큰일을 할 수 없다고 비판하였다. 『맹자 양혜왕 하』

"태종이 천하가 외물外物[137]인 것을 알지 못했기 때문에 형을 죽이기까지 하였으니, 참 가엾은 일이다."

하니, 이이가 아뢰기를,

"상의 말씀이 지당하십니다. 성인은 진실로 천하를 외물로 여깁니다. 비록 천하를 외물로 여기지만 천하의 걱정거리에 대해 근심하기를 자기의 걱정거리보다 더하여 외물이라고 버려두지는 아니합니다' 하였다. 또 이어서 아뢰기를,

"신이 아뢰고자 한 일이 있었으나 조용한 틈을 얻지 못해 여쭙지 못하였는데 지금에야 아뢰겠습니다. 서경덕과 성수침은 한때 같이 태어났는데 학문의 공은 경덕이 진실로 깊으나 후한 덕은 수침이 낮기 때문에, 논의하는 이들이 서로 우열을 나누었습니다. 선왕 때에 수침에게는 집의를 추증하고 경덕에게는 좌랑을 추증하였습니다만, 근일에 경덕에게는 우의정을 추증하고 수침에게는 추가로 증직하지 아니하니 사림이 섭섭하게 생각하고 있습니다. 신의 생각으로는 수침에게도 추가로 증직하는 것이 타당하다고 생각합니다. 수침이 탐욕한 자를 감동시켜 청렴하게 하고 나약한 자를 감동시켜 뜻을 세우게 한 공은 진실로 존경할 만합니다."

하니, 상이 이르기를,

"이미 현자라고 하면 무겁게 기리는 것이지 작위의 고하가 무슨 관계가 있겠는가. 서경덕에게 증직한 것도 과한 듯하다."

하였다. 이이가 물러나 사람들에게 말하기를,

---

137) 자신이 마음대로 할 수 있는 대상이 아니라는 말이다.

"주상이 요즘 세상의 폐단을 들으면 조금도 강론하지 아니하고, 지난 시대의 일만 논의하기를 좋아하시니, 논의가 상세하다 한들 시사에 무슨 보탬이 있겠는가. 시사는 뭔가 해볼 만한 가망이 없다."

하고서, 드디어 벼슬에서 물러나려고 마음먹었다.

12월 부제학 이이 사직

부제학 이이가 병으로 사직하니 서반西班 관직을 주었다.[138]

---

138) 서반은 무관을 말한다. 벼슬하는 사람이 사직하면 군직軍職을 주거나 중추부
　　中樞府 벼슬을 주었다. 관원이 사직하였을 때 녹봉이 끊어지지 않게 하는 조치이
　　다. 예우의 측면도 있다.

가슴속에 맹자를 담은 사람들

어린아이도 알고 있는 한자 숙어가 있다. '오십보백보五十步百步' 가 그것이다. 맹자가 한 말이다. 이 말이 나오게 된 배경이 있다. 맹자가 양 혜왕梁惠王을 만났을 때의 일이다. 혜왕은 묻는다. 딴에는 흉년이 들면 곡식도 날라다 구휼하고 백성에게 살 곳을 만들어 주기도 하는데, 왜 이웃나라보다 인구가 늘지 않느냐는 것이다. 인구가 는다는 것은 살기 좋은 곳으로 사람들이 이주하기 때문이다. 맹자가 말한다.

> "왕께서 전쟁을 좋아하시니 전쟁으로 비유해 보겠습니다. 둥둥둥 북을 쳐서 진격한 뒤 병기와 칼날을 맞부딪히며 싸웠습니다. 그러다 갑옷을 버리고 칼과 창을 질질 끌고 패주하였는데, 누구는 백 걸음 도망친 뒤에 멈추며, 누구는 오십 걸음 도망친 뒤에 멈추었습니다. 오십 걸음 도망친 자가 백 걸음 도망친 자를 비웃는다면 어떻게 생각하십니까?"
> "말이 안 되지요! 백 걸음만 되지 못했을 뿐, 도망친 것은 마찬가지지요!"
> "정말 그걸 아신다면 이웃나라보다 백성이 많아지기를 바라지 마시지요."

이번엔 맹자가 제 선왕齊宣王을 만났을 때의 일이다.

> "왕의 신하 중에 자기 처자식을 친구에게 맡기고 초楚나라에 다니러 간 사람이 있었다고 합시다. 돌아와 보니 친구가 처자식을 추운 데서 굶주리게 하였다면 어떻게 하시겠습니까?"
>
> "절교하지요."
>
> "장교가 군사를 지휘하지 못하면 어떻게 하시겠습니까?"
>
> "파면하지요."
>
> "나라가 다스려지지 않으면 어찌 하시겠습니까?"

제 선왕은 맹자의 질문에는 답변하지 않고 좌우를 돌아보고 딴소리를 했다고 『맹자』에는 기록되어 있다.

맹자는 "백성이 가장 귀중하고, 나라가 그다음이고, 임금은 가볍다."는 한마디로 동아시아 정치사상의 원칙을 정리하였다. 신하가 임금을 죽여도 되느냐는 질문에, 맹자는 "백성에 대한 사랑과 사회정의를 저버린 임금은 임금이 아니다."는 말로 정치혁명의 당위성을 천명하였다.

이런 위상 때문에 『맹자』는 송나라 성리학자들에 의해 경서經書의 지위를 얻었다. 이후 명나라를 세운 주원장은 『맹자』에서 이런 민본

사상, 왕도사상을 모두 삭제하고 『맹자절문孟子節文』이란 책을 만들어 읽게 했다. 그만큼 두려운 책이었다.

그러나 조선에서는 달랐다. 원본 『맹자』 그대로 경연에서도 읽었고, 사대부는 외웠다. 외우며 아예 맹자를 가슴에 담았다. 에두르지 않는 직언, 백성의 삶을 잊지 않는 비전, 받아들여지지 않으면 물러나는 과감함, 거기에 상황에 맞는 적합한 논리와 예의까지. 대부분 맹자에게서 배웠다. 맹자를 빼고는 조선의 숱한 언론과 상소의 진면모를 이해하기 어렵다.

율곡은 『격몽요결』 「독서讀書」 장에서, "『맹자』를 읽고, 의리를 따르는 정치와 이익을 좇는 정치를 분명히 구분하고, 사사로운 욕심을 막고 하늘의 이치를 유지하는 맹자의 가르침을 하나하나 분명히 살피고 확충하여야 한다." 하였다.

사림, 끝내 갈라서다 >> 선조 9년 〉 1576_병자년

금상 9년 정월 복제논란과 이탁의 죽음

병신일 ▶◀ 인순왕후 연제練祭(첫 기일에 지내는 제사) 때 백관이 최복을 벗고 주상도 연복으로 고쳐 입은 뒤에 백모白帽·백대白帶로 일을 보았다. 상이 백모로 일을 본 뒤에 속류俗流의 구신들이 모두『오례의』를 고친 것에 불평을 품었고, 상도 역시 사류의 소행을 싫어하여 경솔히『오례의』를 고친 것을 퍽 후회하였다. 예관이 속류의 논의를 따라서 다시 대신에게 의논하기를 청하니, 상이 대신에게 의견을 내도록 명하였다. 영중추부사 권철과 영의정 홍섬은 "연제 뒤에 옛 제도를 좇아 현관玄冠으로 일을 보는 것이 마땅하다." 하고, 좌의정 박순과 우의정 노수신은 "졸곡의 예대로 하는 것이 옳다." 하였는데 수신의 의논이 더욱 자세하였다. 그의 말에 "백모로 일을 보는 제도는 주상께서 결단을 내리시어 천고의 허물을 씻으신 것이니, 이제 중도에서 변경할 수 없다. 또 신하들이 이미 백모로 기년복을 마쳤는데 주상께서는 갑자

기 현모로 연상練祥(연제)을 마치면 이것은 기년에는 상세하게 하고 3
년에는 간략하게 하는 것이니, 경중이 전도되어 체모가 되지 않는다."
하였다.

상이 대신들의 의논이 일치하지 않는다 하여 2품 이상이 조정에서
의논하라고 명하였다. 이에 모든 신하가 『오례의』를 좇지 않으면 안
된다고 말하였으니, 대개 자리가 높은 사람은 모두 속류였기 때문이
다. 백모 그대로 하기를 원하는 사람들은 두세 사람뿐이었다. 상이 다
시 예관에게 상의하여 아뢰도록 명했는데, 이때 예조 장관은 결원이
었고, 참판 박계현朴啓賢도 속된 관리라 『오례의』를 좇는 것이 마땅하
다고 아뢰니 상이 이에 예관의 논의를 따랐다.

사간원과 옥당이 그에 대해 간언하여도 되지 않자 사헌부도 간언하
였으며 삼사의 상소가 여러 날 그치지 아니하였다. 상이 다시 대신에
게 묻자, 박순과 노수신이 강력히 아뢰기를,

"졸곡 뒤에 『오례의』를 고치지 않았다면 오히려 옳겠지만, 지금 이
미 백모로 고쳐 놓고 연제 때 다시 검은 색으로 고치면 고례도 아니고
조종의 제도도 아니니, 어떻게 하든 근거가 없습니다."
하니, 상이 이르기를,

"내가 차라리 예禮를 후하게 하다가 실수를 하였다는 말을 듣겠다."
하고, 백모를 그대로 썼다.

율곡 생각 맹자가 "한 명의 설거주薛居州가 송왕宋王을 어찌할 수 있겠는

가."라고 하였다.[139] 대개 양陽이 성하고 음陰이 쇠하면 군자가 쓰이고 소인은 배척되는 것이며, 음이 성하고 양이 쇠하면 소인은 쓰이고 군자는 물러가는 것이니, 이것이 진실로 통상의 이치이다. 그러나 천하의 일이란 바르면서 이기는 경우는 늘 적고 바르지 않은데도 이기는 경우가 늘 많다. 그러므로 군자가 많더라도 한 명의 소인이 몰래 참소하는 말을 임금에게 흘리면 충분히 치세를 난세로 바꾸어 놓을 수 있다. 하물며 소인이 많고 군자가 적을 적에야 더 말할 나위 있겠는가.

을해년(1575, 선조 8), 병자년 사이에 속류가 조정에 넘쳐나 조정의 논의가 있을 때마다 삿된 논의가 시끄럽고 올바른 논의는 미약하여 마치 머리카락으로 천근 무게를 끄는 것 같았다. 더구나 상의 마음마저 사류를 매우 싫어하니, 가령 공자·맹자·관중·제갈량이 조정에 있다 하여도 어찌 할 수가 없었을 것이다. 이이·김우옹 등이 그 사이에서 서성거리며 임금을 바로잡아 좋은 정치를 해보려는 것을 자기의 사명으로 삼았으니, 아! 그 심정이 비장하지만 또한 자기의 역량을 헤아리지 못하였다고도 할 수 있다.

◗◖ 전 의정부 우찬성 박영준朴永俊(1510~1576)이 졸하였다. 영준은 젊었을 때부터 청현직을 역임하면서 한결같이 때에 따라 형세를 살피는 것만을 일삼았다. 그 때문에 권세가들에게 미움도 받지 않았고 공론

---

139) 소인이 많으면 군자 혼자서 임금을 바로잡지 못한다는 말이다. 설거주는 전국 시대에 송宋나라의 어진 선비이다. 송의 대불승戴不勝이 왕을 훌륭하게 만들려고 설거주를 항상 왕의 곁에 있게 하였다. 맹자는 "임금의 처소에 있는 자들이 모두 설거주와 같은 사람이 아니라면 임금이 누구와 더불어 선한 일을 하겠는가. 한 명의 설거주가 홀로 송왕에게 어찌할 수 있겠는가." 하였다. 『맹자등문공 하』

에도 거슬리지 않아 부귀하게 생을 마쳤다.

◗◖ 대광보국 승록대부 행 판중추부사 이탁李鐸(1509~1576)이 졸하였다. 이탁이 비록 꼿꼿한 풍모와 절개는 부족했지만 관대한 덕량이 있고 사림을 사랑하여 그들의 곧음을 용납하였다. 이조의 장관이 되어서는 힘써 공도公道를 넓히어 사림의 기대가 대단히 무거웠다. 좌랑 정철이 항상 관직을 전형할 때에 반드시 공론에 따라 후보를 올리려고 하여 장관과 어긋나는 것이 많았으나, 이탁이 정철의 말을 따르지 않은 적이 없었다.

나중에 웃으며 정철에게 "나만은 자네를 용납할 수 있지만 뒷사람은 감당하지 못할 이가 있으리라." 하였는데, 그 뒤에 홍담이 이조 판서가 되었을 때 정철이 이전같이 고집스럽게 의견을 내니 홍담이 과연 크게 화를 냈다. 정철이 사람들에게 "이공의 도량은 남들이 따를 수 없다." 하였다.

이탁은 지위가 정승에 있었으나 다만 녹봉으로만 지내고 별로 재산 관리를 하지 않아 겨우 아침저녁 끼니만 이어갈 뿐이었다. 고을에서 더러 먹을 것을 보내오면 반드시 이웃과 친구에게 나누어 주어 부엌에 남겨 둔 것이 없었다. 죽을 때가 되었을 무렵 그 아들 해수海壽에게 "내가 죽은 뒤에 관곽은 반드시 임금이 주시는 것으로 쓰고 바꾸지 말라." 하였다. 이탁이 세상을 뜨니 사림이 애석히 여겨 근래 이조의 인사는 이탁보다 더 나은 사람이 없었다고 하였다.

2월 심의겸파와 김효원파의 대립 격화

선산善山에서 암탉이 수탉으로 변하였다.

▶◀ 이이가 관직을 버리고 시골로 돌아갔다. 이이가 부제학에서 체직된 뒤 박순이 항상 경연에서 그가 어질고 재주가 있다고 천거하니, 상이 이르기를,

"이 사람은 과격하고 또 그가 나를 섬기지 않으려 하는데 내가 어떻게 억지로 만류할 수 있겠는가. 예전부터 물러가도록 허락하여 당사자의 뜻대로 해준 적도 많다. 또 가의賈誼[140]는 글을 읽어 말만 잘했을 뿐이지 실상 쓸 만한 인재는 아니었으니, 한 문제가 가의를 쓰지 아니한 것은 참으로 소견이 있었다."

하였다. 윤근수가 이이를 보고,

"주상께서 자네가 물러가려 하는 것을 고집스럽고 괴팍하다[矯激]고 하시어 만류하지 않으려고 하시니, 자네가 오래 머물러 있을 수 없겠는가."

하니, 이이가 말하기를,

"주상께서 만류하려고 하지 않으면 아무리 오래 머물러 있고 싶은들 되겠는가. 정말 물러가야 하겠다. 물러가도록 허락을 받고도 물러가지 않으면 이것은 거취를 놓고 시도市道(장사꾼처럼 이윤을 흥정함)로

---

140) 전한 문제前漢文帝 때의 문신으로 20세에 문제의 깊은 신임을 얻어 태중대부太中大夫로 발탁되어 예악과 제도에 대한 개선책을 주장하였다. 그러나 주발周勃과 관영灌嬰 등에게 미움을 받아 장사왕長沙王의 태부太傅로 좌천되어 33세의 젊은 나이로 죽었다. 『한서漢書 권48 가의전賈誼傳』

삼는 것이다."

하였다.

이에 앞서 김효원이 명망 있는 사람을 천거하기를 좋아하니 젊은 사류가 그를 중하게 여기어 세력이 매우 성대해졌다. 선배 사류가 그들을 미워하였으나 세력을 두려워하여 감히 손을 못 대었다. 이이가 조정에 있으면서 그것이 차차 조정 불화의 씨앗이 될까 염려하여 그 세력을 줄이려고 외직으로 보내자는 의견을 주도하니 공론이 이를 신뢰하여 중하게 여겼다.

이이의 뜻은 진정시키려던 것이지 심하게 다스리려는 것은 아니었다. 김효원이 외직으로 나간 뒤 조정의 논의가 곧 과격해졌으므로, 이이가 극력 말렸다. 한편 이발을 데려와 다시 전랑을 삼았다. 시배時輩 (시류를 타고 명리만 쫓는 사람)가 윤현尹睍을 이조 낭관으로 천거하려 하니, 이이가 속으로 윤현이 낭관에 합당치 않은 것을 알았으나 조정하기 위해서 감히 말리지 못하였다. 또 이발이 이조에 있으면 윤현의 사사로운 행동을 통제할 수 있을 것으로 여겼다.

윤현이 낭관이 되자 이발이 마침 도승지이면서 지이조知吏曹(승지로서 이조를 담당함)였던 박호원朴好元의 동서로서 상피相避(친척 간에 같은 관청에 있지 못함)의 혐의가 있었다. 전례에 이런 일이 있으면 도승지가 다른 조曹의 일을 맡아 담당하고 낭관은 교체하지 않으므로, 승정원에서 박호원에게 다른 조를 맡아 보도록 하자고 청하니, 상이 "이발은 체직시키지 못할 사람이 아니다." 하고 이발을 체직시켰다. 그러자 현이 비로소 권세를 부리게 되어 조원趙瑗을 이조 전랑으로 천거하고

자 하였다. 조원은 가볍고 조급하여 인재가 아닌데 다만 김효원과 서로 틀어져서 정언正言으로 있을 때에 양사를 체직하여 김효원의 세력을 꺾자고 주장하였기 때문에, 윤현이 그 공을 갚으려던 것이었다. 이이가 말리면서 말하기를,

"백옥伯玉(조원의 자)은 쓸 만한 인재가 아니다. 만일 인물이 어떠한가를 논하지 않고 다만 인백仁伯(김효원의 자)을 미워하는 사람만 쓰려고 하면 자네들이 반드시 패할 것이다."

하였으나, 윤현이 이이의 말을 듣지 않고 마침내 조원을 천거하여 이조 전랑으로 삼았다. 이이는 힘껏 화합을 주장하였으나 시배들의 의견은 도리어 이이를 두고 모호하며 분명하지 않다고 하였다. 이해수가 이이에게,

"김 인백은 반드시 일을 그르칠 소인이다. 자네가 그의 마음 씀씀이를 알지 못하기 때문에 경연에서 시비를 분명하게 아니하고 흐릿하게 아뢰었으니 지극히 온당치 못하다."

하니, 이이가 말하기를,

"나는 인백을 명예를 좋아하는 선비로 여길 뿐이며, 자네들처럼 소인으로 여기지는 않는다."

하였다. 정철·구봉령·신응시 등은 다 김효원을 소인으로 여겨 그를 심히 배척하려 하였다. 정철이 장차 호남으로 돌아가려고 하면서 이이에게 김효원을 배척하라고 권하자, 이이가 말하기를,

"저 사람의 죄상이 행적이 없고 사류가 소중하게 여기는데, 만일 심하게 배척하면 반드시 사류에게 연루되어 크게 분란이 일어나 조정이

손상될 것이다."

하고, 끝내 듣지 아니하였다. 정철이 "자네의 뜻은 산과 같아 끝내 움직이지 않고, 나는 물처럼 흘러가니 어느 때에나 돌아올까." 하는 시를 지어 이이에게 보이고는 개탄하며 돌아갔다.

선배는 김효원을 이렇게 미워하는데, 후배 사류는 효원을 매우 아끼어 이이에게 효원을 내보낸 것이 잘못이라고 하였다. 어떤 사람이 이이에게 말하기를,

"천하에 둘 다 옳거나 둘 다 그른 경우는 없는 법인데, 공의 근일 처사에는 시비를 분별하지 않고 둘 다 온전하게 하려 하니 인심이 불만스럽게 여긴다."

하니, 이이가 답하기를,

"천하에 본디 둘 다 옳거나 둘 다 그른 경우가 있다. 백이伯夷·숙제叔齊가 임금의 자리를 서로 사양하는 것과 무왕武王과 백이·숙제가 서로 합하지 않은 것은 둘 다 옳은 경우이고, 춘추전국 시대에 의로운 전쟁이 없었던 경우는 둘 다 그른 것이다. 근일에 심·김의 일이 나랏일에 관계되는 것도 아닌데 서로 반목하여 조정이 안정되지 못한 지경에 이르렀으니, 이것은 참으로 둘 다 그른 경우이다. 하지만 둘 다 그르더라도 모두 사류이니 융화시키는 것이 옳다. 반드시 이쪽은 옳고 저쪽은 그르다 하면, 한창 생겨나는 말썽과 서로 반목하는 형세가 어느 때나 끝날 것인가?"

하였다. 이에 선배들은 이이가 김효원을 공격하지 않는다고 탓하여 점점 이이의 말을 듣지 않았고, 후배들은 이이가 김효원을 쓰지 않는

다고 탓하여 조정 여론이 심히 서로 어긋났다. 대사간 홍성민洪聖民이 이이에게 이르기를,

"이성중李誠中이 지평이 되자 공론이 탄핵하여 체직시키려고 하는데, 어떤가?"

하자, 이이가 말하기를,

"그것이 무슨 말인가. 성중이 별로 허물이 없고 또 남달리 딴짓을 하려 하지도 않으며, 다만 인백과 친교가 깊을 뿐이다. 인백도 공격해서는 안 될 것인데, 하물며 그 친구를 공격할 수 있겠는가. 만일 그리하면 더욱 분란을 유발하게 될 것이니 절대로 탄핵해서는 안 된다."

하니, 성민이 처음에는 이이의 말을 옳게 여기었다. 그러나 나중에 시배의 강력한 권고를 받아 마침내 성중을 탄핵하니, 사류가 더욱 놀라고 나라 사람들의 비난이 시끄러웠다. 이이는 위로 임금에게 신임을 얻지 못하고 아래로 동료들이 말을 들어주지 않으니, 더욱 물러갈 뜻을 굳히고 한수·남언경과 시사時事를 논하기를,

"근일 시론時論이 시비를 굳이 급급히 정하려 하는데, 시비를 어찌 한때 기세의 강약으로 정하겠는가. 당초에 인백을 억제한 것은 실상 공론이었는데, 지금 와서는 의논이 과격하여 아직도 안정되지 않고 사류 가운데 공정한 마음으로 중립에 선 사람들을 도리어 의심하니, 이러기를 그치지 않으면 반드시 인심을 잃어 인백을 옹호하는 것이 도리어 공론이 될 것이다."

하였다. 남언경이 말하기를,

"인백 한 사람만 외직으로 내보내고 그 나머지 사람들은 모두 이전

대로 청반淸班(삼사와 같은 공론을 담당하는 관직)에 두면 사림이 안정하
여 무사할 것이다."

하니, 이이가 그것이 자신의 뜻이라고 하였다. 남언경이 말하기를,

　"공이 물러가서는 안 된다. 이렇게 분분한 때를 어찌 염려하지 않을
수 있겠는가."

하니, 이이가 말하기를,

　"위아래로 신임을 못 얻었으니 어찌하겠는가."

하였다. 남언경이 어찌 일 푼이라도 유익함이 없겠느냐고 하자, 이이
가 말하기를,

　"일 푼의 유익함을 위하여 나의 평생을 그르치는 데야 어떻게 하겠
는가."

하니, 남언경이 한참 있다가 그 말도 옳다고 하였다. 김우옹이 이를
보고 김효원을 매우 애석히 여기는 의도가 있자, 이이가 웃으며 말하
기를,

　"인백을 보는 것이 네 가지 부류가 있다. 한 부류의 의논은 인백을
변변찮은 소인으로 여기는 것이니 이것은 계함(정철) 무리이고, 다른
한 부류의 의논은 명예를 좋아하는 선비로 여기는 것이니 이것은 나
이다. 또 다른 한 부류의 의논은, 비록 명예를 좋아하는 뜻이 있으나
역시 착한 사람으로 여기는 것이니 이것은 자네들이며, 또 다른 부류
의 의논은 흠 없는 군자로 여기는 것이니 이것은 그의 동료들이다.

　한 사람 몸에 네 가지 부류의 의논이 다 적용되어 사람들마다 제 소
견만 옳다고 하니 서로 통하지 않는 것이다. 이 때문에 허다한 분쟁

을 일으켜 나라의 기강과 백성의 폐단은 도외시하고 시비 정하는 데 만 급급하니, 조정이 자연히 날로 문란하게 되는 것이다. 이 또한 천운이다."

하였다. 김우옹이,

"그건 그렇다. 어쩌다 이런 분란을 초래하였는가."

하니, 이이가 말하기를,

"김 인백의 과실이 먼저 있었다. 인백이 자신의 힘을 헤아리지 않고 나랏일을 하고자 했고, 또 혐의를 피하지 않고 선배 사류를 배척하니, 노여움을 품지 않는 연장자가 없었으나 세력이 두려워서 감히 손을 대지 못하였다. 내가 인백이 하는 행동을 보니 뒷날 폐단이 없지 않을 성싶기에 그를 억제하자는 의견을 내었다. 당초에는 선배들이 나를 소중히 여겨 말하는 대로 따르더니, 손을 써서 인백을 억제해 놓은 뒤에는 마침내 나의 말을 듣지 않으니, '고기를 잡은 뒤에 통발을 잊은 것[得魚忘筌]'[141]과 같아서 가소롭다. 대저 이 일은 인백을 억제하는 것은 옳거니와 너무 공격하는 것은 그르니, 그에게 드러난 죄가 없는 까닭이다. 계함은 청명清名으로 세상의 추앙을 받기 때문에 동류가 계함은 믿고 나는 가볍게 여기는 것이다."

하였다. 김우옹이 장차 어떻게 구하겠느냐고 물으니, 이이가 말하기를,

"이현而見[유성룡의 자]·숙부肅夫[김우옹의 자]·경함景涵[이발의 자] 등

---

141) 『장자』 「외물」편에 나오는 말로, 깨달음을 얻은 다음에는 형식, 수단 따위는 잊어야 한다는 뜻으로도 쓰인다. 여기서는 목적을 달성하고 나서 과정이나 은혜를 잊었다는 의미로 썼다.

이 요직에 모이면 구할 수 있을 것이다."

하였다. 김우옹이 말하기를,

"공도 가는데 우리들이 머문들 무슨 유익함이 있겠는가."

하니, 이이는 자신의 진퇴는 이 일에 관계가 없다고 하였다. 김우옹이 말하기를,

"어찌 경연 석상에서 통절히 아뢰지 아니하였는가?"

하니, 이이가 말하기를,

"이 일은 말하기가 극히 어려웠다. 임금과 신하가 반드시 서로 믿어야만 비로소 다 말할 수 있는 것이다. 그런데 지금 주상께서 여러 신하의 마음을 알지 못하는데, 만일 사실대로 다 아뢰면 주상이 반드시 조정에 붕당이 형성된 것으로 의심하여 소인들이 어부지리를 얻게 될 것이다."

하였다. 김우옹이 말하기를,

"공이 억지로라도 남을 수는 없겠는가?"

하니, 이이가 말하기를,

"만일 수개월 안으로 화란이 생긴다면 내가 애써 머물러 구제하겠으나 지금은 별로 드러난 화란이 없다. 그러나 조정 여론이 서로 어긋나서 화기和氣가 날로 없어지고, 더욱이 속된 논의가 행세하게 되어 청의淸議가 점점 쇠미해 가고 있으니, 수년 후에는 그 증거를 볼 것이다. 내가 지금 위로 말하고 아래로 떠들어도 다 믿지 않는데, 어찌 수년 뒤의 환란을 앉아 기다리면서 외롭게 억지로 머물러 있겠는가."

하였다. 허엽이 이이를 보고 "근일의 일은 진실로 한심하다." 하니, 이

이가 무슨 말인지 물었다. 허엽이 말하기를,

"백 년 이래로 외척이 항상 국권을 잡아 세상 사람들이 귀에 익고 눈에 젖어서 당연한 것으로 여기다가 하루아침에 연소한 선비[김효원을 가리킨다]가 외척[심의겸을 가리킨다]을 배척하므로, 세상 사람들이 놀라고 괴상하게 여기는 것이다."

하니, 이이가 말하기를,

"공의 말이 바른 듯하나 실은 그릇되었다. 오늘날 인백을 그르다 하는 것이 어찌 방숙方叔[심의겸의 자]을 위한 것이겠는가. 공의 말이 그르다."

하였다. 허엽이 말하기를,

"화숙和叔·계진季眞[이후백의 자]·중회重晦[김계휘의 자]가 지금은 비록 명망은 있으나, 식자가 논한다면 반드시 방숙의 문객이라고 할 것이다."

하니, 이이가 말하기를,

"공의 말이 크게 잘못이다. 이 세 사람은 다 사람들이 우러르는 인물인데 어찌 방숙에게 의지하여 출세할 사람이겠는가."

하였다. 허엽의 의도에는 대개 심의겸이 외척의 권간인데 박순 무리가 다 외척에게 붙어서 대관이 되었다가 김효원이 외척을 배척하니까 시론이 효원을 제재한다고 여긴 것이다. 이이가 한수·남언경에게 이르기를,

"허 태휘許太輝[허엽의 자]의 소견이 심히 그릇되었다. 훗날 일을 그르칠 사람은 반드시 이 사람일 것이다."

하였다. 이이가 노수신을 보고 말하기를,

"시론이 어지러운데 상공은 어찌 진정시키지 않습니까."

하니, 노수신이 말하기를,

"나 같은 사람이 어찌 진정시킬 수 있겠는가."

하였다. 이이가 말하기를,

"공이 이를 맡지 아니하면 다시 누구에게 책임을 지우겠습니까."

하니, 노수신이 말하기를,

"공 같은 이는 물러가서는 안 되네."

하였다. 이이가 말하기를,

"오늘날 김효원을 그르다 하는 사람들이 성급히 그의 잘못을 드러내려다 도리어 남의 의심을 불러일으켰습니다. 당초에 효원을 억제할 적에는 본래 중도를 얻어 사람들이 다 공론이라고 하였는데, 너무 심하게 공격하게 되자 사류가 도리어 사적인 감정 때문에 그것을 풀기 위해 효원의 잘못을 드러내려 한다고 의심하여, 오히려 효원을 옳게 여기는 의논이 나오게 만들었으니, 너무 한쪽을 그르다고 주장하면 반드시 옳다고 강조하는 자가 있을 것입니다."

하니, 노수신이 말하기를,

"그 말이 참으로 옳다. 공들에게 분명히 말해 두는 것이 좋겠네."

하였다. 이이가 구봉령을 보고 말하기를,

"사림이 분열되어 인심이 흉흉한데, 사람들은 공이 논의를 주도한다고 하니, 정말 그렇습니까?"

하자, 봉령이 말하기를,

"내가 병으로 한구석에 엎드려 있는데 어떻게 논의를 주도할 수 있겠는가. 만일 지금에 다시 처분이 있게 되면 시사가 잘못될 것이니, 조용하게 진정시켜야 할 것이네."

하니, 이이가 그것이 바로 자신의 뜻이라고 말하였다. 이이가 박순을 보고 말하기를,

"시사가 나아질 만한 데가 없으니 구차하게라도 화란이나 면하면 좋겠습니다. 조정이 화합하지 못한 것이 매우 근심스러운 일입니다. 연소한 사류의 의구심이 매우 심하니 반드시 안정시켜야 될 것입니다."

하니, 박순이 계책을 어떻게 세워야 하겠느냐고 물었다. 이이가 말하기를,

"유성룡·김성일 등이 귀향하고 오지 않는 것은 아마 이간하는 말에 흔들린 듯하니, 이 사람들을 주상께 아뢰어 특별히 부르게 하십시오. 그리고 김우옹이 근래 주상에게 소홀한 대우를 받고 있으니 또한 주상께 아뢰어 경연으로 끌어들이어 이발 등과 더불어 시론을 부지하게 하십시오. 계함 또한 오지 아니하니 역시 특별히 부르도록 청하십시오. 이렇게 인재를 모으고, 사람을 쓸 때에 저울질이 공평하여 사람들이 함부로 이러쿵저러쿵하지 못하게 하여 조화롭게 하고 진정시키기에 힘쓰십시오.

이렇게 1, 2년만 하면 조정이 맑아질 것입니다. 그렇지 아니하면 속된 논의가 기승을 부리고 맑은 논의가 쇠퇴하여 장차 조정이 혼탁하게 되고, 청명淸名은 모두 효원의 무리에게로 돌아가게 될 것입니다.

그렇게 되면 선배가 크게 인심을 잃어·마침내 화평한 날을 보지 못할
것입니다."

하니, 박순이 말하기를,

"그 말이 진실로 옳네. 그러나 이 일을 책임질 사람이 없는 것이 한
일세."

하고, 이어서 이이에게 머물라고 매우 간절히 권하였다. 이이가 탄식
하며 말하기를,

"1년 동안 서울에 있으면서 책 한 권도 읽지 못하였으니, 이렇게 말
라 버리면 일생을 그르칠까 염려됩니다."

하니, 박순이 말하기를,

"자네는 이미 읽은 글이 많은데도 오히려 물러가 독서하려고 하니,
나같이 본래 독서하지 못한 사람은 장차 어떻게 자처해야 하겠는가."

하였다. 이이가 말하기를,

"공은 대신이 되어 이미 명을 받아 나랏일을 담당하고 있으니, 물러
갈 뜻을 두어서는 안 됩니다. 저에게 비할 것이 아니지요."

하였다. 어운해魚雲海가 이이를 보고 말하기를,

"유 응서柳應瑞[유몽학의 자]가 나보고 공이 머물도록 권하라 하였
소."

하니, 이이가 말하기를,

"나를 머물게 하여 장차 어찌 하자는 것이오?"

하였다. 어운해가 말하기를,

"주상의 마음이 자주 들락날락하니, 만일 후일에 좋은 단서가 열릴

때를 만나더라도 조정에 학자가 없으면 어찌 애석하지 않겠소?"

하자, 이이가 말하기를,

"앉아서 임금의 마음이 열리기를 기다리고, 열리기 전에는 하는 일 없이 녹봉을 받으면서도 부끄럽게 여기지 않으면 자신부터 먼저 굽히는 것인데, 어떻게 임금을 바르게 하겠소? 정말 앉아서 좋은 때를 기다리는 도리가 있다면, 성현께서도 앉아서 기다렸을 것인데, 예로부터 앉아서 기다렸다는 성현이 없는 것은 무슨 까닭이겠소?"

하니, 어운해가 이이의 말이 옳다고 하였다. 사류는 이이가 이미 물러가기로 결정한 것을 알고 이발·송대립宋大立·어운해·허상許鏛·안민학 등이 와서 작별하자, 이이가 말하기를,

"내가 지금 논의를 정하려고 하니, 공들은 한번 들어보시오."

하니, 다 그러겠다고 하였다. 이이가 말하기를,

"권간이 조정을 흐리게 어지럽힌 지 오래되었소. 그것을 꺾어 환하고 맑게 하여 사론士論이 펴지게 한 것은 어찌 방숙 등 여러 공의 공적이 아니겠소. 인백이 나랏일을 하려면 거실巨室(명문가)에게 인심을 잃지 아니하여야 할 터인데, 도리어 선배를 배척하여 선배가 분을 품고 사림이 서로 맞서게 하였으니, 이것은 인백의 허물이오. 이미 이렇게 되었기 때문에 공론이 그를 제어하여 지방관으로 내보낸 것이 이미 중도를 얻었는데, 오히려 그를 지나치게 미워하여 심하게 공격하는 것은 선배의 허물이오. 이런 논리로 판단하면 그 사정을 알았을 것이오. 지금부터라도 서로 의심과 틈을 두지 말고 허심탄회하게 처신한다면 다시 무슨 일이 있겠소. 그렇지 아니하면 조정의 근심이 끊이지

아니할 것이오. 전에는 사류와 속류 양편뿐이더니 지금은 사류 중에
서도 스스로 양편으로 나누어졌으니, 이렇게 만들어 놓은 것은 인백
이 아니고 누구이겠소."

하자, 어운해가 말하기를,

"그 말이 참으로 공론이오. 오늘 앉아 있는 사람이 다 이 논의를 좇
으면 시론이 정해질 것이오."

하니, 좌중이 모두 옳다고 하였다. 여성군 송인이 이이를 작별하며 탄
식하기를,

"지금 상께서는 영명하고 발군이신 데다 여러 현인이 조정에 모여
있으니, 나같이 무능한 사람은 앉아서 태평시대나 보려고 하였더니
일이 결국 이루어지지 않으니 애석하오."

하였다. 이이가 귀향한 뒤 시론이 더욱 어지러워져 구제할 수가 없
었다.

▶◀ 봄부터 여름까지 매우 가물다가 6월에야 비가 왔다.

▶◀ 박계현朴啓賢이 경연 석상에서 성삼문成三問의 충성을 논하다가 아
뢰기를,

"『육신전六臣傳』은 남효온南孝溫[142]이 지은 것이니, 주상께서 보시면

---

142) 남효온(1454~1492)의 본관은 의령宜寧. 자는 백공伯恭, 호는 추강秋江이다.
김종직金宗直의 문인이며, 김굉필·정여창 등과 함께 수학하였다. 생육신生六臣
의 한 사람이다. 주계정朱溪正·이심원李深源·안응세安應世 등과 친하였다. 박
팽년朴彭年·성삼문成三問·하위지河緯地·이개李塏·유성원柳誠源·유응부俞應
孚 등 6인이 단종을 위하여 사절死節한 사실을 기록한 『육신전』을 저술하였다.
소릉(문종의 비인 현덕왕후의 능호) 복위를 주장했다가, 1504년 갑자사화 때 난
신亂臣으로 몰려 부관참시 당하였다.

자세한 것을 아실 것입니다."

하니, 상이 『육신전』을 보고는 놀라고 분히 여겨 하교하기를,

"말에 오류와 망녕된 내용이 많고 선조先祖를 무함하였으니, 내가 장차 찾아내어 전부 태우겠다. 또한 『육신전』에 대해 이야기하는 자의 죄도 다스리겠다."

하였다. 영의정 홍섬이 이 일로 입시하였다가 극력 육신의 충성을 말하면서 어조가 심히 간절하여 시신 가운데 눈물을 흘리는 사람이 많았다. 상이 이윽고 감동되어 깨닫고는 그만두었다.

율곡 생각 육신六臣은 진실로 충절이 있는 선비지만, 지금 말할 바는 아니다. 『춘추』는 나라를 위하여 악惡을 숨기었으니, 이 또한 고금의 공통된 의리이다. 박계현이 때 아닌 말을 경솔히 꺼내어 하마터면 주상이 지나친 처사를 할 뻔하였으니, 어리석어 사안을 모른다 하겠다. 전에 김종직金宗直이 성종成宗에게 성삼문은 충신이라고 하였더니, 성종이 놀라 낯빛이 변하였다. 종직이 천천히 "불행히 변고가 있으면 신이 성삼문이 되겠습니다." 하니, 성종의 안색이 펴졌다. 시신 중에 이러한 말로 임금에게 아뢴 이가 없었던 것이 애석하도다.

7월 흉악한 임기의 상소에 대한 너그러운 처분

의주 목사 곽월郭越이 상소로 시폐를 말하였다. 상소 가운데 이준경

의 잘못을 논하고, 또 백인걸이 사림에게 화를 전가시키려다 비밀 모의를 가릴 수가 없자 부끄러워 스스로 물러났다고 하였다. 상이 노하여 삼공을 불러 하교하기를,

"이준경은 나라의 기둥이 되는 원로인데 곽월이 감히 그가 죽고 없는 상황에서 비방하였고, 백인걸은 깨끗한 충성이 태양을 꿰뚫을 정도였는데도 사림의 화를 도모하였다 하니, 그 뜻을 헤아릴 수 없다. 내가 체포하여 그 뜻을 국문하려 하는데 경들의 뜻은 어떠한가?"

하자, 영의정 홍섬 등이 아뢰기를,

"근거 없는 말을 감히 아뢰었으니 경솔하다고 하겠으나, 국문은 아니 됩니다. 너그럽게 용납하시어 언로를 넓히셔야 합니다."

하니, 상이 마침내 잡아다 국문하지 않았다.

▶◀ 임기林芑가 죄를 지었으므로 양사兩司에서 죄를 다스리라고 청하였으나, 상이 허락지 아니하였다. 임기는 서얼로 글을 잘하여 처음에 한리학관漢吏學官(중국 문서를 가르치는 승문원 관원)에 임명되었는데, 성질이 음험하고 일 만들기를 좋아하였다. 김주金澍를 따라가서 종계宗系 개정[143]을 주청하여 그 공으로 당상직에 제수되었다. 항상 조정에 사건이 생겨 자신이 드러날 수 있기를 바라다가, 이때에 와서 주상의 뜻이 사류를 싫어하고 덕흥군을 추숭하려는 것을 간파하고 승정원에 상소를 올렸다.

---

143) 명나라의 『대명회전大明會典』에는 조선 태조 이성계가 이자춘李子春의 아들로 되어 있지 않고, 이인임李仁任의 사자嗣子라고 잘못 기록되어 있었다. 이를 바로 잡기 위한 외교가 조명 간의 현안이었는데, 명이 1584년에 조선의 요청을 받아들여 『대명회전』을 수정하였다. 『연려실기술 선조조고사본말宣祖朝故事本末 종계변무宗系辨誣』

그 대략은 "남의 후사가 된 사람은 그의 아들이 된다는 논리는 성인 聖人의 법이 아닙니다. 주상은 당연히 덕흥의 아들이 되니 최대한 존숭해야 합니다." 하고, 인종의 신주를 문소전에 모시는 것이 부당하다고 주장하고,[144] 사류의 풍조가 『심경心經』과 『근사록近思錄』을 읽어 명예나 낚시질하여 허위 풍조를 조장한다고 비방하였으며, 서원을 많이 세워서 민간에 폐단을 끼친다 하였고, 정자가 위학僞學이라는 이름을 얻은 것은 바로 스스로 초래한 것이라고까지 말하였다.

도승지 정탁이 임기와 교분이 있어, 임기가 만일 소를 올리면 반드시 죄를 얻을 줄 알기 때문에 그를 집으로 돌려보내어 고쳐 짓게 하니, 임기가 고쳐서 너무 심한 말은 뺐으나 오히려 패란한 말이 많았다. 승정원에서 감히 올리지 못하고 그의 상소를 보류하였는데, 그 말이 많은 사람에게 전파되어 사간원에서 듣고 이에 아뢰기를,

"임기가 속으로 패역한 마음을 품고 흉사한 말을 떠들어 시비를 혼란시키고 눈과 귀를 현혹시켰습니다. 심지어 상소를 올려 기어코 주상께 보고되게 하려 하였으니, 그가 조정에 우환을 끼치며 사림에게 화를 전가하려는 계획이 참혹합니다. 급히 잡아다 국문하여 법대로 죄를 정하십시오. 승정원에서는 이미 상소 내용이 이런 것을 보고서도 즉시 흉패한 정상을 아뢰어 그 죄를 다스리기를 청하지 않고 예사

---

144) 인종을 선조의 할아버지로 인정하지 말라는 뜻이다. 문소전은 정묘正廟인 종묘 이외에 별묘別廟로 모시던 원묘原廟의 하나이다. 원래 1396년(태조 5)에 건립하여 신의왕후神懿王后의 위패를 모시고 이를 인소전仁昭殿이라고 하였는데 그 뒤 1408년(태종 8)에 태조가 세상을 뜨자 함께 봉안하고 문소전으로 이름을 고쳤다. 1433년(세종 15)에는 태종의 위패도 함께 모셨다고 한다. 뒤에는 차차 태조와 당시 임금의 사조四祖를 모시는 사당이 되었다.

로 보았으니 그 직책을 다하지 못한 죄가 큽니다. 승지들을 모두 추고

하십시오."

하였다. 상이 그때에 아직 소를 보지 못하였으므로 승정원에 묻기를,

"임기의 소가 어디 있느냐. 그 소를 못 보았으니 사간원의 말에 답

할 수 없다. 빨리 그 소를 들여라."

하였다. 승정원에서 그 소를 올리니, 상이 본 뒤에 사간원에게 임기가

상소에서 무슨 말을 하였느냐고 묻자, 사간원에서,

"임기의 소에 놀랄 만한 말들이 중외에 전파되었으므로 신들이 풍

문만 가지고 잡아다 다스리기를 계청한 것이며, 실상 그 상소는 못 보

았습니다."

하니, 상이 이르기를,

"임기의 말이 참으로 사간원의 계사와 같으면 잡아다 국문하는 것

이 당연하나, 지금 그 상소를 보니 별로 흉패한 말이 없다. 그러므로

죄를 주는 것이 부당할 뿐만 아니라 그 성의를 가상하게 여겨야 되니,

실언이 있더라도 깊이 책망할 것이 없다. 사간원에서 필시 잘못 들은

것이다."

하였다. 이에 양사 전원이 복합하여 임기의 나국을 청하면서 아뢰기를,

"임기가 인종의 신주를 옮겨 문소전에서 내보내려 하였으니, 이 죄

는 임금을 폐위하는 것과 같습니다. 또 대원군을 추존하고 싶어서 '남

의 후사가 된 사람은 그의 아들이 된다는 논리는 그르다' 하였으니, 이

것은 부자의 윤리를 끊으려 한 것입니다. 또 『심경』과 『근사록』을 읽는

것을 두고 이름이나 낚는다고 여기는 것은 사림을 화에 빠트리려는

것입니다."

하니, 상이 답하기를,

"문소전을 폐하는 것이 마땅하다는 말은 조광조의 입에서 시작이
되었다.[145] 임금을 폐했다고 죄를 준다면 광조가 먼저 복죄하여야 할
터인데, 누구는 죄주지 아니하고 이 사람만 죄를 준다면, 임기가 불복
하지 않겠는가. 또 임기의 말은 낳아 준 부모를 위하여 제사하자는 것
이지 추존하자는 것은 아니다. 그리고 이름을 낚는다는 말은 사류가
자초한 것이 아닌가. 하찮은 임기의 상소 하나로 양사가 복합까지 하
는 것은 조급한 처사가 아닌가. 이것이 이 나라의 버릇인가 보다. 말
을 듣고 듣지 않는 것이 어찌 거기에 달려 있겠느냐."

하면서 윤허하지 않았다. 양사에서 복합한 지 달포가 되어도 마침내
허락을 얻지 못하였다.

율곡 생각 임기의 소가 진실로 흉악하고 패륜적이다. 그러나 사람이 하찮
고 말이 천박한데 어찌 양사가 서둘러 복합까지 하였는가. 당초에 승
정원에서 즉시 소를 올리고 임기의 죄를 청하는 것이 옳았고, 사간원
도 먼저 그 소를 본 뒤에 죄를 청하는 것이 옳았다. 승정원은 앞에서 실
수하고 사간원이 또 뒤에서 실수하여 주상의 경시하고 모멸하는 마음
을 열어 놓았다. 때문에 양사가 복합하여 지극히 하찮은 사람에게 죄를

---

145) 조광조는 민생에 폐단이 있으니, 문소전과 연은전延恩殿을 헐자고 말했다. 이
미 종묘가 있으므로 따로 왕실 사당이 필요하지 않다는 말이다. 『중종실록 14년
6월 7일』 그러므로 문소전에서 인종의 신주를 빼자는 임기의 주장과는 다르다.
선조는 논점을 흐리게 하여 임기에 대한 사간원의 탄핵을 저지한 셈이다.

주자고 청한 지 달포가 되어도 윤허를 얻지 못하였으니, 너무도 나라의
체통을 손상시키고 사림의 기상을 꺾었도다. 아, 임금의 뜻이 지금 사
류를 싫어하므로, 임기에게 죄를 주지 아니할 뿐 아니라 도리어 상을
주려 한 것이다. 주상의 마음이 이러하니 어찌 치세를 바랄 도리가 있
겠는가.

))((박충원을 이조 판서로 삼았다. 박충원은 본시 인망이 없으나, 대신
이 적당한 사람이 없다 하여 이조의 장관으로 삼은 것이다. 양사는 탄
핵하지 않는데 홍문관이 탄핵하니, 상이 노하여 힐문하기를,

"대신할 자가 누구냐? 만일 대신할 사람을 내세우면 내가 체직시키
겠다."

하였다. 양사가 이로 인하여 피혐하고 박충원을 논박하지 아니한 허
물을 스스로 탄핵하여 체직해 주기를 청하고 물러가 공론을 기다리
니, 옥당이 출사시키기를 청하며 아뢰기를,

"보는 것에 늦고 빠른 것이 있으니 언관을 경솔히 체직할 일이 아닙
니다."

하였다. 양사가 다시 피혐하여 아뢰기를,

"신들도 충원이 전형銓衡에 합당하다는 의견은 아니나, 대신이 적당
한 사람이 없다고 한 까닭으로 천거하여 쓴 것입니다. 이미 탄핵하지
아니한 허물이 있으니 직무에 나아갈 수 없습니다."

하니, 옥당이 양사를 체직하기를 청하고, 또 박충원이 변변찮아 용렬
하고 늙어 식견이 없음으로 청의에 배척을 당하였다고 논하였다. 상

이 답하기를,

"너희들은 논사論思(자문하고 경연하는 것)하는 신하이지만 내게는 소신小臣일 뿐이며, 이조 판서는 비록 탄핵을 당하였으나 내게는 중신重臣이다. 하필 이렇게까지 심하게 비방하면서 순박하고 무게 있는 기풍이라고는 없는가. 또 처음에는 양사를 출사시키자고 청하더니 다음에는 체직시키자고 청하니, 그 마음에 중심이 없음을 알겠다."

하고, 윤허하지 않다가 옥당이 다시 체직을 청하니 마침내 양사를 교체하였다. 대간이 박충원을 탄핵하였으나, 상이 끝내 윤허하지 않았다. 박충원이 스스로 공론에 용납되지 아니함을 알고 병이 있다고 사면하니, 정종영鄭宗榮을 이조 판서로 삼았다.

8월 폐해만 낳는 답습

영의정 홍섬이 병으로 사직하니, 권철로 영의정을 삼았다.

▶◀홍담洪曇(1509~1576)이 세상을 떴다. 홍담이 조정에 들어와 청렴하고 검소한 지조가 있었고, 또 집안에서도 계모를 효성으로 섬겼으며 상중에 예절도 매우 독실하였다. 그러나 학문하는 선비를 좋아하지 아니하고 지론이 비속하였기 때문에 사론士論이 인정하지 않았다. 육경의 반열에 오래 있었으나 권력을 잡지 못했고 침체되어 뜻을 펴지 못하였다. 박순이 이이에게,

"홍 태허洪太虛[홍담의 자]가 분을 품은 지 오래이므로 이조 판서에 제

수하여 위로해 주고 싶은데 어떠한가? 그는 국량이 얕아서 좋은 자리를 얻으면 반드시 기뻐서 감정이 풀릴 것이네."

하니, 이이가 말하기를,

"며칠 동안은 반드시 기뻐할 것이나, 며칠이 지난 후에 제 뜻을 펴려다가 사류와 서로 버티게 되면 반드시 다시 노여워할 것입니다. 며칠 동안의 기쁨으로 어떻게 평생의 노여움이 풀리겠습니까. 또 예전부터 사람의 노여움이 두려워서 큰 권력을 준다는 말은 듣지 못하였습니다."

하였는데, 얼마 안 있어 홍담이 졸하였다.

◀◀ 홍혼洪渾이 벼슬을 버리고 양근楊根으로 돌아갔다. 이때에 깨끗한 이름이 있던 선비인 구봉령·김우옹 등이 다 벼슬을 내놓고 시골로 돌아갔다. 대개 상의 뜻이 사류를 싫어한다는 것을 알았기 때문이었다. 홍혼도 벼슬을 버리자, 누군가가 지금 명망 있는 인물들이 다 물러가니 억지로라도 머물라고 만류했으나, 홍혼은 사정邪正이 정해지지 않았는데 거취가 무슨 관계가 있느냐고 대답하였다. 홍혼의 마음에는 김효원을 군자로 여겼는데 효원이 제재된 것을 보고 분하게 생각하여 벼슬을 버렸다.

율곡 생각 선비의 출처는 구차스럽게 하는 것이 아니다. 임금을 성취시켜 백성에게 혜택을 주는 것이 군자의 소원이나, 말이 쓰이지 아니하고 도가 행해지지 아니하기 때문에 부득이 물러가는 것이지 물러가는 것이 본래의 뜻은 아니다. 홍혼의 출처는 이상하다. 말이 쓰이고 도가 행해지는가의 여부는 살피지 않고, 다만 김효원의 진퇴를 가지고 자기의 출처를 삼으니 어찌 그리 자중하지 못하는가. 아! 혼 같은 이는 말할 것도 없거니와, 다만 한때의 사류가 모두 휩쓸려 김효원을 따르는 것으로 나라의 방향을 삼으니, 아! 괴이하도다.

▶◀ 상이 전 시대의 전고典故를 준용하고자 하여 『경국대전』을 열람하니, 군읍郡邑마다 모두 섶과 꼴을 쌓아 두되 주부州府는 꼴이 십만 속束이며 길가에는 만 속을 더한다고 기재되어 있었다. 이에 하교하기를,

"군읍마다 모두 『경국대전』대로 섶과 꼴을 쌓아 두게 하라."

하니, 조정 신하 중,

"금년은 흉년이 들어 민간이 매우 곤란한데, 만일 섶과 꼴을 쌓게 하면 백성이 반드시 견디지 못할 것입니다."

하고 아뢰는 이가 있었으나, 상이 다 따르지 아니하였다. 이리하여 민간에는 섶과 꼴도 귀하게 되어 백성이 무척 괴로워했는데, 수령들은 이를 기회로 백성을 괴롭혀 자기의 이익을 도모하는 자들이 많이 있었다.

율곡 생각 『경국대전』에 비록 섶과 꼴을 쌓으라는 법령이 있으나, 조종 때에 폐지하여 시행하지 않았다. 아마 이것은 군사를 동원할 때에 시행한 일시 법령이지, 평소의 법은 아닐 것이다. 지금 상이 조종의 좋은 법과 좋은 생각은 회복하려고 하지 않으면서, 백성을 괴롭히는 법령만 예의로 시행하려 하여 백성을 더욱 곤란하게 하니, 어찌 운명이 아니겠는

가. 또 해마다 섶과 꼴을 쌓으면 썩어서 쓸데없이 되어 한갓 백성의 걱
정거리만 된다. 만일 군사를 일으킬 때를 당하여 임시로 마련한다 해도
어찌 조달하지 못할 걱정이 있겠는가. 더구나 해변의 군읍은 다만 왜구
만 막는데 또한 꼴을 쌓으라고 명했다. 왜구의 침략은 반드시 여름에
있는데 여름에 말이 마른 꼴을 먹겠는가. 나라에 이익은 없고 백성에게
해만 되는 것이 이보다 더 심한 것은 없다.

11월 사류의 분열

이순인李純仁을 이조 좌랑으로 삼았다. 이때에 사류가 양편으로 나
누어져 마침내 화합하여 협력하지 못하였다. 이순인이 전에 김효원이
권세를 탐내는 선비라고 논한 적이 있기 때문에 윤현 등이 끌어다가
전랑을 삼았다. 이순인이 요직에 있으나 공론이 윤현을 허여하지 않
는 것을 알고 도리어 김효원의 동류에게 붙으니, 정철 등이 무척 미워
하였다.

◗◖ 좌의정 박순이 병으로 사직하였다. 박순이 젊을 적에 허엽과 동문
친구라 정분이 매우 깊었다. 그런데 이에 이르러 엽이 연소 사류의 종
주가 되어 의논이 심히 편벽되니, 순이 몹시 옳지 않게 여기어 사이가
마침내 멀어졌는데, 엽이 떠들썩하게 의논을 펴서 그 세력이 심히 성
하였다. 박순이 사류가 분열된 것을 보고 힘으로 진정할 수 없으므로
마침내 재상 자리를 사직하였다.

12월 사헌부 지평 정인홍, 좌의정 홍섬

정인홍을 사헌부 지평으로 삼았다. 정인홍의 깨끗한 명성이 성혼의 다음이었기에 이 관직에 제수되자 인홍이 나오기를 사람이 바랐는데, 인홍은 중로中路에서 병이 있다며 사직하고 오지 아니하였다.

▶◀ 홍섬을 좌의정으로 삼았다.

을사위훈을 삭제하다

>> 선조 10년 > 1577 _ 정축년

금상 10년 봄 전염병과 이변

팔도에 전염병이 대단히 성하였다. 이 때문에 민가에서는 "독한 역신疫神(전염병 귀신)이 내려오니 오곡밥을 먹어야 막을 수 있다."는 말이 떠돌아 도성 근처에 널리 퍼졌으므로 잡곡을 쌓아 두었던 사람들이 많은 이득을 보았다. 또 쇠고기를 먹고 소 피를 문에 뿌려야만 막을 수 있다고 하여, 곳곳에서 소를 수없이 잡았다. 작년에는 흉년이 들고 올해는 또 전염병을 당하여, 죽은 사람이 부지기수였다.

◗◖ 영남에서 돌에 불이 저절로 일어나 돌이 모두 타서 깨졌다.

◗◖ 근신近臣에게 명하여 평안·황해 양도에 여제癘祭(전염병을 막는 제사)를 지내게 하였다. 팔도에 모두 전염병이 있었으나 그중에도 이 두 도가 더욱 심하였기 때문이다.

3월 전염병을 이유로 친제 중지

상이 인순왕후仁順王后의 담제를 지내려 할 때 왕자가 마침 부스럼을 앓았다. 당시 풍속에 전염병이 돌 때는 제사지내는 것을 꺼렸기 때문에 전염병을 이유로 말하기를,

"하늘의 재해가 이러하니 친제를 할 일이 아니다."

하였다. 대신과 근시·양사가 모두 다투어,

"재해 때 삼가는 것과 선대를 추모하는 것은 서로 방해가 되지 않는데, 재해가 친제에 무슨 상관이 있겠습니까."

하였다. 여러 날을 계속 이렇게 아뢰었으나, 상이 끝내 허락하지 않았다.

4월 대원군 사손에게 벼슬 제수

대원군大院君(선조의 생부인 덕흥대원군) 사손嗣孫(대를 잇고 제사를 지내는 후손)의 세습하는 제도를 정하여 당상堂上의 벼슬을 대대로 주어 제사를 받들게 하였다.

5월 사친에 대한 친제 논란

상이 대원군 사당에 친제를 지내려 하니, 홍문관에서 차자를 올리기를,

"예에 따르면 사묘私廟에 제사하지 못합니다."

하니, 상이 대노하여 누가 이런 의견을 내었느냐고 묻고, 의금부에 가두고 국문하려 하다가, 대신이 만류하여 그만두었다. 이때 김우옹이 마침 옥당에 있었다. 어떤 사람이 탓하며 말하기를,

"다른 사람은 일을 이해하지 못하니 말할 것 없지마는, 자네는 책을 읽은 사람인데 어찌 근거 없는 말을 하였는가."

하니, 김우옹이 대답하기를,

"동료들의 의견이 매우 날카로웠고 내 지식은 부족하여 말리지 못하였다."

하였다.

율곡 생각　소후所後(양자로 간 부모)에 대한 의리가 진실로 중하지만 소생所生(낳아준 부모)의 은혜도 가볍게 하지 못할 것이다. 아무리 정통에만 뜻을 둔다고 한들 사친의 정을 끊을 수 있겠는가. 주상이 대원군의 사당에 친히 제사하는 것은 예에도 어긋나지 않고 인정상 벗어날 수도 없는 일이다. 옥당에서 무슨 소견으로 중지하도록 청하였던가. 어떤 사람은 "주상이 대원군에게 제사 지낼 때 만일 주상이 신하의 사당에 임하는 예로 한다면 아들이 아버지를 신하로 삼을 수 없는 것이고, 아들

이 아버지 사당에 들어가는 예로 한다면 정통을 존중하는 데 방해가 되는 까닭에 친히 제사하는 것이 불가하다."며 의구심을 가졌다. 그러나 이는 모두 옛 일을 고찰하지 못한 말들이다.

예에는 공조례公朝禮·가인례家人禮·학궁례學宮禮가 있다. 공조례는 임금을 높이기 때문에 비록 아버지뻘일지라도 공손히 신하의 예를 행하지만, 낳아 준 아버지는 신하로 삼지 못한다. 가인례는 존속尊屬을 중시하는 까닭에 임금이라도 부형의 아래에 있는 것이니, 한나라 효혜제孝惠帝가 궁중에서 제왕齊王의 아래에 앉았던 것[146]도 이 때문이다. 학궁례는 스승을 높이는 것이므로 비록 천자라도 노인에게 절하는 의식이 있으니, 한나라 효명제孝明帝가 환영桓榮에게 절한 것[147]이 바로 이것이다. 더구나 대원군이 임금을 낳으셨으니, 가령 살아 있다 하더라도 임금이 감히 신하로 삼을 수 없고, 궁중에서 만나면 반드시 절을 할 것이다. 지금 사당에 들어가서 조카가 숙부에게 제사하는 예로 하면 안 될 것이 무엇인가. 속된 학자들이 의리를 보는 공부 없이 한갓 임금을 높이고 신하를 누르는 것만을 예로 알고 사친私親을 끊을 수 없다는 것은 생각

---

146) 효혜제는 한 고조의 적자인 유영劉盈을 가리키며, 제왕은 서장남庶長男인 도혜왕悼惠王 유비劉肥를 가리킨다. 효혜제 즉위 2년에 제왕 유비가 입조入朝하자, 효혜제는 그와 더불어 술을 마셨는데, 군신간의 예의를 쓰지 않고 가인家人의 예로 대하여 제왕을 형으로서 대우하였다. 『사기 권52 제도혜왕세가齊悼惠王世家』

147) 효명제는 후한後漢의 2대 황제인 유장劉莊을 가리킨다. 환영은 용항龍亢 사람으로 자는 춘경春卿이며, 경학經學에 밝아 광무제光武帝 때에 당시 태자인 효명에게 오경五經을 가르쳤다. 효명제는 즉위한 뒤 태상부太常府에 나가서 환영으로 하여금 동쪽을 향해 앉게 한 다음 궤장을 베풀고 친히 수업하였다. 『후한서 권37 환영전桓榮傳』

하지 못하였다. 그리하여 근거 없는 의견을 아뢰어 주상으로 하여금 노하게 하여 지나친 조치가 있을 뻔하였으니 참으로 한탄할 일이다.

◗◖ 전 홍문관 부제학 유희춘柳希春(1513~1577)이 세상을 떴다. 유희춘은 박람강기博覽强記(많이 읽고 기억력이 좋음)하여 책이나 역사를 읽으면 다 외웠다. 성품이 온화하여 상이 매우 중하게 생각하였다. 그러나 경제經濟[148]의 재주와 곧은 말을 하는 절조가 부족하여 언제나 경연에서는 문장 이야기뿐이었고, 현실의 폐단에 대해서는 한마디도 언급하지 못하니, 식자들이 부족하다 생각하였다. 비록 물러나서 집에 있었으나 상의 돌봄이 쇠하지 않아 자헌대부의 품계까지 주었는데 이때 졸하였다.

◗◖ 공빈 김씨恭嬪金氏가 세상을 떴다. 김씨는 김희철金希哲의 딸인데, 상의 은총을 독차지하였다. 두 아들[149]을 낳고 죽으니, 상이 몹시 애통해하였다.

6월 변방 수비와 양전에서 드러난 기강 해이

공의왕대비가 편찮으니, 상이 팔도에 죄인을 가볍게 판결하여 풀어

---

148) '경세제민經世濟民'의 줄임말로 세상을 경영하고 백성을 구제할 훌륭한 능력 또는 그런 행위를 말한다.

149) 임해군臨海君 및 세 살 어린 동생인 광해군을 말한다.

주라고 명하였다. 대비가 상에게 유관·유인숙·윤임·유瑠(계림군)의
직첩을 환급하기를 청하니, 상이 사안을 무겁게 생각하고 대신 권철
등에게 물었다. 대신이 보고를 미적미적하고 생각을 다 말하지 않으
니, 상이 단지 유관과 유인숙에게만 직첩을 주었다. 이에 삼사에서 상
소하여 을사년의 위훈을 삭탈하기를 청하였으나, 윤허하지 않았다.
어떤 사람이 우의정 노수신에게 말하기를,

　"공이 젊어서 성균관에 있을 때 유생들이 한창 웃고 떠들다가도 공
이 오는 것을 보면 사방의 자리가 모두 엄숙하고 조용하였으며, 학관
안에서 의논이 있으면 공의 말을 좇았고, 좋은 의논이 발표라도 되면
공이 주장한 말이 아니더라도 선비들이 '이것은 노 과회盧寡悔(노수신
의 자)의 의논일 것'이라고 하였으니, 공이 젊었을 때의 명망이 어떠하
였습니까. 지금 정승이 된 뒤로는 별로 볼 만한 사업이 없고, 일전에
공의전이 편찮을 때 주상에게 윤임과 계림군의 복직을 청하자, 주상
이 삼공에게 물었으니, 대신이라면 마땅히 이런 기회에 충성을 다하
여 일을 바로잡을 것이었는데, 어물어물 아뢰어 나라의 기강을 정하
지 못하였으니, 다른 정승은 그만두고라도 사림이 모두 공을 불쾌하
게 생각합니다. 공이 어찌 이러십니까? 나는 명공明公을 위하여 애석
하게 생각합니다."

하니, 수신이 대답하지 못하였다.

▶◀ 가을에 홍수가 나서 벼를 손상하였는데 결국 흉년이 들었다. 팔도
에 전염병이 끊이지 않고, 소나 말의 병까지 겸하여 발생하니 소가 죽
는 것이 더욱 심하였다. 농부가 소 대신 인력으로 땅을 가는 지경에까

지 이르니, 아홉 사람의 힘이 소 두 마리에 해당된다고 한다.

◗◖ 이준민李俊民을 평안도 관찰사로 삼았다. 이때 평안도에 전염병으로 죽은 백성이 더욱 많고, 서쪽 오랑캐가 자못 넘어다볼 우려가 있으므로 비로소 중신을 선택하여 진압하려고 특별히 이준민을 자헌대부로 올려서 내보내 다스리게 한 것이다. 권철이 이준민에게 묻기를,

"그대는 어떻게 서도西道(평안도)를 안정시키려고 하는가."

하니, 준민이 답하기를,

"조정에서 백성을 이주시켜 변방을 채운다면 편안히 모여 살 계책을 다할 것이고, 군병을 모집하여 수비를 늘인다면 장악하여 제어할 계책을 다할 것이나, 지금은 백성을 이주시키지도 않고 병사를 늘리지도 않으며 종전대로 하고 있으니, 무슨 좋은 방책이 있겠는가."

하였다. 권철이 말하기를,

"듣건대, 병마절도사가 군보軍保(군졸을 경제적으로 보조하는 사람)를 모두 정군正軍으로 올렸다 하니, 이것이 좋은 계책이다."

하니, 이준민이 말하기를,

"대개 세 사람이 1호戶가 된 뒤에라야 군역에 응할 수 있는 것인데, 지금은 세 사람을 각각 1호로 삼고 있으니 백성이 병역에 견딜 수 없을 것이다. 이는 겹옷 하나를 뜯어 홑옷 둘을 만들고는 옷이 많다고 자랑하는 것과 다름이 없다. 비록 군적의 명단은 많지만 징발할 때는 반드시 두 사람이 한 사람의 힘을 도운 뒤에야 싸우고 또 방어할 수 있을 것이다. 명목상으로는 군사가 늘었지만 실지는 그렇지 않다."

하였다. 권철도 그렇다 하고, 이어 말하기를,

"이주시킬 백성이 70호인데 함경·평안 두 도에다 분배하려 하니 어떠한가."

하니, 이준민이 말하기를,

"내 처지로 보면 지금은 평안 감사이므로 단지 평안도를 걱정하면 되는 것이나 조정에서 보기에는 평안도와 함경도가 다를 것이 없다. 비유하면 은혜와 사랑이 아무리 같다 하더라도 두 자식이 병이 들면 먼저 병이 심한 자를 구할 것이다. 함경도는 병이 급한 곳이고, 평안도는 병이 덜한 편이다. 평안도에는 70호가 있고 없는 것이 상관없으나, 함경도에는 약간의 보탬이 될 것이니, 모두 함경도로 보내는 것이 좋을 것이다."

하였다. 이준민이 물러나와 말하기를,

"나에게 무슨 변경을 진압할 계책이 있으랴. 차라리 왕흠약王欽若이 재齋나 올리고 경經이나 외우는 일[150]을 본뜰 뿐이다."

하였다.

율곡 생각　이때 서북 두 변방이 모두 염려스러웠다. 다행히 오랑캐 가운데 호걸다운 추장이 없어서 변방에서 우환을 일으키지 않았을 뿐이다. 만일 조금의 재주와 용맹이 있는 자가 틈을 보아 움직였더라면 누가 감히 이를 막겠는가. 변경의 걱정이 이와 같았으나 대신은 그것을 구제할

---

150) 송나라 진종眞宗 때 거란군이 침입해 오자 그를 막기 위하여 왕흠약을 시켜 변방을 지키게 하였는데, 왕흠약은 화의를 주장하고 당시 재상 구준寇準의 주전론主戰論에 반대하면서, 재나 올리고 경이나 읽었다. 『송사宋史 권283 왕흠약열전王欽若列傳』

계책 하나 없이 다만 군보를 없애서 병정을 더하는 것을 좋은 계책이라 하며, 또 유배할 70호의 백성으로 변방을 채워 도움을 삼으려 하니, 아! 한탄할 일이다. 평안도의 백성이 전염병에 죽은 자가 수만이 넘는데 백성 70호의 증감이 무슨 경중이 될 것인가. 이준민의 말이 진실로 옳다. 그러나 상황 밖에서 방관하는 사람이라면 이러한 말을 해도 되겠지만 지금 이준민은 몸소 그 책임을 맡은 사람이니, 만일 계획하는 것이 있다면 마땅히 임금과 정승에게 말하여 듣지 않으면 사직해야 할 것이다. 무슨 까닭으로 말도 하지 않고 또 사직도 않으면서 문득 막중한 책임을 맡고서는 왕흠약이 하던 행적을 따르려 하는가. 이준민같이 말재주 있고 부박하며 한갓 큰소리나 잘하는 자를 뭐 족히 책망할 게 있겠는가. 시사가 한탄스러움을 이것으로 미루어 알 것이다. 참으로 한심한 일이다.

◗◖ 양전量田(토지조사)을 명령하였다가 즉시 그만두라고 명하였다. 이때 양전한 지 오래되어 농지 장부가 사실과 상당히 달라서 조사를 명하였다. 그러나 법에 경차관敬差官(특정 업무를 위해 중앙에서 지방에 파견하는 관원)을 많이 정하여 백여 명에 이르렀으므로 현재 실직實職이 없는 관원으로 보임하게 하였다. 이에 호조에서 예전 조정 관원을 모아 뽑으려 하였으나 모이지 않아, 세 번이나 명령하고 다섯 번이나 독촉하였어도 오는 사람이란 단지 5, 6인뿐이었다. 아무리 엄하게 계칙하고 죄까지 주려 해도 끝까지 나오지 않았다. 이리하여 충찬위忠贊衛·녹사錄事(중앙 관청의 아전)를 임명하고, 각 고을에 명령하여 반드시 생원이나 진사 등의 유식한 사람에게 측량 감관監官을 맡기라고 하였다.

　고을 선비들이 서로, "측량 감관이란 경차관에 통솔되어 감관이 잘
못이 있으면 경차관이 벌을 주어 매질까지 할 수 있다. 우리 사족士族
이 녹사들에게 굴복하고 매질까지 당한단 말인가. 죽을지언정 이것은
할 수 없다."라고 하고는 모두 집을 옮기고 그 일을 피하였다. 또 수령
이 토지 측량으로 인하여 민간의 쌀을 많이 거두어 더러 자신들의 사
사로운 이익으로 삼기도 하자 민심이 소란해졌다. 어떤 사람이 흉년
에 토지를 측량하여 백성을 동요시켜서는 안 된다고 하여 이에 중지
하고 말았다.

율곡 생각　나라에 기강이 없으면 어떤 일도 할 수 없다. 토지 측량의 경차
　관으로 가는 것이 죽음의 땅으로 가는 것도 아니요, 조정 관리로서 산
　관散官이 된 사람이 무식하거나 완고한 사람도 아니다. 지금 유식한 선
　비들을 죽지도 않는 땅으로 보내려 하여도 되지 않는데, 하물며 가르치
　지 않은 백성으로 외적을 막을 수가 있을까. 당시의 기강으로 무슨 일
　을 하겠는가. 만일 적국의 외침을 당한다면 반드시 무인지경에 들어오
　듯 쳐들어올 것이다. 아! 참으로 위태한 일이다. 어떤 사람은 양전을 그
　만둘 것이 아니라고 하나, 이것은 아주 그른 생각이다. 나라에 이 정도
　로 기강이 없으니, 양전을 한다 하여도 반드시 뇌물을 능사로 삼아, 부
　자의 비옥한 토지는 척박한 등급으로 만들 것이요, 빈자의 척박한 토지
　는 비옥한 등급으로 위조할 것이니, 나라에서는 제대로 된 농지를 잃게
　되고, 백성은 해를 입는 결과가 될 것이다. 차라리 측량을 잘못하는 것
　보다는 안 하는 편이 나을 것이다.

10월 거듭된 기상이변

　요망한 별이 서쪽에 나타나니 빛줄기가 수십 길이라 혜성과 비슷하였으나 혜성도 아니었다. 보는 사람들이 매우 놀라고, 노인들은 모두 태어나 저런 별은 보지 못하였다고 하였다. 상이 별의 이변으로 인하여 신하들에게 물으니 어떤 이가 "세상이 알아주기를 구하지 않는 선비를 등용해야 한다."고 하였다. 상이 이조로 하여금 사람을 기록하여 올리라고 하였으나, 그 뒤에 등용된 선비는 별로 없었다.

◗◖ 공의왕대비의 병이 깊어지자, 상이 조정 신하를 보내어 명산대천에 기도하고 다시 죄인을 석방하도록 명하였다. 이때에 조정 신하들이 을사년의 위훈을 삭제하기를 청하여 수개월 동안을 그치지 않았고, 삼공이 백관을 거느리고 조정에서 간청하였으나 윤허하지 않았다. 이것으로 인하여 대비의 심열心熱이 더욱 중해지고 비분강개하는 신하들이 많았다. 대개 을사년의 간당들이 대비가 몰래 윤임과 이류李瑠의 역모를 주동하였다고 모함한 까닭에 대비가 억울하고 원통해하였다.

◗◖ 이후백을 이조 판서로 삼았다. 이후백이 함경도에 있을 때에 백성에게 선정善政의 혜택을 주더니 이에 이르러 이조 판서가 되었다.

◗◖ 경기도에 홍수가 나서 산이 무너지고 인가가 떠내려가거나 매몰되었으며, 강원도에 지진이 났다. 재변이 연달아 일어나니 상이 자책하는 말씀을 내리고, 또 정부와 육조에 명령하여 구습을 씻고 각각 책임을 다하라 하셨으나, 역시 빈말뿐이었다.

11월 을사위훈 삭제의 약속

경진일 ▶◀ 을사위훈을 깎고 윤임과 이류를 복작시켰다. 이때에 대비의 병환이 낫지 않고 점차 악화되었으나 궁인들은 을사년 원종공신의 집안사람들로서 대비가 삭훈削勳(공신 훈공을 삭제함)하라는 것을 원망하는 자가 많아 늘 상의 앞에서 대비의 병환이 심하지는 않다고 아뢰었다. 하루는 상이 문안한 뒤에 말하기를, "삭훈하는 것은 지극히 중대한 일이어서 감히 마음대로 고칠 수 없는 것이므로 조정의 말을 따르지 못하여 마음에 심히 편치 않습니다." 하였다. 대비가 "감히 못하시겠지요, 감히 못하시겠지요." 하고는, "한 나라의 대사를 어찌 미망인을 위하여 경솔히 고치겠소?" 하였다. 상이 나가다가 미처 층계를 내려오기도 전에 대비가 통곡하였다. 상이 듣고는 층계 밑에 자리를 펴고 앉아 한참 동안 머리를 숙이고 있다가 늙은 궁인을 불러 이르기를, "내가 집에 있어서 녹이나 먹었으면 평생을 잘 지낼 것이었는데, 불행하게도 이에 이르러 난처한 일을 당하였구나." 하고는 눈물을 흘리려 하였다. 며칠 지나 대비가 병환이 위급해지자 "내가 지하에서도 죄명을 못 면하겠구나." 하고 탄식했다. 말을 마치자 수족이 곧 차가워졌다. 궁인이 달려와 상께 아뢰었다. 상이 즉시 가보니 병환은 구할 길이 없었다. 중전 또한 도착하여 서로 마주보고 울었다. 상이 대비께 아뢰기를,

"삭훈을 할 것이오니, 안심하시고 병환을 조리하소서."

하였다. 대비가 기뻐하는 얼굴을 하며 이어 눈을 감았다. 상이 눈을

뜨기를 청하였으나 대비는 보지 못하고 말도 분명하지 못하였다. 상이 나온 뒤에 맥을 회복하고 사람을 보내어 "상의 은혜가 망극하시니 갚을 바를 모르겠습니다." 하고 사례하였다.

율곡 생각 예로부터 공훈에 바르지 못한 경우가 혹 있기는 하였으나, 을사년의 공훈 같은 허위는 없었다. 인종이 병이 중할 때 윤임이 처음부터 끝까지 시중하였으나 별다른 간사한 뜻은 없었고, 인종이 영의정 윤인경尹仁鏡을 불러 명종에게 전위하도록 하였으니, 형이 돌아간 뒤에 아우가 이은 것이어서 명분이 바르고 말이 순한 것이니 다시 무엇을 염려하겠는가. 단지 간신들이 선한 사람을 미워하고 공을 탐내어 선비들을 일망타진하고 위훈을 기록한 것이니, 소인들이 하늘을 속임이 이와 같은 적이 없었다. 공의전이 무고의 욕을 받은 지 이미 30여 년이니 어찌 하룬들 마음에 잊혔겠는가. 병환이 중하고 조정의 공론이 일어났으되 상이 쾌히 따르지 못하다가 공의전의 병환을 구할 수 없게 된 뒤에야 비로소 측은히 여기어 따랐는데, 다음 날 돌아가시고 말았다. 아! 슬프다.

신사일 ◗◖ 공의왕대비가 세상을 떠났다. 예관이 대신에게 복제를 물으니, 영의정 권철이 다른 정승에게 의논하지도 않고 자기 뜻대로 송나라 고종이 원우황후 맹씨에게 행한 전례를 끌어다 주상의 복을 자최장기齊衰杖朞[151]로 정하였다. 이에 양사와 옥당과 조정 신하의 참판

---

151) 상장喪杖을 짚고 1년 동안 입는 자최복齊衰服을 입는 것을 말한다. 자최복은 상복 중 오복五服의 하나로, 발이 굵은 삼베로 짓는다.

이상이 모두 논쟁하여 말하기를,

　"명종이 인종의 정통을 이으시고, 주상이 명종의 정통을 이으셨으니, 계통을 이은 것이 중한 것이니 3년상이 당연하다."

하였다. 그러나 권철이 미혹에 사로잡혀 돌이키지 아니하였다.

12월 위훈삭제 포고문 작성 명령

　위훈을 삭제할 것을 중외에 포고하라 하니, 대제학 김귀영이 교서를 지어서 바쳤으나 글이 졸렬하여 뜻이 분명하지 못하였다. 상이 말하기를,

　"이는 국가의 막대한 일이니, 글이 분명하고 뜻이 구비되게 하여 중외에 효유하여야 할 것이다. 어찌 이렇게 거칠고 소략한가."

하였다. 그러고는 이후백을 시켜 다시 짓도록 하니, 사람들이 모두 김귀영의 좁은 식견을 조소하였다.

◗◖ 조정의 의논이 복제에 대하여 논쟁을 계속하자, 상이 공론을 따라 3년상으로 정하였다. 양사에서 공격하기를,

　"권철이 다른 정승에게 의논도 하지 않고 혼자 마음대로 기년복으로 정한 것은 간사하고 남을 속이는 것이다."

하였다. 권철이 부끄럽고 화가 나서 병을 핑계로 나오지 않았다. 이이가 듣고 말하기를,

　"이는 식견이 없는 데서 나온 것이니 만일 간사하고 속인다고 공격

하면 권 정승이 불복할 것이다."

하였다.

◗◖ 해주海州 삼탄三灘에 물이 흐르지 않다가 며칠 뒤에 다시 흘렀다.

동인과 서인으로 나누어지다

>> 선조 11년 > 1578 _ 무인년

금상 11년 정월 흰무지개

흰무지개가 해를 꿰뚫으니, 삼공이 사직하였으나 윤허하지 않았다.

2월 관보 간행 사건

전에 서울 안에 노는 자들이 중국에서는 관보를 간행한다는 말을 듣고 그것을 본받아 생계를 하려 하여 의정부에 글을 올려 "조정의 관보를 간행하여 각 관청에 내고 그 값을 받아 생활의 밑천을 하겠다." 하여 정부에서 허락하였다. 또 사헌부에 품신하여 사헌부에서도 허락하였다. 그 사람들이 활자를 만들어 조정의 관보를 인쇄하여 각 관청과 외방 저리邸吏(서울 주재 지방 관청 서리)와 사대부에게 파니 받아 보는 사람들이 모두 편리하다고 생각하였다. 이렇게 행한 지 두어 달 뒤

에 상이 우연히 보고 노하여 이르기를,

"관보를 간행하는 것은 사사로 사국史局을 설치하는 것과 다를 것이
무엇인가. 만일 다른 나라에 흘러들어가게 되면 나라의 악을 드러내
게 되는 것이다."

하였다. 그러고는 대신에게 누가 이 일을 주장한 것인지 물으니, 대신
이 황송하여 말을 분명히 못하였다. 이리하여 그 사람들을 금부에 가
두고 고문하여 주모한 사람을 추궁하였는데 그 사람들은 이것으로 생
활의 밑천을 삼으려는 것에 불과하였고 사실 주모한 사람은 없었다.
매를 많이 맞아 거의 죽게 되자 대간이 형을 정지하자고 청하였으나
윤허하지 않고, 대신이 계청한 뒤에야 법률에 비추어 처리하라 하고
는 대역부도大逆不道의 법으로 정하라 하였다. 금부에서 과중하다고
아뢰니 처음에는 따르려 하지 않았으나, 그 뒤에 그보다 한 단계 낮은
법률을 적용하여 모두 먼 지방에 귀양 보내었다.

율곡 생각 조정 관보를 간행한 것이 처음부터 간사한 모의가 아니고, 우매
한 사람들이 사소한 이익으로 살아가려는 목적이었다. 당초 의정부와
사헌부에 품신하자 모두 간행할 것을 허락하였으니, 과실은 두 관청에
있는 것이다. 이 어찌 어리석은 백성만 죄를 줄 것인가. 설사 주상의 위
엄이 진동하더라도 두 관청에서 간행을 허가한 죄를 자수하고 그 사람
들을 구원하였다면 비록 견책은 당하였을망정, 어찌 불측한 일이 되기
까지야 하였겠는가. 머뭇거리기만 하고 말을 하지 않아 어리석은 백성
이 형벌을 당하고, 임금은 백성을 잊는 조처를 행하도록 하니, 겁만 먹

고 나약하여 의리가 없는 자들이라 하겠다.

을미일)(인성왕후仁聖王后의 발인 때에 노제路祭 장소에 큰 바람이 불어 장막을 넘어뜨려 상여를 덮쳤으나, 옆에 시위하는 조정 신하는 없고 다만 하인과 군졸만 시끄러울 뿐이었다. 듣는 사람들이 통분하게 생각하였다.

3월 이이의 상경을 둘러싼 의심

사간원 대사간 이이가 소명을 받고 서울에 와 은혜로운 명에 대해 사례한 뒤에 사직하며 말하기를,

"주상께서 지금 상중에 계시므로 신하의 정리로 차마 편히 있을 수 없어 간신히 올라왔습니다. 그러나 이것은 보잘것없는 견마 같은 정성으로 다만 주상의 모습이나 한번 뵈러 온 것이지 본시 직무를 수행할 생각은 없사오니 신의 직임을 갈아 주소서."

하니, 상이 사직하지 말라고 답하였다. 이때 정철은 집의執義로서 서울에 있었다. 그의 생각에는 이이가 시골에 오래 머물다가 지금에야 올라왔으니 상이 접대하고 위안하는 말씀이 있으리라 생각하였는데, 비답에 다른 말이 없는 것을 보고 "'사직하지 말라'는 한마디뿐이니, 어찌 그리 간단한가." 하고 탄식하였다.

이이가 물러간 뒤로 부름을 여러 번 사양하다가 이제야 소명을 받

고 부임하는 것을 본 친구들은 의혹이 많았다. 이이가 말하기를,

"나는 산림山林의 선비가 아니다. 비록 녹은 먹지 않아도 직명은 늘 조정에 있으니, 평시에는 소명을 사양할 수가 있으나, 지금은 주상께서 상중에 계시므로 내 집에 물러나 있기가 편치 않았기 때문에 한번 나와서 은혜에 사례하자는 것 뿐이다."

하였다. 이때 사류가 아직도 화합되지 못하고 서로 시기하고 의심하던 때라, 이이가 억지로 머물러서 시론을 조화시키고자 하였다. 정철도 처음에는 사류의 의심을 받더니, 지금은 소견을 돌리어 자못 공평한 의견을 가지고 이이에게 머물러 있기를 간곡히 권하였다. 이이가 말하기를,

"이번에 온 것은 출사하려고 온 것이 아니라, 다만 잠깐 나와 사은이나 하려는 것이다. 단서도 없는데 관직을 수행하는 것은 의리에 근거가 없다. 내 몸이 바르지 못하면 나랏일도 바르게 처리할 수 없다. 자네의 경우는 생각이 있어 전일 물러났던 것이고, 일생의 거취를 결정한 것은 아니다. 이제는 소견을 고쳐서 사림을 조화시키려고 하니, 지금 공평성을 지탱할 책임이 자네에게 있다. 자네는 물러나서는 안 된다."

하였다. 이이는 정철이 늘 단출한 것을 염려하였다. 김계휘가 이이에게 말하기를,

"자네가 비록 요직에 있지 않고 산관으로 있다 하더라도 저 무리의 의논을 조화시키는 것이 옳다. 지금은 사류가 서로 화합하지 못하고 맑은 의견이 행하지 못하여 조정이 혼탁하다. 자네 같은 사람은 나라

의 두터운 은혜를 받았는데 혹시 후일에 불측한 변이라도 있다면 앉
아 보기만 하고 달려오지 않을 것인가. 어지러워진 뒤에 달려오기보
다는 어지럽기 전에 미리 구원하는 것이 낫지 않은가?"

하였다. 이이가 말하기를

  "대개 사람이란 일어선 뒤에 걷는 것이다. 내가 만일 이대로 머문다
면 정말 명분과 의리가 없는 것이다. 자신이 실수를 하고 시국을 구한
다는 것은 사람이 서지도 못하면서 걸으려 하는 것과 같은 것이니 엎
어지지 않을 사람이 몇이나 있겠는가."

하였다. 이지함李之菡[152]이 이이를 만났는데, 명사들이 많이 모였다. 이
지함이 좌우를 돌아보며 큰 소리로 "성현이 하신 일도 자못 뒷 폐단을
만들었다." 하였다. 이이가 웃으며 말하기를,

  "무슨 기담을 이렇게까지 하십니까. 내가 늘 원하는 것은 존장께서
한 글을 지으셔서 장자莊子의 짝이 되시는 것입니다."

하였다. 이지함이 웃으며,

  "공자는 병을 핑계하고 유비孺悲를 보지 않았으며,[153] 맹자는 병을
핑계하여 제왕齊王이 부르는데도 가지 않았기[154] 때문에 후세의 선비

---

152) 이지함(1517~1578)의 본관은 한산韓山, 자는 형백馨伯 또는 형중馨仲이며 호
  는 수산水山 또는 토정土亭이다. 이색李穡의 후손이다. 『토정비결土亭祕訣』의 저
  자로 알려져 있으며, 율곡보다는 스무 살 위이다.

153) 『논어』에 "유비孺悲가 공자를 만나고자 했는데, 공자가 병이 있다고 거절하고,
  명을 전하는 자가 문밖으로 나가자 비파를 가져다 노래를 부르시어 그로 하여금
  듣게 하였다." 하였다. 『논어』「양화陽貨」

154) 『맹자』에 "맹자가 제왕齊王을 만나러 가려다가 제왕이 사람을 시켜 병을 핑계로
  외출을 못한다고 알려오자, 맹자도 똑같이 병을 핑계로 왕을 만나러 조회에 갈 수
  없다고 대답하였다. 이튿날 맹자가 동곽씨東郭氏에게 조문하러 가니, 제자 공손

들이 없는 병도 있다고 한다. 병을 핑계로 사람을 속이는 것은 남의 집 게으른 종과 머슴이나 하는 짓인데 선비로서 차마 이런 짓을 하면서 공자와 맹자가 하던 일이라 하니, 어찌 성현이 하신 일이 뒷 폐단이 되지 않았는가. 내가 어찌 장주莊周의 설을 짓겠는가."

하자, 온 좌석이 함께 웃었다. 이때 이이가 병을 핑계하여 장차 대사간을 사직하려 하는 까닭에 이지함이 이런 말을 한 것이다. 이지함이 또 말하기를,

"작년의 요망한 별을 나는 상서로운 별이라고 여긴다."

하니, 이이가 무슨 말이냐고 물었다. 이지함이 말하기를,

"인심과 세상의 도가 극히 퇴폐하여 장차 큰 변이 생길 듯하더니, 그 별이 나타난 뒤로 상하가 모두 두려워하여 인심이 약간 변하여 겨우 큰 변은 생기지 않았으니 어찌 상서로운 별이 아닌가."

하였다. 이지함이 또 명사들에게 말하기를,

"지금의 시사는 사람의 원기가 이미 손상된 것 같아서 손을 대어 구제할 길이 없다. 다만 한 가지 기이한 계책이 있으니 위태롭고 망할 것 같은 이 형세를 구할 수 있을 것이다."

하였다. 좌객이 그 기이한 방책을 물으니, 이지함이 말하기를,

"지금 세상에서 이 계책을 쓰지 않을 것인데 어찌 말하리오."

하고는 굳이 아끼며 말하지 않았다. 좌객이 간절히 물으니, 얼마 있다가 이지함이 말하기를,

추公孫丑가 '어제는 병을 이유로 조회에 가지 않으시고 오늘은 조문을 가시니, 불가하지 않습니까?'라고 물으니, 맹자가 '어제는 병이 있었고 오늘은 나았으니, 어찌 조문하지 않겠는가?'라고 대답하였다." 하였다. 『맹자공손추 하』

"지금 숙헌叔獻[이이의 자]을 조정에 붙들어 두면 크게 일을 하지는 못할지언정 반드시 위망한 지경에는 이르지 않을 것이니 이것이 기책이다. 이것 이외에 다시 무슨 계책이 있겠는가. 초楚나라와 한漢나라가 서로 싸울 때는 한신韓信을 얻은 것[155]이 기책이고, 관중關中을 처음 평정하고는 소하蕭何에게 맡겨 둔 것[156]이 기책이었다. 소하와 한신을 얻은 뒤에는 다른 계책을 다시 할 필요가 있겠는가."

하니, 좌중이 모두 웃었다. 이지함의 말이 비록 해학이 있으나 식자는 적확한 말이라 생각하였다.

◗◖ 좌의정 홍섬과 우의정 노수신이 모두 병으로 사직하였다. 승정원이 두 정승이 일시에 사직하니 인심이 불안해한다고 아뢰자, 상이 "대신이 나고 드는 것을 승정원에서 상관할 바가 아니다." 하였다. 부제학 이산해가 이이에게 묻기를,

"소재穌齋가 정승 자리에서 물러나는 것이 시사와 관계가 있는 것인가?"

---

155) 한신은 중국 한 고조 유방의 신하이다. 회음 사람으로 가난한 집에 태어났으나, 고조의 승상 소하에게 발탁되어 장수의 재능을 발휘, 대장군에 이르렀다. 기원전 250년 고조의 통일대업을 도와 조·위·연·제 등을 공략하여 멸망시키고, 그 대공에 의해 초왕에 봉해졌다. 고조 삼걸 중의 하나라는 칭송을 받았으나 한나라가 통일한 뒤 반란의 누명을 쓰고 피살되었다. 『사기 권92 회음후열전淮陰侯列傳』

156) 관중은 중국의 지명으로 지금의 섬서성이다. 동쪽은 함곡, 남쪽은 무관, 서쪽은 산관, 북쪽은 소관으로 사관의 중앙에 위치한 땅이다. 소하는 중국 한 고조 유방 때의 재상인데, 소하가 한 패공漢沛公을 따라 관중에 들어가서는 맨 먼저 진秦나라 상부相府에 소장되어 있던 율령律令과 도서를 거두어 간직했었는데, 뒤에 이것에 힘입어 천하의 요새와 호구戶口를 알 수 있게 되었다. 『사기 권53 소상국세가蕭相國世家』

하였다. 이이가 말하기를,

"소재가 분명히 건의하지 못하므로 사람들이 흔히 부족하게 생각하
나, 지금 세상은 아무리 경세할 재주를 가진 사람이 정승 자리에 있더
라도 어찌 할 수 없을 것이다. 공장工匠에 비유하면 소재는 일하지 않
고 앉아서 먹는 사람이다. 비록 유익하게 하지는 못하여도 손해는 없
다. 소재가 교체된 뒤에 기와나 부수고 담 벽에 금이나 긋는 사람이 대
신 들어간다면 그 해가 어찌 적겠는가."

하니, 이산해도 그렇다고 하였다. 이에 홍문관이 차자를 올려 노수신
의 유임을 청하였으나 윤허하지 않았다.

4월 사림의 이이 만류

사헌부 지평 김천일이 병으로 사면하였다. 김천일은 청렴하다는 이
름으로 강원, 경상 양도의 도사를 지냈다. 이때에 지평을 시키니 취임
한 뒤에 상소하여 사직하였으나 허락하지 않았다. 김천일은 됨됨이가
정밀하고 근실하였다.

하루는 어전에 입시하면서 시폐를 극진히 말하고 또 능력 있는 인
재를 등용하여 세도世道를 구하기를 청하였으니 말이 매우 간절하였
다. 수천, 수백 마디를 묘시卯時(오전 5시~7시)에서 사시巳時(오전 9시
~11시)까지 아뢰었으나 상이 한마디도 답하지 않으니, 김천일이 그
의기가 꺾이어 병을 핑계하고 사면한 것이다.

◗◖ 다시 홍섬을 좌의정으로 삼았다. 상이 사류를 싫어하고 속류의 사람들에게 마음이 있었으므로 홍섬을 다시 정승으로 삼았다. 병이 있다고 사직하였으나 허락하지 않으므로 나와서 일을 보았다. 이때 정언지를 충청 감사로 임명하고 특명으로 가선대부에 올렸다. 양사에서 이것을 개정하기를 청하니, 상이 답하기를,

"정언지가 가선에 합당하지 못한 것이 아니다. 평소 말은 잘하지만 등용하면 반드시 일을 그르치는 사람들[靜言庸違]이나 계급을 올려주는 것이 옳은가."

하였다. 대개 상이 사류 가운데 좀 낫다는 사람들은 건의하기를 좋아하다가 쓰이지 않으면 물러가기를 구하는 때문에 이러한 사람을 정언용위靜言庸違라고 지목한 것이다. 정언지는 누차 승정원에 있었는데, 신중히 입을 다물었고 무능했기 때문에 특별히 탁용하여 사류의 버릇을 고쳐 시정의 잘잘못을 말하지 못하도록 하려는 것이었다. 상이 그를 높이 평가하는 것이 이러하므로 사림이 실망하였다.

◗◖ 다시 노수신을 우의정에 임명하였다. 사림은 박순이 다시 정승이 되기를 바랐으나 경연에서 시사時事를 즐겨 논의하였기 때문에 상이 싫어하고 노수신을 다시 쓴 것이다. 노수신은 시사를 언급하지 않기 때문이다.

◗◖ 이이가 고향으로 돌아갔다. 그때에 이이가 매번 나라를 걱정하는 마음을 품고 위훈삭제 조치가 훌륭한 정치의 기미가 되리라 생각하였다. 또 상이 상중에 있으므로 올라와서 입시하여 시정을 극진히 논하고 이어서 아주 돌아가겠다고 청하려 하였으나, 상이 못 본 체하고 접

견할 뜻이 없으므로 병을 핑계대고 대사간을 사직하니, 많은 선비들이 이이를 만류하였다. 김천일이 이이에게 말하기를,

"우리나라 사대부는 나라의 두터운 은혜를 받음이 다른 나라와 다르네. 대개 사족士族은 가업을 대대로 전하는 것이 봉건封建과 비슷한 점이 있으니, 당연히 나라와 좋고 궂은일을 같이하여야 하네. 지금 시세가 급급하여 매우 위태로우니 결코 돌아갈 때가 아닐세. 공이 지금 가려는 것은 단지 극히 위급한 형세를 보지 못했기 때문이네. 만일 극히 위급하다는 것을 알 것 같으면 어찌 차마 버리고 돌아가겠는가. 지금 진취적으로 뭔가 하기를 바란다면 그런 때는 아니네. 다만 묵묵히 관직에 있으면서 인재를 수습하고 한마음으로 힘을 합쳐 나라를 지탱할 계책을 다하여야 하네. 내가 언제나 원하는 것은 지금 세상의 군자는 모두 영무자甯武子의 우직한 점[157]을 배우라는 것일세."

하였다. 이이가 말하기를,

"그대의 말이 매우 간절하니 내 마음이 울적하다네. 그 말을 한 장 적어서 벗들에게 보이게. 하지만 나는 이미 사퇴하였네. 계기도 없이 다시 나올 수도 없는 것이고, 그렇다고 내가 지금 처음 돌아가기로 한 것도 아니네."

하였다. 이지함이 "자네가 어찌 차마 물러나는가." 하면서 이이를 책망하였다. 이이가 "제가 잘못입니까?" 하니, 이지함이 말하기를,

---

157) 영무자는 위衛나라의 대부로, 문공文公과 성공成公을 섬겼다. 그는 나라가 혼란스러우면 험한 일을 피하지 않고 있는 힘을 다하였다. 『논어』 「공야장公冶長」에, "영무자는 나라에 도가 있으면 슬기로워지고, 나라에 도가 없으면 어리석어지는데 그의 슬기는 따를 수 있어도 그의 어리석음은 따를 수가 없다." 하였다.

"이를테면 부모의 병이 극히 위중하여 죽음이 조석에 달렸는데 자식된 사람이 약을 드리면 병든 사람이 극히 노하여 그 약을 먹지 않고 혹 약사발을 땅에 던지거나 자식의 얼굴에 던져서 코와 눈이 상한다면, 자식이 물러갈 것인가, 아니면 울면서 간절히 권하고 노할수록 더욱더 권할 것인가. 이것으로 자네가 옳은지 그른지는 알 것이다."

하였다. 이이가 말하기를,

"비유는 간절합니다. 그러나 군신과 부자는 서로 다르지 않겠습니까. 만일 존장의 말씀 같다면 신하에게 어찌 물러갈 의리가 있겠습니까."

하였다. 이이가 떠나면서 정철에게 말하기를,

"지금 시사는 손을 댈 만한 곳이 없고, 오직 사림이 화합하여 논의가 중도를 얻어 맑은 의논이 현저히 조정에 행해지면 반절이라도 구할 수 있을 것이네. 지금 그대가 나이 어린 선비들에게 의심 받고 있고 부박한 무리가 그대의 말을 빙자하고 두 사람 사이를 교란하여 시비에 현혹되게 하니, 그대가 만일 조정에 있으면서 의논을 온화하게 가지면 사류가 의심을 풀 것이요, 말을 만들고 일을 꾸미려는 무리가 뜻을 잃어 함부로 굴지 못할 것이니, 그 유익함이 어찌 적겠는가. 또 그대는 진퇴를 정하지 않았기 때문에 나처럼 이미 물러나 다시 나오려고 해도 할 수 없는 입장이 아니다. 그대는 애써 머물러 있을 수 있다. 사림을 조화시킬 책임을 내가 자네에게 부탁하고 가네."

하였다. 정철은 그렇다고 생각하였다.

▶◀ 경상 우후 손익孫翌이 군사를 시켜 무기를 수리하는데 너무 엄하게

독촉하여 군사들이 앙심을 품고 밤중에 군문을 열고 진을 쳐서 난을 일으키려 했다. 손익이 겁을 먹고 직접 나가 사과한 후에 풀렸다. 절도사 곽영郭嶸이 주모자를 몰래 잡아 가둔 뒤에 그 사실을 아뢰니, 상이 크게 놀랐다. 주모자를 목 베어 그 머리를 매달아 군중에게 위엄을 보이고 손익도 벌을 주었다. 무관들이 모두 말하기를,

"진鎭의 군사들이 장수의 명령을 좋지 않게 생각하면 외진外陣을 치는 것이 근래 일상사이다. 단지 장수가 벌을 받을까 염려하여 감히 말하지 못하던 것인데, 지금 마침 발각되어 주모자가 죽은 것이니 이것도 운명이다."

하였다. 당시 군정軍政의 문란함이 이런 지경에 이르렀다.

5월 동인과 서인이라는 말

다시 대사간으로 이이를 불렀다. 이이가 상소하여 사직하고 또 아뢰기를,

"전하께서 만일 신을 쓸 수 있는가의 여부를 아시고자 한다면, 시사를 먼저 물어 보아 신의 말이 쓸 수 없으면 다시 부르지 마십시오."

하였다. 상이 답하기를,

"그대의 사직 상소는 보았다. 사간원 장관은 오래 비워 둘 수 없으므로 사직을 허한다. 또 그대가 소회가 있거든 봉사封事로 알려라."

하였다. 이에 이이가 상소하여 당시의 폐단을 극진히 말하고 또 그것

을 구제할 계책을 말하니 1만여 자가 넘고 말이 매우 간절하였다. 상이 이에 "상소의 말을 살펴보니 충직한 정성이 깊고 갸륵하다."고 대답할 뿐 별로 채용하거나 불러들일 의사는 없었다.

승정원에서 다시 이이를 부르라고 청하여 소명이 있었으나 이이가 사퇴하고 서울에 오지 않았더니, 얼마 되지 않아 다시 대사간을 시켰다. 며칠 뒤에 이이가 소명을 사양하는 상소를 올렸는데, 당시 다시 대사간에 임명한 것은 미처 모르고 있었으므로 신임 대사간은 미처 사퇴하지 못한 것이다. 상이 이르기를,

"이이가 병으로 올 수가 없다 하니 대사간을 교체할 것이다."

하였다. 승정원에서 아뢰기를,

"이이가 다만 전일의 소명만 사퇴했을 뿐이요, 아직 간관을 사직하지 않았습니다. 대간은 반드시 자신의 처신을 기다린 뒤에 교체해야 하는 것이니 미리 교체하는 것은 온당하지 못한 일입니다."

하였으나, 상이 허락하지 않았다. 이에 사간원과 홍문관이 모두 차자를 올려 자기가 사직하기를 기다리지 않고 장관을 미리 교체하는 것은 고례가 아니며, 또 선비를 대우하는 도리도 아니라고 하였다. 상이 답하기를,

"어찌 이이 한 사람을 위하여 사간원 직책을 오래도록 비워 두겠는가."

하였다. 상의 뜻은 이이가 달려와 소명에 응할 것을 바랐으므로, 이이가 쉽게 물러나고 어렵게 나오기 때문에 그 고집스러운 점에 자못 노하여 매번 관직 임명으로 굴복시켜 매어 두려 하였으나, 이이가 종시

명을 받들지 않았다. 며칠 만에 이이를 다시 이조 참의에 임명하였으
나 이이가 끝까지 사양하고 나오지 않았다. 성혼이 이이의 봉사를 읽
고는 "참으로 직언으로써 지극히 의견을 피력한 경세經世의 계책이다.
이 상소가 채택되고 못 되는 것은 시운時運에 관한 것이요, 사람의 힘
으로 미칠 바가 아니다." 하였다.

▶◀ 정철을 동부승지로 삼았다. 정철이 직제학으로 명을 받고 머물며
사림을 화평하게 하려 하였다. 승지가 된 뒤로 두 번이나 사직하였으
나 허락하지 않으므로 출사하였다. 그 뒤 승정원에 있으면서 정당하
게 복역復逆(잘못된 명을 거부함)하여 사기士氣를 많이 진작시켰다.

이때에 심의겸과 김효원의 당파설이 더욱 성하여, 의겸의 무리를
서西라 하고 효원의 무리를 동東이라 하니, 조정 신하 가운데 우뚝하
게 뛰어난 사람이나 용렬하여 이름나지 않은 사람이 아니면 모두 동
이나 서로 지목을 받게 되었다. 정철은 남들이 서라고 지목하기 때문
에 이이가 정철에게 젊은 선비들과 마음을 터서 동, 서라는 말을 타파
하라고 권하였다.

▶◀ 홍가신洪可臣을 사헌부 지평으로 삼았다. 홍가신은 자못 남을 감화
시키는 힘이 있었다. 젊었을 때부터 조원趙瑗과 벗이었는데, 원이 이
조 좌랑이 되어 사사로운 정을 따르는 허물이 있었고 또 경솔하여 인
망이 없었으므로 홍가신이 먼저 원에게 "공公을 섬기려면 사私를 돌볼
수가 없는 것이다." 하였다. 이리하여 조원을 논박하여 체직하게 하니
공론이 통쾌하다 하였다. 사람들이 홍가신은 동인이라 지목하고 조원
은 서인이라 지목하였기 때문에 말을 만드는 사람들이 "동인이 서인

과 불화하기 때문에 공격하여 이런 꼴이 되었다." 하였는데, 정철 역
시 평정시키지 못했다.

6월 공명정대한 이후백

사헌부에서 평안도 관찰사 이준민의 아들이 사람을 죽인 것은 이준
민이 아들을 단속하지 못한 것이니 파면하여야 한다고 탄핵하니 상이
단지 체직하라 명하고, 대신에게 문무文武에 아울러 완벽하고 지략을
갖추어 평안 감사를 할 만한 사람 서너 명을 천거하라 하였다. 대신 권
철 등이 명을 받들어 이양원과 황림을 천거하였다.

이양원은 들떠 있어 기개가 없고, 황림은 단지 꼼꼼한 속인으로 모
두 재략이 없는 사람들이다. 여론은 모두 대신이 임금을 속인 것이라
하였다. 며칠 못 되어 이양원을 자헌대부로 올리고 평안도 관찰사를
시키자, 양사가 논박하였으나 끝내 허락하지 않고, 다만 자헌대부로
자급을 더한 것만 개정하였다.

무신일 ◗◖문소전 뜰에 벼락이 쳐 나무를 때리니, 상이 놀라고 두려워
대책을 구하는 전교를 내리고 또 억울한 옥사를 처리하라고 하였다.

◗◖이조 판서 이후백이 병으로 사직하였다. 이후백이 장관이 된 뒤로
공론을 숭상하고 청탁을 받지 않아 인사가 볼만하였다. 비록 친구라
할지라도 자주 찾아가 보면 마땅하게 생각하지 않았다. 하루는 집안
사람이 만나러 왔는데 말 끝에 관직을 구하는 의사를 보이니, 이후백

이 얼굴빛을 고치며 사람들의 이름이 많이 적힌 작은 책 한 권을 보여 주었는데 모두 장차 벼슬을 시킬 사람들이었다. 그 사람의 이름도 기록 안에 들어 있었다. 이후백이 말하기를,

"내가 자네 이름을 기록하여 장차 천거하려 하였다. 지금 자네가 관직을 구하는 말을 했는데, 만약 관직을 구한 자가 벼슬을 얻는다면 공적인 도리가 아니다. 안타깝도다! 자네가 그 말을 하지 않았더라면 벼슬을 할 수 있었는데!"

하니, 그 사람이 그만 무척 부끄러워하며 돌아가 버렸다. 이후백은 벼슬 하나라도 시키려면 꼭 그 사람이 등용할 만한가를 언제나 두루 물었으며, 만일 합당하지 못한 사람을 잘못 임명했다면 밤에 잠을 못 이루고 "내가 나랏일을 그르쳤다." 할 정도였다. 시론이 이후백 같은 공정한 마음은 근세에 비할 사람이 없다고 하더니, 지금에 와서 병으로 사직하고 정대년이 대신하였다.

7월 이지함의 죽음

전 호조 판서 윤현尹鉉(1514~1578)이 졸하였다. 윤현은 재산 관리를 잘하고 성품이 인색하여 집에서는 털끝만큼도 낭비하지 않고 부자가 되었으나 남의 급한 상황을 돌보아 주려고 하지는 않았다. 호조 판서가 되었을 때, 전곡錢穀을 낱낱이 계산하여 한 푼 한 치도 틀리지 않으니 사람들이 그 재주를 탄복하였다. 다만 민폐는 구제하지 않고 국가

재정만 근심하여 백성의 원망을 많이 받았기 때문에 식자들이 '취렴하는 신하'[158]라고 지목하였다.

▶◀ 아산 현감 이지함李之菡(1517~1578)이 졸하였다. 이지함은 어렸을 때부터 욕심이 적어 재물에 인색하지 않았다. 기질을 특이하게 타고나 추위나 더위, 굶주림이나 갈증을 잘 참았다. 어떤 때는 겨울에 알몸으로 매서운 바람 앞에 앉아 있었고 더러 열흘 동안 음식 하나 먹지 않아도 병들지 않았다. 타고난 효성과 우애가 있어 형제들과 없으면 없는 대로 있으면 있는 대로 나누어 쓰고 사유하지 않았으며, 재물을 가벼이 여기고 베풀기를 좋아하였다. 세상의 번다한 영화나 성색聲色에는 담담하여 좋아하는 것이 없었다. 성품이 배를 타고 바다를 떠다니기 좋아하여 위험을 당하여도 놀라지 않았다.

하루는 훌훌 털고 제주濟州에 들어갔는데 제주 목사가 그 이름을 듣고 객관으로 영접하고 아리따운 기생을 선택하여 같이 자게 하면서, 기생에게 창고의 곡식을 가리키며 "네가 만약 이군李君에게 사랑을 받으면 창고 하나를 상으로 주겠다."고 하였다. 기생이 이지함의 사람됨을 이상하게 여기고 반드시 그를 유혹하려고 밤에 갖은 애교를 다 부려 아니한 짓이 없었으나 이지함이 끝내 넘어가지 않으니, 목사가 더욱 공경하고 무겁게 대하였다.

젊었을 때는 공부를 하지 않았으나, 장성한 뒤에 그의 형 이지번李之蕃

---

158) 취렴聚斂은 백성에게서 세금을 함부로 거두어들이는 것을 말한다. 『대학장구』에 맹헌자孟獻子가 말하기를 "백승지가百乘之家에서는 취렴하는 신하를 기르지 않는다. 취렴하는 신하를 두기보다는 차라리 도신盜臣을 둘 것이다." 하였다. 취렴하는 신하는, 도둑질하는 신하보다 해롭다는 말이다.

이 책을 읽으라고 권하자, 그때야 발분하여 부지런히 배우면서 자고 먹는 일도 잊고 얼마 되지 않아 글의 이치에 통달하였다. 과거공부를 일로 치지 않았고 구속됨이 없이 자기 마음대로 하기를 좋아하였다.

이이와는 잘 알아 매우 친숙하였다. 이이가 성리학性理學을 공부하라고 권하였더니, 이지함은 말하기를, "나는 욕심이 많아 성리학을 못하네." 하였다. 이이가 말하기를, "이름과 이익, 소리와 여색은 어른께서 좋아하지 않으니 무슨 욕심이 있어서 학문에 방해가 되겠습니까." 하니, 이지함이 말하기를, "어찌 명리나 성색만 욕심이겠는가. 마음이 가는 곳이 천리天理가 아니면 모두 욕심인 것이지. 내가 내 마음대로 하기를 좋아하여 법도로 단속하지 못하니 이것은 물욕物欲이 아닌가." 하였다.

그 형 이지번이 세상을 떠나자, 이지함이 부모상을 당한 것처럼 애통해하고 기년복을 입은 뒤에도 또 심상心喪[159]을 지냈다. 혹 상례가 과하다고 의심하는 사람이 있자, 이지함은 "형은 나의 스승이니 내가 스승을 위하여 심상 3년을 한 것이다." 하였다.

이해에 아산 현감을 시키니 친한 사람들이 부임하라고 권하였다. 이지함이 홀연히 부임하여 백성의 애로 사항을 물으니, 물고기를 기르는 연못이 바로 괴로움의 근원이라고 하였다. 읍에 물고기를 기르는 연못이 있는데 백성에게 돌아가며 물고기를 잡아서 내도록 했기 때문에 백성이 매우 고달팠다. 이지함이 마침내 그 연못을 막아 버려

---

159) 상복은 입지 않으나 마음으로 슬퍼하며 화려한 의복과 술과 육식을 금하는 것이다. 보통 스승의 상에 심상 3년을 하는 경우가 많았다.

서 후환을 아예 끊었다. 무릇 명령을 내릴 때는 애민愛民을 위주로 하
니 백성이 한창 그를 따랐으나, 갑자기 이질에 걸려 얼마 안 되어 세상
을 떴다. 나이 62세였다. 고을 백성이 마치 친척의 상을 당한 듯이 애
도하였다.

김계휘가 이이에게 묻기를, "형중馨仲(이지함의 자)이 어떤 사람인
가? 누가 제갈량에게 비하던데, 과연 어떠한가?" 하니, 이이가 답하
기를, "토정土亭[이지함의 호]은 어디에 맞추어 쓰일 인재가 아닙니다.
어찌 제갈량에게 비하겠습니까. 사물에 비유하면 기이한 화초나 진기
한 동물이나 괴이한 돌과 같지, 포백布帛이나 숙속菽粟160)은 아니지요."
하였다. 이지함이 이 말을 듣고 웃으며 말하기를, "내가 비록 숙속은
아니지만, 도토리나 밤 등속은 못 되겠는가. 어찌 전혀 쓸 곳이 없단
말인가." 하였다.

이지함의 성품이 오래 견디지 못하고 하는 일이 시작은 있으나 끝
이 없는 경우가 많아 오래 일할 수 있는 재목이 못 되었으며 또 기이한
것을 좋아하고 상식을 좇아 일을 이루는 사람이 아니었으므로 이이가
그렇게 말한 것이다.

▶◀ 이조 판서 정대년이 병으로 사면하고, 노진을 이조 판서로 삼았다.
노진은 을해년(1575, 선조 8)에 특지로 예조 판서에 임명되었으나 노모
의 병환을 이유로 나오지 않더니, 이때에 모친상을 마치고 상경하여
사은하니 이 명이 있었다. 병으로 직무를 보지 못하여 오래지 않아 체

---

160) 베나 비단, 콩과 곡식 등이지만, 일상에 늘 필요한 옷감이나 곡식을 가리킨다.
여기서는 좋고 나쁘고를 떠나, 토정이 필수적인 일상 물품에 비할 수 있는 인물
이 아니라는 뜻이다.

직되고 다시 정대년으로 대신하였다.

8월 어린아이 군졸

백인걸을 의정부 우참찬으로 삼았다. 백인걸이 시골에 있었으나 마음속으로 시사를 잊지 못하고 늘 사람들이 알아주지 않는 것을 한탄하였다. 이때 무척 늙었으나 조광조의 문묘종사를 청하려고 상경하였다. 대신이 그가 늙고 궁한 것을 민망하게 생각하고 상께 아뢰어 봉조하奉朝賀[161]를 주어 녹봉을 주라고 청하였으나, 얼마 되지 않아 파주로 돌아갔다. 상이 그가 돌아간 것을 알지 못하고 특명으로 우참찬에 제수하였다가, 이미 그가 갔다는 말을 듣고 글을 내려 불렀다. 백인걸이 상소하여 사직하였으나 윤허하지 않으니 마침내 상경하여 사은하고 이어 입시하였다. 백인걸은 귀가 어둡고 숨이 차서 주상의 말을 듣지 못하였고 주상이 물어도 대답하지 못하는 것이 많았다. 상이 임금을 향한 그의 정성을 생각하여 자못 따뜻하게 위로하는 뜻을 보였다. 식자들이 이번에 백인걸이 나온 것은 만년의 절조에 흠이라고 하였다.

▶◀ 자헌대부 전 이조 판서 노진盧禛(1518~1578)이 졸하였다. 노진은 둔하고 말을 더듬었으나 마음속으로 선善을 좋아하고 선비를 사랑하였기 때문에 매우 명망이 있었다. 집에서는 모친을 효성으로 섬기니,

---

161) 종2품의 관리로 사직한 사람에게 특별히 주던 명예직이다. 실무는 보지 않고
    의식儀式이 있는 경우에만 나오도록 하고, 종신 녹봉을 주었다.

고을 사람이 모두 그의 착한 인품에 심복하였다. 다만 경세제민할 재주가 부족하여 시사에 대해 의견을 분명하게 건의하지 못하고 단지 자신만 지킬 뿐이었으며, 또 사양하고 받아들이는 절도를 가리지 못하여 고을 수령이 선물하는 것은 다 받아들여 물품이 산같이 쌓이니, 최영경이 옳지 않게 생각하였다. 그때 사론士論이 한창 윤두수尹斗壽를 탐욕스럽다고 하였다. 최영경이 노진의 고향 사람에게 "너의 고을에도 윤두수가 있는 줄 아느냐?"고 하자, 그 사람이 누구냐고 물었다. 최영경이 "노진이 어찌 윤두수가 아닌가." 하니, 듣는 사람들이 모두 웃었다. 대개 청결한 점에 있어서는 노진이 부족하였다.

◗◖ 영의정 권철權轍(1503~1578)이 졸하였다. 권철은 재주와 기상은 있었으나 성격이 비루하였다. 젊었을 때부터 청현직을 두루 지내고 지위가 신하로서 최고에 이르렀으나, 오로지 작록만 보전하려 하니 세상에서 가볍게 보았다.

◗◖ 상이 출행하다가 어린아이가 행렬에 끼어 있는 것을 보고 처음에는 구경하는 아이로 알았는데 다시 보니 바로 군졸이었다. 상이 측은히 여기고 하교하기를,

"이런 아이라면 마음속으로 어미의 품을 떠나지 않으려고 할 터인데, 어찌 군역軍役을 감당할 수 있을 것인가. 내가 이 아이를 보니 마음이 불편하여 밤에 잠이 오지 않았다. 내가 불민한 사람으로 임금의 자리에 있게 되어 이러한 일을 초래하였으니 더욱 한스럽다. 병조에서는 군사를 점검하고, 만일 나이가 차지 않은 아이들이 있으면 모두 돌려보내어 나이가 찬 뒤에 군역을 지도록 하라. 내가 차라리 수천의 군

사를 잃을지언정 차마 아이를 군역에 세울 수는 없다."

하였다. 군졸 가운데는 어린아이들이 있었음에도 고을로 돌아간 뒤에 수령이 다시 고된 부역을 시킬까 두려워 돌아가겠다는 아이가 얼마 안 되었다.

율곡 생각　남에게 차마 못하는 마음[不忍人之心][162]이 누구에겐들 없겠는가. 더구나 주상의 영명함이 남보다 뛰어났으니 어찌 백성을 사랑하는 마음이 없겠는가. 지금 하교를 읽으니 감동하여 눈물이 흐른다. 진실로 이 마음을 미루어 어진 정치를 행하면 어떤 백성의 괴로움인들 풀리지 않겠는가. 애석하다. 착한 마음이 한때는 나와도 끝내 정치에 베풀어져 폐단의 개혁은 볼 수가 없으니, 하늘이 어찌 이 백성으로 하여금 지극한 정치의 혜택을 입지 못하게 하는가. 어찌하여 어진 마음을 가지고도 어진 정치를 하지 못하는가. 아! 이루 한탄할 수가 없도다.

9월 기상이변과 흉년

큰 번개가 치고 우박이 내렸다. 이해에 장마와 가뭄이 고르지 못하고 서리가 일찍 내려 흉년이 되고, 해변에는 장미와 해당화가 늦가을

---

162) 맹자는 "사람마다 사람을 차마 해치지 못하는 마음이 있다. 선왕先王이 사람을 차마 해치지 못하는 마음을 두어 사람을 차마 해치지 못하는 정치를 시행하셨으니, 사람을 차마 해치지 못하는 마음으로 사람을 차마 해치지 못하는 정치를 행한다면 천하를 다스리는 일도 손바닥 위에 놓고 움직일 수 있을 것이다." 하였다. 『맹자 공손추 상』

군적 정리

『경연일기』에는 수록되지 못한 기록이 하나 있다. 율곡은 「만언소」를 올리던 1574년(선조 7) 우부승지로 있다가 10월부터 잠깐 황해 관찰사로 재직한 적이 있다. 이때 율곡은 이원익李元翼을 도사都事에 임명하였다. 이원익은 율곡의 종사관從事官으로 근무하면서 실무를 담당하였다. 이원익은 당시 알려지지 않았던 인물이었는데, 율곡이 도내의 폐해를 바로잡으려고 발탁하여 정무政務를 맡겼던 것이다. 그리고 이원익이 율곡의 지휘를 받아 만든 해서海西, 즉 황해도 군적軍籍은 전국의 군적 중에서 가장 정확하였다고 한다. 훗날 이원익은 율곡의 공안개정론과 수미법을 기초로 대동법을 시작하는 인물이다.

군정의 폐단은 교과서에서 많이 들어 본 일이다. 본문에서처럼 선조가 목격하였듯이 어린아이에게 군역을 지우는 '황구첨정黃口添丁', 죽은 사람에게 군포를 거두는 '백골징포白骨徵布', 이웃집에 군포를 덮어씌우는 '인징隣徵', 친척에게 떠넘기는 '족징族徵'이 그것이다.

그뿐 아니었다. 변방 근무를 면제받으려는 자들이 근처에 사는 백성을 꾀어서 거짓 이름으로 대신 점호를 받게 하기도 하였다. 다음 해에 장부의 수효대로 수자리를 독촉하면 본 고을에서는 반드시 그 친척에게 군역에 응하도록 하고, 그 친척이 또 도망가면 그 친척의 친척에게까지 이르게 된다. 반면 장수가 된 자들은 그래도 의기양양하여 짐을 바리로 싣고 집에 돌아와 그의 처첩妻妾에게 뽐냈다. 또한 군사들을 멀리 보내다 보니 고장 풍토에 익숙지 않아 병에 걸리는 자가 많았다. 장수의 학대에 떨고, 또 그 지역에 살던 군사들의 횡포에 곤욕을 치르며, 객지에서 헐벗고 굶주렸는데, 이는 남쪽 지방 군인이 북쪽 국경으로 가 수자리 설 때 더욱 심했다.

6년마다 군적軍籍을 정리하는 법이 폐지되어 시행되지 않다가 1553(명종 8)에 와서야 수습되었다. 하지만 서두르다보니 구차하게 숫자만 채운 부분도 적지 않았다. 양역良役은 예나 지금이나 백성에게 가장 고통스러운 일이며, 그렇기에 가장 치밀해야 할 정책이었다. 율곡은 덧붙였다.

"오늘날의 일이 실로 이와 같으니 앞으로 10년이 채 안 되어 화란이 반드시 일어나고야 말 것입니다. 보통 사람들도 열 칸의 집과 백 이랑의 밭을 자손에게 물려주면 자손은 오히려 그것을 잘 지켜 선조를 욕되지 않게 하려고 합니다. 하물며 지금 전하께서는 조종조 백년의 사직과 천리의 강토를 물려받으셨고 게다가 환란이 곧 닥칠 것 같은 상황에 처해 있지 않으십니까?"

에 한창 피었다.

10월 동·서 갈등의 격화

이조 판서 정대년鄭大年(1503~1578)이 세상을 떴다. 정대년은 집에서는 청렴 검소하였고, 또 재기가 있어 업무가 번다한 고을을 잘 다스렸다. 이조에 있을 때 정사政事(인사)는 혼란하지 않았으나, 다만 선한 이를 좋아하는 도량이 없고, 의견이 조잡하고 속되었기 때문에 식자들이 인정하지 않았다.

▶◀ 자헌대부 호조 판서 이후백李後白(1520~1578)이 세상을 떴다. 이후백의 자는 계진季眞이다. 벼슬에서는 직무를 다하였고, 몸단속을 청고淸苦(청렴하여 곤궁함을 잘 견딤)하게 하였다. 지위가 육경六卿에 이르렀으나 가난하고 소박하기가 유생 같았다. 뇌물을 일체 받지 않았으며, 손님이 오면 탁자에 내놓은 것이 없어 썰렁하니 사람들이 그의 결백에 탄복하였다. 다만 국량이 좁아서 묘당(의정부 정승)에 적합한 그릇은 아니었다.

김효원이 늘 "계진은 다만 육경의 인재이다. 만일 정승이 되게 되면 내가 논박할 것이다." 하였다. 사람들은 이후백이 심의겸과 알기 때문에 김효원이 의겸을 미워하여 이 말을 하였다고 하였다. 이이가 혼자 생각하기를 '계진은 과연 정승이 될 그릇은 못 된다. 김효원이 잘못 보았다고 할 수 없다. 다만 계진보다 나은 사람이 없는 상황이라면 어찌 그가 정승 되는 것을 논박하겠는가' 하였다. 이때 선비들이 동과 서로 나누어졌는데, 이후백은 서인이라 지목받았으나 입으로 결정적인 말을 하지 않았기 때문에 젊은 사류도 꺼리지 않았으므로 곧 정승이 될 물망에 올라 있었다.

이후백은 노진과 깊은 친구였는데 진이 죽으니 너무 애통해하였다. 이때 휴가를 받아 성묘하러 갔다가 마침 노진과 동향인 연고로 진의 영구 앞에 곡을 하고 집에 돌아와 하룻밤을 앓다 죽으니, 사림이 매우 애석하게 여겼다. 이때에 노진과 이후백이 서로 잇달아 죽으니, 여론이 정 2품에 사람이 없다고 하였다.

▶◀ 양사가 탄핵으로 윤두수尹斗壽·윤근수尹根壽·윤현尹晛의 관직을 파면하였다. 이때에 사류가 나뉘게 되니 이른바 동인에는 청명淸名의 후진(후배)이 많고, 서인에는 다만 선배 몇 명뿐이고 따르는 사람은 모두 명망이 없었다. 이에 사류가 동인이 많고 서인이 쇠한 것을 알고, 또 서인이 김효원을 외직에 내보낼 때에 처사가 적당치 못하여 공론이 지지하지 않았기 때문에 한때 진취적인 무리가 모두 동인으로 들어가 팔을 걷어붙이고 동인이 옳고 서인이 그르다고 하였다. 김계휘는 비록 서인이라 지목 받았으나 젊은 사류의 존경을 받았기 때문에 젊은 사람들이 간혹 계휘에게 자문을 받았다.

윤현과 김성일이 함께 이조 낭관이 되었으나 의견이 맞지 않아 틈이 생기고 윤현의 숙부 윤두수와 계부 윤근수가 모두 요직에 있어서 매번 서인을 지탱해 주고 동인을 꺾을 논의를 하니 동인이 깊이 미워하였다. 윤두수는 사생활을 깨끗이 삼가지 않아 자못 뇌물을 받는다

는 말이 있었다. 어떤 사람이 김계휘에게 "윤두수를 탄핵하여 내보내
야 한다." 하니, 계휘가 "지금 사림의 논의가 분열하니 진정하는 데 힘
써야지 공격해서는 옳지 않다." 하였다. 젊은 무리가 이 때문에 김계
휘를 불쾌하게 생각하였다.

　홍문관 수찬 강서姜緖가 경연에서 아뢰기를,

　"사류가 동과 서 두 편으로 나누어졌으나 모두 등용할 만한 사람들
이니, 한쪽만 쓰고 한쪽은 버려두어서는 안 됩니다."
하니, 이에 상이 동, 서라는 말을 알았다. 이발은 동편을 주도하였고
정철은 서편을 주도하였다. 두 사람이 견해는 같지 않았으나 모두 인
망이 있으며 나라를 걱정하고 공공을 돕는다는 점에서는 당대 제일이
었다.
이이가 매번 정철과 이발에게 "자네들 두 사람이 화합하여 한마음으
로 조화시키면 사림이 무사할 것이다." 하면서 간절히 말하니, 정철이
조금 생각을 고쳐먹고 이발과 교유하여 서로 화평을 유지할 논의를
시작했다. 그러나 동인 가운데 일 만들기 좋아하는 사람들이 서인 중
착하지 못한 사람들을 공격하여 후환을 막으려고 모두 윤두수 삼부자
를 서인의 괴수라 하여 쫓아 버리기로 결의하였다. 오직 유성룡과 이
발만 따르지 않았다.

　이때 무안 현감務安縣監 전응정全應禎이 권력자에게 뇌물을 준 것이
발각되어 옥에 잡혀 들어가 국문을 당하였다. 당시 조정의 논의는 뇌
물을 탐하는 것을 경계하였다. 김성일이 진도 군수珍島郡守 이수李銖가
윤두수 형제와 윤현 집안에 쌀을 운반하여 뇌물로 주었다는 말을 듣

고 매우 분노하였다. 어느 날 경연에서 탐관오리를 논박하는 기회에 김성일이 아뢰기를,

"전응정에게 죄를 주었으나, 그 뒤에도 쌀을 실어다 뇌물로 주는 사람이 있어 탐욕스러운 풍조가 그치지 않습니다."

하니, 상이 그게 어떤 사람인지 물었다. 김성일이 진도 군수 이수라고 대답하였다. 김성일이 아뢴 뒤에 대간이 이수에게 벌주기를 청하였다. 상이 이수를 의금부에 가두어 국문하라 하고, 이어 하교하기를,

"단지 뇌물을 준 사람만 죄로 다스리고 받은 사람을 다스리지 않는 것이 옳은가?"

하였다. 이때 허엽은 부제학이 되어 젊은 사람들을 이끌고 있었는데, 동료들과 의논하기를, "대간이 뇌물 받은 사람을 논박하지 않는 것은 옳은 의리가 아니며 대간의 태도가 아니다." 하였다.

대간이 비로소 윤씨 삼부자의 이름을 들어 수뢰자로 지목하고, 사실을 다 말하지 않은 허물을 스스로 탄핵하니 홍문관에서 차자를 올려 대간을 교체해 버렸다. 새로운 대간이 윤씨 셋을 파면하여 탐욕스러운 기풍을 징계해야 한다고 계청하니, 상이 윤허하지 않았다. 대사간 김계휘가 휴가를 얻어 시골에 있다가, 양사가 3윤을 공격하였다는 말을 듣고, 분명 동과 서의 접전이라고 의심하여 무척 옳지 않게 여기며 말하기를, "젊은 사류가 마음을 공정하게 갖지 못하니 같이 일할 수가 없다. 내가 차라리 죄를 얻어 물러나리라." 하였다. 그러고는 상경하여 복명하는 날 아뢰기를, "3윤은 모두 어진 선비입니다. 주상의 특별한 탁용을 입었고, 별로 대단한 잘못은 없었습니다. 지금 뇌물을

받았다는 것은 그 허실은 알 수 없으나, 그들을 모함하려고 은밀히 말을 만든 것이 아니라고 어찌 알겠습니까? 옥사가 진행되어 가는 것을 서서히 보아 죄를 다스려도 늦지 않을 것인데, 먼저 세 사람의 이름을 뽑아 범연히 죄를 다스리자고 청하는 것은 선비를 대접하는 도리가 아니니, 사류의 진퇴에 관계되는 바가 가볍지 않습니다." 하였는데, 말이 과격하여 중도에 맞지 못하였다. 이에 사류가 모두 노하여 김계휘의 계사는 나라를 망칠 말이라 지목하고 대간은 피혐하고 물러갔다. 홍문관에서 김계휘를 논박하여 교체하고 이산해를 대사간으로 삼았다. 이에 양사가 격분하였는데 대사헌 박대립의 지론이 더욱 강경하였다.

장령 이발이 탄핵하는 글을 소매 속에서 꺼내었는데, 3윤의 집에 숨겨진 나쁜 일을 이 잡듯이 거론하고 그 허실을 다시 알아보지도 않고 일일이 상달하면서 흉을 보고 비방하여 못하는 말이 없었다. 상이 이미 동인의 서인에 대한 공격이 공평하지 못하다고 여기고 있었고, 또한 김계휘가 서쪽 편을 든 것을 옳지 않게 생각하였다.

이에 사류가 김계휘를 전라도 관찰사로 내보내고 모두 불길한 사람이라 지목하니, 조정이 시끄럽게 되었고 곁에서 보는 사람들은 모두 동, 서의 싸움이라 생각하고 공론으로 보지 않았다. 오직 동인만 청류로 자처하고 강개함이 날로 심해졌으며, 정철과 이발의 논의도 크게 틀어져 동인은 정철을 드러내 놓고 배척하여 소인이라 지목하게 되니, 동과 서가 다시 화합할 가망이 없었다.

이때 전 옹진 현령甕津縣令 이신로李信老도 뇌물을 준 혐의로 의금부에 들어갔는데, 그것을 받은 사람이 누구인지 알 수 없었다. 막연히 조정의 귀한 인사라고 지목하여, 차츰 우의정 노수신에게 번지니, 대간이 받은 자를 함께 탄핵하려다가 대신에게 논핵이 미치는 것은 중대한 일이라 하여 섣불리 말을 꺼내지 못하였다. 말하는 이들은 모두 "선비들이 뇌물 받는 것을 규탄하여 적발한다 하나, 사실은 3윤에게 죄를 씌우려 함이니, 이수는 고래 싸움에 새우등 터지는 격이다. 그게 아니라면 무슨 까닭으로 이수의 옥사는 기어코 성사시키려 하고 이신로의 옥사는 상세히 국문하지 않는가." 하였으며, 또 "이수의 옥사는 무함이지 사실이 아니다."고 하였다.

이에 사류는 근심으로 여기고, 이수의 옥사가 성립되지 않으면 도리어 서인에게 중상을 당할까 하여 법조문을 샅샅이 뒤지고 숨은 죄를 찾아내기에 못하는 짓이 없었다. 사헌부에서 이수의 쌀을 시장 상인 장세량張世良의 집에 받아 두었다는 말을 듣고, 다른 일을 핑계로 장세량을 의금부에 가두고 단단히 옥사를 성립시키려 하였다. 또 이수만 추궁할 수 없기 때문에 이신로의 증거가 될 수 있는 사람도 잡아다 추궁하였다. 당초에 발언한 자를 신문하니 유생 정여충鄭汝忠이 우연히 그 사실을 말하였으므로 여충도 의금부에 가두었다.

이때 금부 당상 박계현朴啓賢도 뇌물을 받았다는 말이 있었으므로 정여충의 발언에 대해 깊은 감정을 품고 형신을 매우 혹독하게 다루어 여충이 거의 죽게 되니 여론이 더욱 불평하였다. 어떤 사람은 말하기를 '오늘날 사림의 엄한 법과 각박한 형신은 김안로와 다를 것이 없다'고 하는 등, 항간에 말이 분분하여 그치지 않았다. 사헌부에서 정여

충을 석방하자고 아뢰어 이신로의 옥사는 마침내 성립되지 않으니 상이 풀어 주라 하였다.

진도 저리邸吏 중 이수와 원수진 자가 있었는데, "내가 만일 옥에 들어가면 옥사가 꼭 성립될 것이다." 하였다. 사헌부에서 그 말을 듣고 바로 보고하여 그 저리를 가두었다. 이리하여 옥에 잡혀 온 사람이 모두 똑같이 "이수가 쌀 백 석을 실어다 장세량의 집에 맡겨 두고서 3윤의 집에 나누어 보냈다."고 진술하였으나, 장세량만은 불복하였다. 상은 고을 서리가 이미 승복하였기 때문에 양사의 논계를 따라 세 윤씨를 파면하였다.

김계휘가 이미 사류를 크게 거슬러서 사람들이 모두 허물하니, 계휘가 "내가 사류에게 인심을 잃었으니 틀림없이 나를 용납하지 않을 것이나, 후일에 만일 사류를 공격하는 자가 있으면 그것은 반드시 소인이다. 비록 나를 등용하려 하여도 나는 응하지 않을 것이다. 나의 명정銘旌[163]에는 '사헌부 대사헌'밖에 적지 않을 것이다." 하였다.

율곡 생각 조정에서는 식견이 중요하다. 식견이 없으면 현인이라도 일을 그르친다. 지금 사류의 싸움은 모두 사안을 이해하지 못하는 데서 나왔다. 첫 번째 이해하지 못한 사안은, 김성일이 일의 발단이라는 것이고, 두 번째 이해하지 못한 사안은, 김계휘가 사류의 노여움을 격동시켜 놓은 것이며, 세 번째 이해하지 못한 사안은 이발이 3윤 일가의 숨은 죄를 허실도 알아보지 않고 추하게 헐뜯은 것이고, 네 번째 이해하지 못한

---

163) 장례 때 상여 앞에서 길을 인도하고 하관 뒤 관 위에 씌워 묻는 깃발을 일컫는다.

사안은 정철과 이발이 틀어져서 동, 서가 합할 가망이 영영 끊어져 버린 것이다.

이 뒤로부터 동에 붙은 자들이 날로 일어나 새로운 논의를 다투어 내놓았고, 서인에게 버림받은 적이 있던 유속 구신舊臣이 이윽고 요지에 있으면서 권세를 부리고 감정을 풀고자 논의를 준절하게 하여 스스로 동인에게 충성을 보이려 하였다. 하지만 서인은 아무리 착한 선비라도 모두 등용되지 못하였다. 청명이 있는 선비들이 도리어 속류와 하나가 되어 청탁淸濁이 혼잡해졌으므로 분별할 수가 없게 되었다. 아! 김성일은 진실로 귀신같이 괴이한 무리이니 그리 책망을 할 것도 못 되지만, 김계휘의 소통疏通과 이발의 중망重望과 정철의 강정剛正으로도 오히려 같이 일을 그르침을 면치 못했으니, 어찌 운명이 아니겠는가.

◗◖ 남쪽에 월백月魄(달)이 땅에 떨어져 하늘에는 달이 없어지니 사람들이 매우 놀랐다.

11월 사류의 정철 비판

강사상을 의정부 우의정으로 삼고, 홍섬은 영의정으로 승진하였으며 노수신은 좌의정으로 승진하였다. 강사상은 조정에 선 지 30년에 한마디도 시사에 대해 언급하려고 하지 않았고 늘, "국가의 치란治亂은 하늘에 달려 있지, 인력으로 되는 것이 아니다." 하였다. 관직에 있을 때는 공론을 펴지 않고 사사로운 청도 듣지 않으며, 가는 대로 맡길 따름이었다. 술을 좋아하였으나 취한 뒤에는 더욱 말이 없었으며, 사람을 대할 때면 그저 손으로 코만 만질 뿐이었다.

강사상이 정승이 되던 날, 정철의 조카 정인원鄭仁源이 술을 가지고 정철에게 권하며 "인생 얼마나 살겠습니까. 어찌 스스로 고생을 사서 합니까. 숙부께서도 부디 입을 열지 마시고 단지 코나 만져서 정승 자리를 얻어 우리같이 궁한 일가나 살려 주시지요." 하였다. 이 말을 들은 사람들이 비웃었다.

◗◖ 하늘을 가릴 정도로 많은 꿩이 북쪽에서 남쪽으로 날아오니, 서울에 꿩이 많아 간혹 사람들이 맨손으로 꿩을 잡기도 하였다. 어떤 선비가, "앞으로 국운이 잘 다스려질 것이다. 예전에 소자邵(소옹邵雍)가 말하기를 '천하가 잘 다스려지려면 천기天氣가 북에서 남으로 온다' 하였으니 지금 꿩이 북쪽에서 남쪽으로 날아오니, 어찌 잘 다스려질 징조가 아닌가." 하니, 듣는 사람들이 웃었다.

◗◖ 정철을 대사간으로 삼았다. 정철은 사류가 일을 그르치는 것을 분하게 여겨 장차 물러나 돌아가려 하다가 이 명이 내리니 철이 편지로 이이에게 거취를 물었다. 이이가 답장하기를,

"사류가 자네를 의심하는 것은 사류의 과실이나, 자네도 말을 삼가지 않아 스스로 초래한 것이니, 전혀 사류만 잘못하였다는 것은 옳지 않다. 지금 직무를 보지 않으면 의심과 틈이 더욱 깊어지고, 떠도는 말이 더욱 떠들썩해져서 사류와 자네는 끝내 화합할 수 없을 것이네. 후일 사림을 공격하는 자들은 자네 핑계를 무기로 삼을 것이니, 사류

에게 과실이 있더라도 사류를 공격하는 사람은 반드시 소인이네. 만일 소인이 자네를 빙자하여 무기로 삼는다면 황하를 기울여도 그 치욕을 씻지는 못할 것일세. 반드시 오늘 직무를 보아 논의를 화평하게 하여 사림의 의심을 풀도록 하는 것이 옳네."

하니, 정철이 직무에 나아갔다. 이이가 비록 물러나 있었으나 나라 일에 정성을 두어 늘 사림이 화합하지 못하는 것을 근심하며 조정에서 조화시킬 책임을 맡으려 하였다. 성혼이 말하기를,

"이미 도가 행하지 않는다고 물러갔으니 무단히 도로 나오는 것은 의리에 근거가 없는 일이다. 예전부터 도를 행하는 선비가 도가 행하고 행하지 못하는 것을 헤아리지 않고 다만 싸움 말리기를 능사로 삼는다는 말은 듣지 못하였다."

하니, 이이가 그만두었다.

이때 심의겸이 전라 감사에서 교체되어 물러나 파주로 돌아왔다. 이이가 이르기를,

"퇴거도 좋지마는 지금은 때가 아닌 것 같네. 남의 말만 생기게 하는 결과가 되지 않겠는가."

하니, 심의겸이 말하기를,

"내가 이미 퇴거할 뜻을 정하였으니 어찌 남의 말을 피하기 위해 멈추겠는가. 사류가 이미 3윤을 배척하였으니 만약 이쯤 하고 다시 의심과 틈이 없으면 나라에 다행일세. 만약 의심이 그치지 않고 서인이라고 이름 붙은 사람들은 현명한 인재라도 등용하지 않게 되면 거조가 옳지 못한 것이네. 더구나 지금처럼 김 현경金顯卿[김귀영의 자] 같은 사

람이 이조 판서를 맡고 있고 3윤은 탐오하다는 죄를 당한다면, 아무리
청탁을 판단하려 한다고 해도 누가 믿겠는가."
하였다. 김귀영이 가장 탐욕스럽고 비루하였기 때문에 하는 말이었
다. 이이가 말하기를,

"참으로 그러하다. 사류가 과연 잘못일세. 단지 사류의 실수는 조정
관리들의 수치에 불과하지만, 사류를 미워하여 그 죄를 다스리려 하
면 그 화가 중대하여 왕왕 나라를 망치게 되네. 지금 시사는 어떻게 전
개될지 믿을 수가 없으니 사류가 참으로 걱정이네."
하였다. 심의겸이 말하기를,

"공의 말이 옳다. 지금 사류가 비록 나를 용납하지 아니하나, 나는
고향에 편히 있을 것이니 무슨 근심이 있겠는가. 후일에 만일 사류가
세력을 잃는다면 그것이 근심이네."
하였다. 심의겸이 퇴거한 지 얼마 되지 않아 다시 조정에 돌아가 관직
을 맡으니, 식자들이 웃었다.

12월 동인과 정철의 대립

연말에 은혜를 내리는 관례에 따라 윤두수 3부자를 다 서용하라는
명을 받았다. 간관들이 모두 '이수의 옥사가 끝나지 않았고 아직도 뇌
물을 준 사람은 국문을 당하는데, 받은 사람을 복직시키는 것은 인사
의 원칙이 아니다'라고 생각하였다. 대사간 정철이 혼자 이수의 옥사

가 억울하다 하여 논계하지 않다가 논박을 당하여 교체되고 말았다.
이에 동인이 정철을 간사한 파당이라고 더욱 배척하였다.

누가 쓴 상소인가 >> 선조 12년 > 1579_기묘년

금상 12년 2월 사림의 인망 박순 재임용

영의정 홍섬이 병으로 사면하고 박순이 영의정이 되었다. 사림이 박순이 다시 정승이 되기를 바란 지 오래이더니 이제야 정승으로 들어갔다.

▶◀ 병조 판서 이희검李希儉(1516~1579)이 졸하였다. 이희검은 우직하여 임기응변이 없고 일을 당하면 피하지 않았다. 인순왕후 수릉관守陵官(왕실 능원 관리 벼슬)으로부터 육경에까지 올랐다. 허엽이 이희검에게 독서하기를 권하니, 희검이 "내가 술 마시는 것으로 일을 삼으니 어느 겨를에 독서하겠는가." 하였다. 이희검은 명예도 구하지 않고 권력자도 섬기지 않으므로 비록 인망은 없었으나 취할 점도 있었다.

▶◀ 유전柳㙉을 예조 판서로 삼고, 박대립을 형조 판서로 삼았으며, 이식李拭을 사헌부 대사헌으로 삼았다. 모두들 용렬한 부류로 인망이 없었으나 특명으로 계급을 더하였다.

▶◀ 흰무지개가 해를 두 번이나 꿰뚫어 상이 하교하여 구언하였다.

3월 동인의 득세

사헌부에서 구언하는 하교에 응해 상소하여 시폐를 논의하고, 동서東西의 시비를 논변하면서 심의겸을 소인이라고 배척하고 김계휘와 정철을 간사한 파당이라고 하였다. 이리하여 시비가 벌떼같이 일어났다. 이때에 동인 세력이 매우 흥성하여 명예를 구하는 자나 관작을 바라는 자가 동편에 붙고, 지난날 서인에게 배척당한 속류 재상이 모두 이 틈을 타서 동인에 아첨하여 대부분 권력을 잡았다. 대사헌 이식은 이미 요직에 있었으나 지위를 굳게 하고자 하였고, 집의 홍혼은 전에 동인을 배척했다 물러난 것을 후회하다가 동인이 득세하자 팔을 걷어 올리고 일어나 "지금이야말로 군자가 일을 할 때이다." 하고 매우 편벽되게 주장을 내세웠다. 장령 정희적은 전에 심의겸의 일로 스스로 거슬렸으리라 생각하던 차에 을해년(1575, 선조 8)에 서인이 희적을 지방으로 내보냈기 때문에 희적이 분을 품었는데, 이때 장령이 되자 상소하여 심의겸과 그의 무리를 배척하고 장차 국정의 원칙[國是]을 정하여 서인이 다시 들어올 길을 막으려 하였다. 이런 일들 때문에 조정은 안정되지 못하였다.

4월 무리한 옥사

사헌부 지평으로 성혼을 부르니 병으로 사직하고 오지 않았다. 이에 특별히 하교하여 불러 병을 조섭한 뒤에 오게 하였다.

◗◖ 이수의 옥사가 오래도록 성립되지 않았다. 장세량이 20여 차례나 형신을 받아 거의 죽게 되었으나 끝내 불복하였다. 어떤 사람이 말하기를,

"너의 죄는 무겁지 않은 것이니 쌀을 받아 두었다고만 하면 죽음을 면할 텐데 무엇 때문에 형장刑杖을 참는가?"

하니, 장세량이 답하기를,

"내가 어찌 불복하면 죽고, 죄를 인정하면 살 줄을 모르겠는가만 사실 그런 일이 없으니 어찌 내 살기를 탐하여 남을 죽을 곳에 빠뜨리겠는가."

하였다. 이때 사류는 기필코 이수의 옥사를 성립시키려 하여 이수와 장세량이 옥중에서 억울함을 호소하는 글은 모두 올리기를 허락하지 않았다. 판의금부사 정유길이 어떤 사람에게 말하기를,

"장세량은 죄가 가벼운 사람인데 형장을 20여 차례나 가하여 기어코 실정을 토하게 하려 하니 이것은 법례가 아니다. 내가 아뢰려 하나 남의 말이 두려워 감히 하지 못한다. 또 장세량은 의로운 사람이 아니면 분명 어리석은 사람이다. 무엇 때문에 그토록 이수를 위하여 살신하는가."

하였다. 상은 장세량이 오래 승복하지 않는 것을 보고 이수의 옥사가

사실이 아닐지도 모른다고 의심하여 삼공三公에게 물어 석방하려 하였으나, 삼공이 사론을 꺼려 감히 대답하지 못하자 상이 석방하라 명령하였다. 승정원에서 뇌물죄는 중한 죄이니 가벼이 석방할 수 없다고 하였다.

 네 번이나 아뢰자 상이 노하여 입직 승지 김우굉金宇宏과 송응개를 파면하고 도승지 이산해 이하를 모두 체직하라 명하여, 위세가 크게 진동하니 대궐 안이 놀라 떨었다. 다음 날 양사와 옥당이 간쟁했으나 설득하지 못했고, 삼공 또한 승지의 파면과 체직을 중지하시라고 청하였으나 상은 허락하지 않았다. 이수와 장세량이 마침내 석방되었다.

율곡 생각 이수가 뇌물을 준 사실은 그 허실을 정확하게 알 수는 없으나, 장세량이 쌀을 받아 두었다는 죄는 몹시 가벼운 것이다. 만약 장세량이 간여한 증인이라 하여 바로 진술하게 하려 하더라도 간여된 증인이 형신을 받는 것은 법례에 따르면 3차에 불과한데, 어찌 20여 차례나 형신을 가할 수 있겠는가. 만일 장세량이 정범正犯이라 할지라도 국법에 원래 죽을죄가 아니면 꼭 자백을 받아야 하는 것이 아니며, 반드시 죽을 죄라야만 자백할 때까지 문초하는 것이다. 장세량의 죄는 장형杖刑에 불과한데 어찌 자백할 때까지 심문하는가.

사류의 식견이 밝지 못한 데다 마음을 넓게 쓰지 못하고, 단지 옥사가 성립되지 않으면 도리어 화를 당할까 봐 죄 없는 사람을 죽이는 것이 의리에 해가 되는 것은 생각하지 않았다. 전후의 시비를 들어 보지 않고 오로지 옥사만 성립시키려고 애썼으니, 다른 사람은 말할 것 없지마

는 유성룡이나 이발 같은 사람도 이런 행동을 하는가. 아! 남들이 들을
까 걱정이다.

5월 동서 갈등의 폐단을 지적한 이이

도승지 목첨睦詹을 특별히 호조 참판에 임명하였다. 목첨은 용렬하
고 무능하였기 때문에 상에게 발탁되었다.

◗◖ 허엽을 가선대부(종2품)로 올려 경상 감사에 임명하였다. 당시에
경상 감사 정지연鄭芝衍이 병으로 교체된 것이다. 상이 영남은 큰 도이
고 겸하여 섬나라 오랑캐의 염려가 있다고 여겨 대신에게 명하여 문
무를 겸비한 자로 영남을 진무할 만한 사람을 천거하라 하였으므로,
대신이 명에 따라 구봉령·이이·김첨경金添慶·이산해·허엽을 후보로
올렸다. 상은 허엽이 나이 많은 구신舊臣이라 하여 먼저 등용하였다.

허엽은 사실 백성을 무마하고 사람들을 인도할 재주가 없으므로 문
서가 산더미같이 쌓였으나 처리를 못할뿐더러 백성의 송사가 생기면
이것을 분별하여 답하지 못하고 오로지 아전만 신임하니, 이에 행정
이 어지러워져서 백성이 매우 원망하였다.

◗◖ 지중추부사 백인걸이 상소하여 시폐를 말하고 또 동·서의 분당 상
황을 말하며 조화하여 진정시키기를 청하니, 상이 칭찬으로 답하였
다. 사류가 그 상소를 보고 동인을 추켜세우고 서인을 누르지 않은 것
에 노하였다. 이에 삼사와 승정원이 그 상소의 말이 잘못된 점을 논하

여 늙어서 정신이 혼란스럽다고 지적하였다. 이때 동인이 더욱 성해져서 서인을 배척하고 여지없이 헐뜯어서 억지로 시비를 정하려 하니, 식자들이 걱정하였다.

▶◀ 사간원 대사간으로 이이를 불렀으나, 이이는 병으로 사직하여 나오지 않고 상소하여 동서 분당을 논하였다. 그는 동인이 서인을 공격하는 것이 너무 심하고 억지로 시비를 결정하려는 것을 보고 동과 서를 타파하고 사류를 보합하여 한마음으로 나랏일에 힘쓰게 하도록 청하였는데, 말이 몹시 격하고 간절하였다. 상은 상소의 말이 적당하지 않다 하여 이이의 관직을 체직하게 하였다. 이에 양사와 옥당이 어지러이 논박하였다.

▶◀ 처사 성운成運(1497~1579)이 졸하였다. 성운은 산림山林에 고요히 살며 40여 년간 시끄러운 세상과 작별하였다. 집에서 몇 리 떨어진 곳에 산수가 좋은 곳이 있었는데 그 사이에 조그마한 집을 짓고 한가한 날이면 소를 타고 가서 조용히 홀로 앉아 가끔 두어 곡의 거문고를 타며 유유자적할 뿐이었다. 거문고를 듣고 싶어 하는 사람이 있으면 그때는 아예 타지 않았다. 착한 일을 즐겨 하며 배우기를 좋아하고 남과 다투는 일이 없었다. 살림살이에는 있고 없는 것을 묻지 않았고, 간혹 끼니를 굶는 일이 있어도 편안하게 생각하였다. 명종조에 유일遺逸(숨은 인재)로 천거되어 6품직으로 부르자 서울까지 왔으나 병 때문에 상을 뵙지 못하고 사직하고 돌아갔다. 금상이 여러 번 관직을 올려서 불렀으나 번번이 오지 아니하니, 때때로 곡식과 포백을 내리어 그의 노년을 우대하였다. 이때에 이르러 졸하자 상은 특별히 부의하라고 명

하였다. 학자들은 그를 대곡 선생大谷先生이라고 추앙하였다.

6월 여름 재난과 희정당 개축

황림을 특지로 한성 부윤에 임명하였다. 속된 부류를 발탁하는 것
이 이런 정도까지 이르렀다.

❩❨ 이문형을 이조 판서로 삼았다. 이문형은 전에 세력을 잃게 되자,
동인에게 붙었기 때문에 출세하여 요직에 등용된 것이다.

❩❨ 여름에 하삼도下三道(충청·경상·전라)에 큰 홍수가 져서 산이 무너
지고 언덕을 휩쓸었다. 함경도에는 큰 가뭄이 들어 전답이 모두 말랐
으며, 평안도에는 태풍이 불어 나무가 넘어지고 우박이 내렸는데, 큰
것은 대접만 하고 작은 것은 손바닥만 하였다. 이렇게 재변이 몹시 참
담했는데도 상은 토목의 역사를 일으켜 희정당熙政堂[164]을 개축하여 넓
혔다. 삼사가 중지할 것을 간하였으나 허락하지 않았다.

7월 이이가 대신 써 준 백인걸의 상소

양사가 이이에 대해 죄를 다스리라고 청하려다가 실현하지 못하였
다. 지난해 겨울에 이이가 파주에 있을 때, 백인걸이 서울에 있으면서

---

164) 창덕궁의 한 건물로 조선 중·후기에는 편전의 역할을 하였다.

상소하여 시사를 극론하고 겸하여 동, 서를 보합할 계책을 말하려 하였으나, 자기의 글로써는 뜻을 제대로 전달하지 못할 것 같아서 이이에게 연락하여 수정하게 하였다. 이이는 백인걸이 노쇠해진 것을 알았고, 그의 나라를 걱정하는 정성이 죽을 때까지 변하지 않는 점을 안타깝게 여겨 그의 말에 따라 대략 한 편의 글을 지어 보냈는데, 올 여름이 되어서야 인걸이 상소하였다. 그 가운데 동과 서에 대해 논한 한 항목은 이이의 글을 인용하였는데, 백인걸이 소탈하여 이것을 남에게 숨기지 않았다.

허엽과 이문형이 백인걸을 만나러 가서 묻기를,

"동, 서를 논한 한 항목은 어찌하여 이이의 상소와 뜻이 같소?"

하니, 인걸이,

"이 의견은 이이의 손에서 나온 것이다."

하였다. 이리하여 사류가 그치지 않고 떠들썩하였다. 이이는 당시 명망이 있었기에, 동인은 이이가 분명 동인 세력을 지지해 줄 것으로 알았는데, 상소하여 동인을 비판하고 꾸짖으니 동인이 심히 노하여 유성룡·이발의 무리까지도 불평하였다.

정언 송응형宋應泂은 경망하고 음흉한 자였다. 이이가 사류에게 미움을 받는 것을 엿보고는, 만일 앞장서서 이이를 탄핵하면 동인과 깊이 맺어져서 좋은 벼슬을 할 것이라고 여겼다. 그리고 동료들과 의논하기를,

"이이가 백노白老(백인걸)를 대신하여 상소를 지었으니 그의 죄를 탄핵하지 않을 수 없다."

하니, 대사간 권덕여權德與 등은 모두 말하기를,

"이 일은 사실 여부도 알 수 없거니와 그런 일이 있었더라도 어찌 죄과가 되겠는가. 또 벼슬을 그만두고 물러간 사람을 어떻게 탄핵하여 파면시키겠는가."

하였다. 송응형이 고집스럽게 다투었으나 권덕여 등은 끝내 따르지 않았다. 이에 송응형은 홀로 논계하여 피혐하면서 아뢰기를,

"전일 백인걸의 상소 가운데 시사를 논한 한 항목은 이이가 대신 지었다는 사실을 조정 관리로서 모르는 사람이 없고, 직접 그 대신 원고를 쓰는 것을 본 사람까지 있습니다. 백인걸은 늙고 쇠약한 사람이라 책할 것이 없으나, 이이는 경연에 오래 있던 신하로 젊을 때부터 학자의 명성을 지니고 있었습니다. 초야에 물러나 있으면서 마음에 품은 생각이 있으면 직접 아뢰고 숨김이 없어야 할 터인데, 무슨 기피할 것이 있기에 감히 자취를 감추고 몰래 상소문을 대신 지어서 성상의 귀를 현혹시킨다는 말입니까. 이는 실로 올바른 도리로 임금을 섬기는 의리가 아닙니다. 그러므로 신은 해괴하게 생각하여 들은 말을 근거하여 그의 잘못된 점을 논박함으로써 신하로서 속으로 숨겨 놓고 솔직하지 못한 잘못을 바로잡으려 하였습니다. 그러나 동료들에게 저지당하였으니 신의 소견이 틀린 것입니다. 뻔뻔스럽게 재직할 수가 없으니, 신의 관직을 교체해 주십시오."

하니, 상이 사직하지 말라고 답하였다. 대사간 권덕여도 동료를 거느리고 피혐하여 아뢰기를,

"신들도 백인걸의 상소 중에 시사를 논한 항목은 이이의 손에서 나

왔다는 것을 들었습니다. 과연 이 말이 사실이라면 이이는 진실로 그 책임을 면할 수 없을 것입니다. 그러나 근래 조정에서는 화평을 주장하고 있는데, 만일 이 일로 인하여 논핵까지 한다면 더욱 분란을 일으킬까 염려됩니다. 이 때문에 탄핵하려는 송응형과 의견이 일치되지 못하였습니다. 또한 송응형은 이이가 자취를 감추고 속으로 숨겼다고 배척하나 신들은 그렇지 않다고 생각합니다. 소견이 각각 다르므로 재직할 수가 없으니, 신들의 관직을 교체하여 주십시오."

하니, 상이 사직하지 말라고 답하였다. 사간원의 관원들이 모두 물러나 여론을 기다렸다. 이에 사헌부 대사헌 이식도 동료를 거느리고 피혐하며 아뢰기를,

"백인걸의 상소 가운데 한 항목이 이이의 손에서 나왔다는 말이 경연에서까지 나왔는데 신들이 언관의 지위에 있으면서 묵묵히 한마디의 말도 없었으니 말하지 않은 책임을 신들 역시 면할 수 없습니다. 신들의 관직을 교체하여 주십시오."

하니, 상은 사직하지 말라고 답하였다. 사헌부의 관원들도 물러나 여론을 기다렸다. 이전에 홍문관 수찬 김첨金瞻이 경연에서 아뢰기를,

"이이가 소탈하여 백인걸의 상소 중에 동서를 논란한 한 항목은 곧 이이가 대신 기술하였습니다. 이 사실은 이문형이 백인걸에게 직접 들은 것입니다."

하였기에, 이이가 대신 기술하였다는 말은 상이 이미 들었던 것이다. 홍문관에서 이 문제를 처치하려 하는데, 김우옹이 그때 교리로 있으면서 큰 소리로 말하기를,

"송응형은 틀림없이 소인이다. 이 기회를 틈타 군자를 모함하려 하니 당연히 사헌부와 송응형을 탄핵하여 교체하고, 대사간 이하 관원만 유임시킴이 옳을 것이다."

하였다. 동료들이 따르지 않자 오시부터 저녁까지 다투어 논변하였다. 김우옹이 극언하며 여지없이 주장하기를,

"처치를 적절히 하지 못하면 우리도 장차 소인이라는 이름을 들을 것이니, 어찌 송응형 한 사람을 위하여 모두 소인으로 몰릴 수 있겠는가."

하였다. 그러나 동료 가운데 송응형을 두둔하는 사람이 많아 오래도록 결정이 나지 않았다. 부제학 이산해, 응교 이발은 그 사이에서 우물쭈물하며 양쪽 다 보전할 계책을 마련하였다. 이산해가 차자를 지어 올리기를,

"권덕여의 말은 들어볼 데가 없지 않습니다. 보통 전파되는 말에는 더러 사실이 아닌 것도 있습니다만, 이이가 대신 기술하였다는 말은 장안이 떠들썩하여 신들도 들었습니다. 그렇지만 생각해 보면, 이이는 평소 유학자로 자처하였는데 어찌 이렇게 무리한 행동을 했겠습니까. 혹 편지로 상통한 일은 있을지 모르나, 떠돌아다니는 말은 아마도 사실보다 지나치다고 생각합니다. 송응형이 들었다는 것이 명백한지는 신들이 정확하게 알 수 없으나 이는 들은 것을 스스로 확신한 것에 불과합니다. 권덕여 등이 따르지 않은 것은 진실로 공정한 마음에서 나온 것이며, 송응형이 논핵하려고 했던 것 역시 후폐는 있을지라도 별다른 의도는 없는 것입니다. 이식 등이 말하지 않았던 것은 전파된

말을 믿기 어려워서 그런 것에 불과하니 무슨 잘못이 되겠습니까. 모두 관직에 나오도록 명하십시오."

하였다. 상이 이문형을 불러 묻기를,

"경이 백인걸의 집을 방문하자, 인걸이 말하기를 '전일의 상소는 이이의 손으로 작성되었다'고 하였다는데, 그 말이 사실인가?"

하니, 이문형이 회계하기를,

"신이 지난날 백인걸을 방문해 보고 우연히 묻기를 '전일 상소한 중의 한 항목이 이이의 상소와 같은 것은 무슨 일이냐'고 하였더니, 인걸이 대답하기를 '이이에게 알려서 작성된 것이다' 하였을 뿐이고, 다른 말은 없었습니다."

하였다. 이에 상이 옥당에 답하기를,

"남을 시켜 상소하게 하는 것은 참으로 놀랄 일이다. 조정을 화평하게 하려는 의도는 좋으나 그 죄를 덮어 두기는 어렵다. 관직에 나오게 하는 일은 아뢴 대로 하라."

하였다. 권덕여 등이 다시 피혐하여 아뢰기를,

"이이가 대신 상소를 지은 데 대하여 이러쿵저러쿵하지만 그간의 곡절은 다 알 수 없습니다. 신들의 뜻은 그저 화평만을 위주로 하였고 또 송응형이 이이를 배척한 것은 사실 지나친 듯하였기 때문에 따르지 않았던 것인데 도리어 억제하였다는 비난을 받았으니 이제 구차하게 어울릴 수가 없습니다. 신들의 관직을 교체하여 주십시오."

하였다. 송응형도 아뢰기를,

"이이의 일은 실로 해괴한 것입니다. 신의 구구한 생각은 소문만을 믿고 기필코 깊이 다스리어 죄를 주려는 것이 아니고 그의 잘못을 논박하여 경거망동을 경계하려는 것뿐이었습니다. 다만 소신이 경망하여 말에 과격한 결함이 많았습니다. 이미 동료들과 견해가 다르고 또 옥당의 비판을 받았으니, 신의 잘못이 큽니다. 신의 관직을 교체하여 주십시오."

하였다. 상이, 모두 사직하지 말고 물러가 여론을 기다리라고 답하였다. 사헌부가 관직에 나온 뒤에 아뢰기를,

"이이가 대신 상소를 썼다는 것은 소문으로만 전파되어 나온 것이 아니니, 송응형이 논핵하려 한 것은 불가한 일이 아닌데 권덕여 등이 따르지 않아 서로 용납할 수 없는 형편이 되었습니다. 송응형은 관직에 나오게 하고, 권덕여 이하 관원은 모두 교체하십시오."

하였다. 이리하여 사헌부에서 장차 이이를 논박하려는 의논이 매우 들끓었는데, 지평 기대정奇大鼎이 더욱 팔을 걷어붙이고 이이를 헐뜯었다. 기대정은 전에 착한 선비라는 이름을 얻었으나, 이때에 동인에 붙어서 이러쿵저러쿵 헐뜯었으므로 식자들이 비루하게 여겼다.

백인걸이 양사의 의견이 이렇다는 것을 듣고는 놀라고 부끄러워 상소하여 스스로 해명하였다. 그 대략은,

"이이가 신의 상소를 수정, 윤색한 것은 사실입니다. 송나라 정이가 팽사영彭思永을 대신하여 복왕濮王의 전례典禮를 논하는 상소를 지었고,[165]

---

165) 팽사영은 송나라 영종 때의 어사중승이다. 당시 영종이 복왕의 아들로서 인종의 뒤를 이어 황제가 되는데, 복왕을 아버지라고 부르려고 하자, 언관이었던 팽사영이 안 된다고 상소하여 극론하였다. 이때 상소문을 정이가 대신 작성하였다. 『이정전서二程全書 권6 대팽중승론복왕칭전친소代彭中丞論濮王稱親疏』

부필富弼을 대신하여 영소릉永昭陵을 논하는 상소를 지었으며,[166] 여공
저呂公著를 대신하여 왕명에 응하는 소를 지었습니다.[167] 이와 같은 일
은 선배 유학자도 일찍이 하였던 일이기 때문에 신이 이이의 글을 대
신 이용하는 것을 혐의로 삼지 않았고 남들에게 숨기지 않았습니다.
이 때문에 전달하는 사람들은 모두 이이가 신을 유인하여 상소하였다
고 합니다만, 신이 아무리 못났다 한들 어찌 감히 신의 본의가 아닌 것
을 가지고 남의 지시를 받고 이런 상소를 올렸겠습니까. 늙은 신이 죽
을 때가 멀지 않았는데 어찌 감히 거짓말을 꾸며 전하를 기만하겠습
니까.”

하였다. 상이 이를 통해서 비로소 실정을 알고 답하기를,

　“경의 상소를 보고 비로소 전말을 알았으니, 경은 안심하라.”

하였다. 이에 옥당이 사헌부의 처리가 잘못되었다고 말하니, 대사헌
이식 등이 피혐하여 아뢰기를,

　“송응형의 계사가 아무리 과격하더라도 언관을 경솔히 바꿀 수가
없는 까닭에 감히 출사시키라고 청했던 것입니다. 그런데 옥당에서
신들의 처리가 온당치 않다고 시끄럽기 그지없으니, 이것은 화평을
주장하려고 하면서 잘못된 것을 보고도 말하지 못하게 하는 조짐을

---

166) 부필은 송나라 신종 때의 재상이다. 영소릉은 인종의 능으로 인종의 황후가 죽
　　었을 때, 이 능에 부장하기를 요청하면서 전일의 잘못된 묘제를 고치자고 건의한
　　상소문을 지을 때 부필의 부탁으로 정이가 대신 작성하였으나, 올리지 못하였다.
　　『이정전서 권6 대부필상신종황제소고代富弼上神宗皇帝疏稿』

167) 여공저는 송나라 철종 때의 재상이다. 신종 때 혜성이 출현하자, 조서를 내려
　　직언을 구하였는데, 당시 어사중승이던 여공저는 정이에게 대신 작성하게 하여
　　올렸다. 『이정전서 권5 대여공저응조상신종황제서代呂公著應詔上神宗皇帝書』

만들고 언로를 막는 것입니다. 신들이 언관의 지위에 있으면서 드러
내 놓고 비난을 받았으니 그대로 있을 수 없습니다. 신들의 직책을 교
체하여 주십시오."

하였다. 상이 사직하지 말고 물러가 여론을 기다리라고 답하였다. 이
에 옥당이 차자를 올려 아뢰기를,

"신들은 진실로 전파되는 소문이 혹 사실과 다를 수도 있다고 여겼
는데, 백인걸의 상소를 보니 과연 신들이 생각했던 것과 같습니다. 송
응형은 경솔히 소문을 믿고 좋지 못한 환난을 일으키려 하였으며, 이
식 등은 처치에 타당성을 잃어 화평하는 뜻에 크게 어긋났습니다. 모
두 체차하십시오."

하니, 상이 아뢴 대로 하라고 답하였다. 이에 양사가 모두 체직되어
정지연이 대사헌이 되고, 구봉령이 대사간이 되었으나, 정지연이 병
으로 임무를 수행하지 못하자, 특명으로 이산해를 대사헌으로 삼았
다. 양사는 비록 교체되었으나 새로 대간이 된 자들이 계속 이이를 헐
뜯기를 그치지 않았다. 집의 홍혼이 한층 분하여 말하기를,

"어찌 송응형을 교체하여 언로를 막아 버린단 말인가."

하고는, 상소하여 쟁론하려 하니, 이산해는 나약하여 말리지 못하고
유성룡·이발 등이 애써 말렸다. 김우옹이 그 말을 듣고,

"사헌부의 상소가 올라가면 나도 단독으로 상소하여 현자를 해친
그들의 죄를 공박하고, 장차 물러가겠다."

하였다. 사헌부에서는 이 일을 중대시하여 감히 말을 꺼내지 못하였
으나, 횡의橫議(제멋대로 지껄이는 논의)가 그치지 않았다. 좌의정 노수

신이 나서서 말하기를,

"헌관이 정말 이 첨지를 공격하면 우리 대신들도 말을 안 할 수가 없다. 당연히 헌관의 잘못을 보고하겠다. 어찌 공론을 가탁하여 군자를 해친다는 말인가."

하였다. 노수신이 동몽 훈도童蒙訓導 박형朴泂에게,

"송응형이 이 첨지를 공격하는 데 대하여 밖의 논의는 어떠한가?"

하고 물으니, 형이 대답하기를,

"시론이 아무리 이공을 헐뜯으려 해도 이공에게 상처를 입히지는 못할 것입니다. 저의 문하에서 공부하는 학도가 삼사백 명인데, 제가 그들의 생각을 시험하려고 '이공은 어떤 사람이냐'고 물은 적이 있으나, 한 사람도 군자가 아니라는 사람이 없었습니다. 이들은 다 후일의 사림입니다. 일시 혹 함부로 헐뜯었더라도 후일의 공론이 없어지겠습니까."

하였다. 노수신은 옳다고 깊이 인정하였다. 그 뒤에 박순과 노수신이 경연에서,

"이이의 됨됨이는 결단코 군자입니다. 소탈한 탓에 실수가 있다 하더라도 나라를 걱정하는 성의에서 나온 것이니 헐뜯어서는 안 됩니다."

하고 극진히 아뢰었다. 상이 이르기를,

"남들의 말에 그가 백인걸을 시켜서 상소하였다고 하기에 나도 그를 잘못이라 여겼으나, 이제 그 사실을 들으니 서로 뜻이 통했을 뿐이다. 여기에 무슨 잘못이 있겠는가."

하였다. 이때 동인 중에 부박한 자들이 결단코 이이를 해치려고 괴이한 논리를 백방으로 내놓았으나, 박순·노수신·김우옹이 정색하여 억제하였기 때문에 해치지 못하였다. 이런 뒤로 공론이 동인을 나무라고 심지어 유생까지도 대부분 동인을 소인으로 지목하였다.

정철이 어떤 사람에게 "시론이 숙헌을 공격하기에까지 이르렀으니 다시 무슨 말을 하겠는가. 이제부터 동인이 어찌 사류가 될 수 있겠는가." 하였다. 이에 동인이 부끄럽게 여기면서 수그러들어 마음대로 서인을 공격하지 못하였는데, 김우옹과 이발이 조화시킬 논의를 꺼내어 동인의 부박한 의논을 좀 억누르자 화평해질 가망이 있었다. 이에 식자들은 이이의 상소가 비록 저지당하였으나, 전혀 도움이 없지 않았다고 생각하였다.

율곡 생각 심의겸은 외척으로서 약간 두각을 나타낸 사람일 뿐이니, 사류에 참여하였지만 어찌 별다른 존재감이 있겠는가. 김효원은 재주는 조금 있으나 도道는 듣지 못하였고 도량이 가볍고 그릇이 얕아서 사림의 영수가 될 수는 없는 사람이다. 이 두 사람의 시비를 분간하는 것이 치란과 안위에 무슨 관계가 있겠는가. 서인은 굳이 '심이 옳고 김이 그르다' 하는데 진실로 미혹한 것이고, 동인이 굳이 '김이 옳고 심이 그르다'는 말도 시피방생彼是方生의 설[168]이니, 또한 이 어찌 미혹이 아닌가.

자신의 덕량과 능력을 헤아리지 않고 나랏일을 하려는 심의겸은 이미

---

168) 피차 같은 말이라는 뜻이다. 『장자』「제물론齊物論」에 "저것은 이것에서 비롯되고 이것은 저것에서 비롯되니, 이것과 저것은 함께 생겨났다는 말이다." 하였다.

틀렸고, 선배를 함부로 헐뜯으며 의심하고 사류가 두 편으로 나누어지게 한 김효원 또한 어찌 옳겠는가. 사안을 두고 말하면 두 사람이 모두 그르나 재주로 말하면 두 사람이 모두 속류보다 나으니, 버려서는 안 된다. 만약 김이 우수하고 심이 열등하다고 하면 괜찮지만, 만약 김이 옳고 심이 그르다고 한다면, 이는 사리에 맞는 말이 아니다.

가령 두 사람에게 분명히 시비가 있다 하더라도 그것은 나라와 관계되는 것이 아닌데도 이것을 분별하려고 하기 때문에 사론土論이 궤멸되어 인재가 다치고 국맥을 상하게 하여 큰 빌미가 되었다. 온 세상이 이에 휩쓸려 그렇게 된 이유를 깨닫지 못하니, 아, 어찌 운명이 아니겠는가. 지금 서인을 억제하여 기운을 펴지 못하게 하니 유속의 비루한 자들이 이 틈을 타 권세를 잡아 동인과 합세하여 하나가 되었다. 또한 동인들은 속류의 사주를 받아 서인을 질시하면서 그들이 다시 조정에 들어올까 우려하니 매우 미혹되었다고 하겠다. 현재의 길을 그대로 좇아 현재의 논의를 고치지 않는다면 아무리 거룩한 군주와 어진 정승이 태평한 정치를 이루려 하여도 결국 되지 않을 것이다. 아, 탄식을 금할 수 없다.

▶◀ 동부승지 허진許뜸이 병을 핑계로 사면하였다. 허진이 집의로 있을 때 사류가 이이를 좋아하지 않는 것을 엿보고 이이를 배척하여 사류의 마음에 결탁하려 하였다. 이에 경연에서 아뢰기를,

"이이의 상소는 사심에서 나온 것입니다. 상소에서 심의겸·한수·정철을 두호하였는데, 심의겸과 한수는 이이의 족당이고, 정철은 이이의 친구이니 그 말을 어찌 공심이라 하겠습니까. 또한 그는 올라오

지도 않고 편안히 앉아서 상소만 올렸으니 이는 신하의 예가 아닙니다."

하였다. 상이 이이가 올라오지 않은 데 대해 매우 불평하다가, 허진의 말을 듣고는 자못 옳다고 생각하였다. 얼마 후에 허진을 승지로 삼으니, 여론이 모두 "허진이 옛 친구를 해쳐서 출세하였다." 하였다. 이는 허진이 이이와 친구 관계였기 때문에 하는 말이었다. 이 때문에 사람들은 그를 욕하며 더럽게 여겼고 사헌부에서는 허진이 시속에 아첨하여 바른 사람을 해친다고 논박하였다. 상이 허락하지는 않았으나 허진이 부끄러워 자리에 있지 못하고 병으로 사면하였으며, 감히 사람들을 만나지 못하였다. 사림이 모두 "만약 숙헌이 조정에 있었더라면 허진은 심부름하기에 겨를이 없었을 것인데, 그가 우물에 빠진 틈을 타서 함부로 돌을 던지니 그는 어지간히 못난 사람이다." 하였다.

◗◖ 구봉령이 병으로 사직하고 오지 않았다. 구봉령이 사류의 의논이 좋지 못하다는 소문을 듣고, 상경하여 바로잡으려 하자 친한 사람이 적극 말리니, 그만 병을 이유로 사직하였다.

8월 벼슬을 사양한 성혼

성혼이 상소하여 병이 있어 벼슬할 수 없다고 진달하였다. 또 군주가 지녀야 할 덕의 요체는 마음을 비워 좋은 말을 받아들이는 것이 첫째의 의가 된다고 말하였다. 상은 이를 지당한 의견이라고 칭찬하였으나, 다시 부르는 명은 없었다.

　당시에 사류가 이미 이이를 잃고는 성혼을 그들의 당으로 끌어들이려고 상에게 특별히 성혼을 부르라고 많이 권하였으나, 성혼은 끝내 명에 응할 의사가 없었다. 어떤 선비가 성혼에게 이이의 단점을 들어 헐뜯자, 성혼이 천천히 말하기를, "나는 살아서는 숙헌과 함께 벌을 받을 것이고 죽어서는 평판을 같이할 것이다." 하니 그 사람이 실색하여 가 버렸다.

9월 백인걸의 죽음

　윤두수를 연안 부사延安府使로 삼았다. 윤두수가 사은숙배하고 하직하자, 상이 인견하고,

　"경은 어떻게 고을을 다스리려 하는가?"

하고 물으니, 윤두수가 대답하기를,

　"연안 백성은 소송을 좋아하여 문서가 매우 번거로운데, 신처럼 인망이 없고 재주가 용렬한 사람으로는 할 바를 알지 못하겠습니다."

하였다. 상이 한동안 묵묵히 있다가 말하기를,

　"나는 경이 내직에 있거나 외직에 있거나 차별하여 대접하지 않겠다. 경도 내외직을 달리 생각하지 말고 번거롭겠지만 잠깐 나가 있으라. 이 뒤에 다시 부를 것이다."

하였다. 윤두수가 나가서 사람들에게 말하기를,

"처음 생각에는 주상을 오래 이별할 것 같아서 한 번 우러러 뵈려는 것이었는데, 간곡한 주상의 말씀을 들으니 감격의 눈물이 샘솟듯 하여 감히 쳐다보지 못하였다."

하고는 울음을 그치지 않으니, 앉았던 사람들이 모두 눈물을 흘렸다.

▶◀ 자헌대부 지중추부사 백인걸白仁傑(1497~1579)이 졸하였다. 백인걸은 젊었을 때 조광조에게 배우면서 그의 인품에 깊이 감복하였다. 기묘사화가 일어난 뒤 자신을 감추고 단속하지 않았으나, 마음속으로 선을 좋아하는 것은 시들지 않았다. 을사사화에 밀지의 잘못을 언급하여[169] 죄를 얻어 귀양 간 지 여러 해 만에 조정의 논의가 차츰 풀어지자 고향으로 돌아갔다. 금상의 조정에서 발탁되어 얼마 지나지 않아 아경亞卿에 올랐다.

주상이 늘 그의 기상과 절개를 중시했고 총애가 몹시 두터웠다. 신미년에 남의 구설수로 고향에 돌아가 곤궁한 생활을 보냈는데, 경기 관찰사 윤근수가 그 정상을 아뢰자, 상은 먹을거리를 주게 하였다. 백인걸이 상소하여 은혜로운 명에 감사하고, 조광조를 문묘에 종사할 것을 청하였으나, 상은 허락하지 않았다.

백인걸은 학문을 한 공력이 없었으나 항상 성혼·이이와 학문을 논의하였고 노쇠해서도 그만두지 않았다. 이이는 언제나 "백공의 식견은 차이가 있지만, 여든 나이에도 부지런히 학문만을 논할 뿐 다른 일

---

169) 윤원형이 대윤大尹 윤임 일파를 제거하려고 문정왕후의 내지를 받았다고 하여 윤임은 귀양 보내고 유관과 유인숙은 파직시켰다. 이때 헌납 백인걸이 내전에서 나온 밀지를 가지고 대신을 벌주는 것은 부당하다고 논박하였다. 『명종실록 즉위년 8월 23일』

을 말하지 않는 사람은 단지 이 사람뿐일 것이다." 하였다.

백인걸이 이이와 함께 조광조와 이황의 우열을 논할 때, 이이가 말하기를, "자질을 논하면 정암(조광조의 호)이 월등히 나으나, 조예로 말하면 퇴계가 낫습니다." 하니, 백인걸은 머리를 흔들고 손을 저으며 말하기를, "전혀 옳지 않네. 퇴계가 어찌 정암을 바라보겠는가." 하였다. 그 뒤 백인걸이 성혼과 이이가 대단히 쓸 만한 인재라고 천거하였지만 이이는 경솔한 단점이 있다고 말한 데 대해 누군가 헐뜯자, 백인걸은 "그가 정암을 부족하게 여겨 정암을 퇴계 아래에 놓았기에, 내가 이렇게 말한 것이다." 하였다.

백인걸이 나라를 걱정하는 정성은 죽을 때까지 변하지 않았으나, 재주는 실용에 적합하지 못하고 다만 강개하여 의견 내세우기를 좋아할 뿐이었다. 성혼이 항상 사람들에게 "백공의 재주는 바둑에 비하자면 때로는 묘한 수를 두어 국수를 대적할 만하나, 때로는 어지러운 수를 두니 믿을 만한 재주가 못 된다." 하였다. 말년에 상경하여 자헌대부에 올랐다가, 이때에 이르러 죽으니 나이 83세였다.

10월 겨울 이변

연일 안개가 짙게 끼고 겨울 날씨가 봄같이 따뜻하여 산에 꽃이 활짝 피었다.

11월 절도사의 관노 살해 사건

강섬姜暹을 함경도 관찰사로 삼았다. 양사가, 그는 북문北門의 요해처를 담당하기에 적합하지 못하다 하여 여러 차례 아뢰었으나, 상이 허락하지 않았다. 박민헌朴民獻이 전에 감사가 되어 많은 재물을 긁어 모아 재산을 축적하였는데, 강섬이 그 뒤를 이어 가게 되었다. 강섬 또한 탐욕스럽다는 말을 듣던 사람이라, 식자들은 북방이 보전되기 어려울 것이라고 걱정하였다. 강섬이 숙배하고 하직할 때 상이 인견하고 위로하고 타일러 보냈다.

◗◖ 함경남도 절도사 소흡蘇潝이 사사로운 분노로 함경북도 관노官奴 두 명을 죽였기에 그를 잡아다 의금부에서 국문하였다. 그가 자백한 뒤에 대신과 의논하여 남형률濫刑律[170]을 적용하려 하였다. 그러자 대간이 반대하기를,

"공무를 보다가 관할 군민을 죽였으면 남형률을 적용할 수 있지만, 이번에 소흡은 사사로운 분노로 다른 도 사람을 죽였으니 살인죄로 논해야 합니다."

하였다. 상이 조정의 논의를 모으게 하였더니, 2품 이상이 모두 "살인으로 논죄하는 것은 옳지 않습니다." 하였다. 양사가 다시 반대하여 여러 달에 이르렀으나 끝내 허락하지 않았다.

---

170) 관리가 형벌을 남용하여 집행한 데 대한 처벌 규정이다. 『경국대전』「형전刑典」
에 "관리가 남형하여 사람을 죽게 한 자는 장 1백에 영구히 서용하지 않는다." 하
였다.

율곡 생각 살인한 자는 죽어야 하는 것이기에, 법에 용서 받지 못한다. 고수瞽瞍가 살인할 경우, 고요皐陶가 법을 집행하는데, 순임금의 힘으로도 그 아버지를 어찌할 수 없었으니,[171] 소흡이 누구기에 감히 마음대로 살인하고도 사형을 면한단 말인가. 만약 팔의八議[172]의 법으로 논하면, 담당관은 당연히 대벽大辟(사형)을 적용할 것이지만, 혹시 특별 사면으로 사형은 면할 수 있을 것이다. 지금 남형률을 적용하려 한다면 국법을 크게 어지럽히는 것이다. 2품 이상이 한 사람도 바르게 의논하는 사람이 없으니, 조정이 텅 빈 지가 이미 오래되었다. 어찌 일을 바로잡겠는가.

12월 인성왕후 담제 후 하례를 둘러싼 의론

예관이 인성왕후 담제(대상大祥 뒤 2달 지나 지내는 제사)에 하례를 받는 절차를 정하였다. 양사가 아뢰기를,

"곡읍하면서 제사 지내고 곧바로 하례를 받는 것은 길흉이 되풀이

---

171) 아들이 임금으로 있어도 법관은 죄에 따라 처벌한다는 뜻이다. 제자 도응桃應이 맹자에게 묻기를, "순舜이 천자가 되고 고요皐陶가 법관이 되었을 경우, 만약 고수瞽瞍가 살인을 하였다면 고요는 어떻게 하겠습니까?" 하니, 맹자가 대답하기를, "법을 집행할 따름이다."라고 대답하였다. 『맹자 진심盡心 상』

172) 형벌을 적용할 때 감면해 주는 여덟 가지 경우로, 의친議親(왕과 왕비의 근친), 의고議故(왕의 친구), 의공議功(큰 공로가 있는 자), 의현議賢(덕행이 있는 군자), 의능議能(재능이 있는 자), 의근議勤(근실한 자), 의귀議貴(관직이 높은 자), 의빈議賓(전대 선왕 자손으로 나라에 빈이 된 자)을 말한다. 『주례 추관秋官 소사구小司寇』

되므로 예가 아닙니다. 하례를 받지 마십시오."

하니, 상은 지난 관례를 고칠 수 없다고 하였다. 양사가 여러 날을 두고 간쟁하니, 상이 말하기를,

"이의하는 버릇이 조장되는 것은 옳지 않다. 내가 하례를 받고 싶어서가 아니라, 다만 이의제기를 미워하는 것이다."

하고 끝내 허락하지 않았다.

▶◀ 좌참찬 성세장成世章이 아뢰기를,

"지금 젊은 사류가 말로는 옛 인물을 사모하고 학문한다고 하지만 그 실제가 없어서 일시의 폐단만 됩니다."

하니, 상이 그 말이 옳고 적절하여 지금의 병폐에 들어맞는다고 하였다. 삼사가 번갈아 상소하여 논박하였으나, 상의 뜻은 끝내 불쾌하게 여겼다.

율곡 생각 도道는 고금古今이 없으나, 예전에는 성현이 있었고 지금은 성현이 없으니, 선비 된 사람이 어찌 옛 인물을 사모하지 않겠는가. 사람은 떳떳한 덕이 있으나 학문이 아니면 그 이치를 밝힐 수 없으니, 선비된 사람이 어찌 학문을 하지 않을 수 있겠는가. 말로는 옛 인물을 사모하고 학문을 한다고 하면서 그 실제가 없는 자는 참으로 흉볼 만하다. 그렇다고 저처럼 옛 인물을 사모하지 않고 학문을 하지도 않으면서 방심하여 나쁜 짓을 하는 자는 일시의 폐단이 되지 않는다는 말인가.

세상이 쇠하고 풍속이 퇴폐하여 선비 된 사람으로서 이미 향학하는 정성을 가진 사람이 적고, 당대 임금들도 덩달아 학문하는 사람을 미워한

다. 이 때문에 유학자의 뜻이 꺾이고 속류가 활기를 얻게 되니 이것은 말세의 공통된 병통이다. 저 성세장은 비루한 자이기에 그 말에 경중을 따질 것은 없으나, 단지 한스러운 것은 상의 마음이 속류와 깊이 합하여 끝내 선을 좋아하는 싹을 보전하지 못하는 일이다. 어찌 우울한 마음을 견딜 수 있겠는가.

묵은 폐단을 버려야만
나아갈 수 있습니다 >> 선조 13년 > 1580 _ 경진년

금상 13년 정월 여악 사용

기미일 ◗◖ 인성왕후의 신주를 종묘에 모셨다. 상이 친히 제사를 지낸 후 대사면을 내리고, 백관의 하례를 받고는 음복연飮福宴[173]을 베풀었다. 잔치할 때 옛 관례에는 간혹 여악女樂을 썼다. 『오례의』에는 이런 규정이 기재되어 있지 않다. 예관이 전례를 따라 장차 여악을 쓰려 하니, 양사·옥당·승정원이,

"음복연은 신령의 복을 받는 것이니 당연히 엄숙하게 일을 진행해야지, 여악의 음란하고 외설스런 소리를 듣는 것은 마땅하지 않습니다."

하자, 상은 과격한 말이라 하여 허락하지 않았다. 양사가 연이어 계를 올린 지 여러 날이 되고, 잔치할 때에도 굳이 간하여 일곱 차례나 아뢰었으나 끝내 허락하지 않았다.

---

173) 제사를 마치고 나서 재관들이 제사에 쓴 술과 제수를 들면서 행하는 잔치이다.

율곡 생각 『오례의』는 조종 때 정한 법으로, 혹 미비한 점이 있으나 규모는 거의 올바르게 되어 있다. 이제 상이 조종을 본받으려면 당연히 『오례의』를 준용해야 하는 것인데, 무엇 때문에 항상 근세의 옳지 못한 관례만 따르려는 것인가. 정전正殿에서 여악을 쓰는 것은 결코 예의가 아니니, 양사가 어찌 과격하기야 하였겠는가. 상의 뜻은 꼭 여악을 들으려는 것이 아니라, 단지 학자의 말을 무척 싫어하여 속된 사례로 꺾으려는 것일 뿐이다. 아! 한탄할 일이다.

2월 동인의 종주 허엽의 죽음

동지중추부사 허엽許曄(1517~1580)이 죽었다. 허엽은 젊었을 때부터 학문을 한다고 자처하였으나, 견해는 조리가 없고 글의 내용도 잘 이해하지 못하였다. 언젠가 이황과 학문을 논할 적에 그의 견해에 잘못이 있었다. 이황이 웃으며, "태휘太輝(허엽의 자)가 학문을 하지 않았더라면 참 좋은 사람이었을 것이다." 하였다. 이 말은 학식의 착오를 비판한 말이다. 비록 자신은 선을 좋아한다 하였으나 시비가 분명치 못하고 사람을 취하는 데에도 착오가 많았다. 평소 남과 논쟁할 때 말하는 품이 상도를 잃지 않았으므로, 사람들이 모두 수양한 데가 있다고 칭찬하였다. 그러나 말년에 이르러 기쁨과 노여움이 과도하게 표현되니 사람들이 매우 이상하게 여겼다.

경상 감사로 있을 때 영천 군수榮川郡守 정인홍이 정치는 밝게 하였으나 바치는 물품이 풍성하지 못하다 하여, 허엽이 성을 내고 정인홍을 불러들여 『경국대전』을 외우도록 하여 모욕을 주니, 인홍은 그만 벼슬을 버리고 돌아갔다. 또 진주 유생 유종지柳宗智 등이 수령의 잘잘못을 거론하기를 좋아한다 하여, 군사를 보내어 잡아 가두고 치죄治罪한 일이 있다. 유종지 등은 좋은 선비였으므로 온 도가 놀라 이상하게 생각하여 그 뜻을 헤아리지 못하였다.

전에는 이이와 서로 친하게 지내더니 동과 서로 이의가 생긴 뒤에는 허엽이 동인의 종주가 되어 논의가 괴벽하고, 선비들을 시켜 이이를 공격하기까지 하였다. 사람들이 허엽을 묘지卯地라 하였는데, 묘지는 정동쪽인 까닭에 동인의 종주가 된 것을 조롱한 것이다. 평소 여색을 가까이하지 않는다고 스스로 말하더니, 영남에 있으면서 기생을 몹시 사랑하여 말하는 것마다 다 들어주니, 여러 고을의 뇌물이 기생의 집으로 몰려들었고, 심지어 길에서 기생과 가마를 함께 타고 가니 사람들이 모두 그를 손가락질하며 비웃었다. 색을 밝히다가 병을 얻었는데, 교체된 뒤에 미처 상경하지 못하고 상주尙州에서 죽었다.

▶◀ 부제학 김첨경을 특지로 승진시켜 사헌부 대사헌에 임명하였다. 김첨경은 시사를 말하지 않는 위인이었기에 상의 발탁을 받게 된 것이다.

율곡 생각 나라에서 관원을 설치하고 관직을 나눈 것은, 장차 시사를 정리하기 위함이다. 시사를 정리하려면 어찌 말이 없을 수 있을 것인가. 지금 상은 남이 말하는 것을 싫어하여 남이 건의하는 것을 보면 문득 과

격하다고 배척하고, 반드시 묵묵히 순종하고 말이 없어야 발탁되니,
이 방법을 따른다면 비록 조참曹參이 소하蕭何의 뒤를 잇는다고 하더라
도[174] 오히려 잘 다스려지지 않을까 걱정이다. 더구나 권력을 잡은 간신
奸臣이 나라를 어지럽힌 나머지[175] 망가지고 폐단이 많은 국사를 어떻게
하겠는가. 이렇기 때문에 용렬하고 무능한 사람은 등용되고 식견이 있
는 사람은 단연코 물러가는 것이다. 앉아서 망하기를 기다리면서도 끝
내 깨닫지 못하니, 아, 어찌 천운이 아니겠는가.

▶◀ 정철을 강원도 관찰사로 삼았다. 정철은 대사간에서 체직된 뒤로
벼슬을 그만두고 나오지 않은 채 여러 번 상의 부름을 사양하더니, 이
벼슬에 임명되자, 그 선인先人(선조)이 추증되는 것을 중대하게 여겨[176]
명을 받고 부임하였다. 정철은 충성스럽고 청렴하며 굳세고 강개하였
으나, 술을 좋아하여 취하면 반드시 실수를 하니, 식자들이 흠으로 생
각하였다.
▶◀ 상이 친히 문묘에 별제別祭(명절이나 특별한 날을 정하여 지내는 제사)
를 행하고, 이어 선비들을 시험 보아 인재를 뽑았다.
▶◀ 하원군河原君(선조의 큰형인 이정李鋥)이 얼굴이 아름다운 역관의 딸

---

174) 한漢나라 재상 소하가 죽고 조참이 후임자가 되었는데, 소하가 정해 둔 법령을
그대로 준수해서 정치를 안정시키고 백성을 번거롭게 하지 않았다. 『한서漢書 권
39 소하조참전蕭何曹參傳』

175) 명종 때 윤원형이 임금의 외숙으로서 국정을 농단하고 전횡했던 일을 말한다.

176) 종2품 이상의 벼슬아치는 사망한 부·조·증조의 3대에게 관직을 추증하였다.
관찰사는 종2품으로서 아버지, 할아버지에게 관직을 추증할 수 있으므로 이렇게
말하였다.

이 있다고 천거하자, 상이 그를 궁중으로 들어오게 하였다. 이때부터 햇빛이 여러 날 동안 광채가 없었다.

)(정종영을 의정부 우찬성으로 삼았다. 이때 서인은 현직에 오르지 못하였기 때문에 속류가 공경의 지위를 채웠다. 찬성 자리가 비게 되자 상이 정2품인 사람 중에서 후보로 올리게 하였다. 이조에서 대신에게 의논하였으나, 정2품에서 승진시킬 만한 사람이 없기에 정종영과 김귀영을 올려 명에 응하였다.

정종영은 선비를 좋아하지 않고, 김귀영은 행동에 검속이 없어서 세상에서 천하게 여겼으나, 육경 중에 이 두 사람보다 나은 이가 없었다. 식자들은 나라에 인재가 없음을 탄식하였다. 정종영이 사은하고 나서 사직했으나 허락하지 않았다.

3월 말뿐인 구언

무신일[9일])(상이 희릉禧陵·효릉孝陵[177]에 친히 제사하고 돌아올 때 흰무지개가 해를 꿰뚫었다. 상이 환궁한 뒤에 승정원에 전교하기를,

"근래 흰무지개의 변고가 없는 해가 없어 극히 놀랍더니, 오늘 능을 참배할 때에 또 이런 변고가 생기니 두려움을 이길 수 없다. 내 뜻을 잘 알아라."

---

177) 희릉은 중종의 계비 장경왕후章敬王后의 능이고, 효릉은 인종과 인성왕후의 능이다.

하니, 승정원이 아뢰기를,

"주상의 전교를 받으니 감격을 이길 수 없습니다. 재앙을 그치게 하는 방법은 형식적인 겉치레에 있는 것이 아닙니다. 몸을 굽혀 조심하고 두려워하는 것이 하늘에 응하는 실질입니다. 재변이 난 것이 꼭 어떤 일에 응하여 일어난 것이라고 지적할 수는 없으나, 근일 경연에 드물게 나오시어 조정의 형편과 민간의 병폐를 주위로부터 듣지 못하였으니, 어진 학자를 맞아들여 의견을 구하고 극진히 몸을 닦고 반성하십시오."

하니, 상이 알겠다며, 구언하는 일은 하겠다고 하였다.

◗◖ 영의정 박순과 우의정 강사상이 흰무지개의 변고 때문에 사직하자, 상이 답하기를,

"이것이 어찌 경들의 탓이겠는가. 신하다운 신하는 있어도 임금다운 임금이 없어서 재앙을 부르게 되는 것은 고금의 공통된 우환이다."

하였다. 좌의정 노수신이 병으로 사직한 지가 벌써 오래되자 상이 의원을 보내어 진찰하게 하고 약을 지어 보냈다.

◗◖ 홍문관에서 차자를 올려 정전을 피하고 반찬을 줄일 것과 어진 학자를 맞아들여 의견을 구하고, 또 자주 경연에 나오기를 청하였다. 상이 답하기를,

"차자의 뜻은 옳다. 다만 정전을 피해야 한다는 것을 모르는 바 아니나, 임금의 체모를 생각하는 까닭에 아직 하지 않은 것이다. 이를 어찌 아랫사람으로서 경솔히 말할 수 있는가. 차자의 뜻은 유념하겠다."

하였다.

▶◀ 사헌부가 탄핵하기를,

"새로 임명된 찬성 정종영은 재주가 부족하여 본시 인망이 없고, 전에 병조에 있을 때 이미 남의 비난을 받았으니 발탁해서는 안 됩니다. 개정하십시오."

하니, 상이 답하기를,

"새로 임명한 찬성은 적합하지 않은 사람이 아닌데 어찌 경솔히 논하는가."

하였다. 사간원이 아뢰기를,

"정종영은 기량이 좁고 재주와 지혜가 얕습니다. 전에 이조의 판서로 있을 때 남의 말은 듣지 않고 단지 아녀자와 자제의 청만 따라서 뇌물이 몰려들어 채수債帥(빚쟁이, 물주)라는 풍자까지 들었으니, 이 사람을 어찌 이공二公(찬성) 자리에 승진시키는 것이 합당합니까. 개정하십시오."

하였으나, 상이 들어주지 않았다. 양사가 여러 날을 논박하자 상이 이르기를,

"정종영은 이공에 합당하다. 일찍이 이전 조정 때 권신에게 아첨하지 않았고, 나를 섬기게 되어서는 도와준 것이 많다. 또한 지금 사람들처럼 고집스럽고 괴팍하지 않다."

하고 끝내 허락하지 않았다.

▶◀ 의견을 구하라고 하교하고 또 억울한 옥사가 있는지 살피도록 하였다.

율곡 생각   재앙을 만나 구언하는 것은, 곧 곧고 절실한 간언을 들어서 시급한 병을 고치려 함이다. 근년에는 재앙이 없는 해가 없고 또 구언하지 않았던 때가 없었으나, 한 가지 선책이라도 써서 폐정을 바로잡았다는 말은 결국 듣지 못하였다. 구언하고서 그 말을 쓰지 않는다면 구언하지 않는 것과 무엇이 다르겠는가. 비유하자면, 병을 앓는 사람이 날마다 잘 보는 의사에게 병에 대해 물으면서도 환약 하나도 먹지 않는 것과 마찬가지이다. 한탄스럽도다.

◗◖ 전라도에 전염병이 번져 죽은 사람이 몹시 많았다.

◗◖ 성천부成川府 훈도訓導가 유생에게 원망을 샀는데, 원망하는 자가 공자의 위판을 땅구멍 속에 넣었다. 이 일이 보고되자, 조정 관원이 내려가서 추국하고 위판을 개조하게 하였다. 인심의 패란함이 이런 지경에까지 이르렀다.

임술일[23일] ◗◖ 흰무지개가 또 해를 꿰뚫었다. 상이 전교하기를,

"흰무지개의 변고가 거듭 일어나니 극히 놀랍다. 오늘부터 정전을 피하고, 반찬을 줄이고 음악을 철폐하는 것이 좋겠다."

하였다.

◗◖ 영의정 박순과 우의정 강사상이 해의 변고로 사직하자, 상이 답하기를,

"이는 임금이 임금 노릇을 제대로 못하고 자리만 더럽혔기 때문이다. 경들한테 무슨 허물이 있겠는가. 사직하지 말라."

하였다. 좌의정 노수신이 2월부터 여러 번 병이 있다고 상소하고 출근하지 않았다.

)◀ 부제학 구봉령이 차자를 올려 사직하자, 상이 사직하지 말라고 답하였다. 구봉령은 병자년(1576, 선조 9)에 고향으로 돌아갔는데, 여러 번 소명을 사양하다가 이제야 비로소 올라왔다.

4월 시녀 논란

수문장 조경趙璥이 대궐 문에 출입하는 자를 금할 적에 사헌부의 서리가 거침없이 들어가자, 조경이 결박하여 죄를 다스리려고 하였다. 사헌부가 이를 듣고 노하여 조경을 잡아다 죄를 다스리기를 청하였다. 상이 이르기를,

"결박한 일이 잘못이라 할지라도 어찌 이것을 가지고 감히 왕궁 수문장을 죄줄 수 있겠는가. 사체에 크게 잘못된 것이다."

하였다. 대사헌 이산해 등이 피혐하여 사직을 청하고 물러나 여론을 기다리니, 사간원이 계를 올려 관직에 나오도록 청하였다.

율곡 생각 수문장의 직책은 사람들이 함부로 들어가는 것을 금하는 일이다. 사헌부 서리가 제 관사의 위세만 믿고 수문장을 경시하였으니 그 죄를 다스려야 할 터인데, 사헌부는 도리어 수문장을 치죄하려 하니 어찌 그렇게 거꾸로 되었는가. 옛날 한 문제 때에 6백 석의 공거령公車令

이 태자의 수레를 정지시키기도 하였는데,[178] 지금 수문장이 사헌부 서
리의 출입을 금하지 못하는 것은 어찌된 일인가. 사헌부의 관원은 그들
의 잘못을 알지 못하고, 사간원은 또 따라서 옳다 하니, 다 배우지 못한
탓이다.

▶◀ 지중추부사 박계현朴啓賢(1524~1580)이 죽었다. 박계현은 행동에
검속이 없고, 단지 술이나 마시고 방탕할 뿐이었다. 상은 그가 죽었다
는 말을 듣고 놀랍고 슬프다고 하였다.

▶◀ 홍문관에서 차자를 올려, 정당하지 못한 방법으로 시녀를 들여 놓
는 것은 부당하니 구례대로 양가의 여자를 선택할 것과, 또 후원에다
사사로이 건축하는 것은 사리에 맞지 않다는 점을 따졌다. 상이 답하
기를,

"너희들이 후원에 들어가 집 짓는 곳을 살펴보라. 그런 뒤에 내가
대답하겠다."

하였다. 대개 집을 짓는다는 것은 헛소문이었다. 승정원이 들어가 살
피게 하지 말기를 청하였으나 상은 듣지 않고 옥당의 관리들을 재촉
하여 불렀다. 승정원이 다시 아뢰기를,

"임금과 신하의 사이는 정의情意가 서로 통하는 게 중요합니다. 헛
소문이라고 전교만 하면 아랫사람의 마음은 저절로 풀릴 것입니다.

---

178) 공거령은 한漢나라 때의 도양都陽 사람 장석지張釋之이다. 문제에게 발탁되어
　　공거령이 되었는데, 일찍이 태자太子와 양왕梁王이 함께 수레를 타고 입조할 때
　　사마문司馬門에서 내리지 않은 것을 탄핵하여 더욱 문제의 신임을 받았다. 뒤에
　　정위廷尉가 되어 법을 공평하게 집행한다고 일컬어졌다. 『사기 권102 장석지열
　　전張釋之列傳』

어찌 금원禁苑[179]에 들어가 보는 도리가 있겠습니까."

하니, 상이 이르기를,

"내가 들어와 보라 하였으니, 이 일은 어려운 것이 아니다. 승정원의 직책은 왕의 말을 출납하는 것에 있지, 논사論思(정치를 의논하고 생각함, 곧 홍문관 관원의 책무임)하는 것은 그 직책이 아니다. 어찌 중간에서 막으려 하느냐. 속히 들어와 보게 하라."

하였다. 양사에서도 신하에게 감히 못할 일을 다그쳐 아랫사람의 정을 막는 것은 부당하다고 두 번이나 아뢰었으나 허락하지 않았다. 옥당의 관원들이 모두 대죄하며 파직시켜 줄 것을 청하자, 상이,

"누가 이 일을 주동하였느냐? 어서 바른대로 아뢰라."

하였다. 옥당이 아뢰기를,

"차자를 올릴 때 모두 함께 구구한 마음으로 들은 것을 말하였을 뿐이니, 어찌 앞서서 주동한 사람이 있겠습니까? 빨리 파직을 시켜 주십시오."

하니, 상이 그제야 들어와 보는 것은 그만두라고 하고, 이어 전교하기를,

"궁궐은 내 집이니 바깥 신하들이 알 수 있는 데가 아니다. 이런 습관이 한번 시작되면 후일 반드시 간신들이 구실을 삼아 차마 말 못할 폐단이 생길 것이다. 주동한 사람을 추궁하려 하였으나 일단 묻지 않겠다. 그러나 신하가 진언하는 데에 한마디 말로 지혜가 될 수도 있

---

179) 궁궐의 후원을 일컫는 말로, 후원은 보통 궁궐 안쪽에 위치하여 왕실의 사적인
　　공간으로 일반인의 출입이 제한되었다.

고, 한마디 말로 성급한 처사가 될 수도 있으니, 말을 삼가지 않을 수
없는 것이다.”
하였다.

율곡 생각   옥당에서 논한 것은, 시녀를 몰래 들인 것과 금원에 사사로이
집을 짓는다는 것 두 가지 일이다. 집을 짓는다는 것은 과연 헛소문이
었으나 시녀를 들여 놓은 것이 어찌 헛소문이겠는가. 상은 이미 뜻에
거슬리자 바로 말하지 않았고, 신하들은 위엄이 두려워 그 일을 파헤치
지 않은 채 어물어물 그만두었으니, 옥당의 신하들은 왕소王素에게 부
끄러움이 있다고 하겠다.[180]

◗◀ 유성룡을 상주 목사尙州牧使로 삼았다. 유성룡은 모친이 연로했기
때문에 모친 계신 곳과 가까운 고을을 얻어 봉양하기를 청하니, 상이
이르기를,

“그대가 외직에 나가면 나는 한 신하를 잃는 것이 되니 참으로 애석
하다. 그러나 모자간의 정은 절친한 것이기에 허락하지 않을 수 없다.”
하고는 상주 목사로 임명하니, 사류가 모두 그가 외직에 나가는 것을
아깝게 여겼다. 유성룡은 재주와 식견이 있고 사안을 잘 설명하였으
므로 경연에서 보고를 하면 사람들이 모두 찬탄하였다. 다만 한마음
으로 봉공하지 못했고 때로는 이해관계를 살피는 뜻이 있으므로, 군

---

180) 왕소는 송 인종宋仁宗 때 사람으로 간언을 잘하였다. 왕덕용王德用이란 자가
　　여자 둘을 황제에게 바쳤는데, 왕소가 논박하여 기어이 돌려보내게 하였다. 『송
　　사宋史 권320 왕소열전王素列傳』

자는 단점으로 여겼다.

)◀ 정구鄭逑를 창녕 현감昌寧縣監으로 삼았다. 정구는 예학禮學에 힘써 몸단속을 몹시 엄하게 하였으며, 논의가 뛰어나 맑은 이름이 날로 드러났다. 여러 번 벼슬에 임명되었으나 취임하지 않다가 이때 상경하여 명을 받았다. 상이 인견하여 배운 바를 물어 보았는데 주상의 말이 온순하므로 듣는 사람들이 감격하였다. 정구가 마침내 부임하였다.

)◀ 경상도에 전염병이 크게 번져 많은 사람이 죽었다.

)◀ 우찬성 정종영이 병을 핑계로 사직하니 여론을 피한 것이다.

)◀ 대신이 상에게 정전으로 돌아가 거처하기를 청하여 두 번을 아뢰니, 허락하였다.

윤4월 조정 내 붕당을 지적한 전욱의 상소

좌의정 노수신이 봄부터 병을 이유로 사직하기를 청하여 13차례나 상소하였으나, 상이 끝내 허락하지 않으므로 할 수 없이 관직에 나왔다. 상이 인견하고 술을 주었다. 이때 영의정·좌의정이 비록 인망은 있었으나 훌륭한 정치를 하지 못하고 다만 세상의 흐름을 따를 뿐이었다. 재변이 거듭 나타났으나 상은 별로 이것을 막을 방책도 없었는데, 어느새 정전에 돌아오기를 청하니 식자들은 이를 옳지 않게 여겼다. 성혼은 대신들이 정전에 돌아올 것을 청했다는 말을 듣고 탄식하기를 "박 사암朴思菴[박순의 호]도 뭇사람을 따라서 아첨하는 태도를 취하는가." 하였다.

◖◗ 김귀영을 의정부 우찬성으로 삼고, 특명으로 박호원을 호조 판서에 임명하였다. 용렬한 자들이 이처럼 뜻을 얻게 되자 식자들이 걱정하였다.

◖◗ 경회루 아래에서 문신 통정대부 이하의 시문 저술을 시험하였는데, 승지 윤탁연尹卓然이 시에서 장원하여 가선대부의 품계를 주었다. 윤탁연은 인망이 없었는데 시문으로 승진하였으므로 많은 사람들이 못마땅하게 여겼다. 사간원이 개정을 청하였으나 허락하지 않았다.

◖◗ 음죽陰竹에 사는 진사 전욱全旭이 상소하여 시폐를 말하였는데, 상소에서 조정의 불화하는 상황을 논하였다. 상이 "몸이 초야에 있으면서도 폐단을 말하는 정상은 참으로 가상하다." 하였다. 이어 전교하기를,

"전욱의 상소 가운데 조정의 불화하는 상황을 언급하며 '사사로운 혐의 때문에 무고한 사람을 탄핵하고 헛소문을 퍼뜨려 시골로 추방하며, 위로는 임금의 총명을 속이고 아래로는 백성을 걱정하게 한다' 하였다. 초야에 있는 사람이 반드시 본 것이 있을 터인데, 무슨 일을 가리키는 것인지 알 수 없다. 신하가 감히 사사로이 당을 심어 붕당끼리 대립하면 참으로 그 죄가 크다. 사사로움을 끼고 임금을 속이기까지 한다면 더욱 놀랄 일이다. 이 뜻을 알아라."

하였다. 승정원이 아뢰기를,

"신들이 하교를 받고 극히 두려움과 의혹을 견디지 못하겠습니다. 지금 이 상소는 대개 황당하고 뒤죽박죽이어서 실로 근거가 없는데,

주상의 전교는 정말 이런 일이 있는 것으로 의심하시니 온당하지 않습니다. 조정에서 간혹 일치하지 않는 의견이 있기는 하지만, 어찌 분열하여 붕당을 지으면서 전하의 귀를 속이기까지 할 리야 있겠습니까. 조정의 일은 전하께서 이미 환히 보시는 바인데, 이러한 하교가 있으니 인심이 의심하고 괴이하게 여길 뿐만 아니라, 일월日月(임금)의 명석함에 분명하지 못한 데가 있을까 걱정되어 감히 아룁니다."

하니, 상이 알았다고 답하였다.

율곡 생각　전욱의 상소는 사실상 근거가 없어서 믿을 것은 못 되나, 다만 조정에는 동·서의 이야기가 모두 해소되지 않아 서인의 명사名士는 침체되어 뜻을 펴지 못하고 용렬한 자들이 높은 자리에 올라 속류가 판을 치는데, 상의 마음이 어디에 있는지를 알 수 없으니 전욱의 말에 혹시 반성하여 볼 점이 있지 않겠는가.

▶◀ 손식孫軾을 전라도 관찰사로 삼았다. 상이 하교하기를,

"손식은 여러 번 근시近侍를 거치며 일을 명민하게 처리하여 부지런히 노력한 공로가 뛰어나니 특별히 한 등급의 품계를 올려 주어라."

하였다. 손식은 본시 학식이 없고 또 심질心疾[181]이 있어 일을 당하면 멍청하여 걸핏하면 그르치는 경우가 많았는데, 명민하다고 하교하니 사람들이 괴이하게 생각하였다. 사헌부에서 그는 탁월한 사람이 아니

---

181) 기쁘거나 슬프거나 심한 일로 충격을 받았을 때 갑자기 쓰러지거나 불안한 증세를 보이는 질병을 말한다.

라고 탄핵하여 개정하기를 청하였으나 허락하지 않았다.

5월 가뭄

가뭄이 심해지자 비를 빌었다. 강원도에는 서리가 내려 풀이 죽었다.

6월 김첨경의 명사 논핵

큰비가 내려 강과 바다가 넘쳤다. 산이 무너지고 집이 떠내려갔으며 언덕과 골짜기가 뒤바뀌니, 근년에 이보다 더 심한 물난리는 없었다. 이때에 하삼도에는 여전히 전염병이 성하여 민생의 재해가 끊이지 않았다.

▶◀ 홍성민洪聖民이 이문吏文을 짓는 데 수석을 하여 가선대부로 승진하였다. 사헌부가 조그만 일로 품계를 올리는 것은 덕 있는 사람에게 관직을 주는 정치가 못 된다고 논계하고 개정하기를 청하였으나 허락하지 않았다.

▶◀ 승정원이 아뢰기를,

"금년의 수재水災는 전보다 더욱 심하여 지방에서 들어오는 보고가 극히 괴이합니다. 심지어 도성 안에서도 하룻밤 사이에 큰 비가 퍼부어 평지의 물이 한 길을 넘고 교량이 무너졌으며 도로가 파괴되고 집이 무너지거나 떠내려가서 깔려서 다치거나 빠져 죽은 사람이 부지기수입니다. 교외의 무덤들이 무너져 내려 백골이 드러나 삼태기를 들고 백골을 덮어 묻는 사람들이 잇달았습니다. 밭의 곡식은 다 묻혀 버리고 채소밭은 남은 것이 없어서 백성이 생업을 잃고 어쩔 줄 모르고 울고 있어 듣고 보기에 참혹하고 측은합니다. 재변은 까닭 없이 생기는 것이 아니며, 대응하는 데에 방도가 있는 것입니다. 성상께서는 더욱 수성修省(삼가고 조심함)하시기를 바랍니다.”

하니, 답하기를,

“아뢴 말이 옳다. 금년 수재는 극히 놀랄 만하다. 내가 조심하여 더욱 살피겠다.”

하였다.

▶◀ 대사간 김첨경이 아뢰기를,

“근래 사류가 집에서 학문을 하는지는 신이 알 수 없으나, 다만 요즘 부유해진 뒤에 선을 행한다는 말이 성행하여 선비들 사이에 많은 사람들이 바다나 못을 막아 농지를 경영하는 것을 능사로 여깁니다. 이 폐단을 주상께서 금하셔야 합니다.”

하니, 상이 이르기를,

“부를 얻으려고 하면 어질지 않게 된다.[182] 어찌 부유해진 뒤에 선을 행할 수 있을 것인가. 이 일은 당연히 간관이 제기하여 논핵하여야 할 것이다.”

---

182) 『맹자』 「등문공 상」에, 양호陽虎가 “부자가 되려고 하면 어질지 않게 되고, 인을 행하려면 부자가 되지 못한다[爲富不仁也, 爲仁不富矣].”라고 하였다.

하였다. 김첨경이 아뢰기를,

"논핵하지 않으려는 것이 아니나, 그중에는 이름이 아까운 사람이 많기 때문에 감히 하지 못하는 것입니다."

하였다. 이때 명사名士들이 간혹 벼슬하지 않고 들에서 농사짓는 사람이 있었기 때문에 김첨경이 미워서 이 말을 주창한 것이다. 사류는 그가 불길한 사람이라고 의심하였다.

율곡 생각　선비가 이 세상에 태어나서 관직에 나아가면 조정에서 이름을 드날려 녹을 먹으며 도를 행하고, 물러나서는 들에서 농사 지어 연명하며 의리를 지키는 것이다. 하는 일 없이 녹이나 먹어 관직을 병들게 하여서도 안 되고, 손 놓고 앉아 굶어 죽어서도 안 된다. 김첨경은 선비들이 물러가는 것을 미워하여 당치도 않은 말을 주창하여 착한 사류를 무고하니, 이것은 한 시대의 선비가 모두 우물쭈물 녹이나 먹게 하려는 것이다. 부유해진 뒤에 선을 행한다는 말은 누가 시작한 것인가. 진실로 그렇다면 먼저 도척이 된 뒤에라야 공자나 안연을 배울 수 있을 것이다. 천하에 이런 이치가 어디 있겠는가. 아! 김첨경은 선善을 싫어하는 사람이라고 하겠다.

7월 강원도 관찰사 정철의 도정

이조 판서 이문형이 병으로 사직하자, 박대립을 이조 판서로 삼았다. 이문형과 박대립은 모두 나이 어린 사류한테 붙어 관원을 전형하는 요직을 차지하고, 속류가 이 두 사람과 합하여 한편이 되니 식자들이 걱정하였다.

▶◀ 강원도 관찰사 정철이 상소하여 관할 도내의 병폐를 아뢰니, 상이 칭찬하여 답하고 해당 관청에 내려 의논하여 시행하도록 했다. 정철이 심력을 다해 백성의 고통을 빠짐없이 찾아내고, 또 교화를 숭상하여 착한 이를 포상하고 악한 이를 징계하니, 강원도의 백성이 매우 고무되었다.

8월 정인홍의 불응

정인홍을 사헌부 지평으로 불렀으나, 병을 이유로 오지 않았다.

9월 혜성 출현과 흉년

혜성이 나타나고 또 벼락과 번개의 변고가 있자, 하교하여 구언하였다. 1년에 두 번이나 구언하였으나 별로 쓸 만한 방책을 올리는 사람이 없었다. 이해에 경기·황해·강원·평안 4도에 큰 흉년이 들었다.

10월 기개가 부족한 이산해

　이산해를 형조 판서로 삼았다. 상소하여 사직하였으나 허락하지 않았다. 사은한 뒤에 세 번이나 사직하였으나 모두 허락하지 않았다. 이산해는 젊었을 때부터 문장으로 이름이 있었고, 벼슬길에 나온 후로 청요직을 두루 거쳐 육경에까지 올랐다. 인물의 됨됨이가 깨끗하고 신중하지만 기개가 적고 나약하여 남의 말을 피하였기 때문에 위아래로 미움을 받지 않아 인망을 잃지 않았다. 동·서로 당이 갈린 뒤로 견해는 한결같이 동인을 따르고 주견을 세우지 못하였다. 이이·정철 같은 이가 모두 그의 친구였으나 감싸주지 않고 저버리니, 식자들이 비웃었다. 이이가 어떤 사람에게 "내 친구 여수汝受(이산해의 자)는 오래지 않아 정승이 될 것이다." 하였더니, 그 사람이 까닭을 물었다. 이이가 답하기를, "우리나라의 정승은 반드시 순박하고 삼가며, 재기도 없고 도모하는 것이 없으나 청명을 가진 사람이 차지하게 되니, 여수가 바로 그런 사람이다." 하였다.

▶◀ 천둥과 번개가 여름과 다름없이 치고 일기가 늘 침침하여 쾌청하지 않았다. 짙은 안개가 끼어 캄캄하고 음우가 잦아 땅이 봄처럼 녹으니 식자들이 걱정하였다.

11월 임금의 병세 악화

　숙의淑儀(내명부 종2품 후궁) 정씨가 죽었다. 기사일에 상이 편찮았으니, 정씨의 죽음을 듣고 놀랐기 때문이다. 경오일에 상의 병환이 갑자기 위급하자 대신을 부르라 하였다. 박순과 노수신이 먼저 입시하자, 상이 두 사람의 손을 잡고 "반드시 어린아이들을 보살펴 주오." 하였다. 대개 상의 생각에 죽음에 이를까 하여 이렇게 말한 것이다. 온 대궐이 놀라 당황하였고, 중전은 관원을 사직·종묘와 산천에 보내어 기도하게 하였다. 다음 날 병환이 좀 나아지더니 이때부터 차차 회복하였다. 상은 총애하는 후궁이 많아 원기가 자못 상하였고 심열心熱이 위로 치밀어, 찬 것을 즐겨 마신 까닭에 담痰(가래나 기침)이 성하고 열이 올라서 병이 되기에 이른 것인데, 신하들이 많이 우려하였다.

◗◖ 전 영돈녕부사 반성부원군潘城府院君 박응순朴應順(1526~1580)이 죽었다. 박응순은 왕비의 아버지로서 조금도 정치에 참여하려는 태도가 없었기에 당시의 사람들은 국구國舅(임금의 장인)가 있는 줄을 몰랐다. 사람들은 그가 조용하게 사는 태도를 훌륭하게 생각하였다. 중전은 상이 편찮았기 때문에 여러 날 수라를 들지 않아 현기증이 났다가 며칠 만에 나았는데, 또 부친상을 당하니 백성이 걱정하였다.

계사일 ◗◖ 상의 몸이 회복됐기 때문에 약방 제조와 어의 등에게 품계를 올리거나 상을 주었다.

12월 대사간으로 복귀한 이이

병신일 ◗◖백관이 하례하였다.

◗◖이이를 대사간으로, 성혼과 정인홍을 장령으로 삼았다. 소명이 내리자 조야가 좋아하면서 "상의 마음이 선한 데로 향하고 있다." 하였다.

◗◖이조 판서 박대립이 병을 이유로 나오지 않다가 얼마 뒤에 나왔다. 처음에 시신들이 경연에서 아뢰기를,

　"각사의 관원 중에 청렴하고 근면하며 공무에 노력하는 사람을 포상해야 합니다."

하니, 상이 이조에 상을 줄 만한 사람을 베껴 올리도록 하였다. 좌랑 이길 등이 이 기회에 사류로서 하급 관리로 침체되어 있는 사람을 명단에 올려서 6품으로 승진시키도록 청하려고 하였다. 이 명단에 초록된 사람은 허상許鏛·안민학 등 10여 명이었다. 박대립이 "현명한 재주는 예전에도 드물었는데 지금은 어찌 이렇게 현명한 인재가 많은가." 하면서 굳이 따르지 않았다. 이 때문에 사류와 서로 틀어졌다. 대개 박대립은 선비를 사랑하는 성의가 없고 성질 또한 고집스러웠기에, 사류는 그와 어울렸던 것을 후회하였다.

◗◖성혼이 소명을 받았으나 병으로 오지 않으니, 상은 포기하지 않고 세 번이나 불렀다. 또 "이 사람은 병이 있으니 추위를 무릅쓰고 출발할 수가 없다. 말과 수레를 주어 올라오게 하라." 하니, 사림이 감동하였다.

◗◖이이가 소명을 받고 서울에 들어와 사은한 뒤에 사직하기를,

"보잘것없는 어리석은 신이 나라의 두터운 은혜를 입었으나, 재주는 부족하고 병은 고질이 되어 나라의 은혜에 보답할 길이 없어서 시골에 엎드려 마음속으로 묵묵히 기도한 것은 오직 주상께서 오래 사시는 것뿐이었습니다. 지난번 주상의 옥체가 편치 못하여 기도까지 하면서 조야가 당황하여 어쩔 줄 몰랐다는 소문을 들었으나, 신은 먼 시골에 있어서 급히 달려올 수 없으므로 동쪽을 바라보고 정성을 바치며 밤낮으로 마음만 애태웠습니다. 다행히 조종께서 굽어보시고 하늘이 복을 내려 황도黃道에 태양이 빛나 오래지 않아 평상대로 회복하니 온 나라가 경사로 여겼습니다. 그러나 신은 하례하는 대열에 참여하지 못하였으니 죄가 무거워 정신이 아득하였습니다. 전하의 도량이 하늘같이 넓어 잘못을 덮어 주시고 견책을 가하지 않을 뿐 아니라 도리어 은명을 내릴 줄 어찌 알았겠습니까. 감격하고 떨리어 눈물이 흐르는 줄도 알지 못하였습니다. 언관의 직책은 중요한 자리이기에 진실로 감당하지 못할 줄 알면서도 전하께 마음이 끌려 병을 무릅쓰고 길에 올랐으니, 전하의 용안이나 한번 뵈면 죽어도 유감이 없겠다는 바람에서였습니다.

뒤에 생각건대, 근래 전하의 마음이 크게 깨달아 착한 마음이 불붙듯, 샘솟듯 하시어 명을 내리면 모든 사람이 기쁜 마음으로 복종하고 신민이 눈을 씻고 훌륭한 정치를 보려 하니, 바야흐로 세상의 도를 회복하여 태평을 이룩할 큰 기회입니다. 주상의 좋은 뜻은 받아들여 따르고 나쁜 점은 바로잡아서 유신維新의 아름다운 명을 드날리게 할 책임이 간관에게 있으니, 신처럼 천박하고 엉성한 사람은 결코 감히 감

당할 바가 아닙니다. 신의 직책을 바꾸어 그 직책에 알맞은 사람을 선
발하여 임명하십시오."

하니, 상은 사직하지 말라 답하고 비현합에서 인견하여 황해도의 흉
년 상태를 물었다. 이이가 곡식을 옮겨와 굶주린 백성을 구제하도록
청하고, 이어 아뢰기를,

"전하께서는 춘추가 한창 왕성하므로 약간의 병환이 있어도 오래지
않아 회복될 것으로 생각했습니다. 그런데 지난달 편치 않았을 때는
온 나라가 놀랐으며, 신 또한 바닷가에 살면서 마음을 조이며 대단히
놀랐습니다. 어찌 이런 놀라운 일이 있었습니까. 혹 조섭을 잘못하신
것은 아닙니까. 가만히 전하를 뵈니 타고난 기품이 밝고 순수하긴 하
나 실질이 혹 부족한 듯합니다. 바라건대 마음을 맑게 수양하시고 욕
망을 줄여 원기를 보전하십시오."

하였다. 상이 이르기를,

"오랫동안 서로 만나지 못하였는데, 혹 하고 싶은 말이 없는가?"

하니, 이이가 절하고서 대답하기를,

"전하께서 역사를 두루 보셨다시피, 훌륭한 정치를 할 만한 임금은
시대마다 나오지 않았습니다. 전하의 영명함은 실로 고금에 드물기
에 즉위하신 초기에 신민들은 태평을 기대하였습니다. 그러나 즉위한
뒤로는 그럭저럭 지낼 뿐 진작하는 것을 보지 못하였습니다. 신은 비
록 초야에 물러나 있었지만 늘 목을 길게 빼고 금년에는 분발하지 못
하였으나 내년에는 꼭 진작하리라고 기대한 것이 여러 해가 되었습니
다. 지금 전하께서 큰 병이 나으신 뒤에 선한 단서가 열려 명을 내리자

사람들의 마음이 기쁘게 복종하게 되었으니 신민들의 바라는 바가 마치 처음 즉위하실 때와 다르지 않습니다.

현재 민생의 곤궁함은 나날이 더 심해지고 세도와 인심은 마치 물처럼 흘러 더욱 아래로 내려가고 있습니다. 만일 여전히 지난날의 관습만 지킨다면 결코 큰일을 할 희망은 없을 것입니다. 반드시 크게 진작하여 묵은 폐단을 다 버리고 나가야만 훌륭한 정치를 할 수 있습니다. 조정에는 기강이 크게 무너져 모든 대소 관원이 직책을 다하지 않는 것이 습관이 되었습니다. 이는 일시의 위력으로 다스릴 수 있는 일이 아닙니다. 반드시 주상께서 좋은 정치를 추구하겠다는 뜻을 굳게 정하시고 영재를 조정에 불러 모으십시오. 각각 그 재주를 보아 알맞은 직책을 맡겨 직무를 위임하여 성과를 요구하면서 오랫동안 계속해 나가면 나라의 일이 정돈되고 정치의 도가 흥기될 것입니다.

임금이 어진 인재를 등용하려면 반드시 먼저 자신을 닦아야 합니다. 왜냐하면 어진 인재는 부귀를 구하지 않고 다만 도를 행하고자 하기 때문입니다. 그러므로 임금이 먼저 자신을 다스리지 않으면 어진 선비는 필시 등용되지 않을 것이고 부귀와 이익을 구하는 사람만이 조정에 가득 찰 것입니다. 이런 까닭에 자신을 닦는 것이 어진 인재를 등용하는 근본이 됩니다.

예전에는 관직을 위하여 사람을 선택하였기 때문에 오래 맡겨 그 업적을 참고하였는데, 지금은 사람을 위하여 관직을 선택하므로 재주가 적합한지의 여부는 따지지 않고 오직 청요직을 많이 거친 것을 영광으로 삼고 있습니다. 그러므로 아침저녁으로 옮기고 갈리어 한 사

람이 각사各司를 모두 거치게 되니, 이러면서 직책에 누가 되지 않기
를 바란 경우는 없었습니다. 만일 근래의 잘못된 규례를 고치지 않으
면 정치의 도는 이룩될 수 없습니다."

하였다. 상이 이르기를,

"대간은 으레 피혐하여 자주 경질되므로 대간을 보충하기 위해 다
른 벼슬도 자주 갈린다. 피혐하는 규례는 예전에는 들어 보지 못하였
고 역사에서도 본 적이 없다."

하였다. 이이가 아뢰기를,

"그것은 근래의 폐습이니, 어찌 역사에서 볼 수 있겠습니까."

하였다. 이이가 또 아뢰기를,

"임금이 큰일을 하려면 반드시 여론을 채용해야 하고, 여론이 조정
에 가득 차도 이것을 선별하여 채용할 때는 반드시 하나에서 나와야
할 것입니다. 만약 사람들에게 각자의 견해를 시행하도록 하면 도리
어 소란해져 정사가 여러 갈래를 통하여 나올 것입니다. 지금 여론이
모두 개진되더라도 주상께서는 반드시 나라를 경륜할 만한 한두 사람
에 의지하여 의견 중에서 중도를 가리어 채용하시고, 의논이 하나에
서 나오게 하여야만 점차 정치의 도가 높아질 것입니다."

하니, 상이 이르기를,

"현재의 삼공을 어찌 쉽게 얻을 수 있겠는가. 내가 매사를 꼭 물어
서 행하니 선별하여 쓰지 않는다고는 못할 것이다. 그런데도 근일의
정사는 끝내 이루어지는 것이 없으니 매우 괴이하고 한스럽다."

하였다. 이이가 상에게 묻기를,

"주상께서 성혼에게 은혜로운 예우를 후하게 한 것이 근고에 드문 일입니다. 주상의 뜻이 그를 쓰시려는 것인지, 한번 보고 그만두시려는 것인지 모르겠습니다."

하니, 상이 이르기를,

"성혼이 어질다는 것은 내가 이미 들어서 알고 있으나, 다만 그의 재능이 어떠한지는 모르겠다."

하였다. 이이가 말하기를,

"재능이란 한 가지가 아닙니다. 나라를 경륜할 책임을 혼자 맡을 만한 사람도 있고, 선을 좋아하여 여러 인재를 등용시키는 사람도 있습니다. 성혼의 재능을 두고 천하를 경륜할 만하다고 한다면 그것은 지나친 말이겠으나, 그 됨됨이가 선을 좋아하니 선을 좋아하는 사람은 천하를 맡아도 충분합니다. 이 어찌 쓸 만한 재주가 아니겠습니까. 단지 몸에 고질이 있어 헌관의 직책은 맡지 못할 것입니다. 이 사람에게는 한가한 관직을 주고 때맞추어 경연에 입시하게 하면 반드시 주상의 뜻을 펴는 데 도움이 있을 것입니다."

하였다. 이이는 정치에 종사할 뜻이 없었으나 마침 상이 큰 병환을 겪고 나서 소명이 있었기 때문에 위문하기 위하여 올라왔다. 조정에 와서 사림의 의논이 갈라진 것을 보고 머물면서 조정하려 하자, 친구들은 많은 우려를 가졌으나 박순만은 "숙헌이 조정에 나오니, 내가 기뻐서 잠이 오지 않는다." 하였다.

▶◀ 강원도에서 파도가 높고 바다 밑에서 천둥 같은 소리가 진동하며 바위와 돌이 날리는 심상치 않은 이변이 일어났다.

인재가 없는 시대는 없습니다

>> 선조 14년 > 1581_신사년

금상 14년 정월 성혼에 대한 은사

성혼이 여러 번 소명을 받고 어쩔 수 없이 서울에 왔으나, 병으로 명을 받들지 못하고 사직하였는데, 상이 그 말을 듣고 내의를 시켜 병을 돌보게 하고 약을 주었다. 성혼은 이이를 보고 "내가 어떤 사람이라고 이토록 과분한 은례를 받는가." 하니, 이이는 웃으며 "그대가 어찌 죽은 말 머리[死馬頭][183]보다야 못하겠는가." 하였다.

▶◀ 흰무지개가 해를 꿰뚫었는데, 삼공이 재변으로 사직하였다. 이때 박순과 노수신은 깨끗한 명망으로 재상의 자리에 있었으나, 강사상은

---

183) 어리석은 자도 대우를 받으면 어진 이들은 자연히 모여들게 되리라는 말이다. 전국 시대에 곽외郭隗가 연燕나라 소왕昭王에게 자신을 천거하면서 설득한 고사에서 나왔다. 옛날 어느 나라 임금이 연나라 사람을 시켜 천금을 가지고 천리마를 구해 오게 했는데, 그 사람이 죽은 천리마의 뼈를 5백 금에 사가지고 돌아왔다. 임금이 노하여 문책하니 그가 죽은 천리마의 뼈도 5백 금에 산다는 소문이 퍼지면 틀림없이 산 천리마가 찾아들게 될 것이라 했는데, 그 뒤 1년이 못 되어 과연 천리마가 세 마리나 팔려 왔다는 것이다.『전국책戰國策 연책燕策』

본래 인망이 있는 사람이 아니었다. 박순 홀로 나라를 걱정하고 선비를 사랑하였으나, 노수신은 날마다 술이나 마시고 하는 일 없이 뇌물이나 받아들여서 도리어 청렴과 검소로 자신을 지키는 강사상보다도 못하였으므로 사림이 비루하게 여겼다.

▶◀ 성혼이 병으로 관직을 그만둘 것을 청하니, 상이 체직을 명하고 "병 때문에 체직하였으나 병이 나으면 내가 보고자 하니 체직되었다고 해서 내려가서는 안 된다." 하였다. 상은 성혼을 보려고 이렇게 하교하였던 것이다.

▶◀ 정인홍이 장령으로 서울로 올라왔다. 정인홍은 깨끗한 명성으로 세상에서 중히 여겼는데 이때 장령이 되어 오니, 사람들이 그 풍모를 바라보려 하였다.

▶◀ 사간원에서 차자를 올려 정치를 닦아서 하늘이 내린 재해를 풀자고 청하였더니 상이 너그럽게 답하였다.

2월 나라의 기강 정비 요청

상이 경연에 나아가 『춘추』를 강하였다. 이이가 상에게 아뢰기를,
"정자程子는 '후세의 왕이 만일 『춘추』의 뜻을 안다면 비록 우왕이나 탕왕 같은 덕이 없다 하더라도 삼대의 정치를 본받을 수 있다'라고 하였습니다. 이 말은 없는 말을 지어내어 사람을 속이는 것이 아니라 틀림없이 사실일 것이니, 전하께서는 이 경經을 읽으실 때마다 반드시

어떻게 해야 삼대의 정치를 회복할 수 있는가를 생각하신다면 반드시 보탬이 있을 것입니다.

　지금 나랏일은 안으로 기강이 퇴폐하여 백관은 직무를 보지 아니하며, 밖으로는 백성이 궁핍하고 재정이 다하였으며 병력이 잔약해졌습니다. 무사히 새는 곳을 막고 날을 보낸다면 혹 지탱할 수 있겠으나, 전란이라도 난다면 분명 흙이 무너지고 기와가 풀어지듯 하여 다시 수습할 계책이 없을 것입니다. 대소의 관리들은 귀에 편하고 눈에 익어서 걱정스러운 줄도 모르고 있습니다. 전하께서는 반드시 이 걱정스러운 상황을 깊이 깨달으시어 예사로 보지 마시고 힘써 떨쳐 일어나 먼저 본원本原을 공부해 나가신다면 학문이 정밀하고 밝아져서 본원이 훤히 트일 것입니다. 또 대신을 경계하여 어진 인재를 불러 요직에 기용하시어 날마다 일하는 것이 있어서 일의 성과를 떨치고 백성의 폐해를 혁파하십시오. 이런 뜻을 굳게 가지고 다시 물러나지 않는다면 나라의 일이 희망이 있을 것입니다.

　'인재는 다른 시대에서 빌려오지 못하는 것[才不借於異代]'[184]이지만, 옛날부터 정치를 잘하고자 하는데 인재가 없던 적이 언제 있었습니까. 또한 임금은 호오好惡를 뚜렷이 밝혀서 인심을 안정시키지 않으면 안 됩니다. 지난번 이조에 명하여 사람 쓰는 법을 논하실 때, 말씀하신 취지가 공명하고 간절하여 많은 사람들이 감격하여 눈물을 흘렸으며, 나라 사람이 다 전하께서는 반드시 무엇인가 하실 것으로 알았습

---

184) 중국 속담이다. 명나라 최여하崔與瑕의 「호장숙공유고서胡莊肅公遺稿序」에 나온다.

니다. 비록 이런 마음이 있더라도 반드시 정치의 시행에 적절해야만 실효 없는 선善이 되지 않을 것입니다.

　옛날 요순은 어짊으로 천하를 거느리니 백성이 따랐는데, 요순이 선을 좋아하고 악을 미워한다는 뜻을 분명히 보였기 때문에 천하가 지지하고 순종하며 악을 버리고 선을 따른 것입니다. 후세의 임금들은 오히려 신하들이 자기의 의향을 알게 되는 것이 경박한 일일까 하여 호오를 분명히 보이지 않고 도리어 현자가 의지할 데 없이 만들고 악한 자로 하여금 두려움이 없이 하였으니 이는 임금의 도량이 아닙니다. 지금 전하께서 선을 좋아하고 악을 미워한다는 뜻을 분명히 보여 주신다면 많은 선비가 흥기할 것이고 거리의 백성까지도 선으로 향하는 마음을 꽃피울 것이니, 이야말로 오늘의 가장 급한 일입니다." 하였다. 이때 경연에 나온 신하들은 다 엎드려 말이 없었다. 오직 응교 김우옹이 아뢴 바가 있었는데, 주상 자신이 스스로 닦아 정치를 도모하도록 청하였다.

▶◀ 사헌부가 수원 현감 우성전禹性傳을 탄핵하여 파면시켰다. 우성전은 젊었을 때 이황의 문하에 공부하여 제법 좋은 이름을 얻었으나, 재주와 기운을 자부하고 궤변을 견지하고는 사류를 능멸하며 스스로 경세제민의 재주가 있다고 생각하였다. 그러나 그의 몸가짐에 흠결이 많아서 착한 부류는 그를 인정하지 않았다. 다만 그의 친구인 홍혼洪渾·성낙成洛의 무리가 망령되이 서로 높이면서 성전이 뜻을 얻어야 만물이 모두 그 생명을 이룰 것이라고 자자하게 칭찬하였으므로 그 무리가 점점 많아져 기세가 매우 성대하였으나, 식자들은 우려하였다.

이이가 처음 시골에서 들어오자, 사류가 모두 이이에게 지금 힘써야 할 일에 대해 물었다. 이이가 대답하기를,

"지금 걱정은 임금과 신하가 서로 알지 못하고 위아래가 마음을 소통하지 못하며 사류가 서로 화합하지 못하는 데에 있다. 반드시 사류를 소통시키고 융합시켜 하나로 만들어 서로 의심하거나 막지 말고 서로 정성을 쌓아서 임금의 의향을 돌리는 것이 첫 번째 대책이다."

하였다. 이발과 김우옹이,

"우경선禹景善[우성전의 자] 같은 자는 어떻게 처리해야겠는가?"

하고 물으니, 이이는 대답하기를,

"만일 군자가 정사를 잡아 기강을 정리한다면 그가 어찌 함부로 사욕을 부리겠는가. 만일 조정에 군자가 없고 기강이 없다면 아무리 이런 부류를 쫓아내려고 한들 가능하겠는가. 이런 자는 굳이 공격할 것도 아니다. 만일 임금의 마음을 돌리지도 못하고 원수지는 일이 먼저 생긴다면 사류는 발붙일 곳이 없다."

하였다. 이발 등은 그렇다고 하였다. 안민학이 이 말을 듣고는, 이이는 구차하고 오활하여 훈유薰蕕(향기 나는 풀과 악취 나는 풀)를 같은 그릇에 담아 놓고 조정의 계책으로 삼고 있다고 조롱하며 매우 언짢아하였다.

장령 정인홍은 강직하고 위력이 남보다 뛰어난 사람이었는데, 우성전이 교체될 것이라는 말을 듣고 다시 시종의 반열에 들어오게 될까 두려워하여 탄핵하여 파직시키고자, 우성전이 고을을 다스리면서 일을 돌보지 않고 부모를 뵌다는 핑계로 오래 서울에 있었는가 하면, 또

많은 돈과 곡식을 서울 집으로 가져다가 술과 안주를 차려 마음대로 놀고 마시면서 기세를 부리고 망령되이 스스로 자랑하고 높은 체하였다는 실상을 비판하였다.

대사헌 이양원은 나이 젊은 무리와 혐의를 지을까 두려워하여 정인홍의 의견을 좇지 않으려 하였으나, 인홍이 매우 힘껏 다투며 홀로 논계하겠다고까지 하였다. 이양원은 어쩔 수 없이 좇으면서 논핵한 말을 조금 수정하여, 다만 직책을 버리고 서울에 있었다는 과실만 지적하여 파면시켰다. 이 때문에 그 무리가 다 불평을 품게 되었다.

◗◖ 특별히 대사헌 이양원을 형조 판서로 삼았다. 이양원은 일을 미루고 할 일을 하지 않았으며, 평소 나랏일에 마음을 두지 않았다. 오직 가산家産을 경영하여 크게 치부하였으며 동작강변에 정자를 짓고 강을 가로질러 명주실 어망을 몇 벌이나 쳐 두었는데, 이는 모두 여러 고을에서 구하여 얻은 것이었다. 상은 그의 묵중한 태도를 좋아하였기 때문에 자헌대부로 초탁하였는데, 형조 판서가 된 뒤에는 한결같이 청탁만 따랐으므로 사람들이 모두 비루하게 여겼다.

◗◖ 성혼이 종묘령宗廟令으로 사은하였는데, 상이 사정전思政殿(경복궁 편전)에서 불러 보고 묻기를,

"이름을 들은 지 오래되었다. 대도大道의 요체를 말해 주겠는가?"

하니, 성혼은 고금의 제왕들이 학문하던 공력에 대해 대답하였다. 상이 다시 고금의 치란治亂과 현재 정사 중 잘하는 것과 못하는 것, 백성을 구제할 방책을 물으니, 성혼이 물음에 따라 답하였다. 상이 "얼굴을 보려고 하니 부복하지 말라." 하였으므로, 성혼이 일어나 앉았다.

상이 이르기를,

"나를 어리석다고 하지 말고 억지로라도 머물면서 나의 허물을 일러주어야 할 것이다."

하였으나, 성혼은 이날 상소를 올려 물러가려고 하였다. 상은 좌중에서 그 상소문을 가져다 보고 어째서 물러가려고 하는지 묻고, 여러 번 위로하고 타일러 만류하였다.

◗◖성혼에게 쌀과 콩을 하사하였다. 시종하는 신하가 혼이 서울에 있으면서 양식이 떨어졌다고 아뢰어 녹봉을 지급하기를 청하였다. 상이 좌의정 노수신에게 이 건의가 어떠한지 물으니, 수신이 녹봉을 주더라도 안 될 것은 없다고 대답하였다. 상은 이에 녹봉을 지급하라고 명하였다. 이이가 듣고 말하기를,

"가난을 구제하는 것이라면 받지만, 녹봉으로 주는 것이라면 안 받아야 한다. 호원浩原(성혼의 자)이 녹봉을 받는 것은 온당치 못하다."

하였다. 김우옹이 이이의 이 말을 듣고 상에게 아뢰어 녹봉으로 지급하지 말고 특별히 가난을 구제하는 뜻으로 쌀과 콩을 하사하기를 청하니, 상이 옳다고 하고 호조에 명하여 쌀과 콩을 실어 보냈다.

성혼이 상소하여 사양하니, 상이 "가난을 구제하는 뜻은 옛사람의 도리이니 사양하지 말라."고 대답하셨으므로, 혼이 어쩔 수 없이 받았다. 이때 호조에서 쌀과 콩을 각각 5석씩 지급하자고 청하니, 이이가 호조 좌랑 송대립을 보고 말하기를,

"가난을 구제하는 곡식이 어찌 그리 약소한가."

하고 물으니, 대립이 대답하기를,

"만일 많으면 성군成君이 더욱 편치 않게 여길까봐 그렇게 하였다."
하였다. 이이는 말하기를,

"이번 조치는 근대에 없던 일이므로 마땅히 훗날 성대한 은전으로
기억될 것인데, 만승萬乘의 나라에서 현자에게 하사하는 쌀이 5석이
라면 너무 인색하지 않은가."
하니, 대립은 대답하지 못했다.

▶◀ 유성룡이 부제학으로서 서울에 들어와 사은하였다. 사류가 조정
에 많이 모여들었으므로, 사람들은 모두 훌륭한 일을 할 것이라고 생
각하였다.

▶◀ 전 판서 박충원朴忠元(1507~1581)이 졸하였다. 충원은 용렬하여 단
지 몸이나 용납하고 지위나 보전할 뿐이었는데, 말년에는 정신이 혼
미하여 흑백을 분별하지 못하더니 이때 죽었다.

▶◀ 삼공과 육경이 정릉靖陵(중종의 능)을 살피고 돌아왔다. 이에 앞서
명종 때에 요승 보우가 오랫동안 보은사報恩寺의 주지로 있으면서 중
종의 능을 절 곁으로 옮겨 절의 세력을 굳히고자 하였다.[185] 이에 문정
왕후를 미혹시켜, 선릉宣陵(성종의 능) 가까운 곳에 좋은 자리가 있다고
하며 중종의 능을 옮기라고 청하였다. 문정왕후가 자못 신뢰하였고,
권신 윤원형이 문정왕후의 뜻에 영합하여 여러 대신들을 위협하였다.
대신 안현安玹 등은 모두 그에게 아첨하는 처지라 감히 반대하지 못하

---

185) 1559년(명종 14) 영의정 상진尙震 등이 "풍수설은 후세에 나왔으므로 그 길흉
   을 논한 것은 참으로 믿을 만한 것이 못 되는 데다가 근래의 지리술地理術을 하
   는 자들이 서로 배척하니, 믿기가 어렵습니다."라고 반대했으나, 명종은 자전의
   뜻이고 "풍수설을 믿기 어렵다 하여 길흉을 가리지 않을 수는 없다."는 이유로 천
   릉을 결정하였다.『명종실록 14년 4월 23일』

여 결국 능을 옮기려는 계획은 이루어졌는데, 장차 문정왕후도 세상을 뜨면 같이 합장하려고 하였다.

그러나 지세가 낮아서 흙을 돋우는 공력의 경비가 수만 량이었으며, 해마다 강물이 넘쳐 물이 능 앞까지 들어와 재실이 반이나 물에 잠겼으므로 여론이 슬퍼하고 분개하였다. 문정왕후의 장례 때는 어쩔 수 없이 다른 곳에 능을 잡았다. 그러므로 여론은 모두 중종의 능을 옮기자고 하였으나, 조정의 의논은 다시 옮기는 것은 더욱 온당하지 않다고 여겼다. 이 때문에 다시 형세를 살피고 돌아와 아뢰기를,

"강물이 넘치기는 하지만 능과는 거리가 매우 멀어서 물이 불어도 스며들 걱정은 없으며 또한 물이 부딪쳐 침식될 형세도 아닙니다. 다만 흙과 돌로 지세 낮은 곳만 메워 쌓아 물길을 막고, 재실은 높고 건조한 곳에 옮겨 세우는 것이 마땅할 것입니다."

하니, 상이 윤허하였다.

3월 대사헌 이식 탄핵

박민헌을 의금부에 내려 구속하였다가 얼마 후에 사면하고 그 직위만 파면시켰다. 앞서 박민헌이 강원 감사로 있을 때에 횡성 사람인 존이存伊가 그 어미를 죽였는데, 다른 사람으로부터 고발당하였다. 옥사獄事가 갖추어져 형신을 받게 되었는데, 민헌이 사랑하던 기생이 존이에게서 뇌물을 두둑이 받고는 민헌에게 존이의 죄를 다스리지 말도록

은밀히 청하였다.

박민헌은 직접 국문한다고 핑계대고 존이를 감사가 있는 곳으로 송치하고는 마침내 풀어주었으므로 백성들이 매우 분해하였다. 이에 이르러 사실이 발각되어 존이를 다시 의금부에서 삼성 교좌三省交坐[186]로 국문하였다. 증언하는 말이 모두 하나로 귀결되었으나, 다만 존이는 불복하다가 곤장에 맞아 죽었다. 양사에서는 박민헌을 잡아서 국문할 것을 청하였는데, 간쟁한 지 여러 날이 되어서야 명하였다. 뇌물을 받고 고의로 풀어준 죄로 다스렸으나 박민헌이 승복하지 않으므로 형신하려 하는데 상이 형을 정지하고 조율照律(죄에 해당하는 조문을 적용함)을 명하였다.

의금부에서, 뇌물을 받은 죄는 자복하기 전에는 형률을 적용할 수 없다고 하자, 이에 명을 내려 뇌물을 받은 죄는 제외하고 다만 고의로 풀어 준 죄만으로 형률을 적용하니 죄가 사형에 해당하였다. 벌을 경감하여 다음 형률을 적용하고 용서하는 전지傳旨를 내려 이전의 일은 불문에 붙이기로 하고 그 직위만 파면시켰다.

▶◀ 사헌부에서 이조 좌랑 이경중李敬中의 파면을 청하였는데, 그대로 따랐다. 이경중은 본래 학식이 없고 또 성질이 고집스러워서 제대로 좋은 일을 따르지 못하였는데, 전랑으로 무척 오래 있었기 때문에 독단하는 습성이 상당히 몸에 배었다. 장령 정인홍은 그가 하는 행동을 싫어하여 탄핵하려 하였는데, 대사헌 정탁이 고집을 부리며 따르지

---

186) 살인 등 강상綱常을 범한 중죄인을 추국하는 방식 중의 하나이다. 삼성은 의정부, 사헌부, 의금부를 일컫는 말이며, 교좌는 함께 앉는다는 것으로, 곧 이 세 부서가 모여 죄인을 문초하는 것을 말한다.

않았으므로 각각 소견대로 아뢰고 피혐한 뒤 사퇴하였다.

사간원에서는 정탁을 체직하고 정인홍은 출사하게 할 것을 청하였는데, 드디어 경중을 탄핵하여 파면시키자 그 무리 사이에서는 의심과 두려움을 품은 헛소문이 분분하였다. 이 일에 대해서는 유성룡도 꽤 좋아하지 않았으므로, 이이가 분명히 경계하기를,

"정 덕원[정인홍의 자]은 초야에서 일어난 고독한 사람으로서 충성을 다하고 공적인 도리를 받들고 있다. 그의 논의가 지나친 데가 있는 듯하지만 그것은 실로 공론인데 어째서 그르다고 하겠는가."

하니, 유성룡도 감히 말하지 않았다.

◗◖ 사간원에서 대사헌 이식을 탄핵하여 교체하였다. 이식은 청현직에 있으면서도 탐욕스럽고 비루하며 자제하고 단속함이 없어 사람들이 천하게 여겼다. 또 서얼의 딸이 궁중에 들어가 숙원淑媛이 되어 한창 총애를 받았는데, 이식이 그를 통해 뇌물을 바치는 등 행적이 매우 추하였다. 이를 듣는 이는 분하게 여기고 미워하지 않는 이가 없더니 이에 이르러 대사헌이 되었다.

이식은 황해 감사 때의 허물을 이이가 언급한다고 잘못 듣고 피혐하면서 아뢰기를,

"신이 황해 감사 때에 삼가지 못한 잘못이 있었는데, 10년 후에 여러 사람의 평판이 격화되었으므로 신이 구차하게 사헌부 장관의 직책에 있을 수 없으니 교체하여 주기를 청합니다."

하였다. 사헌부에서는 이 일이 10년 전에 있었고, 또 별로 드러난 일도 없기 때문에 출사하도록 청하였다. 나중에 정인홍은 이식이 궁중

과 통한 죄상이 있다는 사실을 듣고는 그를 출사시키도록 청한 것을 후회하였다. 이에 지평 박광옥과 책임을 지고 사퇴하며 아뢰기를,

"궁첩宮妾이 이름을 아는 것을 옛사람은 수치로 여겼는데 이식이 청반의 선비로서 이러한 허물이 있었던 사실을 미처 들어 알지 못하였기 때문에 출사시킬 것을 아뢰었으니 이는 풍헌風憲[187]의 직책을 그르친 것입니다. 교체하여 주시기를 청합니다."

하였다. 상이 노하여 이르기를,

"이식에게 어찌 이런 일이 있겠는가. 공격하여 제거하고자 고의로 이 말을 만든 것에 지나지 않는다. 조정이 화합하지 않거나 인심이 순박하지 못하면 나라에 폐해가 있을 뿐만 아니라 역시 자신에게도 불리한 것이니 사퇴하지 말라."

하였다. 정인홍 등은 물러나 물론物論[188]을 기다리고 있었는데, 사간원에서 아뢰기를,

"정인홍 등은 초야에서 일어난 고독한 사람으로서 밝은 임금을 만나 풍헌의 직에 있으면서 공무를 받들고 직책을 다하는 것만 알 뿐, 다른 것을 돌볼 생각이 없습니다. 또 이식과는 조금도 사사로운 혐의가 없는데 이것이 어째서 공격하여 제거하려는 마음이 있다 하겠습니까. 이번에 책임을 지고 물러난 것은 여론에 몰려 그런 것인가 생각됩

---

187) 풍화風化와 헌장憲章이라는 말로 조직, 사회의 기강, 사상, 분위기, 관습을 지칭하는 말이다. 조선에서는 보통 사헌부와 대사헌을 비롯한 사헌부 관원을 풍헌, 풍헌관이라고 했다.

188) 국정 운영 과정에서 처리되는 정책이나 인사 행정 등에 대한 사람들의 논의나 비평으로, 물의物議와 같은 개념으로 통용되었다. 보통 관련 사안에 대한 조정 관료의 여론을 말한다.

니다. 나라에서 이목耳目이 되는 관리를 설치한 것은 탁한 것을 공격하고 맑은 것을 선양하여 기강을 떨치자는 것인데, 만약 한 사람을 탄핵한 것을 가지고 바로 의심하여 화합하지 않는다거나 순하지 않는다거나 한다면 공론이 펴지지 않을 것이고, 사기가 꺾이고 풀이 죽어서 장차 나라꼴이 될 수 없을 것이니, 정인홍 등에게 관직에 나오도록 명하기를 청합니다.

이식은 과연 나인과 통한 잘못이 있고 또 청렴하지 않다는 평도 있는데, 사실인지 거짓인지는 알 수 없으나 남들의 말은 이러하니, 그 직에 있을 수 없습니다. 청하건대 직을 갈아서 바꾸기를 명하십시오." 하였다. 그리하여 이식의 관직을 교체하고 정인홍 등을 관직에 나오도록 하였는데, 유속은 모두 청의淸議를 꺼리었고, 이이가 청의의 주동이 되었다 하여 더욱 심하게 미워하였다.

◗◖ 군기시 안에 있는 연못물이 반 길이나 높이 솟아올라서 사람들이 모두 놀라고 괴이하게 여겼다.

◗◖ 도승지 이우직李友直을 특진시켜 대사헌으로 삼았다. 이우직은 사람들의 명망을 얻지는 못하였으나, 청백한 지조와 곧은 행실이 있었기 때문에 물의가 일어나지 않았다.

◗◖ 대사간 이이가 병으로 세 번이나 글을 올려서 관직을 풀어 주기를 청하였으나, 상은 휴가만 주고 관직을 교체해 주지 않았다. 상이 마침 조금 편찮았으므로 이이가 나가서 사은하였다. 또 간관을 사퇴하고 일반 관직에 있으면서 분수에 따라 직책을 다하겠다고 청하였다. 이에 답하기를 "조리하여 직무를 수행하고 사퇴하지 말라." 하였다.

◗◖ 상이 일본 사신을 근정전에서 접견하려고 하였는데, 관례로 보면 여악女樂을 사용하게 되어 있었다. 삼사에서 글을 올려, 여악을 쓰지 말고 멀리서 온 사신에게 예로써 보이기를 청하여 여러 날을 다투었으나 뜻을 이루지 못하였다. 이에 사간원에서는 먼저 쟁론을 중지하였는데, 어떤 이는 사간원을 탓하였다.

이이는, "나라를 다스리는 데는 순서가 있으니 먼저 백성이 도탄에 빠진 곤경을 풀어 놓고 난 뒤에야 예악을 바로잡을 수 있는 것이다. 어찌 예악부터 먼저 일삼겠는가." 하였다. 연회 하는 날 여악을 써서 온갖 요사한 교태를 부렸는데, 정철이 시위하는 병관兵官으로 이를 보고 나서 이이에게 "형이 사간원의 장관으로서 이것을 그만두게 하지 못해 정전에서 요사한 귀신 놀이를 하였으니, 옛사람에게 부끄럽다." 하였다.

4월 시정을 논한 성혼의 상소

이헌국을 특진시켜 한성부 우윤으로 삼았다. 이헌국은 도승지로 있으면서 사헌부로부터 승정원의 장관으로 합당하지 않다는 탄핵을 받았다. 비록 상이 윤허하지는 아니하였으나, 헌국은 사론士論의 인정을 받지 못할 것을 스스로 알고는 병을 빙자하고 관직에 나오지 않았다. 상은 사림이 인품을 분별하는 것이 과격하다고 생각하였기 때문에 이헌국을 특별히 승진시켜 사론을 억제하려 했다. 사간원에서 인망이 없는 자를 발탁하여 공론을 막는 것은 옳지 않다고 간쟁하였으나, 상은 듣지 아니하였다.

율곡 생각 작爵은 덕망이 있는 이에게 명하는 것이요, 관官은 능력이 있는 이에게 맡기는 것이니,[189] 성군이 나라를 다스릴 때는 어진 이에게 맡기고 유능한 사람을 부리는 것이다. 지금 임금은 그렇지 아니하여 선비로서 인망이 있는 이는 반드시 과격하다고 의심하여 지나치게 억압하고, 인망도 없고 학식도 없이 어물어물 추종하는 자는 높이 우대하며 두터이 포상하고 발탁하여 높은 관직에 제수한다. 그래서 특명이 있기만 하면 학식이 있는 이는 걱정하며 한탄하고 조정이 날로 비하되어 소 먹이는 목동이나 졸개까지도 벼슬하는 이를 경멸하는 마음을 가지게 되었다. 거조가 이와 같으니 인심과 세도가 물처럼 아래로만 내려가서 구제할 수 없게 되는 것이 당연하다.

▶◀ 내자 첨정 성혼이 상소하여 시정의 잘잘못을 극언하였는데, 껄끄러운 주제도 피하지 않았다. 상이 답하기를,

"지극한 견해를 듣게 되어 심히 가상하다. 내가 비록 덕이 없고 우매하나 감히 마음에 두지 않을 수 있겠는가."

---

189) 작은 통상 품계를 말하는데, 이는 관품의 등급으로 조정이나 왕조에 대한 기여도의 표시이다. 『맹자 등문공 상』에서 말하는 공公이나 대부大夫, 사士 등도 이에 속한다. 관은 관직을 말한다. 『주례』 「하관夏官」에 "덕으로 작을 주고, 공으로 녹을 주며, 능력으로 일을 맡기고, 근무기간으로 급료를 준다[以德詔爵, 以功詔祿, 以能詔事, 以久奠食]." 하였다.

하였다. 승정원에서 그 상소를 대신에게 보여서 시행하도록 청하니, 상이 답하기를,

"상소 가운데서 논한 학문과 시폐는 내 스스로 살펴야 할 것이다. 다만 조정을 비방하여 공경과 대신 가운데 마땅한 인재가 없다 하고 또 나라의 제도를 번거롭게 고치자고 하니, 이것은 정성이 지나치고 또 온건하지도 않으므로 역시 시행하기가 어렵다."

하였다. 승정원에서 다시 상의 처사가 온당하지 못하다는 뜻으로 아뢰니 상은 노하여 "겨우 한 사람의 선비를 불러왔는데 어째서 이렇게 말이 많은가." 하였다. 이에 사헌부와 홍문관에서 모두 차자를 올려 조목조목 논의하니 상이, "대신에게 보이는 것은 어려운 일이 아니니 그 상소를 대신에게 보여라." 하였다.

이때에 사간원에서 흉년이 들어 공사의 저축이 모두 고갈되었으므로 삼공·육경·삼사의 장관을 대궐 뜰에 모아, 미리 백성을 구제할 계책을 강구하자고 청하였다. 이 일로 하여 삼공이 빈청에 모이자, 상이 성혼의 상소를 대신에게 보여 주라고 명하였다. 주서가 상소를 가지고 오자 삼공이 주서에게 읽게 하였다. 주서가 큰 소리로 읽으니 육경이 둘러서서 듣는데 혹은 조는 체하고 듣지 않는 자도 있었다. 삼공이 아뢰기를,

"초야의 선비로서 밝은 성군을 만나 충성을 다하는 것입니다. 이 상소의 말은 진심에서 우러나 간절하지 않은 것이 없으니, 기꺼이 받아들여 시행하기를 청합니다. 또 조종조에서는 지방관으로서 경연관을 겸대하게도 했으니, 최자빈崔自濱·김식金湜·김안국金安國은 모두 가

까운 전례입니다. 청컨대 성혼도 이 사례에 의거하여 고문에 대비하

게 하십시오."

하니, 상이 답하기를,

"계달한 뜻은 알겠지만, 경연관을 겸하라는 말은 새로운 사례로 만

들 수 없다. 뒷날 내가 다시 불러 보겠다."

하였다. 성혼이 이미 구제해 주는 곡식을 받고 관직을 받았으나 직무

를 볼 수는 없어서 이이를 보고,

"나는 상소하여 극진히 간언하고 돌아가려 하는데 어떨지 모르겠

다."

하니, 이이는 말하기를,

"형은 시골 선비로서 비상한 은혜를 입었으니, 마땅히 눈치 보지 말

고 다 진달하여 성상의 마음을 바로잡아야 한다. 다행히 받아들여 채

용한다면 사직의 복일 것이요, 불행히 외면한다면 그때 산림으로 돌

아간다 해도 부끄럽지 않을 것이다."

하였다. 그러자 성혼은 문을 닫고 상소의 초고를 작성했는데, 오직 이

이와 진언할 만한 계책을 상의하였다. 상이 불러 보았을 때 물었던 차

례대로 첫머리에는 대도의 요령과 학문하는 공효를 진술하고, 다음은

고금의 치란을 말하되, 군자를 쓰느냐 소인을 쓰느냐가 잘 다스려지

느냐 어지러워지느냐의 기틀이 된다고 했다. 또 다음으로 시정의 잘

잘못을 말하고 어진 인재는 등용되지 않고 용렬한 무리가 높은 직위

에 있는 것이 오늘날 병통의 근본이라 하고 나서, 인재를 얻어서 어진

이에게 위임할 것과 유능한 이를 부릴 것을 청하였다.

또 다음으로는 백성의 초췌한 참상을 언급하고 폐단이 되는 법을 개혁하여 불에 타고 물에 빠진 듯한 고초에서 백성을 건져 주라고 청하였다. 마지막에는 상의 하교 가운데 '내가 잘못했다'는 말에 의거하여 보좌하는 삼공이 직책에 부족함을 극론하였으니, 병통의 근원에 적중하였으며 말이 매우 밝고 곧았다. 성혼과 이이의 소견이 일치하였고, 또 표현에는 혹 이이로부터 나온 것도 있었다. 이이의 생각에는 상이 성혼의 이름을 무겁게 여기기 때문에 성혼의 손을 빌려서 상의 마음을 감동시켜 깨닫게 하려 하였으나, 상의 뜻이 곧은 말을 좋아하지 않으므로 끝내 소득이 없었고 사림은 꺾이어 풀이 죽었다. 성혼이 말하기를,

"봉사封事를 올리지 않은 것이 낫지 않았겠는가?"

하니, 이이가 답하기를,

"그렇지 않네. 사람에게는 여러 의논이 없을 수 없는 것이며, 다만 한 번 읽더라도 또한 인심을 시원하고 기쁘게 할 것이네."

하였다. 성혼의 상소가 채택되지 못한 일을 가지고 소를 올려 논하려는 태학생이 있었다. 이이가 듣고 놀라 말하기를,

"어느 일 만들기 좋아하는 자가 감히 이런 논의를 만들었는가? 태학생은 나라의 위망에 관계되는 일이 아니면 소를 올릴 수 없는 법이다. 이런 일을 당하여 바로 간쟁하는 것은 간관의 직분이다."

하고는, 곧 사람을 시켜 타일러 그만두게 하였다. 상이 성혼의 상소가 조정의 높은 지위에 있는 이들을 비방한 것을 보고 매우 불평하였으나, 선비를 대우하는 도리를 잃지 않으려고 좋게 대답하였는데, 승정

원에서 계품하자 그때는 본심을 드러내었다. 또 "성혼의 상소에는 이이의 말투와 같은 데가 있다." 하였다. 이이가 듣고, "소견이 같기 때문에 말투 역시 같은 것이다. 먼 시골이나 외딴 곳에서 선비를 구하였더라도 만약 뜻이 합치하면 그 말하는 내용이 다르지 않을 것인데 하물며 친구의 사이겠는가." 하였다.

이때에 사헌부와 홍문관에서는 모두 차자를 올렸으나 유독 사간원에서는 말이 없으므로 사람들은 피혐하는지 의심하였다. 이이가 "내가 피혐하는 것이 아니라, 이 일은 한 번만 분명히 논변하면 충분하지, 어찌 반드시 삼사에서 함께 일어나 도리어 상의 마음을 괴롭게 하겠는가." 하였는데, 식견 있는 사람은 옳게 여겼다.

▶◀ 삼공·육경·삼사의 장관이 같이 의논하여 백성을 구제할 계책을 올렸다. 대사간 이이가 전에 동료들에게 말하기를,

"지난해에는 평안도가 이미 흉년이었고, 올봄에는 장마가 지나쳐서 보리가 손상되었으니 만약 벼농사까지 그르친다면 굶주리는 것을 앉아서 보면서도 구제하지 못할 것이므로 백성을 구제할 계책을 반드시 미리 강구해야 할 것이다."

하고는, 삼공·육경·삼사의 장관을 대궐 뜰에 모아 백성을 구제할 계책을 미리 강구할 것을 청하였는데, 상이 허락하여 이날 모두 빈청에 모였다. 대신들은 상의 뜻이 개혁하기를 싫어했기 때문에 폐정을 구하는 계책은 감히 개진하지 못하였다. 다만, 곡식을 운반하여 평안도의 굶주린 백성을 구제하고 상평창을 설치하여 곡식을 바치는 이에게 영직影職(명예직)을 주며, 흉년으로 황폐한 곳에는 적당한 연한을 헤아

려 공물과 선상膳上(임금 등에게 올리는 찬거리)을 감해 주고, 하삼도에는 수군水軍의 역을 헤아려 감하여 주며, 별와서別瓦署를 파하여 낭비를 덜도록 청하였을 뿐이었다.

▶◀ 대사헌 이우직이 병으로 사면하였다. 이우직은 스스로 인망이 아님을 부끄럽게 여겼고, 또 성혼의 소에 특명에 의한 관직은 으레 용렬한 자에게 주어진다고 비방한 말이 있음을 듣고 즉시 병을 이유로 사양하고 물러났다.

▶◀ 이때 강원도 어사 권극지權克智, 황해도 어사 김응남, 경기도 어사 홍적, 평안도 어사 이산보 등이 모두 서울로 들어와서 서계書啓로 아뢰었는데, 평안도와 황해도에 굶주리는 자가 가장 많았고 경기도는 그다음이었으며 강원도가 가장 가볍다고 하였다. 상은 굶주리는 백성을 생각하는 인정이 있었기 때문에 2월에 별도로 민간에 암행어사를 파견하여 백성의 고생과 수령이 어진지 아닌지 살피게 하였는데, 지금 서로 잇달아 복명하였다.

▶◀ 군기시 연못물이 솟아올랐으며, 또 강계에서는 밤이 훤히 밝은 괴변이 있었다. 밤이 밝기가 달밤과 같아서 사람의 그림자가 보이자 사람들이 모두 놀라고 괴이하게 여겼다.

▶◀ 이조 판서 박대립이 병으로 사면하여 이산해를 이조 판서로 삼았다.

▶◀ 장령 정인홍이 부모를 뵈려 시골로 돌아갔다. 정인홍은 사헌부에 있으면서 위풍으로 남을 제재하여 백료가 진작 숙정되었고 거리의 장사치들까지도 감히 금하는 물건을 밖에다 내놓지 못하였다. 어떤 무부武夫가 시골에서 서울로 들어와 어떤 이에게 말하기를,

"장령 정인홍의 형상이 어떻게 생겼는가? 그 위엄이 먼 외방까지 뻗치어 병사, 수사나 수령들까지도 두려워하고 삼가 경계하니, 진실로 장부이다."

하였다. 이 말을 이이가 듣고는 웃으면서 말하기를,

"덕원[정인홍의 자]이 사헌부 관원이 되니 많은 사람이 꺼려 하고 미워하는데, 이 무부는 감히 칭찬하니 그가 바로 장부다."

하였다. 이때에 와서 부모를 뵈려 시골로 돌아가니, 성안의 방종한 자들은 모두 기뻐하면서, 이제야 어깨를 쉬겠다고 하였다. 다만 정인홍은 기운이 약하고 도량이 좁아서 일을 처리함에 있어 혹 조급하고 시끄러움을 면치 못하였으므로 이이가 늘 글을 보내어 경계하기를,

"큰일에는 마땅히 분발하여 일어서야 할 것이지마는 작은 일은 혹 간략하게 처리하는 것이 좋네. 사람들의 말썽이 떼 지어 일어나게 되면 시사가 더욱 어쩔 수 없이 될 것이다."

하였으나, 인홍은 이이가 지나치게 유약하다고 의식하여 안민학에게 말하기를,

"숙헌은 굳게 꿋꿋이 일할 사람은 아니다."

하였다. 안민학이 이이에게 이런 얘기를 하니, 이이가 말하기를,

"나는 덕원의 위韋가 되고 덕원은 나의 현弦이 되어[190] 덕원과 내가 하나로 합친다면 어찌 일을 하지 못하겠는가."

하였다. 이때 청명의 선비인 성혼·이이·유성룡·이발·김우옹·정

---

190) 위韋는 가죽이고 현弦은 활줄인데, 위는 매우 딱딱하고, 현은 부드럽다. 딱딱한 것과 부드러운 것이 조화를 이루면 일을 이룰 수 있으리라는 뜻이다.

인홍 등이 성안에 모이기로 하였으나, 상의 뜻이 선비를 믿지 않으려 하였기 때문에 시사가 나아질 형세가 없었다. 유성룡이 이이에게 묻기를,

"지난번 대궐 뜰에서 했던 의논을 공은 근본적인 대책이 아니라고 하였는데, 근본적인 좋은 대책이란 어떤 것인지요?"

하니, 이이가 대답하기를,

"위로는 임금의 마음을 바로잡고 아래로는 조정을 밝게 하는 것이 근본적인 좋은 대책이네. 임금의 마음이 사류를 가벼이 여기고 오히려 유속을 좋아하시는데 어찌 시사가 다스려질 가망이 있겠는가."

하였다.

◖◗이산해가 병으로 사양하고 나오지 않았다. 이이가 가서 묻기를,

"공은 나라의 두터운 은혜를 입었는데 나라가 위급한 이때를 맞아 직분을 다하여 임금의 은혜에 보답해야 하는데 어찌 병을 빙자하여 사류의 소망을 저버리는가?"

하니, 이산해가 말하기를,

"총재家宰(이조 판서)는 한 나라의 중임인데 내가 어찌 감당하겠는가."

하였다. 이이는 말하기를,

"그러면 누가 감당하겠는가? 2품 이상에는 용렬하고 못난 무리가 가득 차 있는데, 다행히도 공 같은 이가 이 직책에 제수되자 사류의 기대가 매우 만족스러웠거늘 공은 어째서 굳이 사퇴하려 하는가. 또 공은 이미 육경의 반열에 있으므로 관직을 쉬지는 못할 것이니, 공의 재

능으로 보면 오직 이조 판서가 합당하고 아마도 다른 직무에서는 책임을 다하지 못할 것이네. 호조와 형조 같은 관직은 공의 재주로써는 처리할 수 있는 곳이 아니며, 이조라면 공은 틀림없이 사사로운 정에 따르지 않고 공도를 크게 베풀 것이니 이 어찌 도움이 적은 것이겠는가. 근래에 인사가 매우 흐려졌으니, 공은 억지로라도 나와서 묵은 인습을 씻어 주기 바라네."

하니, 산해는 웃으면서 말하기를,

"공은 어찌 세세한 나의 재주까지 다 아는가? 공의 말이 그토록 간절하니 내가 다시 생각하겠다."

하였다. 오래지 않아 이산해는 나와서 일을 보았는데, 정사를 하는 데 청탁을 듣지 않았으므로 집 문앞이 쓸쓸하기가 가난한 선비의 집 같았다. 이이가 듣고 "여수汝受(이산해의 자)가 인사하는 것이 조금은 사람들의 뜻에 맞으니 세도를 구할 수 있을 것이다." 하였다.

5월 지방제도 개혁 논의와 종계 개정을 위한 주청사 파견

양사에서 형조 판서 윤의중을 논박하였으나 윤허하지 않았다. 윤의중은 청반淸班에 오래 있어서 지위가 참판까지 이르렀으나, 자못 탐욕을 부렸으므로 청의에게서 버림을 받았다. 이때 추경秋卿(형조 판서의 별칭)의 자리가 비자 상은 가선대부 중에서 승진시킬 만한 자를 추천토록 대신에게 명하였다. 이조 낭관이 상의 명령에 따라 삼공에게 물

었더니, 영상 박순은 김계휘·정지연을 추천하였고, 좌상 노수신과 우
상 강사상은 윤의중·박근원을 추천하였다.

　이조 판서 이산해는 병 때문에 인사에 참여하지 못하였다. 참판 정
탁은 말하기를,

　"영상이 추천한 이를 수망首望(1순위 후보자)으로 삼아야 한다."
하니, 정랑 이순인李純仁이 고집스럽게 다투며 말하기를,

　"두 정승이 추천한 이를 중하게 여겨야 한다."
하였다. 이에 윤의중을 수망으로 추천하고 박근원을 그다음으로, 김
계휘와 정지연을 그다음으로 하여 네 명의 후보를 갖추었다. 의중은
이미 탐욕스럽다는 이름이 있었고, 근원 역시 경박하고 교묘하여 사
류가 천하게 여기는 데다 또 인성왕후의 상 때 근원은 수릉관으로 있
으면서 처첩을 그리워하다 마음에 병이 생겨 직무를 바꾸게까지 되었
으므로 사람들은 모두 거짓으로 병을 핑계한다 하였다. 두 사람이 다
승진 후보에 올라 윤의중이 낙점을 받았다. 이에 물의가 시끄러웠는
데 "탐욕스러운 자가 뽑혔으니 흐린 자를 비판하고 맑은 사람을 선양
할 길이 없다."고 하였다.

　윤의중은 이발의 외숙이었는데 이이가 탄핵하려고 하자, 성혼이 이
이에게 말하기를,

　"형은 이발과 매우 가까우므로 의중을 탄핵하겠다는 의향을 알려야
한다."
하니, 이이는 말하기를,

　"어찌 그 생질에게 외숙의 허물을 말할 수 있겠는가."

하였다. 대사헌 정지연은 이이가 윤의중을 탄핵하려고 한다는 말을
듣고 말하기를,

"숙헌 홀로 시사를 걱정하여 나라를 위해 원망을 마다하지 않으려
하는데, 우리들이 어찌 돕지 않을 수 있겠는가."

하고, 양사에서 같이 일어났다. 사간원에서는 아뢰기를,

"선악은 분별이 없고 인물 등용이 마땅함을 잃으면, 비록 요순이 위
에 있다 하더라도 다스려지지 못할 것입니다. 윤의중은 청렴하지 못
한 방법으로 부(富)를 이루어 본래 청의가 더럽게 여겼는데, 만일 이 사
람을 승진시킨다면 온 세상을 이익 쫓는 데로 인도하게 될 것입니다.
대신들이 지금 인재를 고르는 기회를 맞아 어진 이를 추천하지 못하
고 단지 경력이 오래 되고 가까운 사람만 보아 추천하였으므로 인심
이 모두 분하게 여기고 있으니 개정하라고 명하시기 바랍니다.

또 박근원은 일찍이 병을 핑계대고 수릉관을 피하고자 하였으니 마
음씨가 보잘것없는 사람인데도 며칠 전 이조에서 잇달아 청요직의 후
보에 올려서 승진까지 시키려 하는 것은 매우 잘못된 것이오니 추고
하기를 청합니다."

하였다. 상은 다만 이조를 추고하도록 명하고 개정하라는 의견은 윤
허하지 않았다. 사헌부에서 올린 계사는 가까스로 평범한 말만 하였
을 뿐이다. 이 때문에 당시 사람들은 모두 "의중에 대한 공격은 이이
가 주장한 것이다." 하였다. 앞서 전조에서 이이에게 박근원이 쓸 만
한지를 묻자 이이가 "박근원은 사류에게 붙으려고 하지만 그 됨됨이
가 비천하고 간사하니 쓸 수가 없다." 하였고, 그 뒤에도 여러 번 물었

으나 한결같이 대답하였다.

어느 날 이조 참판의 자리가 비게 되었으나 후보에 올릴 만한 이가 없어서, 좌랑 김첨金瞻이 김우옹에게 편지를 보내, "이조 참판의 후보에 사람이 없습니다. 박朴(박근원)은 비록 사림의 기대를 받는 사람은 아니지만 크게 대단한 죄상도 없으니 말망末望(후보자 중 제일 끝자리)에라도 올리는 것이 어떻겠습니까? 이 대간에게 물어 보시기 바랍니다." 하였다.

이때 유몽학이 김우옹과 한자리에 있다가, 김우옹에게 편지를 써서 이이에게 물어 보라고 힘써 권하면서 박근원에게 쓸 만한 데가 많다고 말하였는데, 이는 몽학이 근원을 마음속으로 좋아하였기 때문이었다. 이이는 생각하기를, 스스로 이조 관원도 아니면서 남의 앞길을 막는 것이 마음에 걸려 곧 "만약 보낸 편지와 같다면 후보에 올리는 것도 무방할 것이다." 하니, 김첨이 이 말을 듣고는 청요직의 후보에 박근원을 자주 올렸다.

이 때문에 상황을 잘 알지 못하는 사람들은 이이가 박근원을 추천했다고 생각하였다. 박근원이 현직의 후보에 오른 것이 드러나니, 여론이 무척 분노하여 이이를 원망하는 사람도 있었다. 이때 이이가 중론의 분노를 계기로 정론으로 박근원의 인사를 공박하니, 김첨이 매우 불평하면서 사람들에게 말하기를, "대간은 스스로 추천하고서 스스로 논박하는가." 하였다.

이때 이발은 두터운 인망을 지고 있었기 때문에 이발에게 붙으려고 하는 시배가 많아서 언관들도 윤의중을 논박하는 데 힘쓰지 않았다.

이이가 웃으면서 "경함景涵[이발의 자]을 꺼려서 윤尹을 힘써 공격하지 못하는 자는 경함을 모르는 자이다." 하였다. 정언 송언신이 더욱 윤의중을 비호하려고 했다.

이이가 경연에서 아뢰기를,

"오늘날의 급한 일은 흐린 사람을 쳐내고 맑은 사람을 선양하여 사류의 습속을 바로잡는 데 있는데, 의중같이 청렴하지 못한 자를 초탁한다면 사림에게 탐욕을 권하는 것이니, 무슨 수로 사림의 습속을 바꿀 수 있겠습니까. 사림의 습속이 바르지 않다면 상하가 모두 이익만 취하려 하여 나라가 꼴이 되지 못할 것입니다. 한 사람의 진퇴가 중대하지 않을 것 같지만 마침내 한 세상이 다 이익만 취하게 될 것이니 사소한 일이 아닙니다. 공론에 따라 속히 허락하기 바랍니다."

하니, 상이 이르기를,

"윤의중의 청렴하지 못한 실상을 눈으로 보았는가? 대신이 추천하였는데 어찌 감히 쓰지 않을 수 있겠는가."

하였다. 이이가 아뢰기를,

"남의 집안일을 어찌 눈으로 본 사람이 있겠습니까. 다만 의중이 청렴하지 못하여 청의가 더럽게 여긴 지가 오래되었으며, 입이 있는 자는 모두 말하고 있는데 어찌 하나하나가 다 거짓으로 전해진 것이겠습니까. 대신은 어진 사람을 추천하려는 뜻이 없고 다만 경력의 오랜 것만 보고 대충 추천하였으니 공론은 아닙니다. 근래의 폐습은 조정의 신하들이 한 몸의 사사로운 일만 꾀하고 나라의 일에는 뜻이 없는 것이니, 이 습속을 개혁하지 않는다면 세도가 날로 퇴폐할 것이므로 전하께서는 마땅히 청렴한 사람을 뽑아 장려하시고 탐관오리를 억제하고 내치셔야 할 것인데, 오히려 의중 같은 자를 승진시킨다면 인물 등용이 마땅함을 잃은 것이니 어찌 인심이 복종하겠습니까."

하니, 상이 이르기를,

"청렴하지 못하다는 말은 아마 거짓일 것이다. 실로 청렴하지 않다면 어찌 초탁하여 쓰겠는가."

하고는 영상 박순을 돌아다보면서 묻기를,

"의중이 과연 청렴하지 못하오?"

하니, 박순이 묵묵히 한참 있다가 아뢰기를,

"거짓인지 참인지는 알 수 없으나, 다만 공론이 이와 같사오니 따르지 않을 수 없습니다."

하였다. 박순은 자신이 추천한 것이 아니기 때문에 분명히 들어 말하지 못했던 것이다. 이이가 물러나 박순에게 말하기를,

"상공의 말이 어찌 명쾌하지 못합니까."

하니, 순이 말하기를,

"주상께서 만약 묻기를 '어찌 청렴하지 못한 것을 알면서 추천하였는가?' 하신다면, 내가 답할 말이 없을 것이므로 명백하게 말하지 못한 것이네."

하였다. 송언신은 이길李洁의 추천을 받았었기 때문에 이길에게 붙으려고 하였다. 하루는 아뢰기를,

"의중이 조정에 선 지 30여 년에 오랫동안 청반에 있으면서도 오점은 없었고 악착스럽게 부를 추구한 자도 아닙니다. 다만 나이가 많고

뜻이 태만해져 노욕老欲의 경계를 범한 일은 있었던 것 같으니 청하건대 개정하도록 명하소서."

하였는데, 이이는 그가 아뢴 글을 보고는 웃으면서 말하기를,

"이것은 추천하는 글이지 탄핵하는 말은 아니다. 이와 같이 설명하고서 주상이 생각을 돌리기를 바라는가."

하였다. 이때 사헌부에서도 논계를 그쳤기 때문에 이이 역시 그만두고, 송언신에게 편지로 말하기를,

"그대가 윤尹을 논한 글에 칭찬하는 구절이 있어서 사류가 자못 비웃으니, 스스로 대간의 체통을 지키게."

하였다. 송언신이 노하여 대궐로 들어가 피혐하였는데, 그 말이 패란하기가 짝이 없었다. 오로지 윤의중만을 두호하고 양사를 억누르려고 하여 심지어는 근거 없는 말을 지어내 몰래 지목하기도 하고, 자기와 뜻이 다른 사람을 배척하면서 사람이 부덕하다는 등의 말을 만들어내기까지 하니, 듣는 이들이 놀랐다.

사간원에서는 송언신의 관직을 교체하라고 아뢰었고 사헌부에서는 송언신을 파직시키라고 아뢰었으나 상이 허락하지 않았다. 이때 정국의 동향은, 지위가 높은 자들은 동인에 붙어서 많은 사람이 이이를 지목하여 음으로 서인을 돕는다고 하였기 때문에 송언신도 동인에게 붙으려고 이러한 일을 일으켜 사류에게 죄를 얻었다.

◗◖ 성혼에게 쌀과 콩을 하사하라고 명하였다. 이때 성혼은 서울에 살면서 양식이 떨어졌는데 상이 승정원에 묻기를,

"성혼은 녹을 받는가, 안 받는가?"

하니, 승정원에서 대답하기를,

"숙배를 하지 않았기 때문에 녹을 받지 못하고 있습니다."

하였다. 상이 이르기를,

"성혼이 매우 군색하다는 말을 듣고 다시 구제해 주려는데 어떻겠는가?"

하니, 승정원이 답하기를,

"그렇게 하신다면 참으로 어진 이를 대접하는 도리가 되니, 신들은 참으로 감격스럽습니다."

하였다. 상은 곧 호조에 쌀과 콩을 지급하라고 명하였다. 성혼이 두 번이나 소를 올려 사양하였으나, 상이 거절을 허락하지 않으니 쌀과 콩을 봉해 두고 함부로 쓰지 못하였다. 이이가 성혼을 보고 말하기를,

"이 일은 남의 말을 기다려서 한 것이 아니라 특별히 성상의 마음에서 우러난 것이니, 이는 선을 좋아하는 마음이 활짝 열린 것이다. 이 치로 보아 응당 받들어서 배양해야 할 것이요, 굳이 사양하여 상의 마음을 괴롭게 함으로써 선의 단서를 막아서는 안 된다. 이것이 어찌 호원 한 사람을 위한 계책이겠는가."

하였으나, 성혼은 끝내 편치 않았다. 성혼은 병으로 서울에 누워 있어서 상이 불러 보려고 하였으나 나아갈 수가 없었고, 고향으로 돌아가려고 해도 역시 그럴 수도 없어서 진퇴가 다 어렵게 되었다. 어느 날 이이가 상에게 아뢰기를,

"우리나라는 인심이 본래 경박하여 한 가지 일만 있으면 반드시 떼로 일어나 말씀드리기 때문에 주상께서는 소란스럽다고 생각하고 즐

겨 따르시지 않으십니다. 이는 그럴 만하지만, 일의 옳고 그른 것만은 모름지기 살펴 처리해야 합니다. 많은 사람의 말이라고 해서 옳게 여겨 꼭 따라서도 안 되며, 또한 많은 사람의 말이라고 해서 소란스럽게 여겨 반드시 따르지 않아서도 안 됩니다. 만약 할 만한 일을 많은 사람들의 말이라고 해서 따르지 않는다면 나랏일이 무슨 수로 바르게 될 수 있겠습니까.

지난 번 성혼의 상소를 주상께서 대신에게 보여 주지 않아 승정원과 사헌부와 옥당에서 모두 일어나서 다투었는데, 이것도 역시 시습에 이끌린 것입니다. 그리고 근래 입시하는 사람들이 언제나 성혼을 칭송하여 마지않으니 혼이 비록 좋은 사람이나 사람마다 칭송하면 그 마음 또한 불안할 것이옵니다. 신이 그의 상소를 보니 별로 대단한 말은 없었습니다. 다만 초야의 사람으로 곧게 말할 줄만 알고 말을 돌려서 할 줄 모르기 때문에 숨기고 피함이 없었습니다. 주상께서도 역시 충성을 다한 것임을 아시면서도 조정을 안정시키려 조금 억제하려는 뜻으로 생각됩니다."

하였다. 상이 이르기를,

"성혼의 소는 대사간의 소와 같았다."

하므로, 이이는 대답하기를,

"평상시에 생각이 같기 때문에 의견도 또한 같았을 것입니다."

하였다. 상이 묻기를,

"혼은 아직도 병을 앓는가?"

하니, 이이가 대답하기를,

"진실로 고질이옵니다. 만일 주상께서 보통과 달리 처분하셔서 특별히 기용하시면 아랫사람들이 성상의 깊은 마음을 측량하지도 못할 것이오며, 만일 보통 관례대로 관직을 주신다면 결코 맡길 만한 업무도 없으니, 칭찬이나 하고 돌려보내시어 선비를 대접하는 도리나 온전하게 하는 것만 같지 못할 것입니다."

하였다. 상이 이르기를,

"비록 쓰려고 해도 어찌 한 번 보고서 갑자기 결정하겠는가. 내가 다시 만나 보겠다."

하였다.

◗◖이조에서 김효원을 사간의 후보에 추천하였는데, 상이 이르기를,

"조정을 불화하게 한 자는 모두 안 된다. 김효원은 다만 일반 관료에 두면 족하다. 어찌 사간의 후보에 올리겠는가."

하니, 이에 사류가 매우 불안해하였다. 이발이 이이에게 묻기를,

"옥당에서 차자를 올려 이 일을 논하려 하는데 어떻겠는지요?"

하니, 이이가 답하기를,

"이 일은 다만 대신이 아뢸 일이지, 젊은 사류가 경솔히 아뢴다면 주상의 의심만 더하게 될 것이네."

하였다. 이이가 박순을 보고 말하기를,

"지금 사류가 화합하지 않는 것은 동인, 서인이라는 말이 아직 사라지지 않은 까닭입니다. 지금 동, 서를 씻어 버리고 재주와 기량만 보아 기용하는 것이 좋을 것입니다. 김효원은 쓸 만한 그릇인데도 주상께서 청직의 후보에 올리지 않으려 하는 것은 아직 동, 서의 흔적이 남

아 있다는 증거이니 정당한 계책이 아닙니다. 대신이 아뢰어야 할 것입니다."

하였다. 며칠 뒤에 경연에서 박순이 아뢰기를,

"동과 서란 말은 항간의 잡담이니, 조정에서는 입에 담지 않아야 할 것입니다. 어찌 이것 때문에 기용해야 될 인재를 버릴 수 있겠습니까. 김효원은 그릇이 쓸 만하니 버리기는 아깝습니다. 근래 동, 서란 말이 다 없어지지 않았기 때문에 논박을 당하는 사람이나 산직散職(직무가 없는 대기 관직)에 있는 사람들이 모두 동과 서를 핑계로 삼고 있습니다. 지금 만약 효원을 기용하지 않는다면 핑계하는 자가 더욱 많아질 것입니다."

하니, 상이 이르기를,

"김효원을 기용하지 않는다 해도 어찌 쓸 만한 인재가 없겠는가."

하였다. 이이가 아뢰기를,

"한 사람을 쓰거나 버리는 것은 큰 상관이 없습니다만, 동·서란 말이 해소되지 못한다면 사류가 서로 의심하고 시기하여, 온전할 때가 없을 것입니다. 주상께서는 반드시 동·서를 씻어서 털끝만 한 흔적도 없이 하여야 할 것입니다. 김효원이 재주가 없다면 버린다 한들 무엇이 아깝겠습니까만, 효원의 재주가 쓸 만한데도 동·서라는 말 때문에 등용하지 않는다면 사류가 심히 불안해하는 뿌리가 될 것입니다."

하였다. 부제학 유성룡, 수찬 한효순도 역시 김효원의 쓸 만한 점을 되풀이하여 진달하였고 옥당에서는 차자까지 올렸으나, 상은 끝내 의심을 풀지 않았다.

❱❰황해도의 가뭄이 지난해와 다름이 없어서 백성이 또 굶주렸다. 신임 감사 안용安容이 부임하려고 하는데, 상이 대신에게 묻기를,

"황해도에 또 흉년이 들었는데 안용은 쇠잔한 지방을 소생시키고 백성을 어루만질 인재가 아니다. 나는 그를 바꾸어 감당할 만한 자를 보내려고 하는데 어떻겠는가?"

하니, 대신이 주상의 하교가 지당하다고 하였다. 이어서 안용을 교체하고 이조에 명하여 가까운 근시近侍를 막론하고 후보로 올리게 하여 좌부승지 최황崔滉을 황해 감사로 삼았다. 최황은 약간 재주가 있었기 때문에 상이 흉년을 구제하는 정무를 맡기려 한 것이다. 최황이 이이를 만나 묻기를,

"주상께서 내가 재주 없는 것은 모르시고 중임을 맡겼지마는 서도西道(평안도)의 고을은 주린 백성을 구제할 곡식이 없고, 호조에 물으니 경창京倉의 쌀과 콩도 역시 거의 떨어졌다 하는데, 그 계책을 어떻게 해야 하겠는가. 나는 경창의 쌀과 콩 수만 석을 청하여 황해도로 옮기려 하는데 어떻겠는가?"

하므로, 이이는 말하기를,

"감사가 먼저 백성을 걱정하는 말을 꺼낸 적이 아직 없는데 형이 홀로 걱정하였소. 이것이 주상께서 맡기신 까닭일 것이오. 경창에는 쌀과 콩이 넉넉지 못하니 분명 수만 석을 호조에서 주지 않을 것이오. 그러나 1만 석만 얻더라도 굶주린 백성을 조금이나마 살릴 수 있으니, 청하지 않는 것보다는 나을 것이오."

하였다. 최황이 경창의 쌀을 옮겨 줄 것을 상에게 청하였더니, 상이

불러 보고 백성을 구제할 방책을 물은 다음, 그 방책을 호조에 내리었다. 호조에서는 쌀 1만 석만 주었다.

▶◀ 좌의정 노수신이 병으로 사면하였는데, 상은 의원을 보내어 병을 묻고 적당한 약을 내려 주고는 사면하는 것을 허락하지 않았다. 노수신은 나라에서 재해를 입어도 별로 건의하는 방책도 없이, 날마다 관계없는 손님과 어울려 술이나 마시고 나랏일에는 생각도 없었으므로 비웃는 사류가 많았으므로, 수신은 병을 핑계대고 나오지 않았다. 이때 가뭄이 치열하여 흉년이 들었는데 평안도, 황해도가 더욱 심하였다. 상이 경연에서 시종하는 신하에게 이르기를,

"이렇게 흉년이 들고 서도西道는 더욱 심하다고 하는데, 기근이 계속되고 전쟁이라도 난다면 어떤 계책을 세워야 하겠는가?"

하니, 박순이 아뢰기를,

"재력을 미리 저축하여 구제해야 할 것입니다."

하였다. 이이가 아뢰기를,

"만약 폐단이 되는 법을 개혁하여 어려움을 구제하지는 않고 단지 곡식을 옮겨서 백성을 살리려고 한다면, 곡식 또한 부족하여 옮길 것이 없어질 것입니다. 나라의 형세가 이 같이 위태로우니, 주상께서는 개혁할 계책을 생각하셔서 쓰이는 경비도 줄여야 할 것입니다."

하니, 상은 이르기를,

"용도가 별로 늘어난 것도 없으며, 다만 예전 규정대로만 하는데도 오히려 부족하니 어찌하겠는가."

하였다. 이이가 아뢰기를,

"조종조에서는 세입이 매우 많았으나, 지금은 해마다 흉년이 들어 세입이 무척 줄었는데도 경비를 예전 규정대로 쓴다면 어찌 부족하지 않을 수 있겠습니까. 세입을 참작하여 증가시킨다면 나라의 용도에는 여유가 있겠지만 백성의 생활이 더욱 곤궁해질 것이므로 증가시킬 형편이 아닙니다. 먼저 백성의 누적된 고통을 해소시켜 민심을 안정시킨 뒤에야 세를 적당하게 거두어들일 수 있을 것입니다. 우리나라의 공안貢案[191]은 민호의 수나 전결의 다소를 헤아리지 않고 어수선하게 분정하였으며, 또 토산물도 아닌 것을 징수하기 때문에 방납防納[192]하는 무리가 이익을 도모하여 백성의 생활이 곤궁해졌으니, 지금 공안을 뜯어고쳐서 민호와 전결을 헤아려 고르게 정하고 토산물을 바치게 한다면 백성의 쌓인 고통이 풀릴 것입니다."

하니, 유성룡이 이 일은 서둘러서 해야 할 것이라고 말하였다. 이이가 또 아뢰기를,

"반드시 사람을 얻어야만 폐단을 구제할 수 있을 것이며, 마땅한 적임자를 얻지 못한다면 성공하지 못할 것입니다. 백성의 편안하고 편안치 못함은 수령에게 달려 있고, 수령의 부지런함과 게으름은 감사에게 달려 있습니다. 그런데 감사가 자주 바뀌기 때문에 모두 세월이

---

191) 국가 재정의 세입歲入 예산표로, 좁은 의미에서 공물의 세입 장부를 뜻하였다. 넓은 의미에서 전세를 비롯하여 공물, 진상進上, 어세魚稅, 염세鹽稅, 선세船稅, 공장세工匠稅, 공랑세公廊稅, 행상노인세行商路引稅, 신세포神稅布, 노비신공포 奴婢身貢布, 각종 부역 등의 잡세 모두를 수록한 장부였다.

192) 백성이 마련할 수 없는 공물을 대신 바친 후에 그 값을 보상 받는 행위로, 다른 사람의 공물을 대신 납부해 주고 일정한 대가를 받는 대납代納과 같은 의미로 쓰이기도 하였다.

나 보내면서 정사에는 즐겨 마음을 두지 않으며 관례대로 움직일 뿐입니다. 간혹 직분에 충실한 이가 있다 하더라도 역시 뜻을 펼 겨를이 없으니 반드시 큰 고을을 영營으로 삼아 감사에게 그 고을의 수령까지 겸임하게 하고 가족들을 데려가게 하여 책임지고 성공토록 위임하여 그 직에 오래 있도록 해야 하되, 특별히 조정의 신하 가운데서 다스리는 재능이 공보公輔(재상)를 감당할 만한 이를 뽑아 시키신다면 반드시 그 성과가 있을 것입니다."

하였다. 상이 이르기를,

"오래도록 맡긴다면 독단하여 마구 권세를 부리는 허물이 없겠는가?"

하니, 이이가 아뢰기를,

"그것은 사람에 달려 있습니다. 애당초 그런 사람이라면 어찌 뽑아 보내는 데 합당하겠습니까."

하였다. 상이 이르기를,

"우리나라는 주현이 매우 많아서 수령을 엄선하기가 어려우니, 병합하여 줄이려고 하는데 어떻겠는가?"

하니, 신하들이 아뢰기를,

"주상의 하교가 매우 지당합니다. 병합하여 줄이되 극히 작은 고을을 다른 고을에 붙인다면 백성의 역役이 매우 여유로워질 것입니다."

하였다. 상이 이르기를,

"제도 개혁은 경솔하게 거론하기 어려우니, 나로서는 그 고을 이름은 버리지 않고, 단지 한 고을의 수령이 두세 고을을 겸하여 다스리게 하려고 하는데 어떠한가?"

하니, 박순이 아뢰기를,

"조종조에서도 빈번히 지방제도를 개혁하였으며, 이 일은 심히 어려운 일도 아닙니다."

하였다. 이때에 나라의 저축이 이미 고갈되어 다음 해에는 구황할 방책이 없어서 그 걱정이 이보다 더 클 수 없었는데도 군신 상하는 세운 대책이 없었다. 이이가 민망하게 여겨 동료와 더불어 상의하여 차자를 올렸는데, 폐단이 되는 법을 개혁할 것, 공안을 고칠 것, 주현을 줄여 병합하고 감사를 오래도록 맡길 것, 어진 이를 기용하여 인재를 진작시킬 것, 몸을 닦아 정치의 근본을 깨끗이 하고 사사로운 붕당을 버려 조정을 화합케 할 것을 청하였다. 상이 대답하기를,

"차자를 살펴보니 자못 가상하다. 옛 법을 고치는 것은 경솔히 하기 어려울 듯하다. 그러나 마땅히 대신들과 의논하여 처리하겠다."

하고 곧 대신에게 내렸으나, 노수신이 나오지 않기 때문에 회의를 열 수 없었다.

율곡 생각 대신은 나라의 두터운 은혜를 받았으니, 의리로서는 마땅히 자신을 잊고 나라에 충성을 다해야 할 것이다. 노수신은 정승의 자리에 있어 돌보아 주는 은혜가 보통과 다르고 신임도 매우 두터운데, 시사를 구제할 방책은 한 가지도 없이 날마다 술이나 마시다가 식자들의 비방을 받게 되자 갑자기 마음을 돌려 병을 핑계대고 나랏일이 위급하고 재해가 거듭됨을 보고도 털끝만치의 걱정도 없으니, 참으로 짐을 질 사람

이 수레를 탄 격이라고 하겠다.

◗◖ 김계휘를 주청사奏請使(중국에 요청할 일이 있을 때 보내는 사절)로 삼았
다. 이때 종계宗系 개정 문제가 명나라 황제의 명으로『대명회전大明會
典』에 기록되어 있었으나, 지금까지도 반포되지 못하였다. 이때『대명
회전』의 편찬도 거의 끝나려고 하였으므로, 이이가 개연히 사람들에
게 말하기를,

"평민이 무함을 입는다 해도 오히려 씻을 수 있거늘, 어찌 나라의
임금이 무함을 받고도 2백 년이 되도록 씻지 못하는가. 이는 사신으로
서 적임자를 얻지 못했기 때문이다."

하고, 이에 동료들과 의논하여 아뢰기를,

"임금이 욕되면 신하는 죽어야 하는 것인데, 종계가 무함을 받았으
니 열성께서 욕됨이 큽니다. 주청하는 사절단은 지성으로 명나라 조
정을 감동시켜 일을 이루면 돌아오고 일을 이루지 못하면 북경의 산
에다 뼈를 묻을 각오를 하여야만 이 일이 이루어질 희망이 있을 것입
니다. 특별히 외교를 담당할 수 있는 인재를 뽑기를 청합니다."

하니, 상이 윤허하였다. 조정의 의논이 이이를 보내자고 하는 편이 많
았으나, 박순·이산해는 모두 말하기를,

"숙헌은 조정을 하루라도 떠날 수 없으니 그다음 인물을 생각해야
합니다."

하여, 이에 김계휘를 주청사로 삼았다. 김계휘가 고경명高敬命을 서
장관으로 삼고 최립崔岦을 질정관으로 삼고자 청하니, 상이 허락하

였다.

◗◖ 대제학 김귀영이 문형의 직임을 사면해 주기를 간청하므로 상이 대신에게 물었는데, 대신도 직임을 바꾸는 것이 옳다고 하였기에 귀영의 직임을 바꾸라고 명하였다. 김귀영은 문학이 부족하면서도 문형을 오래 맡아서 사람들이 은근히 비웃었는데, 이제야 바뀌었다. 뒤에 주상의 명으로 다시 여기에 임명되었다.[193]

6월 정철의 비답문 논란과 선조의 노수신에 대한 신뢰

노수신이 병으로 사면을 계속 청하였으나 상이 윤허하지 않는다는 비답을 여러 번 내렸다. 하루는 정철이 비답을 지어 올렸는데, 대략 "대신은 의리상 떠나 버릴 수 없는데도 반드시 사퇴할 뜻이 있다면 이는 구차히 일신만을 꾀하고 나라를 저버리는 것이다. 경을 정승으로 세운 날부터 사람들은 좋은 사람을 얻었다고 기뻐하며 조석 사이에 훌륭한 정치를 볼 수 있을 것이라고 말하였는데 지금까지 이렇다 할 만한 일이 있다고 듣지 못한 것이 어찌 과인만의 수치이겠는가. 마땅히 임금과 신하가 서로 맹세하여 몸을 닦아 허물을 지우기에 여가가 없어야 할 것인데도 오히려 어찌 차마 자기 한 몸 편할 계책만을 생각하여 대의를 소홀히 할 수 있겠는가." 하였다. 이에 논의하는 자가 모두 말하기를, "이 비답은 논핵에 가깝다." 하였다.

---

193) 김귀영이 다시 대제학이 된 것은 언제인지 미상이다.

정철은 이때 젊은 사류가 꺼리는 대상이었으므로, 이를 기회로 하여 배격하는 자들이 벌떼처럼 일어났다. 사헌부에서는 정철의 죄를 다스리자고 청하기를,

"핍박하고 경멸하는 의도가 있어 임금의 말에 어울리는 체통도 없고, 또 대신을 우대하는 예절이 이 때문에 타락되었습니다."

하니, 정철은 이 일로 인하여 더욱 조정에 있으려고 하지 않았다. 오직 안민학만이 "그것이 비록 비답의 문장으로서는 맞지 않는다 해도 실로 공론이다." 하였다. 얼마 안 되어 상이 직접 쓴 전교로 노수신에게 유시하였는데 그것을 요약하면,

"예로부터 나라의 흥망과 쇠락, 치란에 이르는 길이 하나만은 아니겠지만, 오직 사람을 쓰는 데 있을 뿐이다. 사람을 쓰는 가운데도 상신相臣은 더욱 중요하다. 진실로 상신이 알맞은 사람이라면 덕이 없는 임금일지라도 한 시대의 정치를 이룰 수 있으며, 만약 상신이 알맞은 사람이 아니면 다스림을 바라는 임금이 있을지라도 혹 나라가 심히 약해질 것이니, 이처럼 상신은 매우 중요한 것이다.

경은 산천의 간기間氣[194]요, 북두성 같은 문장이며, 학문은 이락伊洛 (정호·정희 형제)의 맥을 이었고, 도는 유림의 종주가 되었다. 재상 십 년에 은근히 태산 같은 공로와 구정九鼎[195]의 형세가 있었으니, 나같이

---

194) 몇 세대에 한 번씩 태어나는 뛰어난 인물을 이른다. 예전 중국에서는 5백 년에 한 사람씩 큰 성인이 난다고 하였다. 5백 년간의 정기가 모여서 한 성인이 탄생한다는 것이다. 간기는 5백 년간의 간間과 정기의 기氣를 합친 것으로 성어가 되었다.

195) 우임금 때 9주의 쇠를 모아 주조한 큰 솥이다. 삼대 때 나라를 전하는 상징적인 국보로 삼았다. 여기에서는 귀중함을 뜻하는 말이다.

어질지 못한 사람으로서도 오늘날 낭패를 면할 수 있었던 것이 과연
누구의 덕이겠는가? 전날 바닷가 귀양지에 있으면서 외지에서 침체
되어 있던 것[196]은 하늘이 그 마음을 단련시키고 부족한 점을 보충시켜
서 크게 쓰이도록 한 것이며, 내가 외람되이 왕위를 계승할 때는 재상
의 자리에 세웠으니 이는 하늘이 경을 나에게 주신 것이다.

정치가 이루어지기를 한창 바라는 이때에 별안간 사퇴를 원하는 글
을 보았다. 이는 나의 박덕과 지나친 행동이 날마다 나타났기에 어진
재상이 나를 버리고 가는 것이니 부끄럽고 불안하여 용납 받을 곳이
없는 것 같다. 경은 나를 일할 수 없는 임금이라고 생각하는가? 만일
나에게 허물이 있거든 밝게 가르쳐 주면 내가 장차 그 마음을 따뜻하
게 받아들이겠으니, 경은 물러나서 뒷말이 있게 해서는 안 될 것이다.
대략 말한 나의 뜻은 모두 진정에서 나왔으니 경인들 어찌 심중에 움
직이는 것이 없겠는가. 바야흐로 무더운 여름철에 조리를 잘 하여 나
와서 직무를 보아 주었으면 하는 것이 나의 소망이다."

하였다. 노수신이 하교를 받고 감격하여 눈물을 짓고는 곧 나와서 일
을 보았다.

▶◀ 이조 판서 이산해가 모친상으로 벼슬을 그만두었다. 이산해는 문
간에 사사로이 찾아오는 자를 받아들이지 않았고, 오로지 공정한 방
법으로 사람을 등용했기 때문에 선비들의 의논이 모두 그의 훌륭함을

---

196) 노수신이 명종 때 을사사화를 당하여 진도로 귀양 가서 19년 동안 있던 것을
말한다. 1565년(명종 20), 진도에 안치된 노수신을 풀어 주었다. 사관은 노수신
을 두고 "심지가 고명하고 학문에 연원이 있으며 처신과 행사에 솔선하여 실천함
이 모두 정직하였다. 정미년에 적소에 유배된 뒤 방안에서 조용히 지냈는데 몸가
짐이 더욱 굳었다."라고 하였다. 『명종실록 20년 12월 2일』

칭송하였다. 뜻밖에 이산해가 모친상으로 벼슬을 그만두고 김귀영으로 대신하자 청탁하여 찾는 무리가 갓을 털고 일어나 귀영의 문간에 저자같이 모여드니 당시 사람들이 한탄하였다.

◗◖ 대사간 이이를 특진시켜 사헌부 대사헌으로 삼았다.

7월 심의겸 논핵

누가 함경도에 있는 지릉智陵[197]에 불을 질러서 타 버렸다는 사건이 보고되었다. 상이 대신에게 물으니, 대신은 상하가 모두 3일 동안 소복으로 변복하되, 백관은 근무하는 관청에서 변복해야 한다고 했다. 이이가 어떤 이에게 말하기를, "지릉은 임금의 조상이므로 백관에게는 복이 없는데 소복으로 고치는 것은 너무 지나친 듯하다." 하였다. 박순도 역시 그렇게 생각하였으나, 이미 지나간 일이라 개정하지 못하였다.

◗◖ 대사헌 이이가 경연에 입시하였다가 상에게 아뢰기를,

"대개 사람에게는 각자 잘하는 것이 있습니다. 이산해 같은 이는 평시의 직분을 맡아서 관직을 지키는 일은 남보다 나은 것이 없으나, 이조 판서가 되어서는 그 직책에 전심하여 사람을 쓰는 데 오로지 공론에만 따랐으므로 청탁이 일체 행해지지 않았으며, 문간이 쓸쓸하여

---

197) 태조 이성계의 증조인 행리行里의 능이다. 행리는 관작이 천호千戶에 봉작되고 익왕翼王으로 추봉하였다.

가난한 선비의 집과 같았고, 오직 훌륭한 선비만을 듣고 보아서 벼슬
길을 맑게 하기에 마음을 썼습니다. 이와 같이 몇 년만 하면 인심과 세
도가 거의 고쳐질 것입니다."

하니, 상이 이르기를,

"이산해는 재기가 있으면서도 잘한 것을 자랑하는 뜻이 없어서 나
도 일찍이 덕이 있는 사람이라 여겼다."

하였다. 상이 이이에게 성혼은 아직도 병중인지 물으니, 이이가 아직
병이 낫지 않았다고 하였다. 상이 지금까지 병중인 줄 몰랐다고 하고
는, 곧 의원을 보내어 병을 묻고 적합한 약을 주라고 명하였다. 이이
가 상에게 아뢰기를,

"예로부터 나라를 다스려 그 중엽에 이르면 반드시 안락에 젖어 점
점 쇠퇴하는 것인데, 그때에 어진 임금이 일어나 분발하고 진흥시켜
천명을 맞아 지속시키고 나서야 국운이 영원히 이어지는 것입니다.
우리나라도 2백여 년을 이어져 이제 이미 중엽의 쇠퇴기에 들어섰으
니 바로 천명을 맞아 지속시킬 때입니다.

전하께서도 옛날의 임금을 두루 살펴보셨겠지만 전하 같은 이는 매
우 드뭅니다. 전하께서는 욕심이 적고 맑게 수양하였으며 백성을 사
랑하고 선비를 좋아하시므로, 참으로 큰일을 하실 수 있는 임금입니
다. 오늘에 분발하여 일으키지 못한다면 다시는 가망이 있을 날이 없
을 것입니다. 세도가 무너지고 풍속이 말세가 되어 인심이 해이해져
서 지난번 가뭄이 있을 때에는 조금 걱정하고 두려워할 줄 알더니, 비
가 내린 지금에는 언제 그랬냐는 듯 즐거워만 하여 태평 시절과 같이

여기고 있으니, 이 점이 신은 매우 걱정됩니다.

유속에 젖은 견해들은 새로운 일을 펼치는 것을 두고 일 만들기를 좋아하는 것이라고 여겨서 이럭저럭 세월만 보내며 안정하려 하고 있습니다. 소신의 뜻도 소란스럽게 일을 하자는 것이 아닙니다. 다만, 쌓인 폐단과 고질을 바로 구제하지 않을 수 없기 때문입니다. 만약 유속의 의견을 따르게 되면, 하나의 폐단도 고치지 않고 앉아서 망하는 것을 기다릴 뿐이니, 나중의 일을 어찌 보존할 수 있겠습니까. 전하께서는 항상 무엇인가 하시려는 뜻을 두셔서, 점차로 선정을 일으켜 사림의 기대를 저버리지 마시고 적자赤子(어린아이. 백성을 비유한 말)를 구제하여 주십시오."

하니, 상이 이르기를,

"예로부터 임금이 어찌 앉아서 망하기를 기다리고자 하겠는가. 다만 하지 못할 뿐이로다."

하였다.

◗◖ 대신이 모여 의논하고는, 홍문관의 상소와 사간원의 차자에서 건의한 공안의 개정, 주현의 병합, 감사의 구임久任 등 세 가지를 들어서 삼사가 입계하여 시행할 것을 청하였더니, 상이 조종의 법을 경솔히 고칠 수는 없으니, 아직 그냥 두고 거론하지 말라고 하였다. 이때 사람들은 이 일이 시행되기를 기대하였다가 윤허를 얻지 못하자, 크게 실망하였다. 다음 날 박순이 이 일을 아뢰어 시행할 것을 청하니, 상은 호조에 명하여 이전 시대의 공안을 들이라고 하였다. 그래서 사람들은 아직도 얼마만큼은 기대를 가졌다.

▶◀ 양사에서 청량군 심의겸의 파직을 청하였으나 상이 허락하지 않았다. 이때 이이가 입조하여 한두 사람의 사류와 함께 나라의 형세를 붙들어 세도를 만회하려 하였다. 그런데 정인홍은 강직하기만 하고 도량이 좁으며 계획하고 생각하는 것이 크지 못하고, 미워하기 시작하면 원수와 같이 하여 이미 우성전·이경중을 논핵하였다. 그러자 시배는 이이가 논의를 주도하여 동인을 억제하고 서인을 옹호한다고 의심하여 불평을 품은 이가 많았다. 이발은 평소 심의겸을 미워하여 반드시 죄를 성토하여 축출하려 하였는데, 시배는 대부분이 이이는 모르고 오직 이발과 김우옹만은 존중하고 신뢰하였다.

이때 심의겸에 대해, 금상이 왕위를 계승하였을 적에 몰래 궁중에 인연을 대어서 상중이면서도 관직에 나오기를 도모하여 권세를 독단하려고 했다는 유언이 있었는데, 이 말은 사실에 가깝지도 않았으나 사류가 다 분격하였다. 정인홍이 더욱 분해하며 "의리로 보아 이런 적신賊臣과 한 조정에 같이 있을 수 없다." 하였다. 성혼과 이이는 말하기를,

"이 일은 사실에 가깝지도 않아서 믿을 수 있는 것이 아니기도 하고, 심의겸은 오늘날 외로운 병아리나 썩은 쥐와 다름없으니 한편에 놔두어도 나랏일을 다스릴 수 있지 않은가. 지금 만일 논핵한다면 인심이 의혹되어 불안의 실마리만 야기될 것이니, 하필 일이 없는 데서 일을 만들 것이 무엇인가."

하였다. 이발은 불쾌하게 여기고는 정인홍을 보고 자기의 결심을 밝히니, 정인홍은 김우옹에게 의논하였다. 김우옹 역시 "분쟁의 실마리

를 야기시키면 좋은 의도를 상하게 할까 염려된다."고 하였다. 정인홍은 듣지 않고 정철까지 아울러 논핵하려 하자, 김우옹과 이발이 힘껏 말리기를,

"만일 계함까지 논핵한다면 대사헌(이이를 가리킴)이 반드시 따르지 않고 대립하게 될 것이니, 계함은 결코 논하지 말아야 한다."

하였다. 정인홍이 이이를 보고 심의겸을 논핵할 것을 힘껏 권하였으나 이이가 듣지 아니하자, 정인홍은 강개해 마지않고는 벼슬을 버리고 돌아가려고 하였다. 이발이 이이를 보고 말하기를,

"시배가 영공을 깊이 믿지 않는 이유가 공이 인정에 끌려서 심의겸을 버리지 않기 때문이라고 생각됩니다. 지금 공이 이 사람만 끊는다면 당대의 사류 모두가 공의 마음을 믿고 따를 것이며, 서인의 착한 선비들도 점차로 수용할 수 있어서 화합할 형세가 있을 것이오. 이 사람을 논핵하지 않는다면 덕원이 벼슬을 버리고 가려 하니 어찌 애석한 일이 아니겠소."

하니, 이이가 장차 생각해 보겠다고 하였다. 이이가 성혼에게 말하기를,

"오늘날 근거도 없이 심의겸을 논핵하려는 것은 매우 적당한 일이 아니나, 시배가 본래 내가 서인의 당에 속한다고 의심하고 있는데 지금 또 정덕원이 이 일을 논란하는 일로 인해 화합하지 못하고 관직을 버리고 내려간다면, 시배가 반드시 이것을 구실삼아 드러내 놓고 나를 공격할 것이네. 내가 가고 사류가 흩어진다면 나랏일은 더욱 망가질 것이니, 오늘의 형편으로는 많은 사람들의 뜻을 따를 수밖에 도리

가 없네."

하니, 성혼이 탄식하며 말하기를,

　"경함이 아니면 누가 이 의논을 주도하였겠으며, 덕원이 아니면 누가 이 의논을 결정하였겠는가. 평지풍파를 일으켰다고도 말할 수 있네."

하였다. 김우옹이 이이에게 말하기를,

　"논핵은 적당하지 않으니, 만약 차자 하나를 올려 그 인물 됨됨이를 논하는 것이 어떻겠는가?"

하니, 이이가 말하기를,

　"차자라면 말할 구절이 많아야 할 것인데, 지금 이 일에 무슨 여러 말이 있어 차자가 될 것이 있겠는가?"

하였다. 김우옹이 차자가 논계보다 낫다고 하니, 이이도 역시 그렇게 생각하였다.[198] 하루는 사헌부의 동료들이 모여 앉았는데, 정인홍이 심의겸의 사안을 발의하여 논핵하고 파직시키자고 하였다. 이이가 말하기를,

　"차자를 올려 그 됨됨이를 논핵하는 것이 어떻겠는가."

하니, 정인홍이 말하기를,

　"그보다는 논핵하여 파직시키는 것이 분명하고 바르지 않겠는가?"

하였다. 이이가 말하기를,

　"이 일은 논계의 표현이 그 중도를 얻어야지, 만일 조금이라도 과격

---

198) 차자는 상소보다 형식이 간단하지만 사안을 자세히 말할 수 있고, 탄핵을 목적으로 하는 논계와는 다르다. 양사의 논계는 비교적 간단하게 탄핵 사실만 적시하기 때문에 이렇게 말한 것으로 보인다.

하면 반드시 사태가 확대될 우려가 있다. 또 상중에 관직에 나오려고 한 일은 믿을지 의심할지 일단 미뤄 두고 논계하는 말 가운데는 넣지 말아야 하네."

하니, 동료가 이 의견을 따랐다. 이이가 이에 논계할 내용을 말로 불러 주었는데,

"청량군 심의겸은 일찍이 외척으로서 국론을 오래 잡아 권세를 탐하고 즐기므로 사류로부터 인심을 잃어 왔습니다. 근년 이래로 조정의 의논이 분열되어 보합되지 못하는 것은 실로 이 사람의 소치입니다. 공론이 불평하는 것이 갈수록 심해지는데, 지금껏 심의겸을 드러나게 지적하지 않았기 때문에 호오好惡가 명확하지 않아 인심이 의혹하게 되었으니, 파직을 허락하여 호오를 밝히시어 인심을 진정시키십시오."

하고, 정인홍에게 당부하기를,

"뒷날 아뢰는 말도 반드시 이 말대로 할 것이고, 어구를 첨가하여 남의 의혹을 사지 말도록 하게."

하니, 인홍이 말로는 승락하였으나 마음속으로는 그렇지 않게 생각하였다. 사헌부에서 이미 논의가 나오자 다음 날 사간원에서도 또한 논의를 꺼내고 홍문관에서도 또한 차자를 올려서 공론을 따르기를 청하였으나, 상은 윤허하지 않았다.

8월 심의겸의 사당으로 지목된 정철과 이이

대사헌 이이, 집의 남언경, 지평 유몽정이 언사의 일로 시배들에게 미움을 당하여 탄핵을 받아 체직되었다. 이이가 심의겸을 논할 적에 동료들과는 사태가 더 확대될 염려가 없도록 약속하였는데도, 다음 날 정인홍이 아뢴 말은 조금 과격하였고, 또 '사류를 끌어들여서 성세를 조장했다'는 등의 말이 있었다. 상이 사류란 누구인가 하고 물으니, 정인홍은 동료와 의론해서 아뢰겠다고 하였다. 상이 재촉하기를,

"이미 말을 했으니 스스로 알 것이다. 빨리 대답하라."

하니, 정인홍은 창졸간에 대답하기를,

"사류란 심의겸과 윤두수·윤근수·정철 등 여러 사람인데, 서로 결탁하여 세력으로 삼고 형세를 엿보고 있습니다."

하였다. 이이가 이 계를 보고 정인홍에게 말하기를,

"정 계함은 심의겸의 당이 아니다. 연전에는 사류의 의논이 과격하였기 때문에 계함이 사론이 지나치게 과감하다고 불평한 일은 있으나, 이것은 심의겸을 위한 것이 아니었다. 계함은 깨끗하고 굳은 선비라, 만일 의겸과 결탁하여 형세를 조장하였다고 한다면 지극히 억울한 일이다. 내가 연전에 상소할 때 정철의 됨됨이를 칭찬한 일이 있었는데, 지금 사헌부에서 정철을 지적하여 심의겸의 당이라고 한다면 나는 일정한 주견이 없는 사람이 될 것이니, 그대는 피혐하고 정철을 위하여 변명해야 하네. 그래야만 내가 관직을 볼 수 있을 것이며, 그렇지 않으면 나는 사직해야 할 것이네."

하니, 정인홍이 심히 곤란하게 여기어 서로 한참 동안 다투다가 정인홍이 뜻을 굽혀 이이를 따랐다. 정인홍이 대궐에 들어가 피혐하기를,

"정철은 비록 심의겸과 정분이 두텁기는 하나, 윤두수 등처럼 사사로이 서로 결탁한 데까지는 이르지 않았습니다. 신이 그를 심의겸의 사당이라 한 것은 실수가 진실로 큽니다. 신을 체직시켜 주십시오."

하니, 사면하지 말라고 답하였다. 정인홍은 물러가서 여론을 기다렸다. 이이는 동료와 더불어 정인홍을 구제해야 했는데, 마침 남언경은 다른 일로 인혐하고 나오지 않았고, 장령 권극지權克智와 지평 홍여순洪汝諄·유몽정柳夢井만 논의에 참여하였다. 이이가 말하기를,

"정철은 심의겸과 정분이 두텁다고는 하나, 그 기질과 심사가 아주 같지 않다. 정인홍도 단지 창졸간에 임금께 답변한 것이 사실과 서로 달랐을 뿐이고 사사로운 뜻이 있었던 것은 아니니 이런 의견으로 출사를 청해야 되겠다."

하니, 권극지와 홍여순은 말하기를,

"정철은 심의겸과 더불어 이미 정이 두터웠고 또 의겸이 뜻을 잃은 뒤에는 철이 항상 분해하고 원망을 품어 불평하는 말을 많이 하였으니, 어찌 기질과 심사가 아주 다르다고 하겠소."

하였고, 유몽정은 말하기를,

"나는 정철을 알지는 못하고 다만 남의 말만 들었는데, 남을 믿을진대 누가 영공(이이를 가리킴)만 한 이가 있겠소. 나는 영공의 의견을 따르겠소."

하였다. 이에 권극지와 홍여순이 먼저 피혐하여 아뢰기를,

　"신 등은 정철과는 진작부터 아는 사이도 아니어서 그 심사의 은밀한 곳까지는 알 수 없으나, 다만 정철은 평소에 심의겸과 교분이 두터웠고 심의겸이 뜻을 잃은 뒤에는 늘 불평하는 뜻을 품어 말씨가 격분하기 일쑤였으니 그가 의겸과 서로 밀접하다는 것은 이것으로도 알 수 있습니다. 장령 정인홍은 하문하신 말씀에 들은 대로 답한 것이며, 당초 큰 실수도 없었기 때문에 신 등은 이런 뜻으로 출사하기를 청하려고 하였으나, 동료 중에는 혹 '정철의 심사가 심의겸과는 아주 다르다고 보는데, 정인홍의 아뢴 것은 사실과 다르다. 그렇지만 출사를 청한다' 하여, 그 출사를 청하는 것은 비록 같으나 그들의 저의는 다르므로 형세가 구차하여 일을 같이 할 수 없으니, 청컨대 신 등의 체직을 명해 주십시오."

하니, 사직하지 말고 물러가서 물론을 기다리라고 하였다. 이이와 유몽정도 역시 피혐하며 아뢰기를,

　"정철이 심의겸과 비록 정이 두텁다고 하나, 정철은 강직하고 개결한 선비라 그 기질이나 심사가 심의겸과 전혀 달라서 본래 사당이 아닙니다. 다만 정철의 됨됨이가 도량이 좁아 남들과 화합함이 드물고 구차하게 중론에 따르기를 즐기지 않으며, 사류가 심의겸을 공격하였을 때 정철은 사류가 과격하다고 생각했기 때문에 불평하는 말을 여러 번 했던 것이지만, 이것은 심의겸을 위한 것이 아니었습니다. 사류가 정철의 마음을 잘 알지 못하니, 그 드러난 자취만 보고 의심하는 것도 역시 인정으로 보아 피치 못할 바입니다.

　정인홍은 처음부터 정철을 알지 못하고, 또 그 곡절을 깊이 살피지

못했으면서도 창졸간에 주상의 말씀에 대답하여 아뢰면서 철이 심의 겸과 결탁하여 사당이 된 것처럼 아뢰었으니, 말은 비록 실상에 지나쳤다 하더라도 그 정상은 단지 들은 대로 했을 따름이고 그 사이에 티끌만한 사사로운 뜻도 있지 않았습니다. 이런 의견으로 출사하기를 청하려 하였더니, 권극지와 홍여순 등이 고집하기를 '철의 심사에는 알 수 없는 것이 있다' 하여, 신 등의 의논을 따르지 않고 각각 자기 소견을 지켜 끝내 귀일되지 못했습니다. 동료를 구제할 수도 없을진대 형세가 관직에 그대로 있기도 어려우니 신 등을 체직시켜 주십시오."

하니, 답하기를,

"철이 만일 윤두수 등과 서로 결탁하였다면 그 심사를 알 만하지만 신하된 자가 어찌 감히 그렇게 하였겠는가. 사직하지 말고 물러가 물론을 기다리라."

하였다. 이날 사간원에서는 장차 사헌부를 구제하려고 하였는데 의견이 통일되지 못하여 대사간 이개李堅, 사간 정사위鄭士偉, 정언 강응성姜應聖·정숙남鄭淑男 등은 모두 출사시키도록 하자고 하였고, 헌납 성영成泳 등은 모두 체차시키도록 하자고 하였다. 강응성은 동료의 의견이 통일되는 것을 기다리지 않고 대궐로 들어가 먼저 남언경의 출사를 청하고, 다음 날에는 각각 소견대로 피혐하였는데, 성영은 사헌부의 허물을 얽어 글의 뜻이 매우 좋지 못하였다. 사간원은 모두 물러가 물론을 기다리고 있고, 옥당에서는 양사를 구제하여 모두 출사시킬 것을 청하였으나, 오직 강응성은 사헌부에 대한 구제가 격식에 위배되고, 성영은 허물을 얽어 사헌부를 기필코 체차시키려 한 것이 불가하다는 이유로 두 사람의 체직을 청하였다. 다음 날 정사에 두 사람은 체직되고 이준李準을 헌납으로, 윤승훈尹承勳을 정언으로 삼았다.

시배는 정철을 깊이 미워하여 이이가 그를 요직에 끌어들일까 염려하여 쫓아내려 하였는데, 윤승훈은 시배의 취지에 맞추어 이 기회에 부화뇌동하려고 동료와 의논하기를,

"이이·남언경·유몽정은 모두 정철을 구제하려 하였으므로 직책에 둘 수 없으니 마땅히 논계하여 체직시켜야 한다."

하였으나, 동료가 따르지 않자 드디어 각각 피혐하였다. 윤승훈은 아뢰기를,

"일을 논할 때에는 시비를 분명히 하지 않을 수 없고 공론은 신장시키지 않을 수 없는 것인데, 대사헌 이이 등은 '정철이 비록 심의겸과 정은 두터워도 그 기질이나 심사는 아주 다르다'고 했습니다. 대체로 사람이 벗을 취하는 것은 반드시 뜻이 같고 기질이 합해야만 서로가 친밀하게 되는 법이니, 이미 정이 두터웠다면 어찌 기질과 심사가 아주 다를 수 있겠습니까. 이는 정철을 구제하려다가 잘 되지 않으므로 이처럼 되지도 않는 말을 한 것입니다. 남언경은 시비를 가리지도 않고 모호하게 양쪽 다 옳다고 하였으며, 옥당의 처치는 다만 시끄러울 것만 염려하였을 뿐입니다. 또한 곧고 바른 의논도 없이 도리어 언관의 구차한 버릇만 남겼으니 어찌 옳다고 하겠습니까.

정철을 논한 일은 비록 주된 논의의 대상이 된 심의겸과는 경중이 조금 다르지만 시비가 서로 혼동되어 격동하는 공론을 막을 수 없습니다. 여기에서 바로잡지 않으면 실로 대간의 풍채가 이로부터 타락

되어 인심이 해체되고, 선비의 사기가 퍼지지 못할 것입니다. 그러므로 신이 이이 등을 논죄하여 체직시키려 하였으나, 동료가 따르지 않으니 결코 구차히 같이 할 수는 없습니다. 신을 체직시켜 주십시오."

하였다. 답하기를,

"네 말이 망령되다. 정철이 만일 결탁하였다면 이는 신하된 자로서 절의를 잃은 것이다. 지난번 사헌부에서 와서 피혐할 때에 내가 그렇게 하교한 것도 진실로 이 때문이다. 다만 그 허실은 자세히 모르겠으나, 남의 본심을 논할 때는 각각 보는 바가 있는 것이니, 옛 현인이 사람을 알아볼 때도 소견이 각각 같지 않았다. 오직 당시 임금의 소견이 어떠한가에 있을 뿐이다. 이이 등의 소견 또한 일리가 있을 것인데, 이와 대립하여 반드시 쫓아내려 하니, 너는 어떠한 사람인가. 사직하지 말라."

하였다. 윤승훈은 물러나 기다리고 사간원에서도 전원이 피혐하기를,

"윤승훈의 의견과 같지 않아서 형세가 서로 용납할 수 없습니다. 체직을 명하시기 바랍니다."

하니, 사면하지 말라고 답하였다. 사간원이 모두 물러가 기다리고 있는데, 사헌부에서도 역시 전원이 피혐하였다. 이이 등이 아뢰기를,

"신 등은 정철을 논한 한 가지 일로 크게 윤승훈의 비방과 배척을 받았습니다. 사람을 알기도 매우 어렵고 사람을 논하기도 진실로 쉽지가 않습니다. 다만 '정이 두터우면 심사도 반드시 같다'는 윤승훈의 말

은 전혀 그렇지 않습니다. 옛날 한유韓愈와 유종원柳宗元의 사이[199]나, 사마광司馬光과 왕안석王安石의 사이[200]나, 소식蘇軾과 장돈章惇의 사이[201]는 그 정이 두텁기로 말하면 형제와 다름이 없었으나, 그 심사로 말하면 연나라와 월나라처럼 멀었습니다. 어찌 정이 두텁다고 해서 심사까지 같다고 할 수 있겠습니까.

하물며 지금 정철은 남과 화합이 적은 선비라 심의겸과의 정분도 위에 든 몇 사람처럼 깊지도 못하고 그 심사도 아주 다릅니다. 한창 심의겸이 뜻을 펼 때에도 본디 당으로 붙은 흔적이 없고, 또 의겸이 뜻을 잃은 뒤에 정철이 불평을 한 것은 사론이 과격하여 의겸의 벗들까지 의심하였기 때문입니다. 어찌 구구히 일개 의겸을 위한 것이겠습니까. 신 등이 비록 보잘것없는 사람이나 전하의 신하입니다. 하늘의 해가 내리비치고 있는데, 어찌 감히 정철 한 사람을 두둔하려고 주상을 속이겠습니까.

근래 인물을 논핵하는 자들이 으레 그 동료에까지 연루시키기 때문

---

199) 당나라 한유와 유종원은 친구로서 대표적인 문장가이며 함께 고문古文을 창도 하였다. 한유는 당 헌종 때 형부 시랑刑部侍郎으로 있으면서 궁중에 불골佛骨을 들여오지 못하도록 헌종에게 「논불골표論佛骨表」를 올렸다가 이 일로 죄를 얻어 조주 자사潮州刺史로 폄척되었고, 유종원은 불교에 대해 우호적이었기 때문에 이런 차이를 말한 듯하다. 『신당서 권176 한유열전韓愈列傳, 권168 유종원열전柳 宗元列傳』

200) 사마광은 왕안석의 재정확보책 등을 담은 신법新法에 반대하였다. 그렇지만 사마광은 왕안석이 신법을 시행할 때 소인배들의 진출을 경계하며 충고하였던 친구이기도 하였다. 『송명신언행록宋名臣言行錄 후집後集 권7 사마광司馬光』

201) 송 철종宋哲宗 때 장돈은 소식의 친구였지만, 채경蔡京 등과 결탁하여 현신賢 臣 사마광, 문언박文彦博, 정이程頤, 소식 등 왕안석의 신법에 반대한 학자·문인 309인을 간당奸黨으로 몰아 유배시키고 금고하였다. 『송사 권19 휘종기徽宗紀』

에 언제나 한 사람을 논핵하면 온 조정이 시끄러워 충후하고 안정된 기상이 적으니 이는 성대한 시대에 있을 일이 아닙니다. 신 등의 논핵은 심의겸에게 그칠 뿐이고, 정철의 심사를 논하는 데는 비록 동료끼리 의견이 같지 않으나 큰 관계가 없어 조금도 대립될 것이 없는데도 이렇게 의논이 분분하여 지금껏 멈추지 않으니, 이는 신 등의 평소 언행이 남에게 신임을 받지 못하여 경시와 모멸을 받았기 때문입니다. 형편이 진정시키기 어려워 그대로 재직할 수 없으니, 신 등을 체직시켜 주십시오."

하니, 답하기를,

"어제 윤승훈이 아뢴 계사를 보니 틀림없이 경박한 자이므로 내가 책망하였다. 경 등은 속히 직무에 나아가 다만 마음을 다해서 직무를 보되 오직 공정하게 할 뿐이다. 그리고 나의 뜻을 대략 말하겠다. 대개 바르거나 간사하거나 두세 명의 신하를 죄주는 일은 임금의 한마디 호령에 달린 것이다. 그러나 전부터 글을 올려 논하거나 혹시 근신이 내 앞에서 직접 말하는 것을 내가 다 대답하지 아니하였으니, 이는 반드시 나에게도 그 뜻이 있어서였다. 근일 경 등이 심의겸의 파직을 청하였을 때에는 '올바른 도리로써 대접하라' 하였을 뿐이었고, 옥당에서 차자로써 논했을 때에는 '너희들 스스로의 신상에 관한 일이나 살펴라' 하였을 뿐이었으며, 정철을 심의겸과 결탁하였다고 말하는 이가 있었을 때에도 '만일 서로 체결하였다면 신하된 자로서 절의를 잃은 것이니 어찌 감히 그렇게 하였겠는가' 하였고, 또 정철의 심사를 너무 공격하여 철을 논한 다른 논자에게까지 파급시켰을 때에도 '네 말이 망령되다'고 책하였으니, 이것은 모두 내가 다 그 뜻이 있어서였다. 청량군 한 사람을 무엇 때문에 굳이 파직시키려 하는가. 빨리 물러가라는 나의 말을 좇는 것이 역시 좋지 않겠는가. 내 뜻을 알아야 할 것이다."

하였다. 이에 양사에서 다 인혐하고 물러가 기다렸다. 이때 공론은 윤승훈이 시론에 영합한 것을 좋지 않게 여기어, 어린아이나 하인배도 모두 윤승훈을 체직시켜야 한다고 여겼다. 오직 시배만은 정철을 깊이 미워하여 윤승훈을 체직시킨다면 정철이 아무 허물이 없게 될까 우려하여, 옥당의 의논은 심지어 윤승훈만 남겨 두고 양사를 모두 체직시키려고까지 하였다. 전한 이발과 응교 김우옹도 우물쭈물하고 시비를 판별하지 않았고, 유몽학·어운해 같은 무리는 모두 윤승훈이 당연히 체직되어야 함을 알지 못했으며, 옥당에서 올린 차자에도 다만 시끄러운 폐해만을 염려하여 시비를 가리지 않고 양사를 다 출사시키도록 청하였다. 상이 괴이하게 여기고 답하기를,

"차자의 논리가 틀렸다. 함호含糊(모호함)란 두 글자가 이 차자에 적합한 평이다. 승훈은 마땅히 체직시킬 사람이라 출사시키자는 것은 부당하다. 그러나 우선은 너희들의 말을 따르겠다."

하였다. 식자들도 옥당의 차자를 괴이하게 여기지 않는 이가 없었다. 이이가 사람들에게, "시론의 편벽된 것을 나의 힘으로 바로잡지 못하고, 또 시배가 나를 윤승훈과 같이 보니, 내가 어찌 나랏일을 다스릴 수 있겠는가. 또 삼사에 모두 공론이 없으니, 내가 말이 없을 수 없다. 차라리 시배에게 죄를 얻을지언정 임금으로 하여금 끝내 바른말을 못

들으시게 할 수는 없다."라고 하고는 대궐로 들어가 피혐하려고 하였더니, 윤승훈이 먼저 아뢰기를,

"정철을 논한 한 가지 일은 평범한 의논에 비할 것이 못 됩니다. 옳다 그르다 하는 데서 현부가 판별되는 것입니다. 다투는 바는 비록 작으나 관련된 바는 심히 큽니다. 이이 등의 말이 옳다면 정인홍의 말이 그른 것입니다. 어찌 시비를 판별하지 아니하고 반신반의한 채로 미루어 두고서 국론을 안정치 못하게 하고 중론이 불복하게 할 수 있겠습니까. 신의 어리석은 소견은 이미 전에 진술하였으나, 지금 이이 등이 아뢴 말을 보니, 옛 현인을 들어서 비유한 데에 신의 의혹이 더욱 심해집니다. 성명께서 미천한 이 충심을 통촉하지 못하시는데 신이 어찌 함부로 어리석음을 무릅쓰고 출사하여 벼슬을 더럽히겠습니까. 체직시켜 주소서."

하니, 상이 답하기를,

"중론이 복종하고 불복하는 것이야 어찌 정철에 대한 논박의 얕고 깊음에 달려 있겠는가. 이이 등이 옛 사람을 인용한 것은 이쪽을 들어 저쪽을 밝힌 것이지, 한유와 사마광의 무리에 비교한 것은 아니다. 임금이 경고하고 책망하는 것도 그 병통을 발견하여 약을 주는 일이니, 그 뜻이 전체를 함께 운용하자는 데에 있다. 너는 직무에 나아가 경박하게 굴지 말고 오직 근신하여 마음을 다해서 직무를 볼 것이며 사직하지 말라."

하였다. 이이 등이 피혐하며 아뢰기를,

"신 등이 옥당 차자의 주장을 보니, 시비는 판별하지 아니하고 다만

시끄러울 것만 염려하였기 때문에 말이 모호하여 주견이 드러나지 않아 체모가 이루어지지 못하였는데, 이런 것으로써 진정시킬 수 있다는 말은 듣지 못하였습니다. 대개 정철은 강경하고 편협하여 남을 용납하지 못하므로, 사리의 중도를 헤아리지 않고 사론의 과격한 것만 의심하여 여러 번 말씨에 나타내었으며, 사류 역시 정철의 심사를 깊이 구명하지 않고 배척하기를 실제보다 지나치게 하였던 것입니다. 만일 정철로 하여금 마음을 비우고 반성하여 원망이 없게 하고, 사류도 정철의 흔적에만 집착하지 말고 천천히 그 마음을 살폈다면 화평의 복도 바랄 수 있었으며 보합의 방책도 시행될 수 있었을 것입니다.

지금은 그렇지 못하여 사류는 정철을 더욱 의심하고 정철은 불평이 더욱 심한 데다, 말을 만들어 일을 일으키는 무리가 양쪽 사이를 서로 얽어서 이렇게까지 양쪽이 갈수록 서로 막히게 하기에 이르렀으니 정철도 실로 옳지 못합니다. 그러나 철을 가리켜 심의겸과 당을 하였다는 것도 공론은 될 수 없습니다. 저 윤승훈이 무슨 식견이 있겠습니까. 사류의 눈치를 보아 부화뇌동하려는 계책에 불과합니다. 지금 비록 윤승훈을 체직시켰으나 사론이 벌써 이와 같다면 앞으로도 계속하여 일어날 사람이 있을 것이니 양사가 어찌 안정될 때가 있겠습니까. 신 등을 체직시켜 사론을 하나로 돌아가게 하는 것만 같지 못합니다.

하찮은 일로 어수선하게 사직하여 여러 날을 불안하게 하였고, 어린아이 장난같이 나라의 체모를 크게 손상하였으니, 이것이 어찌 신등이 하고자 하는 일이겠습니까. 일의 형편이 부득이해서입니다. 신등은 황송하고 부끄러워 참으로 성대한 조정에 낯을 들 수 없으니, 속히 신 등을 체직시켜 주십시오."

하니, 답하기를,

 "윤승훈의 의견이 진실로 옳지 못하여 경 등과는 비교할 것도 못 되니 속히 직무에 나아가고 사면하지는 말라."

하였다. 이에 양사에서는 모두 피혐하고 물러가 물론을 기다렸는데 사간원에서는 이이 등이 정철을 심하게 옹호한다고 지적하였다. 옥당에서 차자를 올리기를,

 "양사를 모두 출사시키고, 다만 윤승훈과 이이 등 세 사람만 체직시키십시오."

하고 청하였더니, 상이 답하기를,

 "이이 등은 별로 허물이 없으니, 체직시킬 수 없다."

하였다. 대개 시배는 이이의 말이 기휘에 저촉됨을 피할 수 없다는 이유로 이이의 체직을 청하였던 것이다. 양사는 출사하고 옥당에서는 다시 차자를 올려 이이 등의 체직을 청하였으나, 상이 따르지 않았다. 사간원에서 아뢰기를,

 "윤승훈이 전후 아뢴 글이 품은 생각대로 곧게 주달한 것이라, 그 말이 매우 간절하여 언사의 체제에 합당합니다. 이이 등은 이미 그의 논박을 받았으면 마땅히 허물을 느끼고 물러가 물론을 기다려야 하는데, 감히 사직하면서 도리어 꾸짖고 배척하여 심지어는 윤승훈을 시배에게 부화뇌동한다고 하였으니, 언관을 심히 경멸한 것입니다. 빨리 모두 체직시키십시오."

하니, 상이 답하기를,

"윤승훈의 심술은 벌써 첫 번째 피혐하는 글에서 드러났다. 그러나 내가 노하지 않은 것은 진실로 관대한 도량에서 나온 것이다. 윤승훈이 대관이라서 공격하여 논할 수 없단 말이냐? 옥당에서 양사를 다 출사시키자는 차자는 모호하여 알 수도 없으며 글의 문리조차도 이루어지지 못했다. 유생이 모여 있다면서 논의하는 것이 감히 이러하니 이는 나라의 수치이다. 이제 또 충직한 신하를 체직시키자 하는 데에 내가 놀랐다. 내가 어찌 시비를 가리지 않고 한쪽은 출사시키고 한쪽은 체직시켜 한갓 머리만 끄덕이며 서생書生의 놀림감이 되겠는가. 임금이 정치하는 것은 오직 이치대로 할 뿐인데, 지금 사헌부 장관의 체직을 청한 것이 무슨 이치인가. 아무리 달을 넘기면서 논계하여도 체직할 리는 없을 것이다."

하였다. 사헌부에서 또 이이 등의 체직을 청하였으나, 상이 허락하지 않았다. 홍문관에서 전원이 대죄하여 아뢰기를,

"사간원에 답하신 하교를 보니, 신 등은 부끄럽고 황송하여 몸 둘 바가 없습니다. 요즘 조정의 논의는 다만 심의겸을 죄주어 인심을 안정시키라고 청했을 뿐이고, 정철의 문제는 성상께서 물으셨으므로 우연히 발생된 것이오며 처음부터 공격하려는 뜻이 없었는데, 대각의 의논이 분분하고 아직도 안정되지 못하여 기상이 좋지 않으니, 참으로 탄식할 일입니다. 대개 윤승훈이 이이 등을 체직시키려 한 것은 진실로 경박하여 일 만들기를 좋아하는 병이 있었으나 그 심술에 있어서는 미리 억측만 해서는 안 될 점이 있습니다. 이이 등의 의논은 비록 공정한 마음에서 나왔으나 사람들의 마음이 평안하지 못하니 만일

윤승훈만 체직시키고 이이 등은 출사시킨다면 아마도 물의를 진정시킬 수 없을까 염려됩니다. 신 등이 양편을 다 출사시키자고 청한 것은 참으로 부득이 한 점을 감안해서였습니다. 분쟁이 대립하여 둘 다 보전할 수 없는 형편이 되었고, 이이가 윤승훈을 공격한 데에도 억측하고 지나치게 의심한 허물이 있어서 더욱 인심을 심복시킬 수 없기 때문에 부득이 다 체직시키기를 청하였으니, 이는 인심을 진정시키려 한 것뿐입니다. 어찌 신 등이 하고자 해서이겠습니까. 신 등이 시종하는 신하로서 일을 당하여 몽매하고 취지가 명백하지 못하여 주상의 의심을 받아 맑은 조정의 수치가 되었으니 이는 실로 신 등의 죄라 논사論思의 자리에 있을 면목이 없습니다. 파직시켜 주십시오."

하니, 상이 답하기를,

"이 글을 보니 '처음에는 공격할 의사가 없었다'라는 것, '기상이 좋지 못하니 진실로 탄식할 일이다'라는 것, '경박하여 일을 좋아한다'는 말들은 모두 옳다. 그래서 윤승훈만 체직시켜 진정시킬 계책을 모색했던 것이다. 저 승훈 또한 임금의 도량에 포용되어 그 마음을 반성하여 다른 날 충후한 인물이 되지 못할 것도 없을 터인데, 무슨 연유로 이이 등까지 체직시켜 나랏일을 다스리지 못하게 하려는가. 이이 등의 체직이 또 무슨 이득이 있는지 나는 모르겠다. 그러니 나의 의심을 일으키지 않으려 한들 되겠는가. 그러므로 내가 그렇게 말한 것이다. 그러나 이것도 우연에서 나온 말이니 사직하지 말고 공정한 마음으로 직분을 다하라."

하였다. 사헌부에서 또 아뢰기를,

"전하께서 이이 등에 대하여 남의 말을 듣고 흔들리지 않으시려는 뜻이 지극하십니다. 하지만 옥당과 사간원에 대하여는 오히려 엄하게 책망하시어 온당하지 못한 말씀이 많으므로 너그럽게 용서하시고 직언을 받아들이시는 도리에 크게 손상되었습니다. 이는 인심을 진정시키기 어려울 뿐만 아니라 도리어 이이 등으로 하여금 진퇴양난에 빠져 몸 둘 곳이 없게 만들었습니다. 대간은 조금이라도 말썽이 있으면 그대로 재직할 수 없음이 이미 격례格例(격식이 된 관례)가 되어 있으니, 빨리 체직시키십시오."

하니, 상이 답하기를,

"정철의 얕고 깊음을 논하는 것은 그만두는 것이 옳거니와 감히 자기 의견만 옳은 척하여 이이 등을 몰아내려 하니, 무슨 심보인가. 충직한 신하가 경박한 무리에게 쫓겨남을 당하는데도 내가 만일 그들 본심을 지적하여 분명히 타일러 책하지 않고 오직 턱만 끄덕인다면 이는 이른바 혼군昏君이니, 이는 너희들도 원하는 바가 아닐 것이다.

대간은 조금이라도 남의 말이 있으면 그대로 재직하지 못한다고 하는데, 이 또한 그렇지 않은 점이 있다. 이른바 남의 말이란 오직 이치에 타당한지 여부를 볼 뿐이다. 남의 말이 이치에 맞지 않는다면 백 사람이 공격한들 어찌 재직하지 못한다는 말인가. 또 격례를 말하는데 격례에 무슨 이치가 담겨 있겠는가. 지금 상황을 위한 너희들의 계책으로는 속히 이이 등이 출사하기를 요청하여 그들과 함께 정성과 힘을 합하여 나랏일에 마음을 다하는 것이 양책이다. 그렇지 않으면 반드시 나의 의심을 일으켜 장차 좋지 못한 일이 있을 것이니 신중하라."

하였다. 사헌부에서 또 아뢰기를,

"사류를 보합하여 나랏일을 같이 성공시키는 것이 신 등의 본의이기 때문에 이이 등과 함께 출사하여 서로 용납하려 하였는데, 윤승훈의 시비를 논변한 뒤로 서로 사직하며 피하여 차츰 이 지경이 되었고, 이이 등이 윤승훈을 배척한 것이 너무 지나쳐서 물정을 과격하게 격동시켰으니, 신 등이 이이 등의 체직을 청한 것도 부득이한 데서 나온 것입니다. 어찌 자기 소견만 옳다고 하면서 억지로 공격하여 제거하려는 것이겠습니까. 대관이 논박을 받았으면 형편상 재직하기 어려우니, 재삼 생각하시어 빨리 체직시키십시오."

하니, 상은 이에 이이 등을 체직시키고, 정지연을 대사헌으로 삼았다. 이때 신창 현감의 자리가 비자 상은 특명으로 윤승훈을 신창 현감으로 보냈는데, 이때 상의 식견이 탁월하여 당시 사류가 다 미치지 못하였다. 이이가 대사헌을 체직당하자, 공론은 시배가 지나치다고 하였다. 안민학은 큰 소리로 "윤승훈이 어떤 사람인데 감히 사류를 공격한단 말인가." 하였다.

이이는 시배가 모두 식견이 없음을 보고 우울해하고 즐거워하지 않으니 이발과 김우옹 등이 다 부끄러워 사과하였다. 이이가 성혼에게 말하기를,

"박절한 의리로 말한다면 시배가 나를 윤승훈과 같이 보니 물러가는 것이 옳다."

하니, 성혼이 대답하기를,

"시배가 다 사과했고 실로 형을 공격할 생각이 없는데 어찌 가벼이

물러간다 하는가."

하였다. 이이는 말하기를,

"동·서의 분쟁이 지금까지 그치지 않으므로 내 생각으로는 동·서를 타파하여 사류를 보합하려고 하는데, 시배가 제 소견만 옳다 하여 차라리 나랏일을 그르칠지언정 동인이 이겨야 한다고 생각하고, 숙부肅夫(김우옹의 자)와 경함의 무리는 둘 사이에서 우물쭈물하면서 시배에게도 거슬리지 않고 이이도 버리지 않으려 하니 괴롭네. 내가 만일 물러가면 시사가 더욱 무너지고 균열될 것이기에 남몰래 참으면서 떠나지 못했을 뿐이지."

하였다. 윤승훈이 이미 외직으로 나가게 되자, 사간원에서는 그를 중앙 관직에 유임시켜 주기를 청하려 하였으나, 마침 정인홍이 경연에서 윤승훈의 그릇됨을 지적하였기 때문에 사간원에서도 감히 말하지 못하였다. 뒷날 이이가 입시했을 때 상에게 아뢰기를,

"지난번에 소신이 말을 조심하지 못함으로 해서 주상께서 삼사에 답하신 글에 미안한 점이 많이 있었고 삼사를 가벼이 본 것처럼 되었으니, 소신이 꾸짖음을 받고서야 마음이 편하였습니다. 신의 성격이 어리석고 곧아서 인정과 상황을 자세히 살피지 못하고 윤승훈의 말이 시론에 영합한 것 같기에 경솔히 지적하여 말하였더니 이제 와서 물의가 불평을 하니 신의 말이 실수인 듯합니다. 윤승훈의 말도 진실로 잘못되었으나, 다만 시비 간에 사안을 말하는 신하를 너무 지나치게 꺾지 말아야 할 것입니다. 주상께서 특명으로 외직에 보내시니, 임금의 위엄이 뇌정보다 더 무섭겠으나 이 일이 사방에 전해지면 듣는 이

가 곡절은 모르고 다만 말 때문에 벌을 받았다 여길 것이니, 직언하려
는 선비가 우물쭈물할까 우려됩니다."

하니, 상이 이르기를,

"전날의 하교는 경을 위해서가 아니라 다만 사리에 의거하여 한 말
일 뿐이다. 승훈 같은 젊은 사람이야 잠깐 동안 외직에 나가 백성을 다
스린들 무엇이 해롭겠는가. 만약 나를 가리켜 사리의 합당함을 얻지
못했다고 한다면 옳겠으나, 윤승훈을 보낸 것을 그르다고 여긴다면
적절한 논의가 아니다. 비록 일을 말하는 사람이라도 말한 것이 옳지
않으면 어찌 지적하지 않을 수 있겠는가."

하였다. 정언 정숙남鄭淑男이 아뢰기를,

"이이의 말은 참으로 공정한 마음에서 나왔습니다. 윤승훈을 내보
낸 데 대하여 물정이 실은 옳지 않게 생각합니다."

하니, 상이 답하기를,

"그 일을 언급하였으니 내가 분명히 말하겠다. 윤승훈을 꼭 밖으로
내보낼 것도 아니었으나 사간원의 아뢰는 말이 승훈을 너무 높여서
'말이 심히 간절하다' 하였으므로, 만일 내가 억제하지 않는다면 다른
말이 또 일어날까 염려하여 밖으로 보내어 물정을 진정시켰다."

하였다. 이때 유몽학·김우옹·이영李嶸 등이 이이를 만나서 비근한 일
을 논하였다. 유몽학이 말하기를,

"윤승훈이 부화뇌동했다는 정상을 미리 알 수는 없는 일이니, 공의
말이 지나쳤네. 그리고 그가 한창 공을 공격하는데 공 또한 그를 지목
하여 배척하면서 피혐하지 않았소."

하였고, 이영은 말하기를,

"윤승훈이 부화뇌동한 정상을 만일 마음도 지각도 없는 사람이라면 보지 못하겠지만, 만일 조금이라도 헤아릴 수 있다면 어찌 보지 못할 리가 있겠습니까. 이렇게 추종하는 사람을 사류가 그르다고 하지 않고 도리어 그 기세를 조장하여 군자를 공격하니 이것이 무슨 도리입니까?"

하였다. 이이가 말하기를,

"윤승훈은 결단코 시론에 부화뇌동한 것이네. 만일 삼사에서 그의 그른 것을 말하는 자가 있다면 내가 말하지 않을 수 있겠으나, 지금의 삼사는 다 윤승훈을 칭찬하니, 이는 한 나라에 공론이 없는 것일세. 나도 언관인데 감히 말하지 않을 수 있겠는가. 또 나랏일을 위해서는 피험하기도 역시 어려운 일이었네. 옛날에 윤색尹穑이 장준張浚을 공격하였을 때 장준은 윤색을 가리켜 간사하다 하였는데,[202] 장준도 그르다는 말인가?"

하니, 유몽학은 변명하느라 말이 많았고, 김우옹은 부끄러운 얼굴을 하고는 말하지 않았다. 이이가 말하기를,

"이것이 나랏일에 무슨 상관이 있기에 이렇게까지 시끌시끌하는가?"

하니, 김우옹이 말하기를,

---

202) 윤색은 송나라 간신이다. 송 효종宋孝宗 때 금나라의 침공을 받았을 때 우정언 右正言으로서 형편상 적과 강화講和해야 한다고 주장했다. 그는 자기의 주장을 관철하기 위하여 반대파인 장준을 두고 발호하고 있다고 논핵하다가 얼마 안 가서 파직당하였다.『송사 권361 장준열전張浚列傳』

"시배는 이런 것을 나랏일이라고 생각하오."

하였다. 한창 삼사에서 이이를 공격하였을 때 박순은 탄식하여 말하기를,

"연소한 무리가 식견이 높지 못하다. 숙헌 같은 이는 유림의 종장이 될 만한 사람이다. 시배가 그의 명을 따라야 할 것인데, 아무 상관없는 일로 이렇게까지 쟁론하여 나랏일을 도외시하니, '사슴을 쫓느라 태산을 보지 못한다'[203]고 말할 수 있다."

하고, 박순이 안민학에게 정인홍을 말려 다시는 논핵하지 말도록 하라고 권하였는데, 안민학이 말하기를,

"나는 덕원을 산림山林 학자인 줄 알았더니 이제 보니 괴이하고 귀신 같은 무리로구나."

하고는 드디어 다시 보지 않았다. 이기李墍가 대사간이 되었는데 누군가가 "왜 이 대헌(이이)을 체직시켰는가." 하니, 이기가 답하기를, "나는 모른다. 동료의 의논이 너무 과격하였지, 나는 모른다." 하자, 듣는 이들이 웃었다.

▶◀ 첨지중추부사 정철이 벼슬을 버리고 귀향하였다. 정철은 시배가 장세량의 옥사를 일으키자 마음속으로 항상 불평하여 여러 번 말씨나 안색에 나타내었고, 또 술 마시기를 좋아하여 취한 뒤에는 시배의 단점을 많이 말하므로 시배가 더욱 의심하였다. 한때는 이발과 취중에 서로 꾸짖어 교분이 끊어졌는데, 시배가 정철을 배척하므로 귀향하게

---

203) 이 말은 이욕利慾에 빠진 자는 큰 해가 눈앞에 있는 것도 모름을 비유한 것으로, 『회남자』「임훈林訓」에 나온다.

된 것이다. 이이가 강가에 나가 전별하면서 조심하여 수양하고 술을 끊도록 권하니, 정철은 이발의 심사는 믿지 못할 것이라고 극언하였다. 이이가 말하기를,

"그대의 소견이 편벽되네. 경함이 식견은 밝지 못하나 그 마음은 선량하지."

하니, 정철은 머리를 흔들면서,

"아닐세, 아닐세. 정 덕원은 그 마음이 공정하네. 비록 나를 논핵하여 멀리 귀양 보냈더라도 만일 길에서 만나면 내가 술을 한잔 부어 같이 마실 것이네."

하였다. 정철이 또 말하기를,

"시배는 나를 전연 모른다. 만일 시배가 다 패퇴하게 된다면 내가 어찌 힘을 다하여 서로 구하지 않겠는가. 시배는 나를 전연 모른다."

하였다. 정철이 아주 돌아가는데 친구로서 따라가 작별하는 이가 없었고, 직위가 높은 관원으로는 단지 이이와 이해수李海壽만이 전별하는 자리에 앉았다. 해수는 말이 적은 사람이었는데 이이가 농담으로 "계함의 강직·개결에다 대중大仲[이해수의 자]의 언어를 보탠다면 통하지 않을 곳이 없을 것이다." 하였다.

이이는 늘 사람들에게 "계함은 강직·개결하고 충의로운 선비이다. 그의 협애한 점이 병통이지만 그 사람은 버릴 수 없다." 하니, 많은 시배가 그렇지 않다고 하였다. 하루는 상이 시신에게 이르기를,

"정철의 됨됨이를 내가 알지 못하나, 다만 정철이 전에 승지가 되었을 때 대략 그의 행실을 보았더니 개결한 사람으로 나랏일에 마음을

다하였다."

하고, 박순을 돌아보면서,

"나는 정철을 재기가 있다고 여기는데 영상은 아시오?"

하고 물었다. 박순이 말하기를,

"정철은 과연 재기가 있습니다."

하니, 상은 이르기를,

"내가 정철의 그 협애한 것을 보고 반드시 남과 화합하지 못할 것이라 여겼더니, 과연 그렇다. 만일 정철을 소인이라 한다면 그는 반드시 불복할 것이다."

하니, 박순이 아뢰기를,

"전하께서 정철을 깊이 아십니다. 사람 알아보기를 언제나 이 같이 하시면 한때의 사류로서 누가 심복하지 않겠습니까."

하였다.

◗◖ 성혼에게 경연에 입시하라고 명하였다. 성혼은 세 번이나 상소하여 굳이 사양했으나, 윤허하지 않았다.

◗◖ 장령 정인홍이 휴가를 얻어 귀향하였다. 정인홍은 곧은 기개가 있었으나 용납하는 도량이 없어 일을 처리하는 것이 두루 소상하지 못하므로 사론이 더러 인정하지 아니하자, 불안하여 돌아갔다. 안민학이 누구에게 말하기를,

"지금 동인은 국론을 주재하면서 인물의 사정邪正과 현우賢愚는 묻지 않고, 심의겸을 배척하는 자는 군자라고 하고 조금이라도 심의겸을 구하는 자는 소인이라 하기 때문에 틈을 타서 동인에 붙으려는 자

가 다투듯 일어난다. 정 덕원은 산림의 선비로 조정에 들어와서 한때
의 청망을 지녔으면서도 원대한 경세책에는 힘쓰지 아니하고 애써 동
인의 기세를 돕는 데 급급하니 동인에게는 공이 크고 명망도 반드시
더 성할 것이지만 은일한 사람에게 크게 수치이다. 정 덕원은 참으로
애석하다.”

하였다. 이이는 말하기를,

“덕원은 강직하나 계책이 넓지 못하고 학식이 밝지 못하니 용병用兵
에 비유하자면 돌격장으로 쓰일 것이다.”

하였다.

◗◖ 이이를 대사간으로 삼았다.

9월 우의정 정유길을 둘러싼 논박

좌의정 노수신이 모친상으로 벼슬을 그만두었다.

◗◖ 대사간 이이가 상소하여 사직하였는데, 그 소의 대략에,

“오늘날의 급선무는 붕당을 타파하고 사류를 보합하는 데에 있는
데, 신이 진정시키지 못하니, 일반 관리가 되어 충성을 다하고자 합
니다.”

하니, 상이 답하기를,

“경의 뜻은 다 알았으니, 사직하지 말고 직분을 다하라.”

하였으나, 이이는 끝내 병을 이유로 체직되었다.

▶◀ 정유길을 우의정으로 삼았다. 이때 강사상은 병으로 체직되어 영중추부사가 되었고, 노수신은 상을 당하여 우상과 좌상이 모두 비었기 때문에 유길을 정승으로 삼은 것이다. 정유길은 전일 이양이 권력을 부릴 때에 꿋꿋이 자기 주견대로 서지 못하고 끌려다닌 허물이 있었으므로 사론이 매우 경시했는데,[204] 또 정승이 되자 물정이 불쾌해하였다. 나이 젊은 사류는 이문형이 동인에 붙었기에 문형을 정승으로 삼고자 하였고 박소립 또한 시망이 있었다. 그러나 문형은 간사하였으며, 소립은 어리석고 나약하였다. 이이가 박순에게 말하기를,

"이李의 간사함과 박朴의 어리석음으로 정승자리를 얻는다면 상공께서 어찌 후세의 기룽을 면하겠습니까. 정 임당鄭林塘[정유길의 회]은 비록 하자는 있으나 재주와 풍도가 있어서 시배가 추천하는 사람보다는 나으니 임당을 보전함만 못하며, 다음 후보는 김귀영 공이지만 탐욕스럽고 비루하여 인품이 임당보다 못합니다."

하니, 박순도 그렇게 여겼다. 이이가 정유길을 보전하고자 한 것은 그를 대신할 후보를 얻기 어렵게 여겼기 때문이다. 시배는 국가 대계를 몰랐고 또 이문형을 끌어올리기 위하여 반드시 정유길을 논핵하여 쫓으려고 하였다. 이때 대사헌 정지연은 휴가를 얻어 성묘를 갔고, 장령 정인홍도 귀향하였으며, 지평 최영경·정구는 아직 올라오지 않았고, 오직 집의 정사위鄭士偉와 장령 이뇌李輅만이 조정에 있었는데, 두 사

---

204) 정유길은 이조 판서로 임명되기도 했으나, 1562년(명종 17) 이양이 세력을 빙자하여 득세하였을 때 정유길이 대제학으로 있으면서 성품이 유약하여 스스로 서지 못하고 자못 이양의 뜻에 맞추었으며 이양을 대제학으로 천거하려 하였기 때문에, 사류가 이때까지 천시하다가 양사가 논박하여 이조 판서에서 체직시켰다. 본서, 1574년(선조 7) 9월 참조.

람은 다 용렬하여 자기 주견대로 서지 못하고 시배가 시키는 대로 하는 자였다.

시배가 두 사람에게 정유길을 논핵하게 하니, 이에 사헌부에서 먼저 논의를 꺼내면서 유길을 권력자에게 아부하여 추잡하기 이를 데 없다고 비방하여 체직시키기를 청하였다. 사간원에서 또 따라 일어나려 하자, 대사간 이이가 말하기를,

"지금 만일 드러난 사람이건 미천한 사람이건 두루 사람을 찾아 적당한 인물을 얻으려 하면 정공鄭公은 참으로 정승 되기에 부적합하지만 지금 고위 관원 중에서 찾는다면 정공만 한 사람이 없다. 만약 정공을 논핵하여 체직시키고 함량이 못 되는 자로 대신하게 한다면 졸렬한 자로 뛰어난 사람과 바꾸는 격이니, 이는 정치를 하는 요체가 아니다. 논하지 않는 것만 못하다."

하였으나, 동료들이 고집하였다. 이이는 막지 못하고 이에 아뢸 글을 작성하기를,

"정유길은 예전에 실로 씻지 못할 과오가 있으므로 그에게 재상의 자리가 적당하지 못한 것을 누가 모르겠습니까. 다만 사조四朝의 옛 신하[205]로서 재주와 풍도가 있기 때문에 신 등이 그를 아껴 감히 가벼이 논하지 않았는데, 만일 이 일이 논란이 되지 않았더라면 모르거니와 지금 공론이 이미 나와서 물정이 한창 격동하고 있습니다. 삼공은 모두 바라보는 자리이므로 이미 남의 말을 듣게 되면 외람되이 재

---

205) 정유길이 1538년(중종 33) 문과에 장원급제하여 사간원 정언으로 첫 관직을
    시작한 이래, 인종·명종·선조의 네 왕대를 거쳤다는 말이다.

직하며 억지로 백관을 거느려서 조정이 더욱 비하되고 기강이 더욱
해이해지게 할 수 없는 것입니다. 청하건대, 공론을 좇으셔서 빨리 개
정하소서."

하니, 상은 윤허하지 않았다. 이 논계가 올라가자, 시배는 소란을 떨
며 "논계의 말이 정유길을 감쌌고 곧게 판단하지 못했다."라고 하면서
말을 그치지 않으니, 사간원에서 이 때문에 피혐하고 물러가 물론을
기다렸다. 이때 이이는 벌써 병으로 세 번 사직을 아뢰어 체직되었고,
옥당에서 사간원을 체직시키기를 청하자, 상은 답하기를,

"이렇게 인재가 부족한 때에 신임 우상 같은 사람을 어찌 쉽게 얻을
수 있겠는가. 남들이 구시대의 인물을 구한다고 하였으니, 우상을 두
고 한 말일 것이다. 사간원이 아뢴 글은 충후한 어른의 글이거늘 도리
어 감쌌다고 지적하는 것이 옳겠는가. 그러나 이미 논박을 입으면 형
편상 체직시키지 않을 수 없으므로 허락한다."

하였다. 이때 사헌부에서도 체직을 잘못 청하였다고 피혐하였는데,
대개 삼공이 처음 임명될 때에 논박하려면 개정하기를 청해야 하는
데, 만일 체직만 시킨다면 가자加資한 대광大匡(정1품 대광보국숭록대부)
은 그래도 남는다. 그러므로 사간원의 정유길 체직 논계에 물정이 쾌
히 여기지 않았는데, 사헌부에서 듣고 피혐하니 그 실수가 사간원보
다도 심하였다. 그런데도 옥당에서는 출사를 청하므로, 식자들은 옥
당이 치우친 처사를 기롱하였다.

◗◖지평 최영경은 상소하여 사직하고 올라오지 않았다. 상소의 대략에,

"지금 국정의 원칙이 정하여지지 못하였고 공론이 행해지지 못하

여, 편당이 풍습이 되고 기강은 날로 타락되니, 명석함으로 기미를 밝히시고 위엄으로 진정시키어 편당의 무리가 제 마음대로 방자히 못하게 하여야 하는데, 그 책임이 고위 관원에게 있습니다. 비록 옛날 훌륭한 사람이 이런 자리에 있어도 오히려 어려운데, 신같이 우둔하고 무식한 자가 어찌 감당할 수 있겠습니까."

하였다. 최영경이 누구를 가리켜 편당이라 하는지 사람들은 그의 의향을 몰랐다. 이때 최영경의 친구인 기대정은 학식이 없고 객기만 숭상하여 견해가 상당히 편벽되었는데 영경은 그 말을 믿었던 것이다. 성혼이 이이에게 말하기를,

"최 효원崔孝元(최영경의 자)의 소가 어떠한가. 그 사람이 올라오면 시사에 보탬이 있겠는가."

하니, 이이가 웃으면서 말하기를,

"행실이 높은 기대정을 보태는 데 불과할 것이네."

하였다. 최영경은 학식이 부족하면서 다만 기절만 숭상하기 때문에 이이의 말이 이러하였다.

▶◀ 구봉령을 특별 임용하여 사헌부 대사헌으로 삼았다. 봉령은 재기才氣로써 사류의 기대가 있었으나 오랫동안 낮은 대부의 반열에 정체되어 있다가 이때에 이르러 특별 임용되었으므로 물정이 만족하였다.

▶◀ 지평 정구鄭逑가 상소하여 사직했으나 윤허하지 않더니, 얼마 안 되어 어떤 일 때문에 체직되었다. 정구는 고을을 다스릴 때 좋은 정치를 했다는 명성이 드러나 그 행적으로 품계가 올라 사헌부 관원이 되었는데 미처 뭔가 시행하지 않았는데도 사람들이 그의 풍채를 높이

흠모하였다.

▶◀ 대사간 김우굉이 일 때문에 피혐하였다. 형조 정랑 어운해를 논파시켰는데, 김우굉도 얼마 뒤에 탄핵을 입어 체직되었다. 김우굉은 일찍이 곽사원郭嗣元과 토지 문제로 소송이 걸려 해를 넘겼는데, 김우굉에게 협력하는 자는 사대부가 많았으나 마침내 송사에서 이기지 못하였다. 이에 깊이 원한을 품고 형조 참의가 되자 곽사원에게 죄를 주려고 하였으나 정랑 어운해가 따르지 않으니 김우굉은 원한을 품었다.

얼마 안 되어 김우굉이 대간이 되자 어운해가 누구에게 말하기를,

"김공이 형관으로 있을 때 사사로운 원한으로 사람을 벌주려고 한 일이 있다."

하니, 김우굉이 듣고 크게 노하여 대궐로 나아가 스스로 죄를 거론하기를,

"정랑 어운해는 상관을 능멸하여 손발을 꼼짝 못하게 하오니, 이것은 신이 남에게 경시를 당하여 스스로 초래한 것입니다. 신을 체직시켜 주십시오."

하니, 상이 답하기를,

"아래에서 위를 능멸한 것은 기강이 없는 것이다."

하고 운해를 파직시켰다. 어운해의 됨됨이가 공손하고 미더워 윗사람을 범할 사람이 아니었는데, 김우굉이 사사로운 원한으로 공격하여 감히 임금을 속이자 사론士論이 더럽게 여겼고, 얼마 뒤에 사간원에서 김우굉을 논핵하여 체직시켰다.

10월 이이의 경제사 설치 제안

호조 판서 박대립이 병으로 해직되었다. 상이 묻기를,

"탁지度支(호조)에 적임자를 얻지 못했으니, 윤현尹鉉같이 직책을 다하는 사람[206]이 있으면 관작의 높고 낮음을 묻지 말고 추천하는 것이 좋겠다."

하니, 대신이 이이를 으뜸으로 천거하여 곧 호조 판서로 삼았다. 이헌국이 누구에게 말하기를,

"숙헌이 승진했으니 축하할 일로되, 다만 위에서 윤현 같은 인물을 얻고자 하셨는데 대신이 숙헌을 추천하였으니, 후세에 반드시 숙헌의 인품이 낮은 것으로 의심할 것이다."

하니, 듣는 사람이 웃었다. 윤현은 큰 그릇이 못 되었고 두소斗筲(말이나 되) 같은 작은 국량이었으므로 헌국의 말이 이러하였다.

◗◖ 양사에서 정유길을 끊임없이 논박하였으므로, 상이 영상 박순에게 묻기를,

"좌우상 자리가 모두 비게 되었으니 어떻게 처리하여야 하겠는가?"

하니, 순이 아뢰기를,

"대신으로 논박을 당하고서는 관직에 나오기 어렵습니다."

---

206) 윤현尹鉉(1514~1578)은 1537년(중종 32) 문과에 장원급제하였는데, 관료로서 성공한 사례였다. 그는 처음에는 문명文名으로 등용되었으나 재물을 관리하는 데에 재능이 있어서 집에 있을 때에는 섬세한 것까지도 아껴서 넉넉하게 하였고 조금도 함부로 낭비하지 않았다. 다만 민정民政은 가다듬지 않고 오로지 나라의 회계에만 힘쓰니 사론은 그것을 단점으로 여겼다고 한다. 『선조수정실록 11년 7월 1일』

하였다. 상은 이에 정유길을 체직시키고 다른 재상감을 구하여 김귀영을 우의정으로 삼고 정지연을 이조 판서로 삼았다.

신축일 ◗◖ 비바람이 불고 낮이 어둡더니 뇌성과 번개가 여름철보다도 심하였다. 병오일에 상이 천재로 인하여 공경에게 두루 물었는데, 입시한 이는 영상 박순, 병조 판서 유전, 형조 판서 강섬, 한성 부윤 임열任說, 좌찬성 심수경沈守慶, 우찬성 이문형, 공조 판서 황임黃琳, 예조 판서 이양원, 이조 판서 정지연, 호조 판서 이이, 도승지 이우직, 대사헌 구봉령, 부제학 유성룡이었다. 여러 신하가 자리에 앉자 상은 좌우를 돌아보면서 이르기를,

"천변이 예사롭지 않으니 어떻게 대처해야 되겠는가?"

하니, 좌우에서 차례대로 품은 바를 진술하였는데, 다 용렬하여 취할 것이 없었고, 오직 이이와 유성룡의 진언이 정치하는 대체를 말하였다. 이이가 말하기를,

"천도가 가물고 멀어 진실로 헤아리기 어려우나 다만 옛 역사로 본다면 치란의 형세가 이미 결정되어 버리면 별로 재이가 없습니다. 재이는 반드시 치治와 난亂이 교체될 즈음에 일어나기 때문에 아무리 어진 임금이라도 재이를 피하지 못하는 것입니다. 만약 재이로 인하여 마음을 가다듬고 조심하여 반성한다면 재변은 도리어 상서로 변하는 것이오니, 이는 천심이 인애하여 임금으로 하여금 깨우치고 반성하여 치세를 일으키게 하고자 한 것입니다. 만일 재이에 응하기를 진실로써 하지 않으면 나라는 이 때문에 어지러워지고 망하는 것이오니, 역사책에서 자주 볼 수 있습니다.

예로부터 나라를 세운 지 오래되면 점차 법제의 폐단이 생기고 인심이 해이해지는 것인데, 반드시 추락한 폐단을 고치고 정치를 혁신하는 현명한 임금이 있게 된 뒤에야 국세國勢가 떨쳐 운명이 새로워지는 것입니다. 그렇지 않으면 퇴락하여 구제할 수 없는 지경에까지 이르니, 그 현상은 흔히 볼 수 있습니다. 우리나라는 나라를 세운 지 거의 2백 년이므로, 지금은 중간 쇠퇴의 시기입니다. 권간이 세상을 어지럽히는 화를 많이 겪었고, 오늘에 이르러서는 노인이 원기가 다 떨어져 다시 떨쳐 일어나지 못하는 것과 같습니다. 다행히 성상께서 나타나셨으니, 이는 치세가 올 수도 난세가 올 수도 있는 기미입니다. 만일 이때에 분발하고 진작하시면 동방 억만 년의 무한한 복이 될 것이며, 그렇지 못하면 장차 나라가 무너지고 위축되어 구제하지 못할 것입니다.

신이 생각하건대, 과거에 권간들이 일을 꾸밀 적에도 오히려 나라를 유지하였습니다. 지금 안으로는 전하께서 덕을 잃으신 적이 없고, 밖으로는 학문하는 신하들이 포진하고 있으니 예로부터 오늘 같은 때가 드문데도 천변이 이렇게까지 일어나니, 신은 전하께서 정치하시는 데 미진한 점이 있다고 여기고 있습니다.

임금이 장차 잘 다스리려고 하면 반드시 마음을 원대하게 가져 속된 논의에 구애되지 않고 삼대의 정치를 목적으로 하고, 반드시 실학實學에 힘써서 몸소 실천하고 마음으로 깨달아 전하의 한 몸을 일세의 표준으로 삼아야 합니다. 그러나 정사에 베풀지 아니하면 실속 없는 헛된 선善이 될 뿐입니다. 이렇게 몸을 닦고 나서 나아가 널리 어진 인재를 구하여 관직에 포진시켜서 그들이 각각 직무를 다하게 하고 그들의 말을 듣고 좇아야만 책임이 전일해지고 성과를 이룰 것입니다.

또한 임금은 반드시 당대의 폐단을 알아야만 일대의 치세를 일으킬 수 있으니, 마치 의원이 반드시 병환의 뿌리가 어디에 있는지 알아야만 증상에 대한 약을 쓸 수 있는 것과 같습니다. 오늘날 대소 신료는 다 제 몸만 생각하며 그럭저럭 지내면서 공무에 대해서는 하나도 뜻을 두는 이가 없으므로 주상께서 혼자 부지런히 걱정하시지만 백성은 그 은택을 입지 못하면서 세도는 물이 아래로만 내려가듯이 퇴락하고 있습니다. 사류로서 더러 주상을 믿고 할 말을 다하는 이가 있는가 하면, 그 중에는 평탄한 마음이 없이 서로 의심하고 막는 자도 있습니다.

오늘의 폐단은 진실로 하나하나 거론하기 어려우나 대개 병의 뿌리는 능력 있는 인재에게 위임하지 못하는 데 이유가 있습니다. 반드시 당대의 인재를 헤아려 능력 있는 사람을 뽑아 위임하고 정성을 다하게 하여야 합니다. 지금 내실이 있는 정치는 하지 않으시면서 한갓 재변이 없기만을 바란다면 되겠습니까. 전하께서는 재변을 당하시거든 반드시 심지와 사려를 떨치시고 상례를 따르려는 생각에 얽매이지 말며, 공로가 조종에 빛나고 사업이 후손에 전해질 방도를 생각하신다면 매우 다행이겠습니다.

폐단을 개혁하는 한 가지 사안은, 대개 경연관의 아뢴 내용이 당초 심사숙고하여 건의한 것이 아니고 우연히 진달한 것이므로, 비록 채택되거나 시행된다 하더라도 실효가 없어서 주상께서는 더욱 데리고 정치할 만한 사람이 없다고 생각하실 것입니다. 이것은 진실로 그럴 만하지만, 신에게 망령된 계책이 있습니다. 청컨대 대신에게 상의하게 하시어 경제사經濟司를 설치하되, 대신으로 총괄하게 하고 사류 중 시무에 밝게 통달하고 나랏일에 뜻을 둔 인물을 뽑아서, 건의하는 말이 있으면 모두 경제사에 내려 시행할 것인지 못할 것인지를 상의해서 폐정을 개혁하게 하면 하늘의 마음을 돌이킬 수 있을 것입니다. 지금 비록 공자나 맹자가 좌우에 있다 하더라도 시행하는 바가 없으면 무슨 보탬이 되겠습니까. 경제사의 설치라면 현실로서는 생소한 느낌이나 이렇게 하지 않으면 나랏일을 어찌 해볼 수가 없어서 점점 침체될 것입니다."

하니, 상이 이르기를,

"경제사 설치는 뒷날 틀림없이 큰 폐단이 생길 것이다. 우리나라에서 모든 정사를 육조가 나누어 관장한 것은 뜻이 있는 것이다."

하였다. 대사헌 구봉령은 나와서 유생들이 글은 읽지 않고 빈말만 숭상하는 폐단을 아뢰었는데, 이이가 아뢰기를,

"유생의 폐단은 유생에게 책해야 할 것이지 위에 아뢸 일은 아닙니다. 다만 주상께서 벌써 이 폐단을 알고 계시니 마땅히 교화할 방책을 생각하시어 그 사표師表에 합당한 사람을 가려 위임하는 것이 옳습니다. 지금 교화를 밝히시려면 반드시 선현을 높이 장려하시어 후학이 모범으로 삼을 데가 있어야 할 것인데, 주상께서는 언제나 이 일을 어렵게 여기십니다. 근일 어진 이를 다 사전祀典(문묘 제사)에 넣을 수는 없으나, 조광조는 도학을 앞장서서 밝혔고, 이황은 이치에 침잠하였으니 이 두 분은 문묘에 종사하여 많은 선비의 선을 향하는 마음을 흥

기시킬 만합니다."

하니, 상이 그 일은 할 수 없다고 하였다. 여러 신하가 진언을 다 마치자, 상은 박순에게 이르기를,

"여러 신하가 한 말 가운데 어떤 것이 시행할 만한가?"

하니, 박순이 차례로 논변하고 아뢰기를,

"경제사의 일은 조건을 갖추어 아뢰지 않았기 때문에 주상께서 어렵다고 하셨으니, 이이를 다시 불러 물어 보십시오."

하였다. 이이가 나아가 아뢰기를,

"소신이 창졸간에 그 말을 상세히 다하지 못했기 때문에 의도를 다 발표하지 못하였습니다. 지금 누적된 폐단이 대단하여 임금의 은택이 아래로 흐르지 못하고 있으니, 반드시 시무에 뜻을 둔 사람을 얻어 한 자리에 모아 서로 방책을 강구하여 시폐를 개혁함이 옳을 것입니다. 폐단만 다 개혁되면 경제사를 다시 해산시켜도 될 것이니, 상설하여 오래 두자는 것이 아닙니다."

하니, 상이 이르기를,

"내 생각으로는 그것이 현실과는 맞지 않는다고 여겨진다. 또 어떤 사람에게 맡기자는 말인가? 지난날의 정공도감正供都監[207] 또한 폐단이 있었으니, 이것은 어찌 폐단이 없다고 보증하겠는가?"

하였다. 박순이 아뢰기를,

---

207) 각 고을의 공물을 균등하게 징수하기 위하여 특별히 설치한 관직이다. 본서 선조 3년 11월에 "정공도감을 두었는데 이준경 등이 민폐를 구제하기 위하여 특별히 도감을 두어 삼공이 이를 통솔하고 조정의 신하 중에 재주와 학식 있는 사람을 뽑아 낭관에 충당하여 장차 백성을 이롭게 하려 한 것이다." 한 대목이 있다.

"각사의 관원이 각각 그 사司에서 음식을 제공하도록 한다면 폐단
이 없을 것입니다."

하였다. 이이가 아뢰기를,

"정명도程明道는 존현당尊賢堂의 설치를 청하였으니, 옛사람 또한
이런 의견이 있었습니다."

하였다. 대화가 붕당에 관한 일에 미치자, 상이 이르기를,

"근일 조정의 불화를 말하는 이가 많은데, 조정의 불화가 어찌 천재
를 자초한 것이 아니겠는가."

하고, 박순을 돌아보시면서,

"이것은 대신의 책임이다. 신하된 자로서 감히 편당을 한다면 비록
귀양 보내고 죽여도 가하다. 누구 누구가 감히 붕당을 결성하였는가."

하였다. 이이가 아뢰기를,

"선비들이란 부류대로 상종할 수밖에 없으므로, 혹은 식견의 차이
때문에 서로 의심하고 통하지 못한 점은 있겠지만, 어찌 사사로이 붕
당을 짓는 데까지야 이르겠습니까. 갑자기 성상께서 노하실 일은 아
닙니다."

하였다. 상이 이르기를,

"이양의 당이 오래 변방에서 귀양살이를 하였으니, 비록 생환시키
더라도 어찌 정치에 방해까지 되겠는가."

하니, 박순은 주상의 말씀이 지당하다고 하였다. 이이가 아뢰기를,

"그 죄의 경중을 보아서 처분하심이 마땅할 듯합니다."

하니, 상이 이르기를,

"오래된 일에 굳이 경중을 분별할 필요가 있겠는가."

하고는 이감李戡과 윤백원尹百源을 석방하라고 명하였다. 양사에서 반대했으나, 끝내 윤허를 얻지 못했다. 이감은 명종 계해년간에 이양에게 붙어 사림을 해쳤는데, 감은 주모자였기 때문에 다른 사람보다 더 죄가 무거웠다.[208]

❭❬ 이이가 상에게 아뢰기를,

"근일에 여러 신하들에게 의견도 물으시고 말도 구하셨으나 어떤 계책을 써서 어떤 폐단을 구하였다는 말은 듣지 못하였으니, 이렇게 되면 한갓 형식만 갖추었을 뿐, 무엇으로 천변에 응할 수 있겠습니까."

하였다. 상이 이르기를,

"어찌 하면 천변에 응할 수가 있겠는가?"

하니, 이이가 아뢰기를,

"전하께서 선입견을 가지지 마시고 대신과 시무를 아는 사람으로 더불어 시폐를 구제할 방도를 상의하시되, 개혁만 위주로 하지도 말고, 현상유지만 위주로 하지도 마십시오. 조종의 좋은 법 가운데 폐기되어 시행되지 않는 것은 정리하여 시행하시고, 근래의 규례로서 민생에 해를 끼치는 것은 개혁하여 제거하십시오. 나라를 이롭게 하고 백성을 살릴 새로운 정책이 있으면 그것을 강구하여 실행하십시오.

이와 같이 잘못을 바로잡을 방책을 부지런히 찾아서 날마다 하는

---

208) 이감은 대사헌으로 있을 때 기대승·박소립·윤근수 등을 탄핵하였는데, 사관은 "이감도 흉악하고 괴팍스런 성질로서 주상의 유모를 모친처럼 섬기고 윤원형을 상전처럼 섬겼는데 그 덕으로 좋은 벼슬을 역임하였다. 뒤에 다시 이양과 심복 관계를 맺어 그 권세가 화염처럼 치성했으므로 사림이 이양처럼 비루하게 여기고 미워했다." 하였다. 『명종실록 18년 8월 17일』

일이 있으면, 인심은 점점 변할 것이고 세도는 점점 만회할 수 있을 것
이며 하늘의 노여움도 풀 수 있을 것입니다. 그렇지 못하고 두려운 마
음으로 반성한다는 명분만 내세우고 실상이 없으면, 장차 어찌 위로
천심에 답할 것이며, 아래로 백성의 여망을 위로하겠습니까."
하였으나, 상은 기꺼이 따르지 않았다.

▶◀ 영중추부사 강사상姜士尙(1519~1581)이 죽었다. 사상은 집에 있으
나 관청에 있으나 하는 일 없이 술 마시기만 좋아하였고 종일토록 말
도 하지 않았다. 공사公私 일에 마음을 두지 않았고 깨끗하고 검소함
으로 자신을 지켜 대문간에 번잡한 소리가 없었다. 다만 학자를 좋아
하지 않았으므로 식자들이 배울 것이 없었다.

11월 성혼의 사직 의사와 우의정 정지연

성혼이 상소하여 집으로 돌아가 병을 조섭하겠다고 청하였는데, 상
이 대신에게 의논하도록 명하였다. 대신이 의논하여 아뢰기를,
"성혼이 물러나는 것을 허락하지 마시고 당상관으로 관직을 승진시
켜 경연관을 겸임하게 할 것이며, 또 땔나무를 주어 겨울을 나게 하십
시오."
하였다. 상이 이르기를,
"관작은 순서가 있으니, 차례대로 올려야 한다."

하고는, 어모禦侮에 해당하는 직책[209]을 주고, 또 땔나무를 주라고 하
니, 성혼은 더욱 편치 않아 돌아갈 뜻이 더욱 굳어졌다.

▶◀ 삼사에서 처음 신덕왕후神德王后의 일[210]을 아뢰었다.

▶◀ 영상 박순이 돌아가 성묘하려고 하였더니, 상이 이르기를,

　"어찌 우상 혼자만 조정에 있게 하는가. 속히 정승을 추천하라."

하였다. 박순은 김귀영과 의논하여 정지연·이이·정유길 세 사람을
후보로 추천하려 하니, 김귀영이 "유길은 방금 심한 논박을 입었으니,
추천할 수 없다."고 고집하였는데, 그 뜻은 박대립과 이문형을 추천하
려고 한 것이다. 서로 다투어 한참이 되어도 결정하지 못하였다. 박순
이 "대립과 문형은 추천할 수 없다."고 하여, 이에 박소립·정지연 등
두 사람을 추천하니, 사론은 자못 소립을 적당치 않게 생각하였다. 이
에 정지연을 우의정으로 삼았는데, 지연은 별로 재덕이나 경력도 없
이 빈자리를 메우기 위하여 갑작스레 재상의 위에 오르니 근세에는
없던 일이었다.

---

209) 어모장군은 정3품 당하관의 무관 품계이다. 어모장군에 준하는 관직을 주고,
　　실무를 보지 않는 산직을 준다는 뜻이다.

210) 신덕왕후는 태조의 후비 강씨康氏로 방석方錫의 생모인데, 죽은 뒤인 정종 때
　　억울하게 폐위되었다. 1581년(선조 14) 신덕왕후 복위 논의가 시작되고, 1669년
　　(현종 10) 송시열의 건의에 의해 종묘에 배향하였다.

옮긴이 해제 〉

율곡栗谷 이이李珥(1536~1584)의 『경연일기經筵日記』는 그동안 율곡의 사상과 역사관, 경세관을 살펴볼 수 있는 주요 자료로 인식되었다. 『경연일기』는 『율곡전서栗谷全書』에는 '경연일기'라는 이름으로, 『대동야승大東野乘』에는 '석담일기石潭日記'라는 제목으로 수록되어 있다.[1]

『경연일기』는 율곡이 30세 때인 1565년(명종 20) 7월에 시작하여 46세 때인 1581년(선조 14) 11월에 끝나는 약 17년간의 기록이다. 한 세대가 채 안 되는 시간이지만 이 시기는 조선 정치사에서 가장 극적인 시대 중 하나였고, 과거의 유산과 미래의 가능성이 온축되었던 시기였다. 따라서 율곡의 정치사상과 경세론을 논할 때면 늘 언급되는 자료가 『경연일기』인데도, 『경연일기』가 단독으로 탐구된 것은 비교적 최근의 일이다.[2]

---

1) 『율곡전서』에서 권28~30에, 『대동야승』에는 권14~15에 수록되어 있다.

2) '경연일기'는 번역서로 『석담일기』(윤사순, 삼성미술문화재단, 1983)가 나온 이래, 1988년 한국정신문화연구원에서 『율곡전서』의 『경연일기』가 완역되었다. 『경연일기』에 대한 서지학, 역사학의 연구로는 다음과 같은 논저가 있다. 최영성, 「'석담일기'의 필법과 율곡의 경세사상」, 『유교문화연구』13, 2008, 62~64쪽; 최영성, 「석담일기의 역사의식과 서술방법」, 『율곡사상연구』18, 2009;유성선, 「경연

　『경연일기』를 글자 그대로 보자면 '경연經筵에서 일어난 일을 기록한 일기日記'이다. 즉『경연일기』는 경經을 공부하는 공간에 대한 역사 기록[史]이다. 그러나『경연일기』는 경연에 대한 기록만이 아니다. 당시 조정의 상황만이 아니라 사회, 정치 일반의 사실도 기록하였다.[3] 이는 경연일기 일반의 특징이기도 하다. 율곡의『경연일기』는 제도와 사상, 두 측면에서 주목해 볼 수 있다.

　첫째, 조선은 유가의 문치주의文治主義를 지향하는 나라였다. 조선의 문치주의는 경연經筵-언관言官-사관史官의 트로이카로 구성된 것으로 보이는데, 이는 국가의 정책 방향이나 의사결정, 집행에서 논의와 설득에 기초한 일련의 제도적 장치가 현실적으로 작동하고 있음을 의미한다.[4] 동시에 학문과 교육을 통해 인간이 성숙하고 안락한 삶을 누릴 수 있는 사회를 건설할 수 있다는 비전을 가지고 있었다.『경연일기』는 이런 문치주의 시스템을 토대로 탄생한 문화적 산물이다. 이에 우리는 본문에서 조선의 사관제도와 율곡 이이의 관력 등을 통해『경연일기』의 성격을 알아보고,『경연일기』와 문치주의의 상관성을 살펴보았다.『경연일기』는 그 자체가 경연-언관-사관 제도의 산물이다. 제도사적 접근이라고 할 수 있다.

　일기의 판본 및 표제에 관한 서지적 검토」,『율곡사상연구』18, 2009; 유성선, 「'석담야사·일기'에서『경연일기』까지 간행과정의 사상적 추이 연구」,『한문고전연구』22, 2011; 김태완,『경연, 왕의 공부』, 역사비평사, 2012.

3)『율곡전서』의『경연일기』가 '今上實錄(금상실록)'이라는 원제에서 '경연일기'로 바뀌게 된 과정에 대한 서술은, 최영성, 앞의 논문, 2008, 62~64쪽. 그는 또『경연일기』를 '석담일기'라고 불러야 여타의 경연일기와 구별할 수 있다고 하였다.

4) 오항녕,『조선의 힘』, 역사비평사, 2012, 1장 문치주의의 꽃.

둘째, 이런 객관적 조건에 대한 이해를 바탕으로 율곡이 『경연일기』에서 전하고자 했던 사상과 경세론은 무엇이었는지 검토할 수 있다. 하나는 상하上下의 관계를 어떻게 설정할 것인가 하는 문제, 즉 권력의 문제이고, 다른 하나는, 그 권력을 통해서 해당 사회의 삶을 어떻게 조직, 경영할 것인가를 다루는 경세론經世論의 측면이다.

조선시대 경연은 국왕과 신하가 교류하고 소통하는 공간이다. 이 교류와 소통의 성패가 백성의 지지를 얻느냐, 못 얻느냐 하는 문제, 곧 재위 군주의 정통성, 나아가 왕조의 정통성과 연결되었다. 율곡은 이런 목표를 달성할 모범·표준을 가지고 있었던 듯하다. 그리고 그의 경세론은 이러한 모델에 기초하여 구상되었다. 현실 정치권력에서 나타나는 비대칭적 위계를 성인聖人이라는 모델을 통해 보편적 가치를 지닌 대칭성으로 바꾸고, 이를 경세론의 구체성 속에서 실현하는 방식이 그것이다. 이를 통해 우리는 율곡 사상이 조선 후기 사회를 이끌어간 동력의 하나임을 이해할 수 있을 것이다.

제도사에서 본 『경연일기』

먼저 살펴보아야 할 문제는 『경연일기』라는 사료의 성격으로, 『율곡전서』와 『대동야승』에 실려 있는 두 기록이 내용은 같으나 위상이 다르다는 점이다. 동일한 기록인데, 『율곡전서』의 그것은 '경연일기'라고 하여 조정의 홍문관 관원이 기록하게 되어 있는 공식 문서로 나와 있고, 반면 『대동야승』에서는 '석담일기'라는 제목으로 '야승', 곧 야사野史로 실려 있기 때문이다.

'경연일기'가 언제부터 작성되었는지는 자료상으로 명확한 답을 얻기가 어렵다. 태종 때에는 '경연사관經筵史官'이라는 명칭이 나오는데, 조선 초기에도 경연일기는 작성되었을 것으로 보인다. 짐작컨대 1420년(세종 2) 집현전 설치와 함께 시작된 것이 아닌가 생각한다. 집현전은 경연제도의 발달에서 경연의 전담 관원이 생겼다는 의미를 갖기 때문이다. 이러한 판단은 경연관인 집현전 관원을 겸춘추로 임명한 일로도 증명되지 않을까 한다.[5]

성종 초반에 이미 경연일기도 사관의 사초史草로 간주되었다.[6] 경연의 기능이 학문적인 토론만이 아니라 국가 정책에 관한 논의가 함께 이루어지는 정치제도라는 특성으로 인하여 경연일기가 사초와 마찬가지 기록으로 인식되었으리라는 것은 쉽게 생각할 수 있는 일이다. 다만 전임사관 예문관 참외관, 한림翰林의 사초는 그 사관만이 간직하거나[가장사초家藏史草의 경우], 한림들에 의하여 공동 관리되면서[시정기時政記의 경우] 이들 외에 다른 누구도 열람할 수 없었던 데 비하여, 경연일기는 겸춘추인 경연관이 경연의 참고자료로 열람할 수 있었던 점이 차이라고 하겠다.

그러나 사초라는 점에서 경연일기는 한림翰林(전임사관)의 사초와 다를 바가 없었다. 사초는 국정國政과 관련된 사실뿐 아니라, 풍문이나 평가를 덧붙일 수 있었다. 특히 집에 보관하던 가장사초가 그러하였다. 『경연일기』에 '謹按(근안, 본문에서는 '율곡 생각'으로 번역함)'의 형식

---

5) 오항녕, 『한국 사관제도 성립사』, 일지사, 2009. 326~332쪽.

6) 『성종실록』 6년 2월 14일

으로 달린 사론史論은 전형적인 사관의 논평과 같다.

내용과 형식

『경연일기』가 당초 '今上實錄(금상실록)'이라는 명칭이었다가 '경연
일기'로 바뀐 점은 그 성격을 이해하는 데 도움을 준다. 『경연일기』는
원래 표제에 '今上實錄 卷之一(금상실록 권지일)'이라고 되어 있었는데,
사초를 곧바로 '실록'이라고 표현하는 방식이 어색하긴 해도, 율곡이
이 기록을 사초로 인식하고 있었다는 증거가 된다. 이는 실제 내용을
범례 형식으로 살펴보아도 알 수 있다.[7]

조선시대 「실록청찬수범례」는 『정종대왕실록산절청의궤正宗大王實
錄刪節廳儀軌』부터 찬수범례纂修凡例가 27조로 변할 때까지 범례 순서의
차이나 의궤 기록자의 착오로 보이는 누락이 있지만 줄곧 찬수범례는
14개 조항을 유지하여 왔다.[8] 다음의 표는 그에 근거하여 『경연일기』
에 수록된 기사를 견주어 본 것이다.

---

7) 최영성 교수는 『경연일기』를 『자치통감』이나 『자치통감강목』의 범례와 비교하였
   는데(앞의 논문, 2009, 7~8쪽), 그보다는 『실록청의궤』에 수록된 「시정기찬수범
   례」와 비교하는 편이 『경연일기』의 성격을 이해하는 데 도움이 된다.

8) 오항녕, 「인조대왕실록찬수청의궤 해제」 등, 『장서각소장의궤해제』, 한국정신문
   화연구원, 2002, 830~863쪽.

『영조실록』 찬수범례와 내용	범주	『경연일기』
① 사관의 시정기, 주서注書의 일기, 서울과 지방의 겸춘추兼春秋의 기록 외에, 비변사 장계축狀啓軸, 의금부 추안推案 및 형조의 참고할 만한 중요하고 핵심적인[緊關] 문서, 사변事變과 추국推鞫에 대한 주서 일기	수집 자료	△ → ○
② 모든 조칙詔勅 및 우리나라[本朝]의 유관 교서敎書	외교	○
③ 이름 있는 신하의 졸기卒記	졸기	○
④ 그 날의 갑자甲子	간지	○
⑤ 관상감의 재변 기록 초록抄錄	재해	○
⑥·⑦ 대간의 논계論啓	언론	○
⑧ 상소	상소	○
⑨ 관직 임명[除拜]	임명	○
⑩ 과거 합격 인원	급제	X
⑪ 군병의 숫자, 서울과 지방의 법제, 호구 숫자	군병·호구	X
⑫ 간략히 기록할 것	산삭 방법	/
⑬ 조정[朝家]의 길흉吉凶 등 여러 의례	행사	○
⑭ 서울과 지방의 관리 출척이나 공적	출척·시비	○

위의 대조표에서 확인할 수 있듯이 『경연일기』의 내용은 「실록청찬수범례」와 일치한다. 「실록청찬수범례」와 『경연일기』가 일치하지 않는 ⑫의 경우에는 산거, 산삭刪削 방법이므로 비교할 의미가 없다. 다만 『경연일기』의 산삭은 『조선왕조실록』 어떤 기록보다도 정밀하고 핵심적이며 명확하다는 점은 상기하고 넘어가고자 한다.

「실록청찬수범례」에 있지만 『경연일기』에 없는 것은 ⑩항과 ⑪항뿐이다. ⑩항은 과거급제자 현황이고, ⑪항은 군병軍兵이나 호구戶口 숫자이다. 1574년(선조 7) 10월 이후부터 홍문관 부제학으로 임명되던 이듬해(1575) 3월까지 율곡은 황해도 관찰사로 있으면서 이원익李元翼을 도사都事로 두고 군적軍籍을 정리하였다. 이 무렵의 기록에 군병에 대한 언급이 나올 법하지만, 『경연일기』에는 의성왕대비의 죽음과 발인 기사만 간단히 언급되어 있을 뿐이다. 지방관으로서 겸춘추兼春秋가 아니었기 때문에 사초를 남기지 않은 것이 아닌가 한다.

율곡의 경력으로 본 『경연일기』

율곡은 1581년(선조 14) 10월에 호조 판서를 맡았고, 『경연일기』는 그 무렵인 10월의 입시入侍 기사, 11월의 성혼成渾의 낙향과 박순朴淳의 성묘 기사를 마지막으로 끝났다. 율곡은 호조 판서 이후 병조 판서, 이조 판서를 맡았고, 1583년(선조 16) 6월 선조로부터 '나라 일을 그르친 소인'이라는 전교를 듣고 파주坡州로 낙향한 뒤 이듬해 1월 16일 서울 대사동(탑골공원 근처)에서 세상을 떠났다.

율곡이 호조 판서를 맡은 이후 『경연일기』가 끝났다는 점은 시사하는 바가 있다. 그것은 율곡이 맡은 관직이 그의 『경연일기』와 상관이 있음을 암시하기 때문이다. 또 실제로 그러하였다. 사초를 작성하는 겸춘추는 해당 관원이 법제로 정해져 있었다. 먼저 『경연일기』에 수록된 시기(명종 20년 7월~선조 14년 11월)에 율곡이 맡았던 관력官歷을 보자.

> 1564년(명종 19년) 8월, 29세   장원급제, 호조 좌랑
> 1565년(명종 20년) 봄, 30세   예조 좌랑 → 11월: 사간원 정언

1566년(명종 21년) 2월, 31세   병조 좌랑 → 3월: 정언 →
5월: 이조 좌랑

1567년(선조 즉위년) 11월, 32세 이조 좌랑

1568년(선조 1년) 2월, 33세   사헌부 지평 → 5월: 서장관書狀官

1569년(선조 2년) 6월, 34세   홍문관 교리

1570년(선조 3년) 4월, 35세   홍문관 교리(파주, 해주)

1571년(선조 4년) 여름, 36세   홍문관 교리, 의정부 사인舍人,
이조 정랑

1572년(선조 5년) 37세   사간원 사간, 홍문관 응교, 전한

1573년(선조 6년) 7월, 38세   홍문관 직제학 → 동부승지

1574년(선조 7년) 1월, 39세   우부승지 → 10월: 황해도 관찰사

1575년(선조 8년) 3월, 40세   홍문관 부제학

1576년(선조 9년) 2월, 41세   (석담 거주)

1578년(선조 11년) 3월, 43세   사간원 대사간

1580년(선조 13년) 12월, 45세 홍문관 교리

1581년(선조 14년) 6월, 46세   사헌부 대사헌 → 10월: 호조 판서,
양관 대제학

1582년(선조 15년) 1월, 47세   이조 판서 → 8월: 형조 판서 →
12월: 병조 판서

율곡은 장원급제를 하여 곧바로 6품직인 호조 좌랑에서 관직을 시
작했으므로 전임사관인 봉교奉敎(정7품), 대교待敎(정8품), 검열檢閱(정

9품) 등의 한림을 거칠 기회가 없었다. 대신 그는 양전兩銓(이조와 병조)의 낭관, 사간원 정언이나 사간, 사헌부 지평, 홍문관 교리부터 관장館長인 부제학까지, 또 동부승지, 우부승지를 맡았다. 율곡은 중국에 서장관으로 다녀오기도 했다.

이렇게 율곡의 관직을 살펴본 이유가 있다. 결론부터 말하자면 율곡은 낙향해 있던 시기나 지방관으로 나갔던 잠깐 동안을 제외하면 거의 춘추관을 겸하는, 즉 사관을 겸하는 관직을 맡고 있었다. 이조와 병조의 낭관, 홍문관·사헌부·사간원 관원 전원, 의정부 사인, 6승지 전원, 나아가 서장관까지 그는 거의 모든 관력을 겸춘추兼春秋로 지냈던 것이다.

이는 『경국대전』에서 직접 사초를 작성하는 당상관 이하의 기사사관에 해당한다. 이에 비해 2품 이상의 겸춘추는 실록 편찬 때 감독관이나 총재관을 맡으며 평소 직접 기사記事를 담당하지 않는다. 『경국대전』의 겸춘추 규정은 이중으로 되어 있는 셈이다.[9] 율곡이 재상인 호조 판서를 맡으면서 『경연일기』의 기록이 끝난 것은 바로 이 때문이었다. 결국 그의 관력을 통해, 『경연일기』를 17년간 지속적으로 작성한 것은 그가 명확히 겸임 사관으로서의 자기의식을 가지고 있었음을 알 수 있다. 그러므로 『율곡전서』를 편찬하면서 율곡의 이 '일기'를 『대동야승』과 같이 야사로 처리하지 않은 점은 충분히 이유가 있는 셈이다.[10]

---

9) 오항녕, 앞의 책, 2009, 226~231쪽.

10) 다만, 자신과 관련된 사실을 마치 남의 말 하듯이 작성된 기사가 있어 의심스러

다만 홍문관 관원이 기록하게 되어 있던 '경연일기'라는 명칭이 적절하였는지는 의심스럽다고 하겠다. 겸춘추지만 홍문관 관원으로서만 일기를 작성한 것이 아니라, 언관言官인 사헌부와 사간원의 관원으로 재직하면서 기록한 내용도『경연일기』에는 적지 않기 때문이다. 이런 점을 염두에 두면서 당초 언급했던 문치주의와『경연일기』의 상관성을 논해야 될 차례이다.

문치주의가 낳은 일기

앞서 조선의 문치주의는 경연-언관-사관의 트로이카로 구성되었다고 말한 바 있다. 경연은 국왕이 학덕이 높은 신하에게 경사經史를 배우고, 함께 정책을 논의하는 자리이다. 경연의 신하들은 모두 문과文科 급제자였다. 귀족제(세습)에서 관료제(시험)라는 동아시아 공통의 세계사적 변화 속에서 흥미롭게도 정치권력의 가장 정점에 있는 국왕은 세습되었다. 아마 경연은 그 간극을 메우는 방법의 하나이기도 했을 것이다.

경연의 부재不在는 곧 국정의 괴리이자 불통不通을 의미했다. 사육

운 점이 있다.『경연일기』2(선조 8, 1575)에, "임금이 말씀하기를, '이이는 내가 크게 쓸 사람으로 알고 있으나, 다만 언론이 매우 과격하니 이것은 연소한 까닭으로 그러한가 한다. 허엽은 가장 물정에 어두운 사람이니 쓸 만한 사람이겠느냐?'라고 하였다. 임금의 뜻이 이이를 쓰려 하신 것이었다."라고 한 대목이라든가, 1576년(선조 9) 6월에, "이이가 이미 귀향하니 시론이 더욱 나뉘어져 구할 수가 없었다."라고 한 기사가 그러하다. 혹시 중형인 이번李璠이 받아 적으면서 나타난 현상이 아닌가 하는데(『율곡전서』부록6), 더 연구할 문제이다.

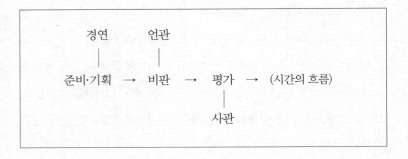

신死六臣 사건을 계기로 집현전을 폐지하고 경연을 없앴던 세조,[11] 내시 김순손金舜孫에게 『자치통감강목資治通鑑綱目』을 들려 홍문관 경연에 보냄으로써 전무후무한 대리출석의 사례를 남겼던 연산군을 그 불통의 사례로 들 수 있다.[12] 광해군은 즉위 초에도 거의 경연을 열지 않았지만, 1612년(광해군 4) 김직재金直栽의 옥사 이후에는 으레 경연 대신 죄인을 심문하는 추국청에 나가 밤을 새웠고,[13] 그런 정치는 민생의 파탄과 반정反正으로 막을 내렸다. 율곡이 경연에서 그토록 임금과 신하의 소통을 강조했던 이유가 여기에 있다.

언관을 보자. 사간원은 감찰보다 정책이나 논의, 인물에 대한 비판을 주로 맡는다. 언뜻 보기에 사헌부와 차이가 있을 듯하지만, 실제로는 그렇지 않다. 아무래도 감찰은 정책이나 인물에 대한 비판으로 연

11) 오항녕, 「세조대 '친강'의 역사적 성격」, 『조선의 정치와 사회』, 집문당, 2002.

12) 『연산군일기』 2년 11월 23일.

13) 『광해군일기』 7년 4월 2일. 광해군의 폐위는 궁궐 공사 등으로 인한 민생과 재정의 파탄이 직접적인 원인이었다. 그러나 경연의 무시 또한 그 원인과 밀접히 연관되어 있는 유기적 원인이다.

결되기 십상이기 때문이다. 그래서 두 기관은 단독으로 의견을 내는 경우도 있지만, 공동으로 의견을 내는 경우가 많다. 그래서 이 두 관청을 합쳐 아예 양사兩司라고 부른다.

정책 비판이나 관원 탄핵을 맡고 있기 때문인지 이들의 언론은 무척 엄격하고 서릿발 같은 경우가 많다. 아버지뻘 되는 정승, 가까운 친구라고 해도 예외가 아니다. 실제로 아버지 친구라도 양사에 들어가면 봐주지 않는 것이 전통이었다. 국왕도 예외가 아니었다. 장희빈張禧嬪에게 빠져 부당한 재화를 남용할 때 사헌부와 사간원의 비판을 듣지 않던 숙종은 충신을 죽이거나 귀양 보내고 왕비를 내쫓는 것도 모자라 결국 5년 동안 나라를 위험에 빠뜨린 다음에야 정신을 차렸다. 『경연일기』의 숱한 간쟁諫爭은 이런 언관제도의 기반에서 이루어졌던 것이다.

'대간臺諫이 한 시대의 공론公論이라면, 사관史官은 만세萬歲의 공론'이라는 말은 실록 편찬을 두고 자주 했던 말이다. 그 만세 뒤에 살 후세 사람들이란 조선이라는 나라가 망한 뒤에 사는 사람을 의미한다. 비밀리에 보관된 실록이 공개되는 것은 바로 다음 왕조나 국가일 수밖에 없기 때문이다. 그런데 왕조 시대에, '왕조 이후'를 입에 올린다는 것은 곧 '대역大逆'을 뜻한다. 따라서 오직 역사의 이름으로만 '나라는 망할 수 있어도, 역사는 없을 수 없다'고 말했다. 입에 올릴 수 없는 금기를 역사를 빌려 입에 올리고 의식 속에서 반추할 수 있었던 것이다. 사안이 지난 뒤의 평가를 역사가 담당하였다. 그것이 실록이고, 경연일기는 실록의 주요 자료였다. 실체로 율곡의 『경연일기』는 사초도 없고 임진왜란으로 기타 자료가 멸실된 상황에서 『선조수정실록』
을 편찬하는 데 매우 긴요하게 활용되었다.[14]

결국 문치주의의 트로이카인 경연, 언관, 사관은 사회와 조정의 활
동 일반을 기획-비판-평가하는 시스템이었다. 율곡은 홍문관 관원으
로서 경연을, 사간원·사헌부 관원으로서 언관을, 그리고 '일기'를 작성
함으로써 겸춘추[사관]의 역할을 수행하였다. 이렇듯 문치주의 3관官을
모두 역임한 결과가 『경연일기』였다. 역으로 『경연일기』가 조선 문치
주의 시스템의 결과라는 사실을 보여 주는 증좌이기도 하다. 『경연일
기』가 율곡의 직무에 대한 책임감에 기초한 것도 사실이지만, 그 탁월
성은 제도적 배경으로 피어났다고 보는 편이 타당할 것이다.[15]

선조 초반의 긴장감

율곡이 홍문관에서 한창 일기를 쓰고 있을 무렵인 선조 초반, 조정
에서는 대개 세 개의 집단이 형성되어 있었다.[16] 첫째, 과거 구체제에
서 관료 생활을 하는 등 세력이 있었던 구신舊臣이다. 이들은 수적으
로 많았지만 이미 수세적 입장에 있었다. 둘째, 구신이지만 개인적으
로 지조를 잃지 않았던 명망 있는 고위직이다. 셋째, 문정왕후 세력의
몰락 이후 등장한 신진 세력이다. 이들은 주로 사류士類라고 부른다.

---

14) 오항녕, 「선조실록 수정고」, 『한국사연구』123, 2003

15) 실록 자체 역시 이런 제도적 토대의 산물이다. 또한 연구 방법론적인 측면에서,
    개인의 탁월성으로만 접근할 때 빠질 수 있는 탈역사적 해석의 위험은 이런 객관
    적 조건에 주목하여 보완함으로써 완화할 수 있다.

16) 이정철, 『언제나 민생을 염려하노니』, 역사비평사, 2013, 62~63쪽.

율곡은 이 사류의 정치를 꿈꾸었다. 그도 그럴 것이 1566년(명종 21)부터 성수침成守琛·조식曺植·이황李滉·이항李恒을 불러들였고, 선조가 즉위한 뒤에도 이황·이항·조식 등을 불러 새로운 정치에 대한 희망을 갖게 했기 때문이다.

그러나 선조는 망설였다. 16세에 즉위한 선조가 20세가 되던 해에 율곡은 "이황이 이미 죽고 중망이 노수신에게 쏠려 있었으나, 상은 은총만 베풀 뿐 국사를 같이 다스릴 뜻은 없어, 수신의 의견을 대부분 채택하지 않았다."고 아쉬워했다.[17] 이듬해 오건吳健이 낙향했을 때에도, "뭇사람의 원망이 더욱 심해졌고, 또 상의 뜻이 사류를 싫어하여 소인배의 세력이 날로 성해지자, 오건은 일할 수 없음을 헤아리고 벼슬을 버리고 고향으로 돌아갔다."고 낙담하였다.[18] 같은 해 8월 기대승奇大升이 벼슬을 버리고 낙향할 때도 "상도 중히 돌아보는 마음이 없었으며, 대신도 또한 높여 중히 여기지 아니하므로 결단을 내려 고향으로 갔다."고 판단했다.

국왕은 사류와 합심하여 나라를 다스려야 했다. 그렇지 못한 국왕은 신뢰할 수 없었다. 재난이 계속될 때 이런 선조의 태도는 하늘과 소통하지 못하는 이유가 될 수밖에 없었다. 율곡은 "재변을 만난 그날에는 주상의 마음이 참으로 놀라셨지만, 오래되면서 두려워하는 마음이 점점 해이해졌으니, 하늘에 응대하는 실질이 없을까 걱정"이라고 직

---

17) 『율곡전서』권28 『경연일기』1, 선조 4년(1571), 4월.

18) 『율곡전서』권29 『경연일기』2, 선조 5년(1572), 윤2월.

언하였다.[19]

사류를 대할 때 실질이 없는 것처럼, 재해를 당하여 두려워하는 마음과 정책도 겉치레만 한다는 것이다. 결국 선조가 할 일은 학문의 근본을 쌓는 일이고, 그러기 위해서는 유신儒臣, 곧 경연관을 자주 접하여 의리를 강론하고, 그 결과 아래와 위가 서로 믿을 수 있어야 한다고 강조하였다.

그러나 선조는 사림士林의 성장 통로였던 낭천郞薦에 대해서도 부정적이었다. 이탁李鐸이 이조 판서로 있었을 때에 낭관이 훌륭한 선비를 추천하여 관직에 나오도록 하는 사안은 원래 선조가 허가했던 일이었다. 율곡의 생각으로는 이로 인해 사로仕路가 조금 맑아졌다고 보았다. 그러나 선조는 『경국대전』의 규정이 아니고 후폐가 있다는 이유로 낭천 전교를 거두었다. 율곡은 "대개 상의 뜻이 사류의 행위를 싫어하였으므로 이렇게 하교하였고, 따라서 인심은 더욱 해이해졌다."고 판단했다.[20]

율곡이 보기에 위, 아래가 다투어 마음이 상한 데가 많았다. 결국 이는 임금이 접견을 좋아하지 않고, 자연스럽게 경연도 드물게 여기는 것으로 나타났다. 율곡이 넌지시 "예전에 맹자가 제 선왕에게 '사방 국경 안이 다스려지지 않았으면 어찌 하겠습니까?' 하고 묻자, 왕이 좌우를 돌아보고 다른 말을 하였는데, 주자朱子는 그가 큰일을 할 수 없다고 비판하였습니다."라고 하며, "지금도 나라 안이 다스려지지 않

---

19) 『율곡전서』권29 『경연일기』2, 선조 7년(1574), 정월 정유일.

20) 『율곡전서』권29 『경연일기』2, 선조 8년(1575), 7월.

았으니, 전하께서는 어찌 하시렵니까?"라고 말했다.[21] 제 선왕처럼 선조 역시 답하지 않았다.

선조와 사류의 갈등

이는 선조의 을사위훈乙巳僞勳 삭제에 대한 주저, 선조의 생부 덕흥군德興君 추숭追崇을 둘러싼 선조와 사류의 갈등을 배경으로 한다. 율곡은 "지금 대신은 감히 을사년을 거론하지 못하고 삼사는 감히 위훈을 삭제하자는 말을 하지 못하니, 그것을 알지 못한다면 지혜가 없는 것이요, 알고도 말하지 않았다면 충심이 없는 것이다."라고 개탄하였다.[22] 1577년(선조 9) 11월에 공의왕대비의 청에 의해 가까스로 을사위훈이 삭제될 때까지 해결되지 못한 조정 현안의 하나였다.

율곡은 덕흥군 추숭을 추진하던 임기林芑가 사간원의 탄핵을 받았음에도 죄를 주지 않은 이유가, 선조가 사류를 싫어하였기 때문이라고 단정하였다. 그리고 "주상의 마음이 이러하니, 어찌 치세를 바랄 도리가 있겠는가?"라고 실망하였다.[23] 결국 이런 선조의 태도는 홍섬洪暹을 다시 좌의정으로 삼는 것으로 나타났다.

실망은 정언지鄭彦智를 충청 감사에 임명할 때 또 이어졌다. 양사에서 이를 반대하자, 선조는 "말은 잘하지만 등용하면 일을 그르치는 사

---

21) 『율곡전서』권29 『경연일기』2, 선조 8년(1575), 11월.

22) 『율곡전서』권28 『경연일기』1, 선조 3년(1570), 5월.

23) 『율곡전서』권29 『경연일기』2, 선조 9년(1576), 7월.

람들[靜言庸違]"[24]이라며 사류를 비웃었다. 율곡은 선조가 무능한 정언 지를 탁용하여 사류들이 시정時政의 잘잘못을 말하지 못하도록 길들 이려는 처사로 보았다.[25] 율곡은 파주로 돌아갔다. 선조는 율곡을 못 본 체했고, 접견할 뜻이 없었다. 율곡이 상소하여 만 자가 넘게 시폐 時弊를 말하고 구제할 계책을 건의했어도 선조는 "상소의 말을 살펴보 니 충직한 것이 깊고 아름답다."라고 했을 뿐, 채용하거나 불러들일 의사는 없었다.

결국 재해를 당하여 구언求言하는 것도 요식행위에 불과하였다. 구 언은 간언諫言을 들어서 급한 병을 고치려 하는 것이었다. 하지만 재 해가 없는 해가 없고 또 구언하지 않았던 때가 없으나 하나의 선책善策 이라도 써서 폐정弊政을 바로잡았다는 말을 듣지 못하였다. 그리고 바 로 이어 율곡은 덧붙였다. "전라도에 전염병이 번져 죽은 사람이 몹시 많았다."[26]

혹시 성혼成渾이라면 가능할 수도 있다고, 율곡은 기대를 걸었다. 선조가 성혼의 이름을 중하게 여기기 때문에 성혼의 손을 빌려서 임 금의 마음을 감동시켜 깨닫게 하려 하였다. 그러나 선조가 곧은 말을 좋아하지 않으므로 끝내 소득이 없었다. "성혼의 상소에는 이이의 말 투와 같은 데가 있다."[27]라고 할 뿐이었다. 오히려 율곡은 선조에게 의

---

24) 『율곡전서』권30 『경연일기』3, 선조 11년(1578), 4월.

25) 『율곡전서』권30 『경연일기』3, 선조 11년(1578), 4월. 곧 이이도 고향으로 돌아갔다.

26) 『율곡전서』권30 『경연일기』3, 선조 13년(1580), 3월.

27) 『율곡전서』권30 『경연일기』3, 선조 14년(1581), 4월.

구심만 쌓은 셈이었다. 사람들은 좌절하고 풀이 죽었다. 다행히 선조
는 즉위 11년 이후 율곡을 대사간으로 다시 불렀고, 이후 재상으로 등
용하여 호조, 병조, 이조를 두루 맡겼다.

요순이 등장하는 이유

율곡이 선조에게 바랐던 것은 사류와의 소통이었다. 『경연일기』의
함축적 키워드는 태泰와 신信이었다. 우주적 질서에서 태泰의 성취,
사회적 삶에서 신信의 구현이라는 두 축에서 조선 후기를 이끌어간 율
곡 사상의 핵심을 간취할 수 있다. 신뢰는 국왕에 대한 사류의 신뢰만
을 의미하지도, 사류에 대한 국왕의 신뢰만을 의미하지도 않는다. 오
히려 '조정을 신뢰할 수 있는 권력'으로 만들어야 했으며, '백성이 신뢰
할 수 있는 조정이 되어야' 했다. 이제 이 문제를 점검할 차례이다.

명종에게 후사가 없어 명종의 이복동생인 덕흥군의 셋째 아들로
왕위에 올랐던 선조였다. 아직 무엇을 해야 하는지도 모를 선조 2년
(1569), 율곡은 선조에게 "요순의 덕을 비록 별안간 이룰 수는 없습니
다만 요순의 마음 씀씀이를 구하고 요순의 좋은 정치를 본받다 보면,
요순의 정치에 거의 가까워질 것입니다."라고 간곡히 당부하였다.[28]
또 "요순 시대에는 말하지 않아도 믿었고, 작위적으로 하지 않아도 교
화가 이루어져 언어를 기다릴 필요가 없었던 것 같지만, 옛 전적을 고
찰해 보면 요임금과 순임금이 신하들과 좋다[都], 옳다[俞], 그르다[吁],

---

28) 『율곡전서』권28 『경연일기』1, 선조 2년(1569), 9월.

못하겠다[咈]고 하여 답하지 않는 말이 없었습니다."라고도 하였다.[29]

율곡만 요순을 떠올린 것이 아니었다. 선조 역시 요순 시대를 기약했다. 우부승지 이이가 만언소萬言疏를 올려 시폐를 극진히 말하고, 또 재변을 구제할 계책과 덕을 닦는 공부를 말했을 때, 선조는 "상소의 말을 살펴보니, 요순 시대 군민君民의 뜻을 보는 것 같다. 의논이 훌륭하다! 옛사람들도 이보다 더 나을 수 없을 것이다. 이와 같은 신하가 있으니 어찌 나라가 잘 다스려지지 않음을 걱정할 게 있을까."라고 대답하였다. 당시 걱정하던 인심은 선조의 이 비답을 보고 마음이 안정되었다고 한다.[30]

'요순堯舜', '삼대지치三代至治'는 선배 정암靜菴 조광조趙光祖 이래 조정朝廷이 구현해야 할 모범이 되었다. '요순'이 병칭되는 것은 『논어』가 아니라, 『맹자』에서부터라는 점은 '사서四書'의 성립, 즉 성리학의 등장과 함께 '요순'이 성인聖人의 모범으로 등장했음을 보여준다.

권력의 대칭성을 위하여

공자는, "우뚝하도다! 순과 우는 천하를 가졌으나 거기에 참여하지 않았다.",[31] "위대하여라, 요의 임금 됨이여! 하늘만이 비길 데 없이 크거늘 오직 요임금만이 그 덕을 본받았다. 그 덕이 한없이 넓어서 백성

---

29) 『율곡전서』권28 『경연일기』1, 선조 2년(1569), 9월.

30) 『율곡전서』권29 『경연일기』2, 선조 7년(1574), 정월.

31) 『논어』, 「태백泰伯」, "子曰 巍巍乎 舜禹之有天下也,而不與焉"

들이 어떻게 형용할 줄을 몰랐다. "[32]라고 했는데, 찬양만 있고 실제 사적事蹟은 없다. 마치 있었는지, 없었는지 가물가물한 그런 존재에 가깝다. '무어라 부를 수 없었다[無能名]', '아무 것도 하지 않는 듯하였다[無爲]'라는 말은 마치 동네 부자가 죽었는데 기록할 만한 자료가 없어서 '여유롭고 넉넉하였다'고 평하는 것과 흡사하다.[33]

요·순·우의 시대가 전설인지 신화인지는 분명하지 않다. 고대 노예제 사회로 오기 전의 원시공산제 사회일 수도 있다.[34] 맹자가 관찰하였다시피 부모가 우물 고치라고 하면 우물 고치고, 창고 고치라고 하면 창고 고치러 달려오는 왕을 상상하기는 어렵고[35] 직접 농사를 지으며 천하를 다스리는 왕을 상상하기도 마찬가지로 어렵다.[36] 이는 동네 이장 또는 작은 원시사회의 추장이나 족장의 규모를 상정하는 편이 합리적이다.

요순 시대를 왕조의 세습이 시작되기 이전, 이른바 국가國家가 발생하기 이전으로 보는 데는 대체로 연구가 일치하는 듯하다. 그래서 그

---

32) 앞과 같은 곳, "孔子曰 大哉 堯之爲君也 巍巍乎唯天爲大 唯堯則之 蕩蕩乎民無能名焉"이라고 하였다.

33) 高頡剛, 「古史辨」「28論堯舜伯夷書」, 上海古籍出版社, 1981, 43쪽.

34) 郭沫若, 「中國古代社會硏究」上, 河北教育出版社, 1999, 94~95쪽. 그는 자매가 남편을 함께 하는[姉妹共夫] 습속을 들어 원시 모계제 사회로 비정한다. 그의 증거와는 별도로, 나는 원시공산제에서 고대노예제로 갔다는 단계론에 동의하지 않는다. 특히 단계론으로 이해할 경우, 단계론의 사실 고증 여부와는 별도로, 유가들이 계속 요순을 되살려내는 논리를 설명할 수 없다.

35) 「맹자」「만장 상萬章上」

36) 「논어」「헌문憲問」, "禹稷躬稼而有天下"

런지 흥미롭게도 요순은 강제적이지 않은 권력으로 고전古典에 나타난다. 율곡도 "옛날 요순은 어짊으로써 천하를 거느리니 백성이 따랐는데, 요순은 선을 좋아하고 악을 미워한다는 뜻을 분명히 보였기 때문에 천하가 지지하고 순종하며 악을 버리고 선을 따랐습니다."라고 선조에게 말한 바 있다.[37]

말은 쉽지만 국가가 존재하고 위계적 권력이 존재하는 상황에서 '강제적이지 않은 권력'을 상정한다는 것은 간단한 일이 아니다. 국가의 발생은, 어떤 입론에 입각하든, 정치 영역에서 강제와 폭력 혹은 위계적 종속이 작동되게 마련이다. 한마디로 강제적인 명령─복종 관계가 발견되는 것이다. 이런 역사현실을 뒤집어 '강제적이지 않은 권력'을 군주에게 요구하는 것, 그것이 유가들이, 율곡이 실현하고자 했던 요순 담론이었다.

탕임금의 교훈

이것은 국가의 발생 이후 야기된 권력의 초월성(흔히 군주에게서 발견되는)이 집단, 사회에 치명적인 위험을 내포하고 있다는 것, 외재적이고 스스로 정당성을 창출하는 권위가 문화 자체에 도전이라는 것을 알고 있었다는 뜻이다. 그러므로 사람들이 인仁이라는 내재적 보편적 가치를 군주에게 요구하는 것은 군주에 대한 집단적 협박이 담겨 있다.[38] 군주에게 기대하는 것이 이루어지지 않으면 떠나겠다고 말했고,

---

37) 『율곡전서』권30 『경연일기』3, 선조 14년(1581), 2월.

38) 인류학 쪽의 연구는 이에 대해 흥미로운 사례를 보여 준다. 삐에르 끌라스트르

실제로 그들은 떠났기 때문이다. 바로 이 지점이 율곡과 선조가 겪었던 긴장이 아닐까 한다.

그러므로 선조는 인간성이 나빠서 율곡을 비롯한 사림들의 말을 듣지 않고 회피한 것이 아니라, 국가 발생 이후 군주라는 존재 속에 전수된 유전인자에 충실했던 데 불과하다. 그럼에도 불구하고 율곡이 보기에 선조는 그 유전인자를 극복할 가능성이 충분하였던 것이다. 그래서 "주상께서는 '좋은 정치를 할 능력이 없다'고 하시나, 신은 믿지 아니합니다. 지금 전하께서 여색에 깊이 현혹되셨습니까. 음악을 좋아하십니까. 술을 즐기십니까. 말 타기와 사냥을 좋아하십니까."라고 물었던 것이다.[39] 폭력적으로 권력을 독점하거나 향유하는 군주가 누리기 쉬운 즐거움을 누리지 않는 데서 율곡은 선조의 가능성을 발견하였다.

말할 것도 없이 이런 극복은 집단적 협박이 아닌 학문과 성심誠心을 통해 가능하다고 보았다. 다시 돌아오거니와 그것이 제도로서는 경연이었고, 인사로서는 현사賢士의 접견이었다. 군주가 마음을 바로잡아 일상의 언행이 바른 데서 나와 신민을 거느리면 군자들은 믿는 바가 있어 충성을 다하여 도울 것이고, 소인들도 임금의 마음을 사사로운 뜻으로 접근하지 못할 것을 알아서 반드시 면모를 바꿀 것이라는 말이

지음, 변지현·이종영 옮김, 『폭력의 고고학』, 울력, 2002, 제6장 원시사회에서 권력의 문제. 클라스트르에 따르면 원시사회는 역사 없는 사회, 정치 없는 사회가 아니라, 국가 발생 이후의 강제적 권력이 아닌 비강제적 권력이 작동하던 독립된 사회 단위라는 것이다. 나는 그가 관찰한 남아메리카 원시사회의 추장이 곧 유가들이 말하는 요순과 같다고 보는 것이다.

39) 『율곡전서』권29 『경연일기』2, 선조 6년(1573), 11월 신사.

다.[40] 핵심은 "요순(추장) 방식으로 소통하면 믿을 수 있다."는 것이다.

재정 확보보다는 민폐 구제가 먼저

이제 이러한 요순 담론, '추장적 군주관'이 어떻게 정책으로 이어지는지 살펴보아야겠다. 이것이 민생을 위한 경세론으로 가는 사다리이다. 선조는 율곡과 만난 자리에서, "송 신종神宗같이 뜻은 크나 재주가 엉성하다면 또한 무슨 이익이 있으랴."라고 물었다. 곁에 있던 김성일金誠一은 "신종은 왕안석王安石을 현인으로 알고 쓴 까닭에 화란禍亂을 당한 것입니다. 만일 한기韓琦·부필富弼·사마광司馬光 같은 이를 데리고 일을 하였으면 무슨 일인들 이룩하지 못했겠습니까."라고 하였고, 율곡은 "신종의 입지立志도 잘못이었습니다. 나라를 다스리는 데는 백성을 사랑하는 것이 먼저인데 신종은 부국강병만 일삼았기 때문에 소인이 틈을 타서 이익을 일으키자는 논설을 바친 것입니다. 만일 백성을 보호하는 데 힘썼으면 소인이 어떻게 간계를 부리겠습니까. 임금된 이는 반드시 백성을 보호함에 뜻을 두어야 합니다."라고 하였다.[41]

1578년(선조 10) 7월, 전 호조 판서 윤현尹鉉이 죽었을 때도, "윤현은 재산 관리를 잘하고 성품이 인색하여 집에서는 털끝만큼도 낭비하지 않고 부자가 되었으나 남의 급한 사정을 돌보아 주려고 하지는 않았다. 호조 판서가 되었을 때, 전곡錢穀을 낱낱이 계산하여 한 푼 한 치도 틀리지 않으니 사람들이 그 재주를 탄복하였다. 다만 민폐는 구제하

---

40) 『율곡전서』권28 『경연일기』1, 선조 2년(1569), 8월.

41) 『율곡전서』권29 『경연일기』2, 선조 6년(1573), 11월 신사.

지 않고 국가 재정만 근심하여 백성의 원망을 많이 받았기 때문에 식자들이 '취렴聚斂하는 신하'라고 지목하였다."라고 비판하였다.[42]

취렴聚斂─리利는 세속적 군주의 자연스런 토대이다. 왕안석王安石(1021~1086)은 조선 시대에 들어서도 소인의 전형으로 인식되었는데, 그 이유는 바로 이 '세속적 군주의 자연스러운 토대'를 강화시켜 주었던 인물로 평가되었기 때문이다.[43] 왕안석은 국가 관료기구, 국가 권력을 개혁의 중심으로 생각한 것이 틀림없고, 그 목표 역시 일반 민생의 안정보다는 국가 재정 확보에 놓여 있었다. 그 결과는 관료들의 전제주의 강화, 신법파의 권력 남용으로 나타났다. 이런 전반적인 이유 때문에 신법이 훗날 패도覇道로 비판 받게 되었다.

예를 들어, 농민을 고리대에서 보호하려는 취지에서 만든 왕안석의 청묘법靑苗法에 대해 주자朱子는 "청묘법은……백성에게 곡식이 아니라 돈을 지급하며, 처리 단위가 현縣이지 향鄕이 아니다. 그 자리에 관리를 임명하고, 지역사회의 사군자士君子를 임명하지는 않는다. 따라서 한 읍에는 시행할 수는 있지만, 천하에 시행할 수는 없다."라고 비

---

42) 『율곡전서』권30 『경연일기』3, 선조 11년(1578), 7월

43) 왕안석 연구의 권위자라고 하는 리우쯔지옌 교수 이래로 왕안석의 신법新法을 진보적 개혁으로, 사마광司馬光(1019~1086) 등 구법당舊法黨을 보수 진영이라고 불렀다. 제임스 류 저, 이범학 역, 『왕안석의 개혁정책』, 지식산업사, 1991. 제임스 류James T. C. Liu의 중국 이름은 리우쯔지옌劉子健이다. 실은 저자인 리우보다 역자 때문에 왕안석과 사마광이 진보와 개혁으로 인식된 느낌이 적지 않다. 역자 이범학 교수는 왕안석을 법가法家로 분류하고 있으나, 리우 교수는 왕안석이 법령의 강제나 부국강병을 추구했다기보다 급진적인 유가 정도의 인물로 평가하고 있다. 어느 경우든 왕안석의 세력에 장돈章惇, 채경蔡京 등 간신이라 부를 만한 인물들이 득세한 것은 사실이었다.

판했다.[44]

국가주의를 넘어서

주자에게 '현縣'은 중앙 정부의 연장이자 국가 권력의 표현이었다. 일견 긍정적으로 보이는, 국가에서 고리대에 시달리는 농민에게 돈을 지급하는 일조차 국가 중심의 해결 방식이라는 이유로 비판했다. 돈은 국가에서 통제할 수밖에 없는 것이다. 그러므로 주자는 시폐를 국가 중심으로 해결하려는 시도, 즉 향촌이나 마을 같은 지역의 자발성에 기초하여 해결하지 않을 때 나타날 수 있는 위험성을 읽었다. 왕안석의 개혁은 곧 국가 권력의 강화, 관료기구와 법제의 강화를 의미하였고, 패도覇道로 가는 길이라고 인식했던 것이다. 주자의 이런 견해는 정치에 대한 깊은 통찰이 숨 쉬고 있다. 이 사안은 공동체와 국가, 인의仁義와 리利, 왕도와 패도, 민생과 재정 사이의 긴장이었다.

퇴계는 선조에게 자신은 경세經世의 재주는 갖고 있지 못하다고 말했다.[45] 그것은 겸사만이 아니었다. 사화士禍의 시대를 살면서 젊은 사림을 키우고 시대를 견딜 학문을 이룩하는 데 진력하였다. 경세를 생각하기에 아직 시절이 척박하였다. 요순 시대라는 이상사회를 조선의 현실에서 구현할 제도적 방법을 기획하기에는 때가 이르지 않았다.[46]

이는 사림 일반도 마찬가지였다. 서원이 설립되기 시작하여 사림의

---

44) 『朱文公文集』권79, 「婺州金華縣社倉記」(학민문화사 영인본 『朱子大全』)

45) 『선조수정실록』권1 즉위년 8월 1일

46) 재능이 있었다는 유희춘柳希春에 대해서조차도 율곡은 경세에 관해서는 몰랐다는 평을 달았다. 『율곡전서』권30 『경연일기』3, 선조 10년(1577), 5월.

사회적 재생산을 위한 토대가 마련되었지만, 조정을 운영할 식견이나 방법을 갖기에는 아직 시간이 필요하였다. 그들이 갖춘 것은 도학과 문장까지였다. 그러나 시대는 이들에게 경세를 필요로 하는 시점에 와 있었다.

임금은 가지면 안 된다

요순 시대를 모범으로 한 이상 경세론 역시 이러한 모델에 기초하여 구상되었다. 권력에 의해 행사되는 정책 역시 전제專制가 아닌 손상익하損上益下, 불여민쟁리不與民爭利라는 왕도정치王道政治의 원리로 수렴할 것을 요구받는다. 비대칭적 위계 속에 존재하는 국가권력의 정점에 있는 왕권이 학문과 토론을 통해 쌓은 경세經世의 구체성 속에서는 다시 성인聖人의 가치라는 대칭성으로 구현될 것을 요구받는 것이다. 조정의 정책이 이러한 대칭성을 획득하는 긴장의 양상 속에서 왕권은 정통성을 인정받는다. 사림은 소통을 통해서 믿고, 백성은 민생을 통해서 믿는 것이다.

경세론의 출발은 간단하다. "군주는 다 가졌으므로 가지면 안 된다." 1573년(선조 6), 율곡은 "요즘 대간臺諫에서 계달하는 것이 궁중이나 내수사內需司의 일에 관한 사안이면 주상께서 고집스레 거부하시므로 신하들이 전하께서 사심이 있는가 의심하게 되니 어디서 본받겠습니까."라고 하였다.[47] 궁중과 내수사, 결국 왕실 경제의 문제였다. 내수사가 왕실 경비를 관리하면서 별도의 독립기구로 권한을 확대해

---

47) 『율곡전서』권29 『경연일기』2, 선조 6년(1573), 10월.

가자, 17세기 내내 내수사 혁파는 개혁 논의의 중심에 서 있었다. 거기에는 바로 왕실이나 국왕이 사사로이 저축하는 것은 부당하다는 인식이 깔려 있었다. 군주가 사사로운 재물을 탐하면 백성과 이익을 다투게 되기[與民爭利] 때문이었다.

1574년(선조 7)에도 같은 문제가 제기되었다. 사간원에서 의영고義盈庫의 황랍黃蠟이 대궐로 들어간 것을 알았다. 논계하기를, "전하께서 쓰실 것을 담당 관원이 바치지 않는 것이 없으며, 궁중에서 따로 그렇게 많은 밀랍은 쓸 곳이 없습니다.…… 전傳(『대학』)에 이르기를, '창고의 재물은 임금의 재물 아닌 것이 없다' 하였으니, 의영고의 물품은 전하의 소유입니다. 전하께서 바르게 쓰기만 하신다면 신하들은 언제나 전하의 뜻을 받들 터인데, 어찌 감히 한마디라도 참견하겠습니까." 라고 비판하였다.[48] 천하를 가지고도 자기 것으로 하지 않았던 추장 요순처럼, 군주는 재물을 사유화하지 말아야 했다. 추장은 사람들이 원하는 모든 것을 줄 만큼 관대해야 한다. 자기 것을 쌓아놓으면 안 되었다. 탐욕과 권력을 분리하려는 시도였다.[49]

가르치는 것보다 기르는 것이 먼저

이와 함께, 민생과 군대의 문제를 해결해야 했다. 그래야 백성이 궁

---

48) 『율곡전서』권29 『경연일기』2, 선조 7년(1574), 3월.

49) 이러한 체제 역시 원시사회에서 자주 발견된다. 피에르 클라스트르 지음, 홍성흡 옮김, 『국가에 대항하는 사회』, 이학사, 2005, pp.41~42 등. 심지어 추장에게 많은 여자를 허락해 주는 이유조차 그 여자들과 일을 해서 부족을 먹여 살리라는 압박이었다.

극적으로 믿을 것이고, 그것이 나라의 정통성이 될 것이었다. 자발적 복지이자 예교禮敎였던 향약鄕約도 우선순위가 아니었다. 물론 율곡은 향약이 만민을 바르게 하는 법이라고 생각했다.[50] 그러나 율곡은 백성을 기르는 것을 먼저 할 것이고, 백성을 가르치는 것은 뒤에 해야 할 것이라고 판단했다. 급한 민생의 고통을 풀어야 향약이 가능하다고 보았다.[51] 이런 점에서 율곡은 공자의 기조를 한 치의 오차도 없이 전수받았다.[52] 그 점을 살펴보자.

율곡의 눈에 가장 먼저 들어온 폐해는 공납제貢納制의 문란이었다. 율곡은 "조종의 법을 모조리 변경하자는 것이 아닙니다. 공안貢案 같은 것은 연산군이 첨가하여 제정한 것이요 조종의 법이 아닙니다. 신이 개혁하기를 좋아하는 것이 아니고, 민폐를 구제하자는 것입니다."라고 건의하였다.[53]

조선에서 민력 수취는 세 가지로 나뉜다. 군대 가는 것과 같은 신역身役(말 그대로 몸으로 하는 부역), 농사 짓는 만큼 내는 전세田稅(요즘의 소득세), 그리고 특산물을 내는 공물이다. 이 세 번째 공물이 문제였다. 연산군 때부터 늘어난 공물도 부담이었고, 세월이 지남에 따라 생산되지 않는 공물, 조선판 브로커인 방납배들이 대신 공물을 내며 중간 수수료를 떼어먹는 일이 늘어나 백성이 고통을 겪었다.

---

50) 『율곡전서』권29 『경연일기』2, 선조 6년(1573), 10월.

51) 『율곡전서』권29 『경연일기』2, 선조 7년(1574), 2월.

52) 『논어』「안연顔淵」에, "먹을 것이 넉넉하고, 군대가 충분하면, 백성들이 나라를 믿을 것이다[足食 足兵 民信之矣]."라고 하였다.

53) 『율곡전서』권29 『경연일기』2, 선조 7년(1574), 2월.

공물 대변통의 길

연산군 때 공물이 늘어났다고 했는데, 나라 재정을 흥청망청 써댔던 연산군은 통상의 공물에 더하여 엄청난 별공別貢을 거두었다. 그런데 중종반정 이후에도 이 늘어난 별공은 줄어들지 않았다.[54] '반복'이 전례가 되면서 수탈이 공물이 되었다. 약탈적 관계가 도덕적 관계로 바뀌는 것이다. 이러면서 당사자들은 어떤 공통의 도덕적 규범에 의해 움직여야 했다. 왕마저도 자기 마음대로 하지 못하고 그 규범에 의해 움직여야 한다. 그러므로 농민이 왕에게 바쳐야 할 수확물의 양, 공물의 양을 놓고 따질 수는 있어도, 그 근거를 '약탈'·'수탈'의 본질적 성격에서 찾을 수는 없게 된다. '얼마만 내면 될까' 고민하면서 관습이나 전례에 둘 가능성이 커진다. 바로 그런 시점에서 율곡은 '왜 내야 하는가'를 물었던 것이다.[55]

율곡은 "우리나라의 공안은 민호民戶의 수나 전결田結의 다소를 헤아리지 않고 어수선하게 분정하였으며, 또 토산물도 아닌 것을 징수하도록 하였기 때문에 방납防納하는 무리들이 이익을 도모하여 백성의 생활이 곤궁해졌으니, 지금 공안을 뜯어고쳐서 민호와 전결을 헤아려 고르게 정하고 토산물을 바치게 한다면 백성의 쌓인 고통이 풀

---

54) 봉토의 상급자에게 주는 선물이면 어떤 것이든, '특히 서너 번 반복되었다면' 전례로 여겨지고 관습으로 자리 잡을 가능성이 컸다. 데이비드 그레이버, 정명진 옮김, 『부채, 그 첫 5000년』, 부글북스, 2011.

55) 이 문제는 후일 대동법으로 이어진다. 율곡이 공물변통 논의를 꺼냈을 때, 그 사안의 깊이를 알고 있었는지는 알 수 없다. 공물 개혁 정책사에 대해서는, 이정철, 『대동법』(역사비평사, 2010) 참고.

릴 것입니다."라고 정면으로 문제를 제기하였다.[56] 대변통大變通의 시작이었다.

1581년(선조 14) 7월, 대신이 모여 의논하였다. 홍문관의 상소와 사간원의 차자에서 건의한 공안의 개정·주현州縣의 병합·감사의 직임을 오래도록 맡겨두는 것[久任] 등 세 가지를 들어서 삼사가 입계하여 시행할 것을 청하였다. 그러나 선조는 "조종의 법을 경솔히 고칠 수는 없으니, 우선 그냥 두고 거론하지 말라."고 하였다. 이때 사람들은 일이 시행될 것을 바랐다가 윤허를 얻지 못하자, 크게 실망하였다고 한다. 그러나 다음 날 박순이 이 일을 아뢰어 시행할 것을 청하니, 선조는 호조에 명하여 공안을 들이라고 하였다. 그래서 사람들은 아직도 얼마만큼은 희망을 가질 수 있었다. 그러나 대변통은 대변통이었다. 단순히 공물을 줄이는 것이 문제가 아니라, 세제 전반을 뜯어고치는 것이 율곡의 착상이었다. 그리고 이는 이후 100년의 시간이 필요하였다.

국방은 민생에서 나온다

한편 이 무렵 조선의 군사제도는 심각한 상황에 처해 있었다. 당시 군적軍籍을 정리하였는데, 유사有司들이 서류만 완전하게 하기를 힘쓰고 실제의 허실은 조사하지 않고서 고용살이나 걸인까지도 다 실제 역으로 정하니, 백성이 심히 괴로워하였다고 한다. 이 문제를 병조에서 의논하였지만 시행되지 아니하고 군적이 이미 끝난 뒤에도 수효는

---

56) 『율곡전서』권30 『경연일기』3, 선조 14년(1581), 5월.

전과 같이 부족하여 해독은 이웃과 가족에 미쳤다.[57]

　서북 변방도 모두 염려스러웠다. 율곡은 "다행히 오랑캐 가운데 호걸다운 추장이 없어서 변방에서 우환을 일으키지 않았을 뿐이다. 만일 조금의 재주와 용맹이 있는 자가 틈을 보아 움직였더라면 누가 감히 이를 막겠는가." 하고, 또 "적국의 외환을 당한다면 반드시 무인지경에 들어오듯 쳐들어 올 것이니, 참으로 위태한 것이다."라고 진단하였다.[58]

　1574년(선조 7) 10월, 이이는 황해 감사로 부임하였다. 당시 이원익李元翼이 황해도에 군관軍官으로 이미 와 있었다. 이에 이원익에게 군적軍籍을 정리하게 하였는데, 이후 황해도의 군적이 전국에서 가장 잘 정비되었다는 평을 듣는다. 율곡도 이원익을 적극 후원하였다. 그러나 1583년(선조 16) 율곡이 병조 판서로서 십만양병설을 주장하였으나, 그의 충언은 받아들여지지 않았고, 그로부터 10년이 되지 않아 조선은 임진왜란을 겪어야 했다. 피난 가는 선조의 가마에는 돌이 날아들었다.

　1583년(선조 16), 이이의 제안에 따라 군적을 현실화하고, 지방 주州와 현縣을 합쳐서 지역별 담세 능력을 조정하며, 감사를 오래 구임시켜 지방행정을 전문화하는 조치가 진행되었다. 그러나 경안령慶安令 이요李瑤 사건이 발생하여 일이 틀어지기 시작하였다. 이요가 유성룡·이발·

---

57) 『율곡전서』권29 『경연일기』2, 선조 6년(1573), 10월.

58) 『율곡전서』권30 『경연일기』3, 선조 10년(1577), 6월.

김효원을 비판하자 동인東人들은 율곡에게 혐의를 두고, 율곡을 소인으로 배척하기 시작한 것이다.

애당초 율곡이 병조 판서로서 말을 바치는 사람에게 변방 근무를 면제해 준 일, 몸이 아파 승정원에서 쉬었던 일조차 탄핵의 빌미가 되었다. 선조가 모두 양해했던 일이었다. 만일 동인의 탄핵대로라면 율곡은 살아남지 못했을 것이다. 탄핵을 받은 뒤 율곡은 집에 머물렀다. 삼사는 율곡을 소인으로 규정했다. 선조는 삼사에게 왜 그리 율곡에게 각박한지, 연로한 대신들이 연소배들과 붙어 율곡을 비난하는 게 부끄럽지 않은지, 율곡의 서얼허통은 동인인 김첨金瞻도 주장했는데 왜 율곡의 견해만 문제 삼는지, 반문하였다. 율곡은 얼마 안 있어 세상을 떠났다. 1584(선조 17), 불과 49세의 나이였다.

부록 》

• 율곡 이이의 세계도

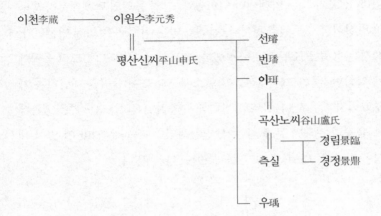

이천李蕆 ———— 이원수李元秀
　　　　　　　　　∥　　　　　┌ 선璿
　　　　　평산신씨平山申氏　├ 번璠
　　　　　　　　　　　　　├ 이珥
　　　　　　　　　　　　　　∥
　　　　　　　　　　　　곡산노씨谷山盧氏
　　　　　　　　　　　　　　∥　┌ 경림景臨
　　　　　　　　　　　　　측실 └ 경정景鼎
　　　　　　　　　　　　　└ 우瑀

*세계도에서 '—' 표시는 직계, '=' 표시는 혼인관계를 나타낸다.

• 선조 세계도

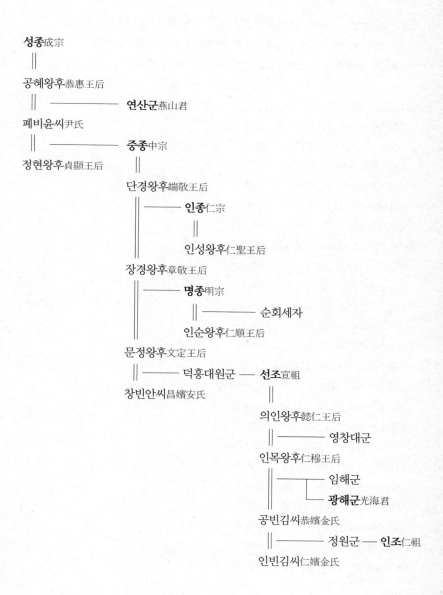

성종成宗
‖
공혜왕후恭惠王后
‖ ———————— 연산군燕山君
폐비윤씨尹氏
‖ ———————— 중종中宗
정현왕후貞顯王后   ‖
                         단경왕후端敬王后
                         ‖ ——— 인종仁宗
                         ‖   ‖
                         ‖   인성왕후仁聖王后
                         장경왕후章敬王后
                         ‖ ——— 명종明宗
                         ‖   ‖ ——————— 순회세자
                         ‖   인순왕후仁順王后
                         문정왕후文定王后
                         ‖ ——— 덕흥대원군 — 선조宣祖
                         창빈안씨昌嬪安氏   ‖
                                         의인왕후懿仁王后
                                         ‖ ——————— 영창대군
                                         인목왕후仁穆王后
                                         ‖ ———┌— 임해군
                                         ‖   └— 광해군光海君
                                         공빈김씨恭嬪金氏
                                         ‖ ——————— 정원군 — 인조仁祖
                                         인빈김씨仁嬪金氏

• 이이가 쓴 인물 졸기卒記

율곡은 『경연일기』에 몇몇 인물의 졸기를 남겼다. 졸기는 압축적인 전기傳記이다. 『경연일기』에 실린 졸기는 주요 인물의 것이기 때문에, 당시 정치상황을 일목요연하게 살펴볼 수 있고, 율곡의 인간관과 정치관도 이해할 수 있는 자료이다.

권철權轍(1503~1578)   448쪽
기대승奇大升(1527~1572)   184쪽
노진盧禛(1518~1578)   447쪽
민기閔箕(1504~1568)   80쪽
박계현朴啓賢(1524~1580)   503쪽
박응남朴應男(1527~1572)   183쪽
박응순朴應順(1526~1580)   514쪽
백인걸白仁傑(1497~1579)   486쪽
성운成運(1497~1597)   471쪽
오상吳祥(1512~1573)   191쪽
윤개尹漑(1494~1566)   33쪽
윤현尹鉉(1514~1578)   443쪽
이언적李彦迪(1491~1553)   70쪽
이준경李浚慶(1499~1572)   178쪽
이지함李之菡(1517~1578)   444쪽
이탁李鐸(1509~1576)   385쪽
이황李滉(1501~1570)   152쪽
이후백李後白(1520~1578)   452쪽
정대년鄭大年(1503~1578)   452쪽
조광조趙光祖(1482~1519)   64쪽
조식曺植(1501~1572)   170쪽
허엽許曄(1571~1580)   495쪽
홍담洪曇(1509~1576)   406쪽

찾아보기